I0833945

Helena and Margaret
B. Goscilo

•

Fade From Red

The Cold War Ex-Enemy in Russian and American Film 1990–2005

New Academia Publishing
Washington, DC
2014

Елена Гощило
Боженна Гощило

•

Выцветание красного

Бывший враг времен холодной войны в русском и американском кино 1990–2005 годов

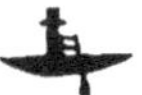

Academic Studies Press
БиблиоРоссика
Бостон / Санкт-Петербург
2020

УДК 77:327
ББК 85.374:66.4(2Рос)
Г74

Перевод с английского Андрея Андреева

Серийное оформление и оформление обложки Ивана Граве

Гощило Е., Гощило Б.

Г74 Выцветание красного: бывший враг времен холодной войны в русском и американском кино 1990–2005 годов / Елена Гощило, Боженна Гощило; [пер. с англ. А. И. Андреева]. — СПб.: Academic Studies Press / БиблиоРоссика, 2020. — 480 с. — (Серия «Современная западная русистика» = «Contemporary Western Rusistika»).

ISBN 9798897838028 (Academic Studies Press)
ISBN 978-5-6044208-8-1 (БиблиоРоссика)

Книга предлагает политическое прочтение русских и американских фильмов эпохи Ельцина. Она исследует, как после периода первоначальной эйфории репрезентация «партнера» и в российском кинематографе, и в Голливуде по-прежнему строилась на старых стратегиях претензий на национальное превосходство. В центре внимания оказывается тесная взаимосвязь между политикой и кинематографом, о чем наглядно свидетельствуют изображение в фильмах, вышедших на экраны с 1990 по 2005 год, бывшего врага времен холодной войны. В то время как гласность и распад Советского Союза открыли период официального сотрудничества, которое вскоре переросло в декларации о партнерстве, отношения постепенно ухудшались, что привело к новым обвинениям в раздувании холодной войны. Авторы используют инновационный транснациональный подход, анализируя методы, с помощью которых российские и американские фильмы изображают бывшего врага.

УДК 77:327
ББК 85.374:66.4(2Рос)

ISBN 9798897838028
ISBN 978-5-6044208-8-1

Нашим родителям (*kochanym rodzicom*), выжившим вопреки всему, подарившим нам безграничную любовь и научившим нас ценить не только иронию, но и другие ставшие важными для нас вещи.

Благодарности

Учреждения и отдельные лица, чье великодушие позволило завершить мою (Е. Г.) часть этой книги, многочисленны, и помощь каждого из них на разных этапах моего исследования была по-своему уникальной. Ни один из моих предыдущих проектов до такой степени не зависел от взаимного доверия, компетентности и искренней доброжелательности, сыгравших ключевую роль в процессе претворения в жизнь идеи «Выцветания красного».

Полевое исследование для российской части этой книги я провела много лет назад, в 2004 году, благодаря гранту от IREX, обеспечившему мне тогда четыре месяца пребывания в Москве. Я благодарна и самой организации, и особенно двум ее членам, Мишель Дюплисси и Уильяму (Чэду) Уайссу, выручившим меня в тот момент, когда за месяц до запланированного окончания пребывания в России чрезвычайная семейная ситуация заставила меня на неделю уехать домой. Питтсбургский университет, на тот момент — мое основное место работы, освободил меня от преподавательских обязанностей на целый академический год, за что я также остаюсь ему признательной.

Слова «благодарность» недостаточно для того, чтобы выразить, насколько я обязана Елене Стишовой — покровительнице ученых, специализирующихся на современном кино. Она не только помогала мне установить необходимые контакты, но также поощряла все виды культурного обмена в сфере кино. Оставаясь уникальным и абсолютно незаменимым человеком на протяжении тех захватывающих и продуктивных дней, которые я провела в Москве, она сочетала в себе качества опытного профессионала и доброй подруги. Спасибо тебе, Ленуля, за множество незабываемых часов, проведенных в разговорах и веселом смехе. Также выражаю благодарность Марисе Фушилл, тогдашнему директору Американского центра в Москве, чьи гостеприимство и щедрость были даже ценнее, чем предоставленная ею возможность провести презентацию моего проекта для живой и отзывчивой аудитории центра.

Я глубоко признательна многим отзывчивым и великодушным сотрудникам и сотрудницам библиотек: старшему библиотекарю Марии Яковлевне, Наташе и Ольге Андреевой из Научно-исследовательского института киноискусства; Татьяне Робертовне Николаевой, Лидии Сергеевне Бардиной и Маргарите Анатольевне Матвиенко («королеве Марго», чьи душевность, готовность помочь и общая заинтересованность в моем проекте были неоценимы) из «Киноцентра»; Наталье Григорьевне Чертовой и Гаянэ Михайловне Хачатуровой (не только предоставлявшей все запрашиваемые мною источники, но также делившейся различной увлекательной информацией в ходе наших дискуссий о современном кино) из кабинета отечественного кино Всероссийского государственного института кинематографии; Елене Сергеевне Дорошевой и Михаилу Ильичу Дорошенко из кабинета зарубежного кино Всероссийского государственного института кинематографии.

Нежную признательность выражаю трем моим близким подругам: Надежде Ажгихиной, которая всегда была готова к любым дискуссиям касательно моего проекта (и не только) за суши и шампанским брют; Наталье Каменецкой, делившейся своими взглядами на кино и искусство в целом долгими вечерами, окутанными табачным дымом; Татьяне Осипович, моей жизнерадостной коллеге по кинофестивалю, чьи реакции на фильмы, которые мы вместе смотрели, в равной мере и развлекали, и заставляли задуматься.

Последнее и определенно самое большое *gratias tibi ago* — моей сестре и соавтору, благодаря которой родилась идея этой книги и благодаря которой процесс написания текста был наполнен радостью от совместной работы.

В отношении издания книги мы выражаем благодарность Анне Лоутон за ее отзывчивость и большие познания в области русского и советского кино и Стивену Норрису за множество полезных предложений, а также за тот юмор, с которым он отреагировал на рукопись данной книги.

Мы благодарны Центру славянских и восточноевропейских исследований за содействие в финансировании перевода книги, и безгранично признательны Андрею Андрееву за замечательный перевод.

Введение
Экранный друг или недруг?

Дядя Сэм и его искусство утирания носа

В середине восьмидесятых перестройка и гласность поставили американские кино и медиа в условия нового культурного императива. После почти четырех десятилетий антисоветской пропаганды на экране Женевский саммит 1985 года в одночасье отправил в прошлое ходульный образ русских, характерный для Голливуда времен холодной войны[1].

Таким образом, в ходе десятилетия, ранее вызвавшего к жизни рейгановскую кинематографичную характеристику Советского Союза как империи зла, давний враг трансформировался в потенциального союзника — как на экране, так и за его пределами. Парадоксально, но середина 1980-х годов, отмеченная самым пиком антисоветской паранойи, в то же время возвестила о начале более терпимого отношения, в котором возникла потребность после Женевского саммита. На деле эта двойственность выразилась в том, что Р. Рейган прекратил разбрасываться политическими ярлыками, на тот момент уже захватившими народное воображение. Всего через девять месяцев после того, как Рейган назвал СССР «империей зла» и «средоточием зла в современном мире»[2], в интервью журналу «Time» он заявил,

---

[1] Всесторонний анализ кинематографа холодной войны с конца 40-х годов до распада СССР см. в [Shaw, Youngblood 2010].

[2] Это эффектное выражение, позаимствованное из фильма Стивена Спилберга «Звездные войны», Рейган использовал 8 марта 1983 года во время выступления в Национальной ассоциации евангелистов во Флориде [Oberdorfer 1991: 22–23].

что больше не находит этот ярлык уместным. Его последующее уточнение на Московском саммите 1988 года — «я говорил о другом времени, другой эпохе» — показало, как быстро в течение 1980-х годов менялся *дух времени*.

Враждебное изображение страны Советов на экране следовало традиции кинематографических стереотипов, восходящих к концу Второй мировой войны. Согласно Томасу Догерти, в период между 1948 и 1954 годами было произведено около сорока антикоммунистических фильмов — по его выражению, «голливудского агитпропа»[3], — с помощью которых киноиндустрия стремилась остаться в хороших отношениях с HUAC (Комиссией по расследованию антиамериканской деятельности). Наиболее ярко паникерские промаккартистские нарративы о советской угрозе были представлены двумя жанрами: шпионским фильмом и фантастикой. Первый одномерно изображал «красных» как шпионов и убийц, второй превратил их в пришельцев, вторгающихся из открытого космоса. Пропагандистский шпионский фильм, названный в книге «История нарративного кино» Дэвида А. Кука «антисоветским экшен-триллером», появился в 1950-е годы как разновидность гангстерского жанра; преступный синдикат в нем был заменен идеей мирового коммунистического заговора, а отдельные представители этого синдиката — шпионами-коммунистами [Cook 1981: 435]. Среди таких типичных антисоветских триллеров — фильмы «Красная угроза» (1949), «Я вышла замуж за коммуниста» (1949), «Я был коммунистом для ФБР» (1951), «Происшествие на Саут-стрит» (1953), а также снятая в самом конце десятилетия «История агента ФБР» (1959)[4]. Ориентация на боевик и триллер в этих экранных «разборках с коммуняками», как отмечает Кук, в 1960-е была перенесена в шпионскую серию о Джеймсе Бонде [Cook 1981: 435]; также она может объяснить

---

3 Цит. по [Prince 1992: 52].

4 Необычная версия шпионского жанра также была представлена в фильме «Летчик» (1957), где женщина-пилот после серии секретных подвигов решает выйти замуж за главного героя (Джона Уэйна) и просит убежища в Соединенных Штатах.

и сохранявшуюся в дальнейшем голливудскую тенденцию ограничивать русско-американские конфликты жанром боевика. Что касается фантастики, то воплощенная в формате столкновения с инопланетянами парадигма «мы против них» аналогичным образом соответствовала примитивной антисоветской повестке Голливуда. Фильмы вроде «Нечто из иного мира» (1951) и «Пришельцы с Марса» (1953) представляли, по словам Эрика Смудина, «марсианина вместо марксиста, но при этом [было] очевидно, что они вполне взаимозаменяемы»[5]. В фильме «Нечто из иного мира» также нашла отражение та «ковбойская этика» [Smoodin 1988: 38], к которой Голливуд в последующие десятилетия будет неустанно обращаться в своих экранных столкновениях американцев и русских.

Боевик 1984 года «Красный рассвет» Джона Милиуса как будто подхватил научно-фантастические сценарии в том виде, в каком их оставили тридцатью годами ранее. Этот фильм, фигурирующий в топе составленного Уильямом Палмером списка «право-милитаристского фэнтези» тех лет (где за ним следуют «Огненный лис», 1982, «Вторжение в США», 1985, «Топ Ган», 1986, «Железный орел», 1986, и «Рэмбо 3», 1988), объединяет привычную ковбойскую этику с военным кодексом с целью прославить партизанское сопротивление старшеклассников советским захватчикам, посягнувшим на их маленький городок в Колорадо. Тем не менее в 1985 году решительной критике в «Известиях» подвергся вовсе не этот фильм или какой-либо другой из списка Палмера [Palmer 1993: 245]. Вместо этого советская газета осудила за назойливую пропаганду две картины — бадди-фильм[6] «Белые ночи» с «перебежчиком» Михаилом Барышниковым

---

[5] В фильме «Вторжение похитителей тел» (1956) Дона Сигела вместо людей-захватчиков фигурируют не марсиане, а гигантские стручки. Эта картина характерна также тем, что допускает две трактовки — антикоммунистическую (по утверждению самого режиссера, им не предусмотренную) и антимаккартистскую.

[6] Бадди-фильм («фильм о приятелях») — киножанр, рассказывающий о взаимодействии двух героев одного пола (как правило, мужчин), которые вместе проходят серию испытаний. — *Примеч. пер.*

и сиквел «Рокки 4» Сильвестра Сталлоне. Обе эти картины, своей шовинистической риторикой и грубыми образами открыто демонстрирующие борьбу за американский триумф, показывали идеологические различия СССР и США как противостоящих друг другу антагонистов. К 1988 году, когда на экраны вышел еще один сиквел Сталлоне — «Рэмбо 3», — уже сама американская публика дала понять актеру-режиссеру, что его супергероическая борьба против СССР канула в Лету: фильм провалился в прокате как «анахроничная однодневка»[7].

Другие кинематографисты этого периода, напротив, оказались достаточно чувствительны к политическим тенденциям, чтобы бросить хотя бы небрежный взгляд в сторону всеобщей разрядки в напряженности. Стрельбе из «Мигов», наполнявшей фильм «Железный орел» (1986), в сиквеле «Железный орел 2» (1988) Сидни Дж. Фьюри пришел на смену сюжет об американских и российских летчиках, которые неофициально объединяются для уничтожения ядерного объекта в стране, напоминающей Иран[8]. Однако первая же сцена фильма, где советский самолет сбивает молодого героя «Железного орла»[9], фиксирует тот пока еще неустойчивый баланс между враждебностью и сближением, который будет наблюдаться и в ряде более поздних картин. Показательно, что все увиденные Палмером двусмысленности «Железного орла 2» сохраняют свою актуальность в отношении множества последующих фильмов:

> Прелесть этого сценария в том, что вся враждебность американских правых милитаристов к русским в нем никуда не исчезает — даже несмотря на то, что герои оказались партнерами

---

[7] Кэмерон Стаут, цит. по [Palmer 1993: 210].

[8] Перенос очага напряжения из СССР на Ближний Восток помог многим фильмам возместить потерю излюбленного кинозлодея — страны Советов.

[9] По мнению Мика Мартина и Марши Портер, «более подходящим названием для этой современной версии военного фильма могло быть “Рэмбой”, — настолько бесстыдно он имитирует “Рэмбо” для подростковой аудитории». Относительно сиквела их мнение более лаконично: «Смешное продолжение нелепого оригинала» [Martin, Porter 2006: 569].

> в совместной операции. Таким образом, под прикрытием общей разрядки в напряженности по-прежнему выражаются правые милитаристские сомнения: могут ли американцы и русские работать вместе? Могут ли американцы доверять русским? Должны ли американцы делиться своими секретами и опытом с русскими [Palmer 1993: 218]?

Мотив неравноценного сотрудничества из фильма «Железный орел 2» прослеживается практически во всех последующих кинонарративах о партнерстве: американцы берут на себя инициативу и командуют операцией, какая бы она ни была, а русские следуют за ними.

Годом позже два фильма с похожими сюжетами представили новую тему, которая станет излюбленной в Голливуде следующего десятилетия. В картинах «Просто еще один секрет» и «Доставить по назначению» американец рискует всем, чтобы спасти президента Горбачева от покушения, которое на Западе готовят «ястребы» из советского правительства. Этот сюжет, казавшийся в тот момент надуманным, на самом деле затрагивал тему волнений в обществе, которые через два года действительно приведут к внутреннему политическому заговору, а президент Буш сразу же предупредит о нем Горбачева, искренне веря в их еще не окрепший союз[10]. Помещенное в новый контекст гласности, такое противодействие американцев злоумышленникам — ренегатам[11] или фанатикам, воплощавшим прежнюю (злую) идентичность СССР, — часто появлялось и в других фильмах

---

[10] 20 июня 1991 года американский посол узнал от мэра Москвы, что премьер-министр Павлов, председатель КГБ Крючков, министр обороны Язов и министр внутренних дел Пуго вступили в заговор против Горбачева, обвиняя его в том, что он подвергает нацию чрезмерному западному влиянию. См. [Oberdorfer 1991, 1998: 452–453].

[11] По мнению Александера Кокберна, сведение образа плохого русского к фигуре ренегата началось еще в 1960-х годах, в фильмах о Джеймсе Бонде. «Единственные плохие русские — это ренегаты, сеющие недоверие между великими державами. <...> По причине [широкого] распространения фильмов “United Artists” не хотели, чтобы абсолютно все русские выглядели злодеями <...>, [так как предполагали, что] когда-нибудь фильмы о Бонде могут достичь и России» (Цит. по [Palmer 1993: 209]).

с целью напоминания аудитории о недоброжелательности русских[12]. С другой стороны, эти нарративы о политических покушениях также разоблачали военные и разведывательные махинации США, хотя ранее в подобных махинациях обвинялись исключительно российские власти[13].

Этот культурный сдвиг, который привел к более благосклонному отношению к русским, естественным образом повлиял и на кастинг. Голливуд времен холодной войны не хотел рисковать уже известными или перспективными артистами, и поэтому редко занимал их в ролях советских людей; точно так же, как и нацистов, «красных» обычно играли британские или западноевропейские актеры. Единственным исключением стала комедия Нормана Джуисона «Русские идут! Русские идут!» (1966), в которой привлекательных советских подводников играли Алан Аркин и Джон Филип Лоу. Следуя за этим ранним кинопрецедентом, фильм «Русские» Рика Розенталя (1987) занимает американского актера (Уипа Хабли) в роли русского моряка и с удивительной терпимостью показывает его прерванную миссию и кораблекрушение у американского берега. К этому фильму примыкают четыре еще более дорогие картины с еще более

---

[12] Хотя в этом сюжете американцы по-прежнему предстают спасителями, это, безусловно, был шаг вперед по сравнению с образом Горбачева, который можно увидеть в финале «Рокки-4»: там президент смотрит боксерский поединок Рокки с российским чемпионом Драго, аплодирует неизбежной победе Америки и слушает, как завернутый в звездно-полосатый флаг Рокки обращается к советской аудитории со словами о необходимости перемен в отношениях стран — участников холодной войны.

[13] В целом не очень запоминающийся фильм «Маленький Никита» (1988), где подросток узнает от агента ФБР, что его родители — поселенные в США «дремлющие агенты», предлагает изменить привычную схему, согласно которой советские шпионы, в отличие от своих американских коллег, выставлялись жестокими варварами. Когда мальчик попадает под перекрестный огонь между агентами ФБР и КГБ, именно последний опускает оружие и произносит: «Русские — не монстры. Мы не стреляем в детей». По мнению Палмера, «этот фильм, в отличие от всех остальных шпионских триллеров или правомилитаристских фантазий, показывает, что за кустистыми бровями и дешевыми шпионскими костюмами русских скрываются такие же нормальные люди» [Palmer 1993: 228].

крупными актерами в ролях русских: «Парк Горького» (1983), «Москва на Гудзоне» (1984), «Нет выхода» (1987) и «Красная жара» (1988). Помимо того, что чужеродные герои здесь с самого начала были «очеловечены» личностями Уильяма Херта, Робина Уильямса, Кевина Костнера и натурализованного американца Арнольда Шварценеггера, эта четверка фильмов также переработала и характерные для них жанров формулы. Под влиянием эпохи гласности «Парк Горького» Майкла Эптеда[14] и «Красная жара» Уолтера Хилла осуществили поворот в формуле «полицейский и его приятель»: Аркадий Ренько (Херт) предстал компетентным коллегой нью-йоркского детектива (Брайен Деннехи), а капитан Данко (Шварценеггер) и вовсе практически сравнялся со своим чикагским партнером (Джеймс Белуши). Комедия Пола Мазурски «Москва на Гудзоне» переработала идеологические контрасты прежних лет, с тем чтобы, наоборот, подчеркнуть *сходства* в несовершенствах общественной жизни Америки и России. Фильм «Нет выхода» Роджера Дональдсона перевернул все представления об антисоветском триллере, превратив очаровательного героя Кевина Костнера в русского «крота» в Пентагоне. Палмер классифицирует все эти фильмы (кроме «Нет выхода») как « “инопланетные” тексты о русских в западном обществе»: все они, работая на восприимчивости американцев к чужакам-«пришельцам», по сути следуют за прославленным блокбастером десятилетия «Инопланетянин» (1982) Стивена Спилберга — фильмом скорее благожелательным, нежели ксенофобским [Palmer 1993: 232][15].

В 1990-е годы, в период официальной десоветизации, Голливуд продолжал очеловечивать своих русских персонажей и снимать демонический покров с российского правительства, однако весь

---

[14] Снят по мотивам чрезвычайно популярного романа Мартина Круза Смита (1981), ставшего первым в серии об Аркадии Ренько.

[15] Сами по себе позитивные, эти пять фильмов кажутся еще более значимыми по сравнению с их преемниками из 1990-х годов, где вообще нет вызывающих симпатию русских протагонистов. Первый фильм после долгого перерыва, где такие герои наконец появляются, — это «К-19» (2002) Кэтрин Бигелоу.

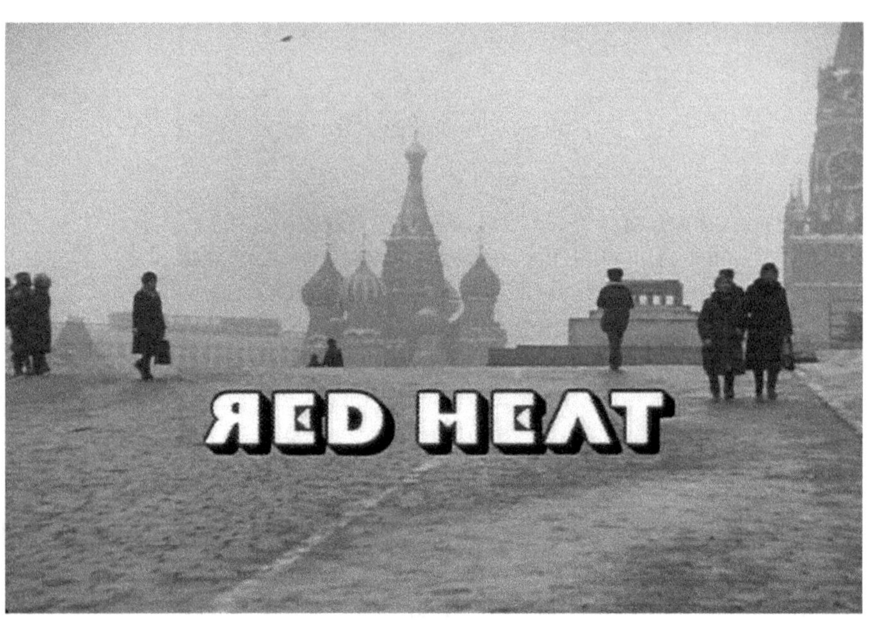

Излюбленный кадр американского кинематографа для указания на российскую локацию, с неизменной перевернутой буквой «R» в качестве кириллического символа, подчеркивающего аутентичность

этот прогресс от враждебности к амбивалентности, а от нее, в свою очередь, к дружелюбию, нельзя назвать непрерывным. Неудивительно: ведь тридцать с лишним лет лицемерия и подозрений не могли пройти в одночасье, не оставив никаких следов, и поэтому модель, созданная в 1980-е годы, была скорее псевдоревизионистской. Более того, по мнению специалистов по холодной войне, в это время также возникла и парадоксальная ностальгия по тому более простому и понятному времени, когда все проблемы были очевидны, а враждебность принимала ясную, открытую форму. Как отмечает Уолтер Хиксон, автор монографии «Раздвигая занавес: пропаганда, культура и холодная война», «во время холодной войны было определенно комфортно, поскольку в лице Советского Союза существовал согласованный и, так сказать, надежный и равный [*sic*] противник»[16]. Уолтер Лефебер, профессор истории Корнеллского университета и автор монографии «Америка, Россия и холодная война: 1945–1996», отмечает, что такая ностальгия была уже очевидна уже «в 1990,

[16] Цит. по [Canfield 2002].

1991 и 1992 годах, [когда] ряд правительственных чиновников высказались о том, как хорошо было до 1989 года — ведь тогда по крайней мере было понятно, кто твой враг»[17]. Не только сила укоренившейся иконографии, но также эта ностальгия и периодические колебания во взаимоотношениях двух супердержав на протяжении десятилетия вдохновляли кинематографистов на переработку привычных культурных кодов в ситуации неопределенности.

Забавно, что первый фильм десятилетия, последовавшего за эпохой гласности, — «Охота за “Красным Октябрем”» (1990) Джона МакТирнана, — был экранизацией романа 1984 года и поэтому также рассказывал о периоде холодной войны. Тем не менее *некоторые* русские были в нем показаны именно людьми, а не карикатурами. С одной стороны, это история о советском командире-литовце, чье взаимопонимание с офицером ЦРУ позволяет ему, его офицерам и его подлодке дезертировать в Америку, что выглядит очень своевременно в год беспрецедентно высокого уровня дружеских отношений между Горбачевым и Бушем. С другой стороны, весь сюжет фильма вращается вокруг угрозы ядерной войны и добычи «превосходящей» страной новейшего оружия ее противника[18]. Сам кастинг в большей степени направлял фильм в сторону «разрядки», поскольку командира-перебежчика играл Шон Коннери, международная суперзвезда и наиболее почитаемый из всех исполнителей роли Джеймса Бонда — шпиона, часто выступавшего против злодеев-коммунистов. Несомненной вехой также явились в следующем году съемки «Русского отдела» — первого западного фильма, поставленного в постсоветской России. Кинематографисты не стали приглашать на русские роли американских ак-

---

[17] Такое же развитие событий описывают и Стивен Уитфилд в книге «Культура эпохи холодной войны» (1996), и Мартин Уокер в книге «Холодная война: история» (1993). Все эти специалисты цитируются в [Canfield 2002].

[18] Палмер рассматривает фильм «Охота за “Красным Октябрем”» как «киноманифест аппарата холодной войны» и легко относит его к той же категории картин, что и «Огненный лис», «Топ Ган» и «Железный орел 2» [Palmer 1993: 214].

теров для обеспечения зрительской симпатии, а сделали ставку на аутентичность, взяв на роли русских самих русских, что, в свою очередь, активизировало участие бывшего коммунистического правительства и российской киноиндустрии в конструировании постсоветской идентичности за рубежом[19].

Даже несмотря на то, что последующие фильмы 1990-х годов фиксировали новые отношения между Россией и Соединенными Штатами или открыто обращались к ним, в этих фильмах мало изменилось прежнее американское чувство морального, социального, технологического и «мачистского» превосходства над коммунистическим врагом. Просто они перенаправили его с СССР на Россию, которая теперь виделась бедствующим и ненадежным союзником. Более того, зачастую этот союзник нес в себе нечто большее, чем смутный намек на старую идеологическую угрозу, поскольку сценаристы переносили сохранявшуюся тревогу из-за меняющейся в сверхдержаве власти как на различные типы ренегатов, так и на совершенно новые фигуры, появившиеся на сцене — на безжалостных преступников, порожденных капиталистическим и разлагающимся обществом тогдашней России. Благодаря недостатку воображения у сценаристов и растущему скептицизму относительно прочности русско-американского союза ядерная угроза из «Охоты за “Красным Октябрем”» вернулась в «Багровом приливе» (1995) Тони Скотта, где также действие происходит на субмарине и где ренегаты-ультранационалисты, в свою очередь, предвосхищают коррумпированного генерала-изменника, который будет воровать ядерные боеголовки в фильме «Миротворец» (1997). Ренегаты или «ультранационалисты» из бывшей советской республики также появляются и в «Самолете президента» (1997), уже без ядерного оружия, но зато с автоматами. Протестуя против такого кинема-

---

19 Разумеется, с учетом многолетнего наблюдения за кассовыми сборами и независимо от того, насколько дружественны были отношения между СССР и Америкой, кажется маловероятным, чтобы Голливуд захотел пойти на риск, приглашая на главные роли российских актеров — ведь они пользуются успехом только в своей собственной стране или, самое большее, в Европе.

тографического рецидивизма, статья из российского журнала «Итоги» за октябрь 1997 года обвинила Запад в возобновлении вражды и выделила в качестве особенно оскорбительных фильмов «Золотой глаз» (1996), «Самолет президента» и «Миротворец». Согласно автору статьи Ю. В. Гладильщикову, экранные образы русских достигли невиданного с 1980-х годов пропагандистского пика. Недовольство Гладильщикова было не только оправданным, но даже уместным в отношении двух других фильмов 1997 года — «Шакала» и «Святого», — разнообразивших привычный голливудский ассортимент карикатур тем, что заменили ренегатов на мафиози.

Начало нового века ознаменовалось теплыми отношениями между новоизбранными президентами В. В. Путиным и Джорджем Бушем — младшим, которые, казалось, воскресили обещания горбачевской эпохи, — особенно после того, как Путин выразил соболезнования Белому дому в связи с трагедией 11 сентября. Однако даже в этот период Голливуд не увеличил число сценариев о сотрудничестве и остался верен своей скептической и пренебрежительной характеристике русских. Между фильмами, снятыми до и после встречи президентов в 2001 году, нет никаких различий. Напротив, к привычному набору русских в виде ренегатов, подчиненных или напарников в совместных предприятиях с американцами, а также мафиози или политических преступников, в двух боевиках добавились также террористы, а в фильме «Чудо» (2004), посвященном теме хоккея, в ретро-патриотических тонах была отмечена американская победа над советскими чемпионами в том «далеком и славном» 1980 году, когда сам Голливуд еще и не мечтал о том, чтобы изменить свои карикатурные методы. Новый фильм о подводных лодках, «К-19» (2002) Кэтрин Бигелоу, в положительных тонах описывал эпизод русского героизма, представив в образах русских командиров голливудскую икону Харрисона Форда и ЛайамаНиссона, ассоциирующегося с ролью Шиндлера. Однако, обратившись к реальному инциденту 1960-х годов, — когда первая атомная подлодка СССР потерпела аварию на дне Северного моря, — этот фильм вновь напомнил о советской ядерной угрозе. Более того, трагедия с «Курском» в августе 2000 года повысила чувствительность российской аудитории к теме аварий на подводных лодках. Один из зрителей в интервью газете «Известия» отметил: «Это фильм не про русских, а про то, какими нас хотят видеть американцы». По мнению самих вышедших на пенсию подводников «К-19», американский фильм унизил их, показав как «банду пьяниц и разгильдяев» [Russian submariners angered 2002].

О том, что в ближайшее время позитивные образы России вряд ли появятся в американском кино, свидетельствуют такие картины, как «Проект "Ельцин"» (2003) Роджера Спottисвуда. Рассматривая итоги президентских выборов 1996 года исключительно как результат работы американских политтехнологов и консультантов, этот фильм вряд ли мог поддержать Россию, и без того ощущавшую себя неуверенно в отношении развития собственной независимости в предшествующем десятилетии. Высокомерные претензии этого фильма напоминают поток американских статей 1990-х годов, задававшихся самонадеянным вопросом «Кто потерял Россию?» таким образом, как будто беззаботно командующий Запад по неосторожности потерял страну в политическом (если не в географическом) смысле. Учитывая доминирование в российском кинопрокате 1990-х годов американских блокбастеров (в сравнении с которыми отечественные фильмы составляли всего семь процентов), российские зрители, скорее всего, сталкивались с непропорционально высоким количеством собственных экранных образов в американском кино. Понимание этого, а также огромный объем импортируемых американских фильмов, затмевавших 30–40 ежегодных российских релизов, побудил главу Мосфильма К. Г. Шахназарова призвать к введению квот, ограничивающих в кинопрокате количество голливудских фильмов. Хотя его предложение не было оформлено в законопроект и даже не получило поддержки Путина [Korolev 2003], безусловно, было бы неплохо хотя бы ограничить количество фильмов, транслирующих *американской* аудитории устаревшие экранные стереотипы русских, особенно в свете роста напряженности в отношениях между двумя странами в новом столетии. Учитывая невозможность подобного начинания, остается лишь аплодировать тем редким американским фильмам — а их, возможно, всего один на десяток, — которые предлагают зрителям реальные характеристики русских, а не слегка модифицированные, но все же хорошо узнаваемые карикатуры из прошедшей эпохи.

Долларизированное зло

Советские антиамериканские фильмы, предшествовавшие холодной войне, каждый на свой лад повторяли государственную идеологию, трубившую о моральном превосходстве здравых ценностей социализма над малодушным буржуазным материализмом Соединенных Штатов[20]. «Необычайные приключения мистера Веста в стране большевиков» (1924) Льва Кулешова и «Цирк» (1936) Григория Александрова предвосхитили и одновременно определили шаблонные образы американцев в фильмах эпохи холодной войны: американцы, угнетаемые или ставшие марксистами в бастионе коррумпированного капитализма, либо получали «урок Откровения», либо находили убежище и обретали цель жизни и счастье в гостеприимном и просвещенном Советском Союзе. Кроме того, Кулешов также создал прецедент для множества постсоветских режиссеров, парадоксальным образом взяв за основу именно голливудскую технику и жанры вестерна и детектива, для того чтобы продемонстрировать болезни самой Америки[21]. Двумя десятилетиями позже картина «Прощай, Америка!» (1949–1950) Александра Довженко представила еще более суровую парадигму западной гнусности, демонизировав циничный американский прагматизм и империа-

---

[20] Обзор советских фильмов об Америке см. в [Климонтович 1990: 113–122]. Глубокий анализ самоопределения Советского Союза по отношению к Западу в исторической перспективе см. в [David-Fox 2012: 1–27, 312–324].

[21] Анализ «Великого утешителя», а также об увлечении Кулешова голливудским кино, см. в [Horton 1999b].

листические уловки, контрастирующие с безупречной политической честностью советских вождей. Проблемы этических изъянов американцев, затрагивавшиеся в ныне забытых фильмах 1930-х годов[22], вновь прозвучали в сталинистской картине Александрова «Встреча на Эльбе» — самом популярном фильме 1949 года, привлекшем в кинотеатры более 24 миллионов зрителей [Землянухин, Сегида 1996: 81], — а также во вторичных шпионских и военных мелодрамах. «Русский вопрос» (1948) Михаила Ромма, поставленный по пьесе Константина Симонова, его же «Секретная миссия» (1950), а также «Серебристая пыль» (1953) Абрама Роома предложили в равной степени упрощенные вариации этой моральной бинарности. И хотя снятый в эпоху оттепели «Русский сувенир» (1960) Александрова благодаря приемам комедийного жанра и неумело выстроенной любовной истории приглушал образ подозрительных «чужаков с Запада», в эпохи сталинизма и застоя как США, так и СССР торжественно призывали к бдительности по отношению друг к другу в своих киносценариях, карикатурно превращавших идеологических антагонистов в мгновенно распознаваемых шаблонных злодеев.

Хотя две сверхдержавы во время холодной войны часто прибегали к схожей риторике и легко дешифруемым визуальным кодам, позволявшим зрителям отличать героев от злодеев[23], некоторые ключевые различия между киноиндустриями двух стран влияли на их эстетические и тематические подходы. Как культурный институт, явно ориентированный на массовую аудиторию, советское кино финансировалось государством, и поэтому, в отличие от своего американского собрата, финансируемого из частных источников, не было так строго дифференцировано на *art film* («авторское кино») и развлекательный мэйнстрим («зри-

---

[22] Климонтович перечисляет и другие фильмы 1930-х годов, посвященные Америке: «Возвращение Нейтана Беккера» (1932) Б. В. Шписа и Р. М. Мильман-Кример; «Горизонт» (1932) и «Великий утешитель» (1933) Кулешова (последний основан на рассказах и биографии О. Генри); «Четыре визита Самюэля Вульфа» (1934) А. Б. Столпера. См. [Климонтович 1990: 115].

[23] Например, в советском кино косметика и сигареты моментально идентифицировали женщину как «отрицательную» и «западную».

тельское кино»); это подчеркнуто западное разделение многие молодые русские режиссеры и сегодня рассматривают как неправильное[24]. Кроме того, если Голливуд до 1960-х годов редко обращался к взрывоопасной расовой проблеме своей родины, то значительная часть советской пропаганды была как раз связана с демонстрацией американского расизма, противопоставляемого претензиям СССР на расовую толерантность. Из этой необоснованной претензии возник не только получивший широкий прокат «Цирк» Александрова, но и еще более невразумительный «Негр из Шеридана» (1932) [Климонтович 1990: 115].

Несмотря на то что антиамериканская пропаганда продолжала появляться на советском экране в течение 1970–1980-х годов, ее параноидальным нарративам о нечестных и упадочных американцах уже не хватало импульса, и большинство таких фильмов эпохи позднего застоя заслуженно обрели забвение, будучи исключены даже из стандартных русских киноэнциклопедий и «Историй кино» [Климонтович 1990: 119–120]. Кроме того, в преобладающей атмосфере эйфории, которую породила перестройка, все, кроме самых безнадежных консерваторов, теперь приветствовали «мудрые советы» торжествующей Америки и ее обещания финансовой помощи. И когда железный занавес приподнялся, перспектива путешествия в гавань капитализма обрела ауру воплотимой в жизнь фантазии, присутствующую во многих фильмах начала десятилетия. На протяжении бурных 1990-х годов финансово скованная и уменьшившаяся в объеме продукции российская киноиндустрия была в большей степени увлечена переоценкой самоидентичности и национального прошлого России, нежели пересмотром кинематографических образов бывших врагов эпохи холодной войны. Поэтому на экране Америка в значительной мере представала как далекая земля обетованная, мало отличавшаяся от сказочного тридевятого царства, приносящего счастье герою или героине[25]. Именно

---

[24] См. в [Новое поколение режиссеров 2006].

[25] Волшебные силы, обитающие в этом далеком царстве, помогают осуществить то, что кажется невозможным.

такой образ возник в режиссерском дебюте Павла Лунгина «Такси-блюз» (1990), одном из первых примеров совместного с Западом кинопроизводства в последние годы советской власти. С оптимизмом трактующая преимущества дружеского взаимодействия с бывшим противником, созданная под влиянием американских жанров боевика и бадди-фильма, эта картина стала очевидным парафразом «Дела фирмы» Николаса Мейера (1991). Сюжет «Такси-блюза» сводит русского саксофониста-алкоголика с приехавшим из Америки черным музыкантом, который немедленно распознает талант русского и товарищески предоставляет ему возможность отправиться в американский тур, а также (опосредованно) обязательный символ успеха «нового русского» — мерседес. В оптимистичном сценарии о таком «естественном сближении» обоюдное профессиональное уважение затуманивает и стирает национальные границы, хотя фильм и подчеркивает контраст между «страной возможностей» и той безнадежностью, в которой обитает главный герой. Всего пятью годами позже «Американская дочь» Карена Шахназарова, маркированная в прокате как лирическая комедия, пересмотрела эти границы, представив их гораздо более противоречивыми.

Действительно, если дружелюбное снисхождение Голливуда по отношению к своему мнимому «партнеру» оставалось относительно устойчивым начиная с периода перестройки, то постсоветское кино функционировало скорее как точный барометр, отмечающий все колебания политической температуры во взаимоотношениях двух стран, и постепенно смещало свой вектор от безоглядного принятия США как цитадели открытости и щедрости к частичному восстановлению предвзятости эпохи холодной войны. Так, в «Американской дочери», этой неправдоподобной сказке о нежном русском отцовстве, путешествие главного героя в Сан-Франциско в поисках своей семилетней дочки используется в качестве повода для разделения русских и американцев по старинным национальным стереотипам: американцы превращаются в ходячие значки доллара, а русские — в воплощения «души». Что характерно, отношения между несправедливо заключенным в тюрьму отцом и его темнокожим сокамерником (который, по стечению обстоятельств, владеет русским языком!) переворачивают здесь расовую пропаганду «Белых ночей» Тэйлора Хэкфорда, превознося не США, а именно Россию в качестве святилища толерантности и единодушия — формула, знакомая по советскому дискурсу эпохи холодной войны.

Хотя такие фильмы, как «Американская дочь», в целом отражали растущую разочарованность русских в Соединенных Штатах, они также в какой-то мере явились результатом обиды режиссеров, подавленных ужасным состоянием отечественной киноидустрии. Потрясения, сопровождавшие официальный переход к рыночной экономике, заставили российских режиссеров противостоять таким сейсмическим переменам, как масштабные сокращения государственных субсидий, разрушение инфраструктуры кинопроката, демонтаж Госкино (Государственного комитета по кинематографии), сокращение количества кинотеатров и беспрецедентная увлеченность отечественной киноаудитории нашпигованной экшеном западной (в основном американской) развлекательной кино- и телепродукцией[26]. Паводок фильмов 1991–1992 годов, созданных на преступные деньги, которые кинематограф, вероятно, помогал отмывать, вскоре сменился мелководьем. Оплакивая пристрастие зрителей к американским блокбастерам и посредственным картинам, ряд режиссеров поддержал предложение Шахназарова установить официальные квоты, которые могли бы подорвать господство Голливуда в российских кинотеатрах; однако это решение было отвергнуто Путиным, во время президентства которого власти вложили в кинопроизводство значительно более крупные суммы, чем при Ельцине[27]. Несмотря на медленное возрождение отече-

---

[26] Подробнее об этих условиях и об отношении к ним различных режиссеров см. в [Goscilo 2007: 213–228].

[27] Однако финансовую поддержку получают только определенные фильмы, главным образом те, которые представляют российскую историю с «правильной» (то есть «ура-патриотической») точки зрения. И кино, и история оказались в плену навязанной Кремлем обязательной национальной саморекламы, так как выявление любых российских или советских недостатков по сути считается выражением нелояльности.

ственного кинематографа, доступных зрителю американских фильмов до сих пор оставалось больше, чем российских, поскольку, по признанию Шахназарова и продюсера Сергея Сельянова, России просто не хватает необходимого количества квалифицированных профессионалов для удовлетворения запросов аудитории [Russian Deputies Protest 2003].

Не только господство Голливуда, но также его способность создавать сильные мужские характеры стали причиной раздраженной зависти Никиты Михалкова, председателя Союза кинематографистов России и до недавнего времени единственного российского режиссера с интернациональной репутацией. Оплакивая смерть «положительных героев» в постсоветском кино, Михалков активно протестовал против голливудского влияния и умелой разработки темы мачо-героизма (особенно в фильмах Сильвестра Сталлоне и Арнольда Шварценеггера)[28] — даже в период своей работы над такими совместными проектами, как «Святой», и во время получения Оскара за свой фильм «Утомленные солнцем» 1994 года[29]. В попытке создать нечто подобное и возродить национальную гордость Михалков в 1998 году с беспрецедентной помпой и церемониями провел премьеру своего «Сибирского цирюльника» — раздутого дифирамба неукротимому русскому духу, воплощенному в царской армии. Несмотря на диковинные методы, которыми воспользовался Михалков, пытаясь аутентично воссоздать на экране

---

[28] Англоязычную версию этой грозной речи Михалкова, произнесенной в 1998 году в Союзе кинематографистов, см. в [Beumers 1999: 50–53].

[29] Как и многие другие современные российские режиссеры, Михалков усвоил голливудскую конвенцию сиквела; отсюда и его фильм «Утомленные солнцем 2», состоящий из двух частей: «Предстояние» (2010) и «Цитадель» (2011) (последний иногда называют «Утомленные солнцем 3»). Стоивший 55 миллионов долларов, фильм «Цитадель» весьма эффектно провалился в прокате и вызвал неприятие кинокритики. Это не помешало Михалкову как члену Российского Оскаровского комитета (под председательством Владимира Меньшова) выдвинуть «Цитадель» на Оскар в 2012 году в номинации «Лучший фильм на иностранном языке», — несмотря на сопротивление Меньшова и возмущение многочисленных членов российского кинособщества.

эпоху, он не только не смог устранить анахронизмы и исторические неточности, но и вернулся к стереотипам советского антиамериканизма, противопоставив культурную и благородную Россию мелочному материализму мутных американцев, разоряющих обширные сибирские леса исключительно ради прибыли. Было бы очень трудно не заметить в этом фильме аналогий между экранными событиями и деятельностью Америки в постсоветской России, и хотя эта костюмная мелодрама встретила неоднозначные отзывы критиков, она все же повысила «боевой дух» местной аудитории.

Если уже «Американская дочь» и «Сибирский цирюльник» отражали ощутимое охлаждение русских по отношению к их экономическому «ментору», то к концу 1990-х годов бомбардировка Югославии войсками НАТО (1999), размывание привычной инфраструктуры в результате ускоренного и ухабистого перехода к анонсированной рыночной экономике и наплыв догматичных, некомпетентных американских экспертов в политике, экономике и религии окончательно подкосили веру русских в то, что американские возможности и идеалы могут быть реализованы в России. По выражению писателя Виктора Ерофеева, «уже к концу правления Ельцина русские разочаровались в Западе, который теперь воспринимается как вероломный и сомнительный». Сегодня Ерофеев видит «новую холодную войну — имиджевую войну», и этот имидж (то есть репутация) создавался не только на политических саммитах, но и на экране.

Неудивительно, что самый популярный фильм 2000 года также весьма красноречиво показал, что отношения между двумя давними врагами достигли дна. И сам фильм, и его триумфальный прием симптоматизировали глубокое разочарование России в ее псевдо-союзнике, которое выразилось в кричащей националистической гордости и клевете на Америку, что очень напоминало советские стереотипы враждебности. Само название бесхитростного блокбастера Алексея Балабанова «Брат 2» (2000) и вторичная природа его главного героя указывали на преемственность по отношению к Голливуду и его маркетинговым стратегиям — даже несмотря на то, что по своему сюжету фильм разоблачал многочисленные проблемы Америки. Если действие фильма «Брат» (1997) происходило в Петербурге, то «Брат 2» перемещал героя в Нью-Йорк и Чикаго, куда рэмбоподобный «справедливый» киллер отправился искать убийц своего друга. Словно священный мститель, попавший в эти предполагаемые рассадники мафиози, сутенеров и проституток, балабановский паладин с пистолетом интуитивно распознает в американцах палачей и жертв, уничтожая первых и благородно спасая вторых. В этом смысле к фильму «Брат 2» очень точно подходит наблюдение Ерофеева, согласно которому ностальгия по авторитарной империи «подразумевает, что русским придется отказаться от общечеловеческих ценностей и принять ситуацию, в которой местные бандюги считают своим долгом убивать всех, кого они не любят». Относительное равнодушие американцев к любому кино, снимаемому за пределами Голливуда, исключает вероятность их негодования по поводу российских фильмов — по крайней мере в том же масштабе, в котором прозвучало недовольство заинтересованных групп россиян фильмами «К-19» и «Изгой». Тем не менее западные обозреватели, ознакомившиеся с фильмом «Брат 2», сочли его оскорбительным и грубым свидетельством углубления враждебности русских по отношению к Соединенным Штатам, вызывающей в памяти доперестроечную эпоху.

Бурный энтузиазм по поводу этого усыпанного трупами кинематографического гимна моральному превосходству русских совпал с широкомасштабным подъемом антиамериканизма, проявившегося в музыкальных хитах вроде «Убей янки» Александра Непомнящего [Higgins 2000, Grishina 2000][30], в публикациях, обличающих американский империализм [Grishina 2000], а также в выдвинутых Западу в ходе Олимпиады-2002 обвинениях в возобновлении тактик холодной войны [Poroshin 2002]. Несомненно, начатый в 1990-е годы роман между Востоком

---

[30] Непомнящий, как сообщалось, считал новым врагом мелкий ортодоксальный капитализм в американском стиле: «Вы зовете это “американской мечтой”. Я называю это ценностями большого супермаркета» [Higgins 2000].

и Западом закончился, сменившись воинственным недоверием, которое, в свою очередь, привело к отторжению: после 2000 года американцы практически исчезли с российской кинопленки. На протяжении 1990-х их дурные черты передавались «новым русским» — «суррогатам» американцев, использовавшим новые методы ведения бизнеса, угрожая тем вековым национальным традициям, которые все больше утверждались отечественными фильмами. Подобно тому как голливудские фильмы 1950-х годов регулярно трансформировали американскую паранойю о коммунистической угрозе в образы инопланетян («чужих из открытого космоса»), современные российские фильмы проецируют «американизм» в новый псевдо-класс российских предпринимателей. В конце концов, согласно советской официальной точке зрения, американские ценности по сути сводятся к «разрешающему любые захваты» капитализму, то есть к *modus operandi*, широко ассоциирующемуся с погрязшими в преступлениях русскими пройдохами эпохи постсоветского Клондайка[31]. Заселив российские комедии в 1990-х годах, эти высмеиваемые и презираемые прагматики превратились в одержимых деньгами пошляков — в таких фильмах, как «На Дерибасовской хорошая погода, или На Брайтон-Бич опять идут дожди» (1992) Леонида Гайдая и «Русское чудо» (1994) Михаила Кокшенова. Мелодраматичный «Ворошиловский стрелок» (1999) Станислава Говорухина изобразил их как подлых и аморальных бандитов. Более разноплановые образы этих «заместителей» американских капиталистов-головорезов были представлены в таких фильмах, как «Приятель покойника» (1997) Вячеслава Криштофовича, «Свадьба» (2000) Павла Лунгина и «Москва» (2000) Александра Зельдовича. Хотя эти фильмы и не демонстрировали столь же банально-пренебрежительный подход, в итоге они тоже поспособствовали кончине экономически успешного, но духовно обанкротившегося финансиста на экране.

Пожалуй, наиболее многоплановое изображение «нового русского» появилось в «Олигархе» (2000) Лунгина, и это не

---

[31] Анализ образа «нового русского» см. в [Goscilo 2003: 3–90].

случайно, так как режиссер картины несколько лет прожил за границей. Один из немногих русских фильмов, позитивно воспринятых на Западе, «Олигарх» опирается на псевдо-беллетризованные мемуары Юлия Дубова «Большая пайка» (1999), пересказывающие головокружительное восхождение к славе и успеху Б. А. Березовского[32]. Богатейший и, возможно, наиболее влиятельный человек в ельцинской России, Березовский построил огромную империю с помощью сомнительных сделок и оказал решающую поддержку Ельцину на его повторных выборах 1996 года, а также Путину во время его президентской кампании 2000 года. Когда Путин начал расследование его бизнес-деятельности, Березовский бежал в Лондон (2001), где, пользуясь политическим убежищем под именем Платона Еленина, регулярно обвинял путинский режим. Сконцентрировав внимание на трансформации бойкого и одаренного ученого в миллиардера, фильм «Олигарх» живо передает изменчивую природу российских «лихих девяностых» — характерное для них чувство на первый взгляд безграничных, но рискованных финансовых возможностей, коррумпированность, жестокость и вероломство, — но при этом воздерживается от того, чтобы опускать главного героя до уровня неандертальца-стяжателя. В конце концов, Березовский, автор более чем дюжины книг и статей по теории управления, был членом-корреспондентом Российской академии наук, заведующим институтом и членом Государственной думы. Отказавшись от примитивных характеристик, Лунгин предложил более сбалансированное изображение русского бизнесмена, чем в предыдущих фильмах, и, в некотором смысле, проложил путь к реальному перерождению повсеместно осуждаемых «новых русских» в респектабельных и даже иногда вызывающих зависть финансистов 2000-х годов. И теперь когда улучшенное благодаря нефтедолларам финансовое состо-

---

[32] Проведенный М. Н. Липовецким захватывающий анализ «Большой пайки» и других литературных произведений, посвященных «новым русским», дает глубокое понимание конструкции культурного мифа этой социальной категории. См. в [Липовецкий 2003б].

яние России помогло создать то, что можно назвать новым средним классом, собственность и достаток уже необязательно сигнализируют об «американизме»[33].

Мачистский боевик и национальные различия

Какими бы ни были изменения в восприятии русскими бывшего врага на протяжении девяностых, и в русском, и в американском киномейнстриме образы «других» в основном наводняли жанр боевика, который по определению является жанром мужским, вытесняющим женских персонажей на второй план. Действительно, обе кинематографические школы использовали общий язык в репрезентации мужского героизма и национального превосходства, выраженных в традиционной, часто сентиментальной форме. И там и там мачизм или мужское благородство часто влекут за собой жертву ради семьи, нации или мира. Если восприимчивый к политкорректности Голливуд хоть и довольно поверхностно, но все же маскировал главенство мужской деятельности, то русские регулярно выставляли женщин в качестве не более чем приложений к мужчинам, и ни Михалков, ни какой-либо другой режиссер никогда не переживал из-за отсутствия настоящих русских героинь на экране.

Несмотря на такую общность в гендерно-жанровых вопросах, довольно стабильно проявляются и некоторые культурные различия. Фильмы вроде «Брата 2» не пытались замаскировать расизм, интенсифицированный в России в результате террористических актов, которые, как считалось, совершались чеченцами. В то же время американская политкорректность, часто осмеиваемая русскими критиками, наоборот, диктовала вклю-

[33] Харли Бальцер был одним из первых западных комментаторов, кто обнаружил стремление «новых русских» к «буржуазной нормализации» в конце 90-х годов. См. [Balzer 2003]. Несмотря на то что в настоящее время термин «российский средний класс» используется повсеместно, тем россиянам, которые имеют значительные доходы и стремятся тратить деньги, не хватает традиционных характерных черт этого класса.

чение умных и патриотичных афроамериканцев в список персонажей. Если американские фильмы, как правило, используют ковбойские, спортивные и медийные мотивы для консолидации национальной идентичности, то тематические модели в российском кино включают полеты, границы и подходящие по смыслу песни (часто англоязычные). И хотя русские кинорежиссеры и присвоили некоторые жанровые конвенции и маркетинговые уловки Голливуда, они зачастую использовали их для возобновления антиамериканской пропаганды. Наконец, последнее различие: благодаря печально известному доминированию голливудских боевиков в российских кинотеатрах, а также доступности пиратского видео, российской аудитории хорошо известно, как сама Америка изображает себя на экране и как она продолжает принижать своего бывшего врага эпохи холодной войны; с другой стороны, свежие российские фильмы, напротив, демонстрируют угасание интереса к показу американцев, равно как и отсутствие реакции на их экранные «автопортреты».

Облик грядущего

Книга «Выцветание красного» структурирована хронологически: каждая глава охватывает отдельный период внутри примерно пятнадцатилетней эпохи русско-американских отношений и рассматривает созданные в это время кинематографом обеих стран произведения. Первая глава «“Приятели”: Безоблачный период русско-американских отношений (1990–1992)» демонстрирует оптимизм по поводу растущего партнерства сверхдержав после падения коммунистического строя — оптимизм, осторожный со стороны Америки и полный энтузиазма со стороны России. В новом десятилетии сохранялась безумная атмосфера перестройки: русские ожидали, что американский опыт на запросто разрешит колоссальные экономические дилеммы их народа, а средства массовой информации обеих стран энергично освещали взаимоотношения между Джорджем Бушем и Ельциным.

В главе второй «“Брат с другой планеты”: Хмурое небо (1993–1996)» исследуется спад во взаимодействии, вызванный неустойчивым финансовым положением России и ее растущим скептицизмом не только в отношении целей Америки, но также в отношении эффективности и последствий защищаемой ею политики «шоковой терапии». Хотя Билл Клинтон совместно с Ельциным работал над ограничением распространения ядерного оружия и оживил российскую экономику благодаря программе Нанна–Лугара, а также различных международных институций, Россия погрузилась в финансовый хаос, промышленное производство резко упало, и, по оценке Всемирного банка, между 1993 и 1996 годами отток капитала составил 88 миллиардов.

Глава третья «“Глубокая заморозка”: Надвигается гроза (1997–1999)» прослеживает упадок отношений вплоть до новой враждебности, когда Россия из-за дефолта не выполнила своих обязательств по долгам (август 1998 года), поскольку крах множества банков вызвал мгновенную потерю населением сбережений, а инфляция выросла более чем на 80 процентов. «Помощь Америки» казалась неразрывно связанной с российской коррупцией, системным беспорядком, а также быстрым обогащением таких магнатов, как Березовский, В. А. Гусинский и В. О. Потанин, — как раз в тот момент, когда бесчисленное количество русских оказались за чертой бедности. Спровоцированный США воздушный удар НАТО по Югославии привел к бурным протестам в Москве и обострил обиду против Соединенных Штатов, которые, в свою очередь, критиковали войну России с Чечней и явно желали дистанцировать себя от пьяных выходок и непредсказуемости Ельцина.

Четвертая глава «“Долгое прощание”: Зима тревоги нашей (2000–2005)» посвящена радикальному ухудшению, на фоне которого начало 1990-х годов стало казаться «золотой эрой» искреннего союза. Отставка Ельцина в 2000 году и последовавшее за ней избрание Путина привели к фундаментальным социоэкономическим изменениям и постепенной стабилизации. Доходы от нефти, нефтепродуктов и природного газа облегчили финансовое восстановление России, увеличив чистый доход примерно на 20 %. Более не скованная зависимостью от Соединенных Штатов, Россия стала открыто критиковать американское высокомерие и империализм, о котором теперь в первую очередь свидетельствовала крайне сомнительная война в Ираке.

В проницательной заметке 2002 года Александр Аничкин, бывший заместитель редактора газеты «Известия», отмечал:

> Несмотря на все разговоры мировых лидеров о России как о стратегическом партнере Европы или США и как о серьезном игроке на мировой арене, в глубине души мы все еще воспринимаемся в качестве международной шутки, нации алкоголиков и неумех. Это <...> голливудский взгляд на Россию, но он еще сохраняется. <...> Многие в России начинают винить во всех постсоветских неурядицах Запад. Когда становится очевидно, что Запад видит Россию как гражданина третьего мира, трудно убедить их, что они параноики [Anichkin 2002].

В самом деле, если в начале 1990-х годов Россия была готова принять «американский путь», то по прошествии десятилетия большинство населения уже поддержало путинскую риторику гордости за национальную силу и культурные традиции. Сегодня и российские, и американские комментаторы, признавая отсутствие подлинного и стабильного сотрудничества между двумя странами, часто воскрешают призраков холодной войны. Например, в мае 2014 года премьер-министр Д. А. Медведев объявил: «Президент США Барак Обама должен показать больше политического такта, чтобы смягчить кризис в отношениях с Россией, поскольку текущая американская политика сводит на нет все, что было достигнуто за последние несколько лет перезагрузки, и ведет к новой холодной войне» [Putin: Russia, US Relations 2014]. И даже если сами сравнения сегодняшнего дня с эпохой железного занавеса остаются гиперболой, все же восстановление мирного двустороннего сотрудничества, так много обещавшего в начале 1990-х годов, в ближайшем будущем кажется немыслимым.

Глава 1
«Приятели»: Безоблачный период российско-американских отношений (1990–1992)

Курс перестройки (реструктуризации) М. С. Горбачева во второй половине 1980-х годов привел к хаосу, неопределенности и смятению во многих областях. Но объявление гласности (открытости, свободы слова) обеспечило его реформам народную поддержку, и в ходе новогоднего обращения 1990 года Горбачев назвал прошедший год «годом окончания холодной войны». Действительно, Нил Эшерсон из лондонского Observer провозгласил 1989 год «ключевым годом XX века» [Ascherson 1999: 17], в то время как американский обозреватель Джордж Уилл объявил его «самым поразительным, интересным, многообещающим и значимым из всех годов», второй Реформацией в Европе [Will 1989: 90][1]. Этот важнейший год, начавшийся с инаугурации Джорджа Буша (20 января), ознаменовался множеством событий: завершением вывода советских войск из Афганистана (15 февраля); декларациями суверенитета прибалтийских стран; посланием Горбачева лидерам стран Варшавского договора, в котором говорилось о том, что они могут выбирать свой собственный путь развития социализма (7 июля); выборами первого с 1948 года некоммунистического правительства в Польше (24 августа); смещением лидера ГДР Эриха Хонеккера

---

1 Детализированную хронологию периода 1989–1991 годов см. в [Fischer 2000].

Эгоном Кренцем (18 октября) и последующим разрушением Берлинской стены (9 ноября); отказом членов Брюссельского договора от брежневской доктрины и подтверждением их права на самоопределение; казнью румынского диктатора Николае Чаушеску и его жены (25 декабря); наконец, выборами первого президента-демократа в Чехословакии — писателя Вацлава Гавела. С потерей Коммунистической партией монополии власти, крахом коммунистической идеологии во всей Восточной Европе и распадом Советского Союза сцена, казалось, была готова для того, что Рейган так лихо назвал новым мировым порядком.

Эйфория перестройки и последовавшего за ней постсоветского периода возникла из оптимистических ожиданий того, что множество осторожных, экспериментальных изменений как в русско-американских отношениях, так и в самом Советском Союзе смогут быстро преобразовать «империю зла» в дружелюбного союзника, готового к сотрудничеству с экономически щедрой и в не меньшей мере стремящейся сотрудничать Америкой. Односторонние уступки Горбачева в области сокращения вооружения, его готовность к ведению переговоров в цивилизованной форме, а также проявленное им уважение к идее международного мира убедили глав западных государств, что он искренне желает сближения. Присоединяясь к общей оценке Западом человека по прозвищу Горби, британский премьер-министр Маргарет Тэтчер сформулировала свою позицию так: «Мне нравится мистер Горбачев. Мы можем иметь с ним дело» [Oberdorfer 1991, 1998: 154]. Общее позитивное отношение и Рейгана, и Буша-старшего к Горбачеву (а затем и к Б. Н. Ельцину) значительно повлияло на формирование в Америке общественного мнения о русском президенте и представляемой им «новой России».

Хотя Горбачев и Буш разошлись во мнениях относительно войны в Персидском заливе (январь 1991 года), участия в которой президент СССР и его специальный посланник Е. М. Примаков путем переговоров стремились избежать, оба лидера сверхдержав продолжали поддерживать теплые отношения[2].

---

[2] Подробнее о взаимоотношениях Буша и Горбачева см. в [Oberdorfer 1991, 1998].

И когда Буш в августе 1991 года узнал от американского посла Джека Мэтлока о плане заговора нескольких коммунистов старой закалки против Горбачева, он незамедлительно телеграфировал советскому президенту, попросив его принять Мэтлока. Горбачев, как сообщалось, ответил на это предупреждение благодарностью: «Скажите президенту Бушу, что я тронут. Я чувствовал, что мы партнеры, и теперь он доказал это... Он сделал то, что делают друзья» [Oberdorfer 1991, 1998: 453].

В период поздней перестройки и в начале 1990-х годов стали доминировать слова «мост» и «сотрудничество». В. В. Познер и Фил Донахью провели телемосты Москва–Нью-Йорк и установили диалог между странами, озвучив мнения по вопросам, представлявшим общий интерес. Кроме того, были воплощены в жизнь многочисленные совместные бизнес-проекты; резко возрос туристический, культурный и образовательный обмен России и США; русские мотивы проникли в западную моду, а картины русских художников продавались на аукционах по беспрецедентным ценам[3]. Наборы на курсы русского языка выросли по всей Америке; конференции с участием российских и американских ученых и писателей проходили по обе стороны Атлантики; российские авторы (такие как Т. Н. Толстая) принимали приглашения из американских университетов. Несмотря на оппозицию консервативных групп, атмосфера оставалась ликующе оптимистичной, полной веры в перспективы бесконечного сотрудничества, и поддерживалась дружеской риторикой, впрочем, зачастую эмпирически ничем не подкрепленной.

Во время президентства Б. Н. Ельцина (сменившего Горбачева 26 декабря 1991 года) и Билла Клинтона (занявшего президентский офис в январе 1993 года) обе страны сфокусировались на ограничении распространения ядерного оружия и, что было

---

[3] «Сотби» начал проводить аукционы русского искусства в 1985 году, и на первом аукционе в России, состоявшемся в Москве в июле 1988 года, шесть картин художника-нонконформиста Гриши Брускина были проданы за 800 000 долларов. Хотя в середине 1990-х годов западное увлечение русским искусством снизилось, на аукционе «Сотби» 2005 года русские картины XIX и XX веков все же были проданы за впечатляющие суммы.

особенно важно для большинства россиян, на улучшении экономики. Если администрация Буша не хотела отвечать на запросы России о выделении больших сумм для оказания экономической помощи, то Клинтон, действуя полностью в соответствии с обещанием, которое он дал в ходе своей предвыборной кампании, оказал России существенную, практически неограниченную помощь. В рамках плана Нанна–Лугара и при содействии стран — участников G-7, Международного банка и Международного валютного фонда Россия приняла деньги, предназначенные для модернизации экономики, и, помимо этого, также получила более трех миллиардов долларов в качестве прямой помощи от США в 1993 и 1994 годах.

Несмотря на то что значительная часть денежных средств так и не дошла до предполагаемых получателей, в начале 1990-х годов щедрость Америки к своему прежнему врагу породила в народе образ Соединенных Штатов как доброго «американского дядюшки» или феи, одним взмахом своей волшебной долларовой палочки способной решить экономические проблемы бедствующей нации. Поэтому русские фильмы данного периода отражали не только социальные перемены тех бурных лет, но и мифологизированный образ Америки как всемогущего и бескорыстного благодетеля.

«Такси-блюз» (1990 год, режиссер Павел Лунгин)

Один из первых советских фильмов совместного производства, выпущенный во время перестройки и за год до распада СССР, «Такси-блюз» вызвал много споров. Созданный коллективно компаниями «АСК Еврофильм», «МК-2» (с продюсером Марином Кармицем) и киностудией «Ленфильм»[4], дебютный фильм Павла

---

[4] В одном из своих интервью Лунгин восторженно отзывался об условиях работы в этой международной группе. Он также отметил, что в Каннах российские журналисты и работники телевидения пренебрежительно отнеслись к его фильму. См. [Понарин 1990: 26–27].

Лунгина получил престижный приз за лучшую режиссуру на Каннском кинофестивале[5], где Кармиц сразу продал права на показ картины более чем трем десяткам стран. Реакция на «Такси-блюз» в России, однако, включала и яростную атаку киноведа Р. Н. Юренева на увиденную им в фильме безнравственность и одержимость режиссера лишь недостатками советского общества, а также обвинение А. В. Шпагина в дешевом преклонении перед западными вкусами. Французское и американское финансирование, как утверждал Шпагин, в конечном счете не дало Лунгину возможности вложить «сердце», «душу» и «сострадание» в эту картину, посвященную позднесоветской реальности[6].

Как предсказывал Жан-Жак Бернар, фильм был встречен в СССР без энтузиазма из-за его пессимизма, а также из-за показа повседневной жизни Москвы [Бернар 1991: 11]. И действительно, в своей статье, носящей красноречивое название «Сор из избы», Р. Н. Юренев в полном соответствии с советской идеологией считает аксиомой, что искусство должно функционировать в качестве «оружия против социального зла» и носителя «позитивных идеалов». С готовностью признавая режиссерское мастерство Лунгина и блестящую игру обоих исполнителей главных ролей, Юренев (1912 года рождения) подвергает критике «Такси-блюз» на морально-идеологической почве, утверждая, что фильм «пропагандирует пороки» и недобросовестно высвечивает предосудительные элементы советского бытия [Юренев 1990][7]. Любопытно, что высказывания самого

---

5 Д. Е. Евстигнеев получил премию «Ника» в категории «Лучшая операторская работа».

6 Оригинальное исследование как фильма «Такси-блюз», так и всего творчества Лунгина в целом с точки зрения развития маскулинности см. в [McVey 2013].

7 Александр Киселев также хвалит актеров и «блестяще выбранные» места съемок, но признается, что фильм ему не понравился (скрывая от читателей, почему именно). Кроме того, он объявляет фрейдистские отношения любви-ненависти двух главных героев «интересными для зрителя, но не для читателей рецензии», и отказывается от фрейдистского анализа, который считает «скучным» [Киселев 1990: 26].

Юренева о советской жизни выявляют еще более мрачное, чем у Лунгина, видение эпохи поздней перестройки[8].

В противоположность бадди-фильмам, «Такси-блюз» фокусирует внимание на сложных отношениях между типичным и недалеким московским таксистом Иваном Шлыковым (актер Петр Зайченко из Волгограда) с одной стороны, и богемным алкоголиком-евреем Лешей Селиверстовым (Петр Мамонов) с другой, причем отношения эти развиваются не по законам жанра, а в форме личной и классовой вражды. Через образ Шлыкова («шлык» — это старомодный конусообразный головной убор), чей девиз «Работать!» отлично гармонирует с его ежедневным режимом интенсивных физических тренировок, фильм бросает вызов хваленой советской парадигме пролетариата как здорового и цельного воплощения советской идеологии, гаранта ее сияющего будущего. Вероятно, выращенный на строгой диете из советских лозунгов и сопутствующих им подсознательных предрассудков (весело спародированных актером Владимиром Кашпуром в карикатурном образе его соседа, пенсионера Нечипоренко), Шлыков изначально создает впечатление упорного труженика. «Надежный как кирпич» — с обидной иронией характеризует его саксофонист Леша, после чего обманным путем исчезает из такси, не заплатив за проезд. Возмущенный такой безответственностью и эгоизмом, Шлыков выслеживает саксофониста, чтобы преподать ему урок «социальной справедливости» и заставить оплатить долг тем унизительным и бессмысленным трудом, к которому советский режим систематически принуждал своих граждан.

Образованный Леша — полная противоположность Шлыкову во всех отношениях. Это пьющий и ветреный представитель

---

8 Разделяя отвращение Юренева к фильму, Шпагин осуждает «Такси-блюз» за то, что в центре фильма находятся «рыночные» соображения, а не человеческие ценности, а также за то, что Лунгин не смог воплотить на экране то понятие «несправедливости», которое присутствует в его сценарии. И. И. Рубанова и В. П. Демин полемизировали с Юреневым и Шпагиным, обвиняя их в нарушении профессиональных норм критики. См. [Рубанова 1990, Демин 1991].

интеллигенции, самопровозглашенный гений, социальный отщепенец без каких-либо ясных перспектив и иллюзий, преданный исключительно водке и своему инструменту. Если на протяжении большей части фильма этот одаренный алкоголик кажется зависимым от упорных спасательных действий Шлыкова (и при этом не проявляет к нему ни малейшей благодарности), то после неожиданного поворота, составляющего основной эффект фильма, сам прагматичный Шлыков эмоционально привязывается к тому, на кого раньше неоднократно выливал свою антиинтеллектуальную и антисемитскую желчь.

Как это часто бывает в российских фильмах 1990-х годов, причиной драматического поворота становится именно Америка. В конце фильма Шлыков удивительным образом превращается в иррационального невротика, тогда как Леша внезапно получает признание (и даже более того: статус «звезды») после путешествия в Америку, которое приносит ему славу, деньги, записи и неизменный красный мерседес, высший символ Хорошей Жизни у «новых русских». В этом немыслимом для доперестроечных времен сценарии Леша воплощает свою мечту об Успехе на Западе, которую он к тому же реализует посредством межкультурных связей, затрагивающих в фильме расовые вопросы. Вместо пропаганды советских ценностей борьбы и самопожертвования во имя национальных и коллективных интересов «Такси-блюз» демонстрирует привлекательность и престижность индивидуального художественного таланта, ведь, несмотря на подчеркнуто отталкивающее поведение Леши, именно его вдохновенная игра на саксофоне и дает ему персональный билет в мир роскоши и признания.

На конкретном примере Леши Лунгин подчеркивает значимость творчества как средства преодоления национальных и расовых барьеров. Поворот Лешиной судьбы (так же как и его временная трезвость) напрямую проистекает из его мгновенно возникающего духовного родства с американским саксофонистом Хэлом Сингером (Декстер Гордон), *deus ex machina*, прилетевшим на своем собственном самолете и, по-видимому, обла-

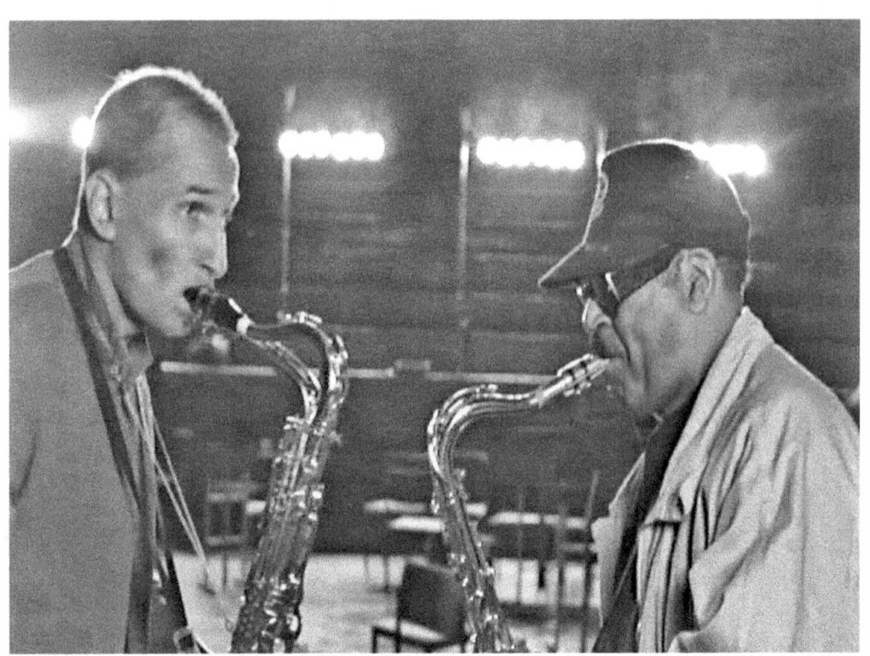

Саксофонный дуэт Леши и Хэла Сингера, выражающий мгновенно возникшую и безразличную к расовым вопросам общность творческих личностей

дающим безграничным влиянием[9]. По справедливому утверждению Екатерины Истоминой, сам цвет его кожи подчеркивает, насколько этот возникший словно из волшебной сказки экзотический и магический персонаж чужд русской обстановке [Истомина 1997: 64–67]. Сингер мгновенно распознает музыкальный талант советского человека и организует Леше визит в Соединенные Штаты, которые здесь оптимистично изображены как материальный рай для художников. Впервые эти двое саксофонистов «разговаривают» друг с другом на языке музыкальных инструментов, которые, по заявлению Сингера (в опубликованном сценарии носящего фамилию Маллиган), объединили их как «братьев». Эта связь позволяет Леше переместиться в американское Эльдорадо — российскую перестроечную фантазию, порожденную горячкой хаотичного периода провозглашенного сотрудничества с Западом, запустившего мириады совместных деловых предприятий и культурных инициатив.

---

[9] Гордон — профессиональный джазовый саксофонист [Бернар 1991: 11].

Завершенный в 1990 году, «Такси-блюз» в тот же год попал в кинотеатры, и именно этим историческим моментом в значительной степени объясняется его амбивалентность и неоднозначный прием в России. С одной стороны, фильм следует советской традиции приравнивания Америки к миру денег и товаров. С другой стороны, он нарушает те традиции, согласно которым Америка изображалась как гнездо эксплуататоров и капиталистических змей, вместо этого показывая ее как «страну возможностей» для одаренных личностей — включая советского джазового музыканта. Возникший в среде черного населения Соединенных Штатов в конце XIX века, джаз имел сложную историю в Советском Союзе[10]. По утверждению критика В. В. Гульченко, джаз, как и рок, демократичен, анархичен и свободен от правил и границ; в нем ценятся импровизация и вариации[11] — отсюда его предполагаемая способность подрывать общественно-политические структуры, особенно те, которые держатся на жестких законах[12]. Неприятие джаза советским режимом, официально задокументированное в его наиболее консервативные периоды[13], и полная «ненадежность» Леши служат разумным объяснением неспособности последнего найти и удержать стабильную профессиональную нишу на родной земле — даже в относительно свободной атмосфере

---

[10] Превосходное исследование истории джаза в Советском Союзе см. в [Starr 1985].

[11] Гульченко резонно сравнивает «Такси-блюз» с самим джазом [Богомолов, Гульченко, Лаврентьев 1991: 63].

[12] Рок-н-ролл в Советском Союзе и в постсоветской России вызывал аналогичные ассоциации. Будучи американским «импортом», он попахивал легкомыслием и бесконтрольностью. Это нашло отражение в фильме «Охота за “Красным Октябрем”» (1990): когда собирающийся дезертировать капитан Рамиус отдает экипажу приказ проплыть мимо берегов США, чтобы проверить, обнаружат ли американцы советскую подводную лодку, он говорит: «Мы уложим на лопатки их самый крупный город и послушаем рок-н-ролл наших ракетных учений, а когда закончим, единственное, что они услышат — это наш смех».

[13] Как ни парадоксально, в 30–40-е годы джаз «процветал <...> как никогда раньше или позже» [Fitzpatrick 1992: 209].

перестройки[14]. Как и в более поздних фильмах — таких как «Олигарх» (2000) того же Лунгина, — в «Такси-блюзе» противопоставляются традиционные советские песни и джаз, и в конце концов предпочтение отдается последнему. Это, вероятно, объясняет и выдвигавшиеся против фильма обвинения в русофобии, и убеждение Ю. А. Богомолова в том, что «Такси-блюз» будет популярнее на Западе, чем дома, поскольку, по его мнению, фильм выполнен в западной эстетике. Конечно, и жанр (перевернутого) бадди-фильма, и обязательная для большинства американских блокбастеров финальная погоня на машинах вряд ли принадлежат советской кинотрадиции, но довольно симптоматично, что Богомолов видит в этом фильме именно американо-советский проект, как бы ненароком забывая о том, что основное финансирование пришло из Франции [Богомолов, Гульченко, Лаврентьев 1991: 62, 66][15].

Особенно примечательно то, что этот фильм полностью игнорирует какие бы то ни было проблемы и конфликты, связанные, с одной стороны, с идентичностью Леши как советского гражданина, попавшего в Соединенные Штаты, а с другой стороны — с цветом кожи американского музыканта, оказавшегося в стране, славящейся своей ксенофобией и расизмом, которые, как известно, неубедительно прикрывались официозными банальностями о просвещенной симпатии советского народа к черным, противопоставляемой диффамации афроамериканцев в Америке[16]. Благодаря монтажным решениям в фильме успех

---

[14] В интервью с известным саксофонистом А. С. Козловым, который в 1973 году организовал джазовую группу «Арсенал», журналист Елена Владимирова отметила, что, например, в 1950-е годы джаз был запрещен и назывался «музыкой толстых» [Владимирова 1995: 68]. О неоднозначном официальном отношении к джазу в СССР см. в [Starr 1985].

[15] В предисловии к опубликованному сценарию «Такси-блюза» Рустам Ибрагимбеков (впоследствии работавший российским консультантом на «Святом») называет фильм советско-французской инициативой [Лунгин 1989: 150].

[16] Фильм Григория Александрова «Цирк» (1936) воспевал фантазию о расовой терпимости в Советском Союзе в сцене признания американского чернокожего ребенка Мэрион Диксон. По мнению авторов фильма, ее собственная

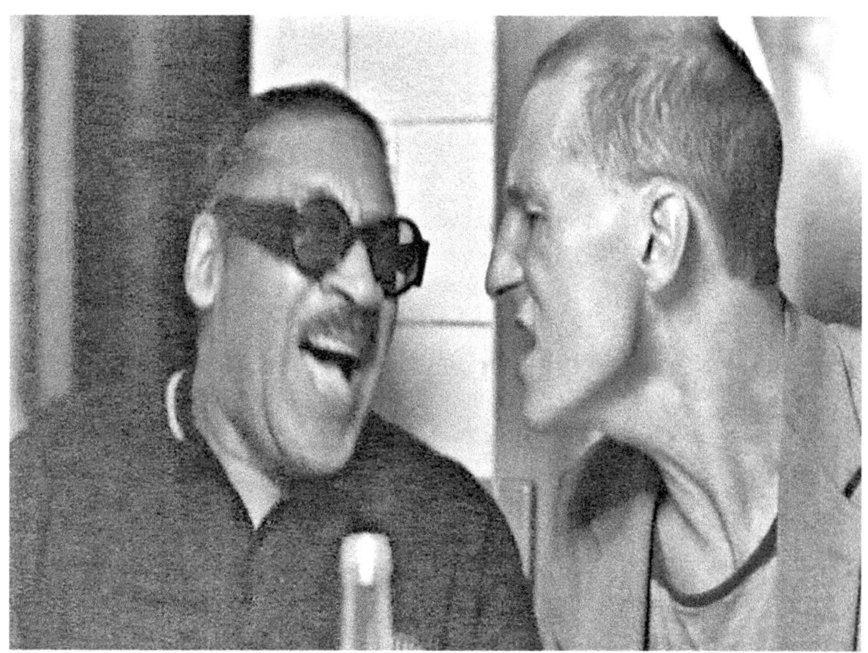

Интернациональное братство получает развитие в ходе торжества в квартире

Леши выглядит мгновенным и легким (со стороны обоих правительств нет никаких препятствий для его поездки за границу!), и его сказочная трансформация в звезду подразумевает, что искусство способно наводить мосты между нациями, долгое время жившими раздельно из-за политической вражды[17]. Более того, фильм даже не скрывает преклонения пролетариата перед знаменитостями: отношение Шлыкова к Леше полностью меняется в тот момент, когда он видит саксофониста на уличном экране, установленном на московском проспекте Калинина (ныне переименованном в Новый Арбат). Превратившись в облепленную фанатами знаменитость, обладающую всеми атрибутами международной славы, этот бывший униженный и непредсказуемый алкоголик обретает теперь ту чарующую ауру, к которой Шлыков оказывается на удивление восприимчивым.

нация подвергла бы ее за это остракизму. С распадом Советского Союза российский расизм стал открытым.

17 Это определение составляет структурирующий тезис монографии Йейла Ричмонда «Культурный обмен и холодная война: подъем железного занавеса» [Richmond 2003].

Таксиста охватывает одержимость Лешей, который, в свою очередь, отплачивает ему коротким и оскорбительным визитом, провоцируя Шлыкова на неистовую финальную погоню по московским улицам.

В необычайно солнечном в политическом отношении сценарии «Такси-блюза» Америка предстает феей-крестной, распределяющей богатства и известность даже среди советских граждан, которых она интегрирует в свое интернациональное мультиэтническое общество. И пока пьянствующий еврей-интеллектуал пожинает плоды своего мастерства в систематически осуждаемом советским режимом музыкальном стиле, неудовлетворенный в любви и высмеянный представитель пролетариата пускается в истеричную погоню за своим обидчиком на угнанной машине, которую он в конце концов, обознавшись, разбивает о чей-то автомобиль; в тот момент, когда оставшийся с носом Шлыков тащит потерявшего сознание водителя в безопасное место, обе машины взрываются, и поднимающийся к небу дым становится метафорой сгорания идентичностей обоих героев, заявленных в начале фильма[18]. Этот визуальный троп подкрепляется появляющейся на экране перед финальными титрами информацией, которая в вербальной форме раскрывает последующие судьбы персонажей.

Порожденный гласностью образ Америки как щедрой благодетельницы противопоставляется другому, проявившемуся примерно в конце второй трети фильма. Когда пьяного и шумного Лешу втаскивают в отдел милиции, оказавшаяся вместе с ним в обезьяннике проститутка в корыстных целях прибегает к избитому сравнению двух противников времен холодной войны, выкрикивая: «Ну что ты заладил — “не положено, не положено”? Мы же не в Америке!» Лунгин не только явно осуждает этот вопиющий элемент пропаганды, представляя позже Америку как страну свободы и изобилия, но также изображает мрачное со-

---

[18] Бернар, восторженно отозвавшийся о фильме, называет эту метафору «американской» и поясняет: «В российском кино, если ты снимаешь преследование на машине, ты агент ЦРУ» [Бернар 1991: 11].

стояние советской столицы во время поздней перестройки. Как проницательно заметила Истомина, Москва восьмидесятых в «Такси-блюзе» появляется в двух обличиях, причем ни одно из них не привлекательно: «две разные Москвы, и одна страшней другой». В начале и в конце фильм обрамляется «верхней», официальной Москвой, состоящей из праздников, фасадов и слоганов и олицетворяемой построенным в сталинскую эпоху слоноподобным супер-отелем «Украина» [Истомина 1997: 64–65 и др.]. Внутрь этих рамок Лунгин контрастно помещает более детализированный городской пейзаж: мрачные, запущенные квартиры, грязные и кривые улицы, груды мусора, антисемитизм, проституция, крайняя бедность и вселенская бесцельность угрюмой повседневной жизни. Ради правдоподобия Лунгин отказался от декораций, арендовав для съемок подлинную коммунальную квартиру на Солянке, а отдельные сцены сняв в ресторане «Арагви» и в реальных московских переулках; все это придает фильму то ощущение подлинности, которое, несомненно, вызвало возмущение Юренева[19]. В то время как большая Москва лишь поверхностно фигурирует на символическом уровне мифа, окружающая среда, сконцентрированная на микроуровне, не оставляет никаких сомнений в бессмысленности регулярно повторяемых властью заявлений о движении к светлому будущему. Несоответствие между этими двумя городами, связанными друг с другом разве что алкоголем, также объясняет те чувства негодования и измены, которые скрывает в себе Шлыков — представитель класса, риторически поддерживаемого истеблишментом. Из информации, появляющейся в конце фильма в виде постскриптума и описывающей дальнейшие судьбы героев, мы узнаем, что двумя годами позже Леша умер, бывшая девушка Шлыкова Кристина вышла замуж за милиционера и стала владелицей ресторана, а сам Шлыков, окончательно махнув рукой на свои пролетарские идеалы, открыл кооператив — одну из главных экономических новинок эпохи перестройки.

---

[19] В отличие от большинства критиков, М. Замятнина похвалила Лунгина за этот аспект фильма. См. [Замятнина 1989].

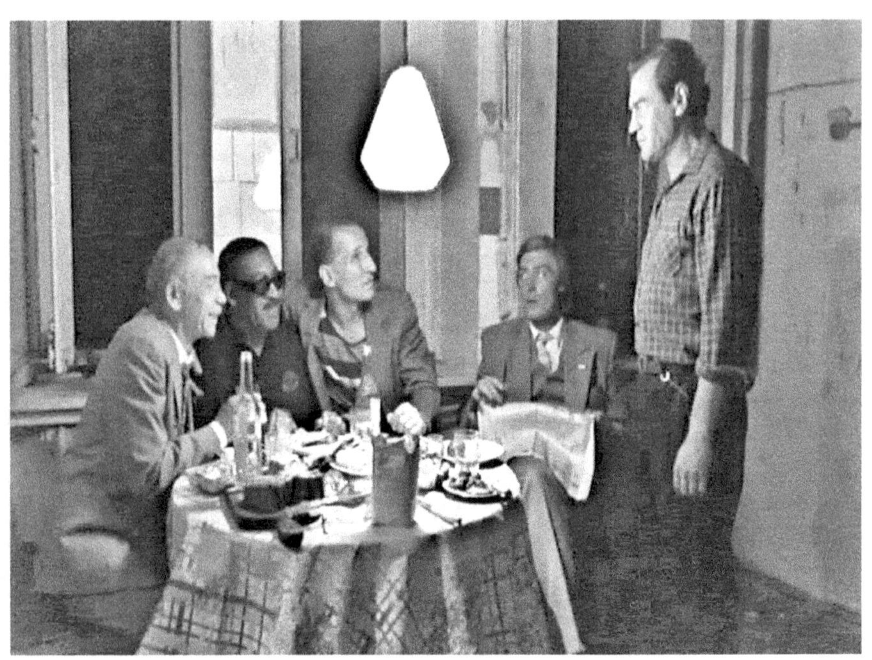

Недружественное появление расиста Шлыкова на вечеринке

Помимо разрушения советских святынь классовой идентичности и классовых взаимоотношений, «Такси-блюз» устанавливает также ряд важных тропов, которые станут шаблонами для экранной репрезентации Америки как в нескольких важных, так и во множестве второстепенных фильмов ранней постсоветской эпохи: это Америка как земля обетованная, самореализация, самостоятельный заработок, изображение тесных связей между русскими и афроамериканцами, опора нарратива на жанр сказки, а также активное использование музыки для тематической ориентации или акцентировки. Как заметил В. В. Гульченко, было бы трудно переоценить значение музыки для «Такси-блюза» и его российских зрителей[20]. Независимо от культурной роли джаза в Советском Союзе как подрывного, антиофициального феномена, поклонники этой музыки могли оценить ее способность гальванизировать слушателей, затмевая и рок-н-ролл, и советские песни. Никто из героев «Такси-блюза» не может противостоять соблазну послушать Лешину игру на саксофоне.

20 См. комментарии Гульченко в [Богомолов, Гульченко, Лаврентьев 1991: 64–65].

Кроме того, оригинальным композициям Владимира Чекасина, звучащим в фильме, Лунгин придал потенциальную привлекательность для молодой аудитории, взяв на спорную роль саксофониста лидера музыкальной группы «Звуки Му» Петра Мамонова, чье имя в среде российской молодежи 1980-х годов было культовым. Как вспоминал Гульченко, на премьере «Такси-блюза» поначалу перевозбужденный и шумный, налакавшийся пива молодой зрительский контингент постепенно успокоился и смотрел фильм до самого конца — вовсе не потому, что это были любители джаза, а потому, что большинство из них были фанатами Мамонова как лидера группы «Звуки Му» [Богомолов, Гульченко, Лаврентьев 1991: 62][21]. Другой критик вспоминал, что показ сопровождали традиционные фанатские выкрики из аудитории: «Петя! Отец родной!»[22] Лунгин, несомненно знавший о репутации своей кинозвезды среди молодого поколения, таким образом показал себя умным и хорошо понимающим аудиторию режиссером.

«Такси-блюз» также создал прецедент сугубо мужского взгляда на постсоветскую реальность. Хотя любовница Шлыкова Кристина (в старательном исполнении Наталии Коляканововой[23])

---

[21] Помимо того, что Владимир Чекасин сочинил музыку для фильма, он также синхронно озвучивает «играющего» на саксофоне Мамонова.

[22] Юлия Горячева резонно связывает музыку Мамонова, лидера организованной им в 1983 году группы «Звуки Му», с его ролью одинокого аутсайдера в этом фильме. Звук «му» как нечленораздельное (коровье) выражение человеческого одиночества во враждебном мире, по ее утверждению, и есть главная тема Мамонова. Цитируемые ею строки из песни «Звуков Му» вполне могли бы послужить эпитафией для Леши: «Я самый плохой, // Я хуже тебя. // Я самый ненужный, // Я гадость, я дрянь, // Зато я умею летать!» В «Такси-блюзе» таким «полетом» является разговор Леши с Богом. Ныне известный российский актер, Мамонов в молодости сменил множество профессий, он является также переводчиком с английского, шведского, датского и норвежского языков. См. [Горячева 1990].

[23] На круглом столе, посвященном фильму, критик Ю. А. Богомолов без пояснения отметил ее игру как деликатную («передает все оттенки душевной жизни своей героини»), и в то же время осудил игру Мамонова и Зайченко как деревянную и одномерную. См. [Богомолов, Гульченко, Лаврентьев 1991: 64–65].

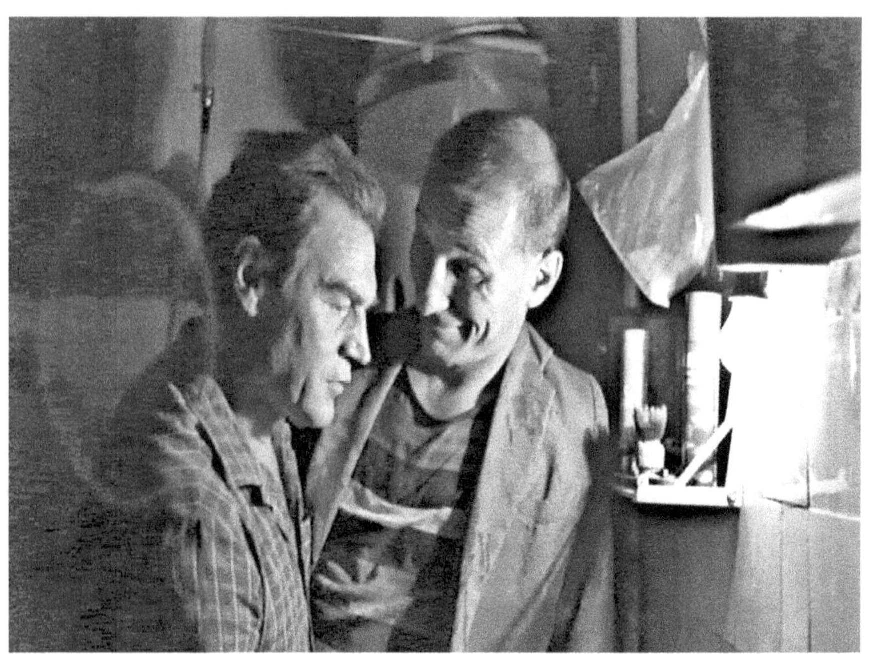

Странная пара «приятелей наоборот»: Леша и Шлыков

присутствует в сцене исступленного «праздника на троих» в коммунальной квартире Шлыкова, она, по сути, функционирует всего лишь как очередной повод для столкновения двух мужчин. Преимущественно мужской фильм, «Такси-блюз» редуцирует женщину до роли довеска или сексуального объекта. Несмотря на то что Леша грубо обращается со своей женой (Елена Сафонова) и даже запирает ее в ванной на несколько часов, она с радостью пускает его к себе в наполненную пеной ванну и охотно отвечает на его ласки, хотя ранее собиралась вышвырнуть его из дома. После унизительного наблюдения за тем пьяным «энтузиазмом», который Кристина испытывает сначала по отношению к Лешиному «сексофону», а затем и к самому Леше, Шлыков вновь утверждает свой контроль над ней в сцене изнасилования, особенно огорчившей Юренева своей «животностью»[24]. Напористость, с которой Кристина

[24] Ничего намекающего на сексуальное насилие в сценарии нет. Как это часто случается с широко обсуждаемыми фильмами, первоначальный сценарий «Такси-блюза» заметно отличается от его экранной версии. Перенесение сценария на экран в данном случае привело к общей гиперболизации

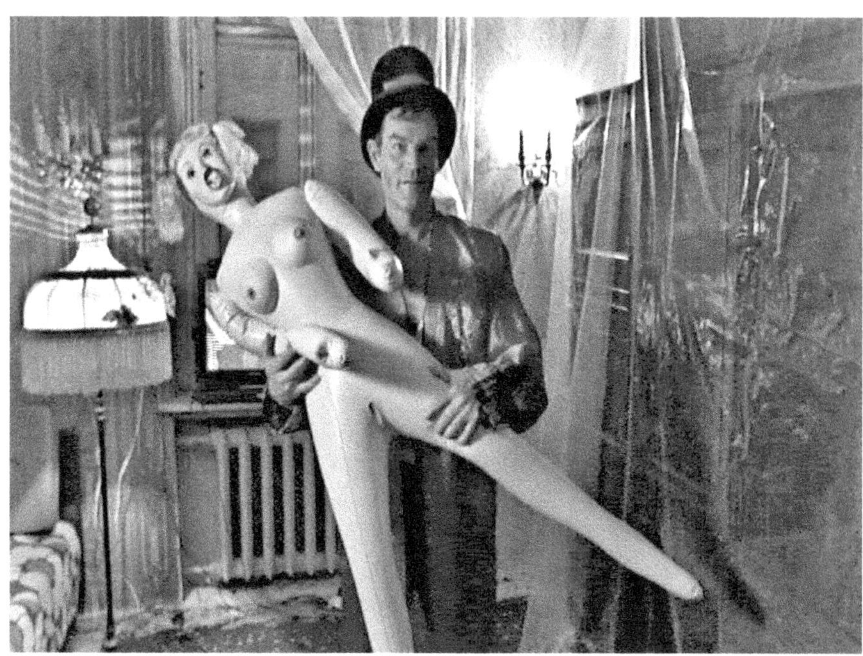

Оскорбительный подарок добившегося успеха Леши Шлыкову — надувная резиновая женщина

выражает свои желания, напоминает мужские модели поведения, а ее фраза «Так хотелось праздника!» дословно повторяет пьяное самооправдание Леши. «Такси-блюз» был в числе тех многочисленных фильмов 1990-х годов, изображавших сизифов труд в попытках установить новый мировой порядок, которые создавались режиссерами-мужчинами для мужской аудитории и, за редкими исключениями, выводили главными героями также мужчин. В этом отношении они точно отражают мир российской политики таким, каким он был тогда и каким остается сейчас.

и ключевым изменениям в финале. Например, в сценарии у Леши есть усы, откровенные эротические сцены отсутствуют, сцена вечеринки в коммунальной кухне более приглушена, а в финале информацию о последующих судьбах персонажей заменяет отсутствующая в фильме сцена: лежа с загипсованными рукой и ногой в больнице (сценарий не указывает ее точное местоположение), Шлыков отрицает, что знаком с Лешей лично, когда тот, к удивлению друга Шлыкова, таксиста Коли, появляется в костюме на экране телевизора. См. [Лунгин 2011].

«Дюба-дюба» (1992 год, режиссер Александр Хван)

Названный по припеву незатейливой песни, звучащей примерно в середине фильма, долгожданный полнометражный дебют[25] Александра Хвана также помещает в центр внимания мужчин — их желания, их интриги и взаимоотношения, — несмотря на то что в сюжете важную роль играет медсестра Таня (Анжела Белянская), которая попадает в тюрьму за воровство наркотиков для своего любовника Николая (Александр Негреба) и которую главный герой Андрей Плетнев (Олег Меньшиков) пытается оттуда вызволить [Лындина 2002: 208–241]. Поскольку организация Таниного побега требует огромных денег, Андрей решает ограбить богача и связывается с бандитами, чтобы они снабдили его огнестрельным оружием и помогли незаконно проникнуть в квартиру подпольного миллионера, которого он подвергает психологическим и физическим пыткам. В конце концов ему удается освободить Таню, но милиция вновь ловит ее и возвращает в тюрьму, после того как она неосторожно наносит визит отталкивающему, эгоцентричному Николаю[26]. В ходе последующего столкновения Николай убивает Андрея, но тот, умирая, успевает взорвать ручной гранатой и себя, и Николая с его сообщником.

Фильм «Дюба-дюба», создание которого растянулось на несколько лет, страдает от неуверенного понимания режиссером основной идеи, что приводит к слабой проработке характеров и общей шаткости структуры[27]. Хотя Хван претенциозно объявил

---

[25] В 1988 году Хван снял среднеметражный фильм «Доминус», получивший специальную премию за режиссуру и приз Гостелерадио СССР за операторскую работу (Анатолий Сусеков) на кинофестивале «Дебют-90» в Москве. Фильм «Дюба-Дюба» получил приз кинокритики за лучший дебют 1992 года, премию «Ника» за звук в 1992 году и стал финалистом «Ники» 1992 года за лучший сценарий и лучшую актерскую работу. Необычный взгляд на эту картину см. в [Lawton 2004: 127–128].

[26] В оригинальном сценарии Таня кончает жизнь самоубийством, но фильм просто «забывает» о ней после ареста.

[27] Об этих и других недостатках фильма см. [Лепиков 1994, Lawton 2004: 127–128].

свой фильм «шекспировской трагедией» [Лындина 2002: 210], сложной как по композиции, так и по способам выражения [Хван 1992: 175], и зрители, и критики (за исключением впечатленного картиной В. П. Михалева[28]), в целом были скупы на похвалы, посчитав, что сложный и запутанный сюжет «Дюба-дюба» отчаянно нуждается в сильной режиссерской руке[29]. Как отметили Д. Л. Быков, Д. В. Горелов и восторженный биограф Меньшикова Э. М. Лындина, несоответствие между сценарием, который читатели сочли шедевром, и итоговым продуктом на кинопленке лишь подчеркивает недостатки последнего [Лындина 2002: 211, 232][30]. То, что талантливые сценаристы Петр Луцик и Алексей Саморядов[31] развивали как серию событий, вытекающих из любви Андрея к Тане, подчеркивая также по ходу дела его привязанность к своему другу и соседу по комнате Виктору, на экране превратилось в повествование о чересчур интеллектуализированном одиночке в духе Достоевского, находящемся в плену избитой идеи собственного превосходства, оправдывающей любые его аморальные поступки. Лындина справедливо называет фильм «своего рода монодрамой» [Лындина 2002: 232]. Снижение значимости Виктора постепенно приводит к сокращению отведенного ему экранного времени, а роль Тани — периферийного персонажа как в жизни главного героя, так и в самом фильме, — становится понятна лишь тогда, когда Андрей наконец «спасает» ее, при этом сам оказываясь

---

28 Лындина детально пересказывает сюжет и при этом подчеркивает неряшливый характер фильма [Лындина 2002: 208–241]. Тем не менее «Дюба-дюба» получил приз за лучший кинодебют 1992 года. В своем восторженном обзоре Михалев повторяет утверждения режиссера о том, что в этом фильме показана шекспировская трагедия, полная сложностей и дающая возможность восхищаться такими «вечными вопросами», как влечение человеческой души к добру и злу. Михалев приписывает Хвану глубокий анализ симбиоза между жизнью, снами и игрой (искусством). См. [Михалев 1992].

29 И. В. Павлова отметила: «Сам способ повествования дробен, фрагментарен и на цельность не претендует» [Павлова 1993: 16].

30 См. [Быков 1993: 6, Горелов 1993].

31 Оба мужчины погибли молодыми: Саморядов в 1995 году упал с балкона на десятом этаже, а пять лет спустя в возрасте сорока лет скончался и Луцик [Лындина 2002: 210–211].

в затруднительном положении. «Зачем я ее привез? Ведь я на нее глядеть не могу! Чего я с ней делать-то буду?» — задается он теперь вопросом[32]. Созданный в голове сценарий и живая реальность раздваиваются для Андрея точно так же, как и для Раскольникова: воплощая свои планы в жизнь, они оба становятся жертвами непредвиденного. К сожалению, то же самое можно сказать и о Хване, чьи радикальные изменения в оригинальном сценарии и добавление к нему озадачивающего «эпилога» превращают логику фильма в хаос.

Все непостижимые противоречия фильма, включая неспособность Андрея отличить фантазию от реальности, можно было бы попытаться объяснить личностью главного героя — студента из провинции, изучающего сценарное мастерство во ВГИКе, — а также подразумеваемой автором параллелью с задумчивым и обособленным студентом Достоевского. Оба персонажа, реализуя свои идеи, совершают преступления — кражу и убийство, — которые, вопреки очевидному прагматизму истинных мотиваций, позволяют им почувствовать себя исключительными людьми, и оба же в итоге получают наказание за свои преступления. Но, в отличие от ссылки в Сибирь и тюремного заключения Раскольникова, которые, в соответствии с принципами Достоевского, через страдание приводят героя к искуплению и последующему духовному перерождению, снятая долгим крупным планом смерть Андрея, захлебывающегося кровью и бьющегося в судорогах на руках Николая, неожиданно сменяется его воскрешением в раю Нью-Йорка. Еще в предыдущей сцене Николай со своим сообщником запихивали его труп в полиэтиленовый пакет, и вот уже живой и невредимый Андрей спокойно прогуливается по необыкновенно пустынному аэропорту Дж. Ф. Кеннеди, а затем пьет водку в баре, который он, по всей видимости, часто посещает, поскольку бармен (разумеется, чернокожий) встречает его как постоянного клиента; они обме-

[32] Упоминание Анной Франклин Тани как «девушки, которую он любит», либо относится к сценарию, либо совершенно неправильно интерпретирует фильм. См. [Franklin 1993].

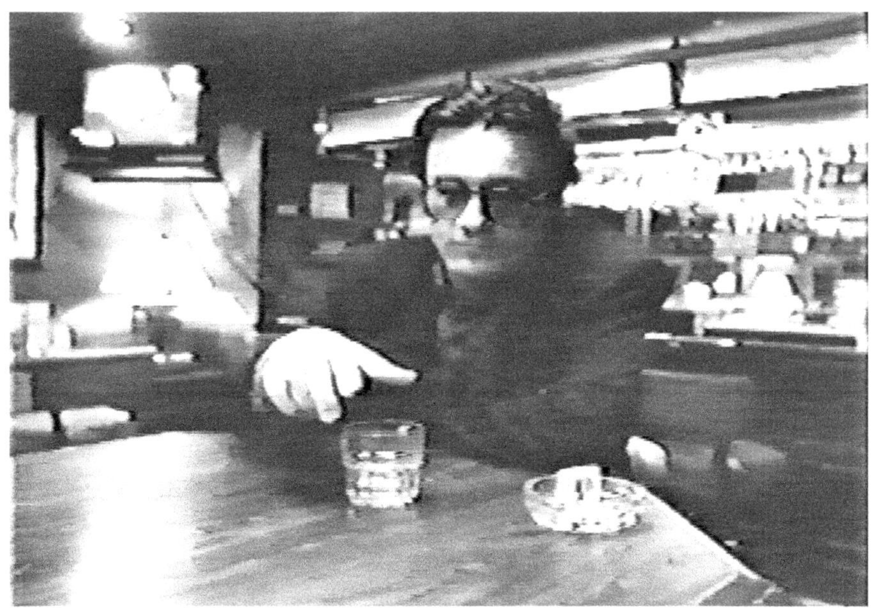

Задумчивый Олег, воскресший после своей «смерти по сценарию», в аэропорту Дж. Ф. Кеннеди

ниваются дружескими репликами, а затем Андрей с загадочной улыбкой прокатывает по поверхности стола обручальное кольцо.

Интерпретация Нины Цыркун, рассматривающей аэропорт как чистилище, отделяющее рай Америки от ада России [Tsyrkun 1999: 58], игнорирует тот факт, что сам аэропорт Дж. Ф. Кеннеди находится в Нью-Йорке и поэтому уже является частичкой рая. По понятным причинам критики высмеяли и сам финал фильма, и неспособность Хвана объяснить чудесное воскресение Андрея, особенно в свете довольно претенциозной сцены, обрамляющей повествование. Пока под аккомпанемент траурной музыки Малера идут вступительные титры фильма, мы видим на экране кузнеца, кующего нож. Снятая с обилием концентрированного света, падающего на желто-красные горящие угли, эта сцена и начинает, и завершает фильм, контрастируя со всем остальным его содержанием как по своему цветовому решению, так и по стилистике. Предположительно, она вводит тему «силы судьбы», поскольку Николай убивает Андрея, нанося ему удар точно таким же или этим самым ножом. Однако в таком случае как объяснить внезапное появление Андрея в Нью-Йорке? Может быть, таким замысловатым образом Хван хотел показать посмертное воплощение мечты погибшего о бегстве? Или эпилог фильма говорит о том, что вся история с Таней — это всего лишь фантазия Андрея, его попытка сочинить криминальную драму? Последнее объяснение кажется наиболее вероятным, особенно учитывая пролог фильма, где Андрей мысленно репетирует сценарий, сидя на ступеньке поднимающегося эскалатора в московском метро, — мы видим, что он хорошо умеет придумывать истории[33]. В эпилоге он также поднимается по эскалатору — теперь уже в аэропорту Дж. Ф. Кеннеди, — и этот параллелизм придает некоторую завершенность полному дыр повествованию фильма: размышления художника о собственном творчестве обрамляют его студенческое упражнение в криминальном жанре, в котором и он сам принимает участие. Невразумительная реплика Хвана о том, что зрители могут интерпретировать возвращение Андрея по собственному желанию [Лындина 2002, Павлова 1993], едва ли ответит на все вопросы и вряд ли оправдает небрежный и надуманный характер финала картины.

Эпиграф из Первого послания апостола Павла к Коринфянам, сразу после вступительных титров появляющийся на экране, скорее окончательно запутывает зрителя, нежели проясняет загадку последней сцены: «Говорю вам тайну: не все мы умрем, но все изменимся» [1 Кор 51: 167]. Появление Андрея в аэропорту после его предполагаемой смерти в самом деле являет собой «тайну», и кажется, что он определенно «изменился», став счастливым, опытным и уверенным в себе человеком, но при этом история с Таней все равно остается необъясненной, так же как и обручальное кольцо, которое Андрей созерцает с улыбкой.

Но каким бы темным ни было это невнятное завершение фильма, роль Америки как страны надежды, мечты и бегства от непригодной для жизни реальности здесь очевидна. В самом начале истории Андрея и его друга-сценариста Виктора среди других студентов киноинститута вознаграждают длительной стажировкой в Нью-Йорке. Впоследствии Нью-Йорк в фантазии Андрея сыграет роль убежища для Тани, где она могла бы скрыться

---

33 Эта версия соответствует прочтению фильма Анной Лоутон. См. [Lawton 2004: 128].

от российского закона. Как и «Такси-блюз», «Дюба-дюба» показывает Америку как место вознаграждения и свободы — то контрастирующее с повседневностью, несравненно лучшее «где-то», о котором тоскуют русские. Слова песни Элвиса Пресли «It's Now or Never», регулярно появляющейся на протяжении всей второй половины фильма и сопровождающей безмолвный подъем Андрея на эскалаторе в эпилоге, служат отсылкой к «нафантазированной» романтической истории с Таней, в то время как само название песни («Сейчас или никогда») подчеркивает необходимость воспользоваться предоставившейся возможностью и попробовать альтернативный, а может быть, даже и лучший способ существования. В интервью Ирине Шиловой Хван говорит: «С моей точки зрения, кино является чем-то вроде коллективного сновидения человечества», утверждая далее, что эти сновидения более «реальны и истинны», чем повседневный опыт, потому что они представляют собой реальность, в которой подведены итоги [Хван 1992: 166]. Несмотря на всю свою слабость, фильм «Дюба-дюба» передает российский постсоветский коллективный сон о полете в лучший мир, идентифицируемый здесь с бывшим врагом времен холодной войны.

«Америкэн бой» (1992 год, режиссер Борис Квашнёв, Украина)

Нигде образ Америки в постсоветском кино первых лет сближения России и Запада не был настолько лучезарным, как в недооцененной картине «Америкэн бой», в основе названия которой также лежит текст песни[34]. Правда, этот образ усложняется из-за проблемы двойной идентичности героя (Александр

---

[34] Хотя фильм украинский, говорят в нем по-русски. Строка популярной песни 1980-х годов «Америкэн бой, уеду с тобой» отражает типичные устремления молодых женщин того времени. Жюри московских журналистов присудило фильму приз за его конкурентоспособность, и в бывших советских республиках он привлек в кинотеатры огромную аудиторию. См. [Муравьев 1993].

Песков). С одной стороны, он — русский, Коля Найденов, сын неизвестных родителей (Найденов — «найденыш»), выросший в приюте и обучившийся военному искусству на Афганской войне; а с другой стороны — американский гражданин Ник Маккенн, спортивный инструктор, эмигрировавший в США и женившийся на Дебби (Анна Униговская), чистокровной американке в нескольких поколениях, излучающей доброжелательность первых американских поселенок и вынашивающей его ребенка. Хотя большая часть фильма снята в украинской провинции, начинается картина сценой в Силвер-Спрингс (штат Мэриленд), где российские телерепортеры берут интервью у Ника на фоне его большого комфортного дома, на который камера делает наезд после установочного кадра[35], снятого уравновешенным и спокойным общим планом.

В этом одном из первых постсоветских фильмов, показывающих на экране подлинный американский город[36], а не описывающих вербальными формулами некую мифическую страну, Квашнёв мгновенно отмечает разительный контраст между двумя нациями — бывшими участницами холодной войны. Для этого он прибегает к метафоре «дома» и «места обитания», которая с некоторыми изменениями оставалась доминирующим тропом в русскоязычных фильмах девяностых годов[37]. Отвечая на вопросы журналистов перед просторным и комфортным домом, вероятно, доставшимся его жене в наследство, Ник отмечает, что в России он никогда не имел настоящего имени, дома и семьи и что его спасение Красным Крестом из заключения

---

[35] Установочный кадр (или адресный план) — в монтажном решении сцены: общий план, определяющий для зрителя место действия и мизансценическое сорасположение актеров и предметов. — *Примеч. пер.*

[36] Снятый, однако, в другом месте.

[37] Утверждение Е. М. Стишовой о том, что постсоветский кинематограф, в отличие от кинематографа Андрея Тарковского, больше не использует метафору стремления к отцовскому дому как к нормальной жизни («Тоска по нормальной жизни не оборачивается больше образом отчего Дома, как у Тарковского» [Стишова 1993: 66]), попадает точно в цель. Фактически возможность обретения постоянного дома и спокойной жизни лежит за границей.

(по всей видимости, в Афганистане) и последующий перелет в Америку обеспечили ему новую и счастливую жизнь. Это утверждение, вкупе с гостеприимством Ника, ведущего дружественную беседу с репортерами в хорошо обустроенной гостиной, а также залитые солнцем улицы правдоподобно выглядящего Силвер-Спрингс, визуально разительно контрастируют со сценой прибытия Ника в Россию — дождливую, неряшливую и безотрадную. Вернувшись сюда, чтобы навестить своего друга Сергея Губанова (спасшего его в Афганистане), Ник на каждом шагу сталкивается с преступлениями, предательством, насилием и жестокостью. В целом Америка представляет в фильме безопасность и тепло Дома и Порядка; Россия же здесь — дикая территория, на которой царят движимые страхом и эгоизмом атавистическая агрессия и беззаконие. В этом смысле Россия в целом отражает личный опыт Коли, пережившего беспризорное детство, войну и тюремное заключение[38].

Разительное различие между двумя странами Квашнёв частично передает посредством противопоставления разных жанров. Короткий американский сегмент фильма напоминает семейную драму или мелодраму, он подчеркивает любовь, согласие, надежность и эмоциональную близость в отношениях между Ником и его женой Дебби (их постоянные объятия и поцелуи, игры, а также забота о благополучии и комфорте гостей). Вся эта роскошь, однако, невозможна в постсоветской России, где сами жизненные обстоятельства очень быстро превращают нежного мужа Ника в эксперта по боевым искусствам Колю, одновременно преобразуя и жанр фильма в криминально-приключенческий боевик, где подобный Сталлоне или Ван Дамму герой демонстрирует свое искусство уничтожать «врагов» — то есть всех, кто встает на его пути.

Повествование в фильме линейное, темп развития динамичный: оказавшись в России, Коля узнает от беременной жены Сергея Тани (Галина Мороз), что ее муж убит. Затем следует напряженная

---

[38] Спустя десятилетие «Война» Алексея Балабанова создаст новый мрачный образ Родины.

встреча с Пашкой (Олег Рогачев), товарищем по Афганской войне, прикованным к инвалидной коляске. Предоставленная им информация, перемежаемая обиженно-язвительными фразами вроде «Возвращайся в свою Америку!»[39], в конечном итоге приводит Колю к пониманию произошедшего: работая охранником в частном кафе, Сергей был ликвидирован группировкой, занимающейся наркобизнесом. Далее следует тяжелая сцена, в которой члены этой группировки зверски пытают и убивают жену Сергея. Полный решимости отомстить за оба убийства, Коля систематично и жестоко уничтожает всех причастных к этим преступлениям. Его действия в конце концов пересекаются с расследованием, которое в это же время ведет немолодой лейтенант милиции Иван Данилович Мухин (почитаемый киноаудиторией ветеран экрана Владимир Гостюхин), носящий красноречивое прозвище Железяка. Трудолюбивый милиционер, чья прямота и честность мешают ему продвинуться выше звания лейтенанта, Мухин быстро заменяет Коле отца[40]. Во время обеда в ресторане гостиницы «Интурист» он сочувственно выслушивает Колины воспоминания о войне; вместо того чтобы арестовать Колю, Мухин провожает его в аэропорт, гарантируя ему благополучное возвращение домой в Соединенные Штаты; наконец, он открывает Коле свое имя, которым тот обещает назвать сына.

Роль Мухина в фильме — ключевая: он выполняет функцию профилактического средства, не позволяя прийти к вытекающему из логики фильма заключению, что дело России безнадежно[41].

---

[39] Эта обидная насмешка повторяется и в позднейших фильмах, таких как «Дикая любовь» Виллена Новака.

[40] Тема биологического и суррогатного отцовства была весьма популярна в постсоветских фильмах: «Американская дочь» Карена Шахназарова, «Вор» Павла Чухрая (1997), «Папа» Владимира Машкова (2004) — все три с Владимиром Машковым в главной роли; «Коктебель» Бориса Хлебникова и Алексея Попогребского (2003); «Отец и сын» Александра Сокурова (2003); «Возвращение» Андрея Звягинцева (2003). Об отцах в современном российском кинематографе см. в [Goscilo 2010].

[41] Пересечение личной вендетты Коли и официального милицейского расследования также избавляет его от роли простого мстителя: как он сам говорит Мухину, «я выполнил вашу работу за вас».

Во время обеда в необычно пустом ресторане гостиницы «Интурист», где герои по-настоящему узнают друг друга, Коля спрашивает у него: «Что вы со страной сделали, как можно так жить?» — на что лейтенант милиции отвечает ему, вторя твердолобым героям Сильвестра Сталлоне: «Здесь нет настоящих людей». Идея, что лишь горстка «настоящих мужчин» может привести страну в порядок, подкрепляется и самим сюжетом фильма. «Все же Россия выживет», — замечает Мухин, давая понять, что именно такие люди, как он, сыграют решающую роль в процессе ее выживания, а может, даже и спасения.

После ритуальной серии убийств, совершенных преимущественно Колей, в конце фильма Квашнёв усложняет его идеологический смысл несколькими неожиданными визуальными мотивами и репликами. Во время разговора героев в гостиничном номере, пока Коля смывает кровь с разбитого лица, камера фокусируется на Мухине, который смотрит на висящую на стене картину — репродукцию знаменитых «Богатырей» В. М. Васнецова (1898)[42]. Стойкие защитники православия и границ Русской земли в тяжелую для нации эпоху Средневековья, эпические герои выглядят очевидными прототипами и Коли, и Мухина, этих современных паладинов на службе правосудия, предшественников героя фильмов А. О. Балабанова «Брат» и «Брат 2». Как говорит Мухин, «я своих не сдаю»[43], — хотя на протяжении фильма все встречавшие Колю воспринимали его как американца и называли американцем. Кроме того, строки из популярной песни

---

[42] Примечательно, что «Брат 2» Алексея Балабанова, который на подсознательном уровне находится в огромном долгу перед «Америкэн боем», также использует картину Васнецова в качестве культурного референта. Иногда юмористически, иногда всерьез — реклама, постеры и фильмы постсоветского времени использовали этот визуальный образ как проект возрождения былой славы России. См. [Goscilo 2008: 248–253].

[43] Противопоставление «наших» / «своих» и «ваших» / «чужих» опирается на разделяющие добро и зло географические или моральные границы и коренится в традиционной русской ксенофобии, а также в постсоветской уязвленной гордости России как страны, потерявшей свой международный статус.

1980-х годов, давшие название фильму, — «Американ бой, уеду с тобой»[44], — указывают на предстоящее возвращение героя, а песня, сопровождающая саму сцену перелета Коли / Ника, — не что иное, как американское «Never more» («Никогда больше»), последнее прощание Ника с Россией[45]. Но несмотря на то, что в «Американ бой» постсоветская Россия представлена как нечто среднее между боксерским рингом и убойным отделом, честь и борьба за справедливость все же помогают подружиться «американцу» Нику и русскому милиционеру Мухину — точно так же, как в «Такси-блюзе» музыкальный талант объединил русского и американского джазовых саксофонистов. С такими людьми, как Иван Данилович, и с помощью Америки Россия в итоге может стать «нормальной» страной. Свой жестокий и усыпанный трупами кинорассказ Квашнёв завершает на оптимистичной ноте возвращения русско-американского героя на Запад.

«Американский шпион» (1991 год, режиссер Леонид Попов)

«Американский шпион», в значительной степени проигнорированный как рецензентами, так и критиками, схож с «Американ бой» несколькими чертами. Здесь также присутствует и роман между американкой и русским, поверхностно очерченный и визуально отодвинутый на второй план, чтобы выделить приключения героя; и попытка показать «Америку» на экране; и сокрушительное обвинение российской действительности, контрастирующей с американской; и оптимистичный финал, где главный герой, в данном случае предположительно, также отправляется на Запад. Расходятся эти фильмы во многих аспектах, но два из

---

[44] Популярность этой песни указывает на значимость американской темы для русской культуры 1980-х и 1990-х годов. Заголовок рецензии на «Русский отдел» состоит именно из строки песни «Американ бой» [Сашко 1992].

[45] Название фильма (намеренно или нет) обыгрывает слова «бой» и «боевой», являющиеся точными характеристиками деятельности Коли в постсоветской России, а также самых трудных и памятных лет его жизни, проведенных в Афганистане.

них принципиально важны. Во-первых, «Американский шпион», охватывая разные эпохи, предлагает темпорально двойственный взгляд на Россию. Большая часть событий происходит непосредственно после Второй мировой войны, когда Советский Союз и Штаты, будучи союзниками-победителями, еще официально пребывали в теплых отношениях; последняя же сцена переносит нас в переломный 1991 год — главным образом для того, чтобы обеспечить фильму контрастный и наспех сконструированный «хэппи-энд». Во-вторых, если «Америкэн бой» показывает дикость постсоветской жизни, то «Американский шпион» обличает жестокость именно советской системы, в особенности за то, как она отправляла невинных граждан отбывать срок в необъятной сети удаленных трудовых лагерей.

Иронично названный «Американским шпионом», фильм начинается в советской тюрьме, но через воспоминания героя действие вскоре переносится в неясно очерченную Америку, где в 1945 году Николай Королев (Федор Сухов), молодой морской офицер с советского корабля, спасает тонущую американку Мэри Мёрфи (Айрин Торнтон). Офицер советской контрразведки сообщает властям об их романе, обвиняя Николая в том, что под прикрытием фиктивной любовной связи тот занимается шпионажем и передает Мэри секретную информацию. Спешно арестованного, допрошенного и избитого Николая заочно приговаривают к десятилетнему заключению. Когда Мэри убеждает его бежать с ней в Штаты, он категорически отказывается покинуть СССР («Я люблю родину»), и только во время отбывания срока начинает прозревать, видя, что его любимая родина полна людей, несправедливо осужденных на каторгу. Когда он после отчаянного побега оказывается в тундре на грани смерти, его спасает кочевник-оленевод, помогающий ему переправиться через Берингов пролив в Америку, где Николай надеется воссоединиться с Мэри. Вновь захваченный советскими пограничниками, он возвращен в лагеря. Сорок шесть лет спустя постаревший и седой Николай, с юности обладавший талантом рисовальщика, теперь занимается тем, что продает мгновенно нарисованные с натуры портреты, сидя на Старом Арбате. Это место с богатым культурным прошлым, увековеченное бардом Булатом Окуджавой, было выбрано авторами фильма в надежде завоевать симпатии российской аудитории. Когда молодой прохожий-американец (оставшийся в фильме безымянным) случайно замечает выполненный Николаем набросок молодой женщины, очень похожей на его мать, он мгновенно приходит к выводу, что перед ним — отец[46]. В заключительной сцене фильма он способствует воссоединению семьи в Америке: и Николай, и Мэри остались верны своей прежней любви («Нет, отец, она вас ждала!»), которая теперь становится залогом их запоздавшего счастья в Стране Свободы.

Введенная в фильм исключительно в качестве сюжетной функции, с целью реализации трагической биографии героя, Мэри, так же как и Дебби в «Америкэн бое», очень быстро исчезает с экрана. В оставшейся части фильма изображается почти исключительно мужская среда, служащая испытанием как верности героя его идеалистической морали, так и его физической стойкости в борьбе за выживание, составляющей советскую и постсоветскую повседневную жизнь. Хотя резкий скачок режиссера к 1990-м годам и иллюстрирует на примере конкретной судьбы Николая ту дань, которую параноидальное чиновничество собирало с упрямо сохранявшего патриотизм населения, но в то же время он разрушает и без того слабую структуру фильма. По существу «Американский шпион» объединяет серию эпизодов, происходящих на протяжении почти половины столетия и разбросанных в пространстве (на корабле, в лагерях,

---

[46] В отличие от россиянки Ксении Боголеповой, сыгравшей роль американки Сью в «Дикой любви» Виллена Новака, актер изъясняется на грамматически безупречном разговорном русском языке, но с американским акцентом. В целом российские фильмы сталкиваются с трудностями при изображении попыток американцев говорить по-русски: грубый акцент и незнание базового сленга, используемого молодежью, сочетаются с самоуверенным использованием разговорных идиомам. Это особенно актуально для фильма «Дикая любовь», где Сью понимает и даже сама составляет сложные предложения, но при этом, — будучи обитательницей студенческой среды! — не знает элементарного слова «жопа». Та же проблема касается и американских фильмов, в которых нерусские актеры исполняют русские роли.

в тундре, на Старом Арбате), и объединены они лишь присутствием главного героя и желанием режиссера задокументировать злоключения, на протяжении десятков лет для бесчисленного количества граждан представлявшие чудовищную «норму» советского режима.

По контрасту с предельно импрессионистичным, но безоговорочно позитивным образом Америки и ее отдельных представителей (дружелюбных, открытых, щедрых), официальную советскую Россию трудно было бы представить в более темных тонах: из горячей речи Мэри следует, что советский суд, в отличие от Соединенных Штатов, всегда основывается на презумпции вины заключенного, а не его невиновности. Советская бюрократия и правительство, равно как и проводимая ими карательная политика, полностью соответствуют американским представлениям об «империи зла» и, шире, традиционным парадигмам злодейства. Выдающимися чертами обладают лишь отдельные советские граждане: сам Николай, его сокамерники, а также чукотский оленевод, спасающий Николая в отдаленной тундре. Легендарным русским качествам отдается должное в страстной речи сына Николая, сообщающего ему о том, что Мэри «поняла, что для вас, русских, на первом месте не жизнь, не свобода, а родина, долг, честь», — то есть те самые ценности, которые спустя десятилетие лягут в основу фильма Кэтрин Бигелоу «К-19» (2002). Это противопоставление честных индивидов и коррумпированной системы аналогичным образом составляет моральную основу и американских фильмов начала 1990-х годов — таких как «Дело фирмы» Николаса Мейера (1991) с Михаилом Барышниковым и Джином Хэкменом. Подобная дифференциация получит отражение и в 2000-е — как личная симпатия между главами американского и российского государств на фоне все более напряженных отношений между представляемыми ими странами.

Глубоко символичные заключительные кадры «Американского шпиона» наглядно визуализируют концепцию противопоставления двух стран. Когда Николай наконец покидает замкнутое пространство и медленно ковыляет, удаляясь от камеры и зрителя, его физическая слабость и зависимость от трости превращаются в метафору деформаций и увечий, нанесенных Советским Союзом лояльным ему гражданам. И, напротив, открытая перспектива и ослепительный солнечный свет, в который вступает герой, как бы предвосхищает обещанное ему воссоединение с просвещенной свободой Соединенных Штатов. Выполнимо ли это обещание, остается неизвестным, поскольку звучащий во время заключительных титров фильма закадровый голос администратора аэропорта Шереметьево, объявив посадку на рейс «Аэрофлота» в Нью-Йорк, просит Королева подойти к информационной стойке. Фильм так и не дает подтверждения тому, что «благородный» русский человек, всегда ставивший родину и честь превыше свободы, в конце концов выберет второе. И хотя «Американский шпион» показывает, что светлое будущее, остававшееся предметом обещаний на протяжении всего советского периода, на самом деле может быть достигнуто только в Америке — в этом излюбленном «где-то» ранней постсоветской России, — итоговый вывод фильма все же готовит зрителя к мысли, что русские мученически отвергнут возможность насладиться его светом.

Несмотря на то что все четыре фильма, о которых шла речь выше, представляют позитивный взгляд на бывшего врага эпохи холодной войны, Америка в той или иной степени изображается в них не как конкретная страна, но как некий Эдем, исполненный богатства, успеха и свободы — идеалов, явно отсутствовавших в мрачной России, лишенной надежной инфраструктуры и пронизанной преступностью. В «Такси-блюзе» проблески «Америки» опосредованы телеэкраном или представлены метонимически в виде мерседеса, предстающего символом ее завидной покупательской способности, золотым самородком из Эльдорадо. Примечательно, что и «Дюба-дюба», и «Американский шпион» на короткое время помещают своих главных героев в транзитный пункт; оба героя оказываются лишь у «портала» в Соединенные Штаты (в аэропорту и на море соответственно), что акцентирует то расстояние, которое России нужно пройти, прежде чем она достигнет уровня «страны богатства и свободы». «Американский шпион» темпорализует это расстояние — дистанцию здесь выражает не пространство, а время. Монтажными средствами создается впечатление, что практически вся взрослая жизнь Николая прошла в тюремном заключении, и только в финальной сцене мы видим, как его сын, чья нелегитимность символизирует запрет холодной войны на братание с врагом, спасает его, уже старика, от одинокого и нищего существования. Хотя начальный эпизод «Америкэн боя» демонстрирует жизнь Ника в Америке, солнечный образ уютного и комфортного быта выполняет здесь лишь функцию контраста тому, что действительно интересует режиссера, а именно к тяжелой, жестокой, наполненной преступлениями борьбе за существование в повседневной российской действительности, совершенно чуждой оздоровленному американизацией Нику. Америка — это мечта, миф, фантастическая волшебная страна, тридевятое царство из русских сказок, где возможно все.

«Охота за “Красным Октябрем”» (1990 год, режиссер Джон Мактирнан, Paramount Pictures)

Первый американский фильм эпохи гласности, посвященный русско-американским взаимоотношениям, всего лишь зафиксировал разрыв с прошлым холодной войны. И это неудивительно, ведь «Охота за “Красным Октябрем”» была экранизацией весьма успешного техно-триллера Томаса Клэнси, написанного в 1984 году, то есть ровно за год до того, как Женевский саммит внезапно анонсировал глобальные перемены, занявшие весь остаток десятилетия[47]. Повествование Клэнси о военных технологиях, страхе ядерного удара и дезертирстве в Америку отражало политический климат своего времени. Президент Рейган лично повысил статус романа до уровня бестселлера, достойного упоминания в «The New York Times», когда назвал его в ходе телевизионной пресс-конференции «идеальной небылицей» [Eby 2013].

---

[47] Рейган и Горбачев договорились вдвое сократить запасы ядерного оружия.

Но, по иронии судьбы, между выпуском книги и ее экранизацией возник пятилетний разрыв: работа над фильмом началась только в 1989 году, а его выход на экраны состоялся вообще в 1990-м. За эти два года история взаимоотношений между коммунизмом и Западом поменялось самым радикальным обоазом. Разумеется, совпадение сюжета фильма, посвященного холодной войне, с исторической вехой в процессе десоветизации заметно уменьшило драматизм темы ядерного оружия. Однако фильм не пострадал в отношении кассовой прибыли: уже в премьерный уик-энд он окупил половину своего 30-миллионного бюджета и позже принес около 200 миллионов с мировых показов [The Hunt for Red October Boxoffice/business IMDb]. В этом отношении успех фильма отчасти мог быть обусловлен тем, что он опирался на знакомые политические и кинематографические ориентиры в тот нестабильный период, когда Восток и Запад совместно проделывали путь по направлению к *terra incognita* посткоммунистического мира.

В общих чертах довольно запутанный сюжет этой картины выглядит следующим образом. Возглавляющий новую советскую стелс-подлодку «Красный Октябрь» вдовствующий литовец Марко Рамиус (Шон Коннери) получает секретное задание обстрелять ядерными боеголовками Соединенные Штаты и направляет свое судно к североамериканскому побережью. Тем не менее аналитик ЦРУ Джек Райан (Алек Болдуин) склонен верить, что на самом деле Рамиус вместе с подлодкой намерен дезертировать. Адмирал Джеймс Грир (Джеймс Эрл Джонс) и советник по безопасности Джеффри Пелт (Ричард Джордан), доверяя инстинктивным ощущениям Райана, решают помочь Рамиусу. Однако им приходится столкнуться со всем советским флотом, направленным на перехват «Красного Октября» — ведь Рамиус успел открыто заявить о готовящейся им измене в письме к своему дяде, адмиралу Падорину (Питер Циннер)[48]. Среди

---

[48] Клэнси сделал Марко племянником реально существовавшего адмирала Юрия Ивановича Падорина. Другие невыдуманные фигуры в книге — О. В. Пеньковский и С. Г. Горшков.

преследователей подлодки Рамиуса — капитан Туполев (Стеллан Скарсгард), один из его бывших студентов и друзей. Оператор гидролокатора Рональд Джонс (Кортни Б. Вэнс) — член экипажа субмарины «Даллас», руководимой капитаном Бартом Манкузо (Скотт Гленн) — первым обнаруживает присутствие русской подлодки и разрабатывает способ ее отслеживания, поэтому именно на его субмарину, рискуя жизнью, в итоге прибывает Райан. Между тем Пелт пытается вывести на чистую воду русского посла Андрея Лысенко (Джосс Экланд), который притворяется, что советский флот всего лишь ищет потерявшуюся подлодку. В финале Райан, Манкузо и Джонс пересаживаются на «Красный Октябрь», чтобы помочь Рамиусу одолеть и подлодку Туполева, и корабельного кока-диверсанта. Под их защитой «Красный Октябрь» благополучно укрывается на реке Мэн, в результате потеряв только одного человека — близкого друга и заместителя Рамиуса, капитана Василия Бородина (Сэм Нил).

Еще до выхода фильма в Англии критик «Sight and Sound» Дж. Дж. Хансекер включил его в свою заметку (весна 1990 года), где писал о том, что современное кино неспособно идти в ногу со временем: «Впервые в истории темп политических изменений стал быстрее периода подготовки фильмов» [Hunsecker 1990: 106]. И все же, хотя, по мнению Хансекера, «Охота за “Красным Октябрем”» и «упустила свой момент», критик был менее убедителен, говоря об абсолютной неуместности этого фильма в тот год, когда процесс десоветизации протекал не столь очевидно[49]. С одной стороны, осознавая проблему анахронизма, сценаристы Ларри Фергюсон и Дональд Стюарт подали нарратив Клэнси в ретроспективе, лишив его злободневного пафоса. Поэтому первое, что появляется на экране, — это титр, задающий время действия: «Ноябрь 1984 года, незадолго до прихода к власти Горбачева». С помощью этой ретроспективной отсылки к советскому лидеру,

[49] Критик «Вашингтон пост» Хэл Хинсон оказался более восприимчив к двойственному положению фильма, чем многие другие рецензенты: «И то, что бросается в глаза как анахронизм времен холодной войны, в действительности — самая захватывающая особенность картины. Она делает ее неуместной в самом что ни на есть современном смысле слова». См. [Hinson 1990a].

ставшему «человеком года» в 1990 году, Фергюсон и Стюарт фактически превратили нарратив Клэнси в пролог к тем радикальным изменениям, к которым привело избрание Горбачева. Действительно, хотя было еще слишком рано рассматривать холодную войну как исторический факт, 1990 год тем не менее мог показаться идеальным временем, когда американская аудитория уже была способна оглянуться назад и принять с добродушным удовлетворением историю об измене советской идеологии, в то время как сами текущие события придавали все более реальный характер таким на первый взгляд неправдоподобным событиям. Ретроспективное дистанцирование в итоге удовлетворило и Шона Коннери, который поначалу отверг роль Рамиуса «по причине нереалистичности такого сценария для эпохи окончания холодной войны» [The Russia House Trivia IMDb], но затем все же дал согласие, уверившись в том, что создатели фильма отказались от претензий на злободневность. Более того, историзация присутствовала и у самого Клэнси, взявшего за основу для своей книги реальный инцидент из предыдущего десятилетия. Этот инцидент упоминается Райаном на брифинге кабинета:

> 8 ноября 1975 года «Сторожевой», ракетный фрегат типа «Кривак», попытался совершить побег из Риги (Латвия) на шведский остров Готланд. Бортовой замполит Валерий Саблин возглавил мятеж военнослужащих. <...> Авиационные и воздушные подразделения атаковали их и принудили остановиться в 50 милях от шведской акватории. <...> Саблин и 26 других членов экипажа были расстреляны по приговору военно-полевого суда. В последнее время у нас были сообщения о случаях мятежа на нескольких советских судах — главным образом на подводных лодках [Clancy 1984: 88].

С другой стороны, отнюдь не все, подобно Хансекеру (и Коннери), были так же убеждены в том, что коммунистическая угроза осталась в далеком прошлом. Как довольно обтекаемо заметил критик, «теперь, с окончанием холодной войны и согласием о двустороннем сокращении вооружения, сама холодная война выглядит уже не так устрашающе, как раньше...» [Hunsecker 1990:

106][50]. По правде говоря, официальное завершение холодной войны никоим образом не внушало всеобщей уверенности в надежности России. Даже после Женевы и других саммитов многие на Западе сомневались либо в приверженности советского лидера проводимым им реформам, либо в его способности победить внутреннее сопротивление в различных кругах. Хотя с каждым месяцем обещания Горбачева об альянсе между США и бывшим Советским Союзом звучали все более правдоподобно, сорок лет подозрений не могли не оставить свой след. На обоюдную скрытность, сохранявшуюся в эпоху гласности, намекает последний вступительный титр фильма, обещающий зрителю разоблачение на экране событий, сохраняющих высокую степень секретности из-за желания обеих сторон «сохранить лицо»: «Но, согласно неоднократным заявлениям советского и американского правительств, событий, которые вы сейчас увидите, в реальности не было». Вдобавок ровно через неделю после выхода фильма (11 марта 1990 года) Литва провозгласила свою независимость от Советского Союза и Горбачев назвал ее действия незаконными. Это удивительное стечение обстоятельств образовало ненавязчивую параллель к показанной в фильме попытке советских войск предотвратить дезертирство литовца Рамиуса. Несмотря на то что Клэнси высоко ценили за его технологические предсказания, он все же не мог предугадать, что искусно созданное им вокруг намерений Рамиуса напряжение обретет реальный аналог в той неопределенности, в которой Запад пребывал по отношению

---

50 Недовольство Хансекера фильмом «Доставить по назначению» более обоснованно: «...темпы развития в Европе были такими, что некоторые едва законченные фильмы выглядели уже чудовищно устаревшими. Новый фильм с Джином Хэкменом “Доставить по назначению” (1989) представляет собой нечто среднее между “Маньчжурским кандидатом” и “Днем шакала” и рассказывает о попытке убить Горбачева с целью помешать ему подписать договор о разоружении. Все кажется очень своевременным, но перед премьерой фильма Горбачев успел подписать соглашения, из-за чего наиболее радикальные повороты событий в нем выглядят скучно. Еще хуже (хотя для нас-то как раз лучше!) то, что действие первых сцен происходит в разделенном Берлине времен холодной войны — в том Берлине, которого больше не существует» [Hunsecker 1990: 105–106].

к истинным намерениям Горбачева. К тому же, в отличие от 1990 года, в 1984-м зрители еще не могли увидеть в Рамиусе единомышленника Горбачева как харизматичного лидера, по всей видимости намеревавшегося отказаться от идеологии своей страны и рискнуть всем ради союза с Соединенными Штатами.

Разумеется, эта последняя параллель показалась бы оскорбительной самому Клэнси, для которого единственным харизматичным лидером оставался Рональд Рейган. После визита в Белый дом 13 марта 1985 года Клэнси пришел от него в восторг:

> Это — человечище! <...> Если Ронни и неспособен очаровать *Гробочева*, то он уж точно может закатать его в асфальт. Без шуток, этот парень выглядит так, будто он далеко пойдет. <...> Он спросил меня о моей следующей книге <...> — «Кто там победит?», и я ответил ему: «Хорошие парни!» [Becoming Tom Clancy 2013].

Перерабатывая в 1984 году историю реального мятежа Саблина 1975 года, Клэнси показал в своей книге период президентства не Джеральда Форда, а именно Рейгана, чьи агрессивная антикоммунистическая позиция, наращивание военной мощи, поощрение любых операций ЦРУ и технологическая конкурентоспособность были чрезвычайно близки этому консервативному писателю. Действительно, президент, восстановивший веру Америки в ее национальную идентичность и в ее роль «мирового полицейского» и в свой второй президентский срок получивший прозвище «Ронни Рэмбо» [Orman 1987: 110] едва ли мог не одобрить книгу, которая прославляла ЦРУ и действия военно-морского флота, любой ценой защищающих страну с помощью мощнейших реальных и воображаемых технологий, книгу, в которой все хорошие русские — дезертиры, а погибшие русские моряки рассматриваются лишь как второстепенная потеря, сопутствующая передаче «Октября» в руки американцев[51]. Кроме того, безымянный пре-

[51] Выраженная в сюжете фильма точка зрения, что наличие субмарины может иметь принципиальное значение для американцев, напоминает и веру Рейгана в то, что «ядерную войну можно выиграть», и его заверения, «что

зидент из неопределенной эпохи романа, время от времени появляющийся у Клэнси на разных встречах, мог обрести рейгановские черты в восприятии не только простых читателей, но и самого главнокомандующего. Таким образом, хваля роман Клэнси, Рейган тем самым одобрял собственные методы управления и собственный стиль «президента-мачо» [Orman 1987: 18].

Влияние стиля президента-мачо на образы героев наиболее популярных голливудских фильмов 1980-х годов исследовано в книге Сьюзен Джеффордс «Крепкие тела: голливудская маскулинность в эпоху Рейгана». Эта монография обращается к «соответствию между публичным и популярным образом "Рональда Рейгана" и голливудскими боевиками, изображающими множество одинаковых нарративов о героизме, успехе, подвигах, мужестве, силе и "старой доброй Америке", — то есть обо всем том, что помогло воплотить в жизнь "рейгановскую революцию"» [Jeffords 1994: 15]. Автор прослеживает два тесно связанных между собой паттерна. Первый — это появление «рейгановского героя» — агрессивного, самоуверенного, прекрасно сложенного воина, чье крепкое тело символизирует как его собственную маскулинность, так и коллективную американскую прочность. Второй — это характерная для кинематографа 1980-х годов «значимость взаимоотношений отцов и сыновей (или мужчин и их символических образов отца), являющихся не только основным детерминантом мужской идентичности, но и способом передачи идентичности национальной» [Jeffords 1994: 86]. В последних главах автор рассматривает различные модификации образов «героя с крепким телом» в эпоху Буша.

Рассказанная Клэнси история как популярное произведение литературного мейнстрима 1984 года уже представляла собой коренящийся в патриархальных традициях нарратив «героизма, успеха, подвигов, мужества, силы и "старой доброй Америки"». Следовательно, перенося книгу на экран, сценаристы вряд ли могли избежать того, что Джеффордс описала в качестве крите-

---

Соединенные Штаты сильнее в ядерной области, чем Советский Союз» [Orman 1987: 117].

риев рейгановского боевика. Однако, независимо от романа, фильм также демонстрировал преемственность и по отношению к своим кинопредшественникам 1980-х годов, выраженную двумя сугубо кинематографическими элементами: режиссером и кинозвездой. Всего двумя годами ранее Джон Мактирнан снял один из выдающихся кинохитов в жанре боевика, также демонстрирующий образ крепкого тела — фильм «Крепкий орешек» (1988) с Брюсом Уиллисом в роли нью-йоркского копа Джона Макклейна, практически в одиночку уничтожающего иностранных террористов в Лос-Анджелесе[52]. В «Охоте за “Красным Октябрем”» Мактирнан использовал аналогичную гламуризацию мужской доблести, теперь уже оснащенной новым, технологически развитым в соответствии со своей эпохой оружием[53]. Даже несмотря на отсутствие на экране обнаженного торса а-ля Брюс Уиллис, критики сразу распознали в этом фильме очередной сценарий «о крепких парнях». Мэри Энн Йохансон назвала его «самым дорогим рекламным роликом ВМС» [Johanson Nda], а Хэл Хинсон откомментировал фильм так: «Клэнси и Мактирнану не очень интересен персонаж <...>; им интересно оружие, <...> а также гламур армейского мальчикового клуба» [Hinson 1990a]. Д. Хау уточнил собственные аналогичные выводы следующим образом:

> С его плохим, коварным Советским Союзом с одной стороны, со свободолюбивыми американцами с другой и с неопределенным числом хороших русских перебежчиков, помещенных

---

[52] Другие, — по ее мнению, образцовые — рейгановские герои с «крепким телом» — это Рэмбо в серии из трех фильмов (1982–1988) и Мартин Риггс в «Смертельном оружии» (1987).

[53] В то же время важно отметить: фильм рассказывает о том, что Джеффордс описывает как «противоречие в самой философии Рейгана, которая, несмотря на настойчивость в отношении технологических инноваций, в качестве основы американского превосходства над советским мышлением продолжала полагаться на индивидуальность, а не на технологию» [Jeffords 1994: 40]. В отказе Джонса принять заключение компьютера (стоящего 50 миллионов долларов) об уловленных им подводных звуках, а также в интуитивном прочтении Райаном действий Рамиуса побеждает индивидуальный риск.

> между ними (и все это показано вам с помощью своего рода военно-промышленного комплекса, включающего «Paramount», «Industrial Light & Magic», режиссера Джона «Крепкого орешка» Мактирнана и ВМС США), этот фильм — влажная мечта юного Рейгана о подводной баллистике и конфликте Востока и Запада [Howe 1990b].

Учитывая данный мачистский контекст, необычайно резонансной выглядит первая реплика Рамиуса в фильме (но не в книге): в той сцене, где он вместе с Бородиным осматривает бухту в окрестностях города Полярного. Когда Бородин произносит: «Холодно, товарищ капитан!», Рамиус отвечает ему: «Холодно и сурово», — по-видимому, не просто описывая природу, но имея в виду и нечто большее.

Выбор Коннери на роль «русского героя» Рамиуса еще больше связал «Охоту за “Красным Октябрем”» с экшен-блокбастерами рейгановского десятилетия, особенно в том, что касается их вклада в «общекультурный примат взаимоотношений отца и сына» [Jeffords 1994: 65]. Изначально предназначенная для австрийского актера Клауса Марии Брандауэра, эта роль в итоге досталась его другу Коннери, поскольку Брандауэр в тот момент должен был выполнить другие обязательства[54]. Благодаря этой случайной замене фильм приобрел некоторые резонансы, которых бы не возникло, участвуй в нем молодой и менее известный актер. Мгновенно узнаваемый из-за двадцатилетней идентификации с грозой коммунистов Джеймсом Бондом, Коннери, несомненно, создал более привлекательный для аудитории образ «советского человека со скрытыми мотивами», чем это сделал бы Брандауэр, также, в свою очередь, недавно поучаствовавший в серии о Джеймсе Бонде, но в качестве экранного злодея — противника Коннери[55]. Таким образом, симпатия к Рамиусу, которая в книге Клэнси создавалась с помощью трех вступительных глав,

---

[54] В следующем году Брандауэру, наконец, выпадет шанс сыграть русского: вместе с Коннери он появится в фильме «Русский отдел».

[55] Речь идет о фильме «Никогда не говори никогда» (1983), где возраст Коннери свидетельствует о том, что ему пора завязывать со шпионскими ролями.

написанных от лица этого героя, в фильме была передана благодаря созданному ранее Коннери узнаваемому образу «хорошего парня»[56]. Однако для Джеффордс и ее интерпретации блокбастеров 1980-х годов важнее тот факт, что Коннери незадолго до этого фильма сыграл целую серию ролей «почтенных отцов»[57], кульминацией среди которых стал Джонс-старший в фильме Стивена Спилберга «Индиана Джонс и последний крестовый поход» (1989). Герой этого чрезвычайно успешного боевика (предпоследнего в трилогии об Индиане Джонсе), снятого в духе «Крепкого орешка», спасал своего отца от других привычных кинозлодеев — нацистов, — и даже вступал в связь с его сексуальной партнершей. Согласно Джеффордс, трилогия об Индиане Джонсе, так же как и циклы «Звездных войн», «Рэмбо» и «Назад в будущее», «показывают успешные взаимоотношения отца и сына как необходимое условие победы над злом и триумфа добра» [Jeffords 1994: 88]. По существу, в «Охоте за “Красным Октябрем”» Коннери вновь играет свою роль «старого мудрого отца» с той примечательной особенностью, что на этот раз он и его символический сын, Джек Райан, связаны друг с другом через великую пропасть железного занавеса.

Из этого, конечно, вовсе не следует, что и фильм, и книга пренебрегают фигурами *национальных* отцов. Напротив, практически полностью мужской мир опытных пожилых мужчин и их подчиненных из романа Клэнси и его экранизации поддерживает эту систему. Так, Райан впервые появляется в качестве протеже адмирала Грира, который сначала приветствует его словами «Джек, малыш!», а затем, когда Райан становится слиш-

---

[56] Одна из первых сцен, где Рамиус убивает государственного чиновника по фамилии Путин (Питер Ферт), и в самом деле похожа на сценарии «бондианы»: хладнокровный контроль над ситуацией, хитроумные интриги и физическая ловкость Коннери напоминают здесь его роли агента 007.

[57] Коннери играл символического отца-наставника для молодых героев во всех последующих фильмах («Имя розы», 1986; «Горец», 1986; «Президио», 1988), прежде чем выступил в роли биологического (хотя и разлученного с сыном) отца Индианы Джонса. Конечно, это не случайно, что сценарии «Горца» и «Президио» также были написаны Ларри Фергюсоном.

ком откровенен на брифинге, покровительственно кладет ему руку на плечо. Коллега Райана Скип Тайлер предваряет свой вывод о ядерной угрозе «Октября» собственным «сыновним» воспоминанием, затрагивающим исторические события: «Когда мне было двенадцать, я помогал папе строить бомбоубежище в нашем подвале, потому что какой-то идиот припарковал дюжину боеголовок в 90 милях от побережья Флориды». Наконец, капитан американского судна отзывается о «малыше» Райане как о выносливом человеке, который пережил аварию на вертолете и провел несколько месяцев в гипсе. Оказавшись на борту «Далласа», Райан должен заслужить доверие сильного, молчаливого Манкузо, имеющего склонность к резким высказываниям вроде «самое сложное в игре на опережение — это вовремя увернуться» или «если этот ублюдок попробует дернуться, я отправлю его прямо на Марс». Что касается Рамиуса, то его, осиротевшего после ранней смерти матери, воспитывал дед по отцовской линии. Сам он — явно отцовская фигура по отношению ко всем своим офицерам[58], особенно к Бородину. Точно такое же поколенческое восприятие истории, как и у Тайлера, проявляется у него в тот момент, когда он сообщает команде о полученном им приказе: «Снова мы играем в опасную игру, игру в шахматы с нашим старым противником, американским флотом. Сорок лет ваши отцы и старшие братья играли в эту игру и не проигрывали».

И все же наиболее выразительная разработка описываемой Джеффордс парадигмы, усиленная напряженностью противостояния Запада и коммунизма, представлена в отношениях Рамиуса и Райана. Если Клэнси, прежде чем в полной мере

---

[58] В книге Клэнси говорит напрямую: «Также по ходу дела он собрал ряд молодых офицеров, которых с Натальей фактически усыновил. Они были суррогатами той семьи, которой у Марко и его жены никогда не было» [Clancy 1984: 32]. Для славистов эта парадигма знакома, поскольку произведения соцреализма также имели тенденцию строить свой сюжет вокруг молодого горячего парня, который учится у идеологически подкованного «отца» трансформировать собственную непосредственность в полезный для социалистического дела образ действия.

представить читателям Райана, почти три главы посвящает описанию событий с точки зрения Рамиуса, в фильме вступительные титры сразу же связывают этих двух людей разных поколений и национальностей. От первых кадров, показывающих Рамиуса и Бородина на палубе подлодки, фильм переходит к показанной крупным планом картине с кораблями, после чего мы видим чьи-то руки, перебирающие различные предметы морской атрибутики. Начавшаяся в сцене с русскими хоровая музыка все еще звучит за кадром, что предполагает продолжение рассказа о Рамиусе, однако новая декорация оказывается лондонским домом Райана. Именно отсюда аналитик ЦРУ вскоре отправится в неожиданное для него самого путешествие, которое завершится его конфронтацией с «отцом» из «империи зла» (так же как в сцене неожиданной встречи Люка Скайуокера с его биологическим отцом Дартом Вейдером) и последующим преодолением этой конфронтации — когда он спасет «отца»-перебежчика от угрожающих ему сил. Охарактеризовав Райана как человека, изучившего жизнь Рамиуса до мельчайших деталей, фильм вновь свяжет двух мужчин во время брифинга в кабинете министров, где впервые прозвучит мысль о дезертирстве. В то время как в книге Райан представляет целый массив логических аргументов и статистики (включая прецедент с Саблиным), чтобы убедить кабинет в возможности дезертирства Рамиуса, в фильме он просто смотрит на фотографию, как будто проникающую в его сознание, и внезапно интуитивно догадывается о плане Рамиуса сбежать из России именно в годовщину смерти жены, после чего восхищенно вскрикивает: «Ах ты, сукин сын!» Впоследствии он раскрывает еще одну часть плана Рамиуса — когда во время бритья смотрит на себя в зеркало, что также наводит на мысль о ментальном и психическом родстве между героями. Именно Райан убеждает Манкузо не атаковать подлодку Рамиуса, настаивая: «Капитан, я знаю этого человека!», а затем отправляет «Октябрю» зашифрованное кодом Морзе послание, чтобы завоевать доверие его командира.

Эта подчеркнутая связь героев имеет и обратный вектор: в сцене личного разговора с Бородиным после обеда в офицер-

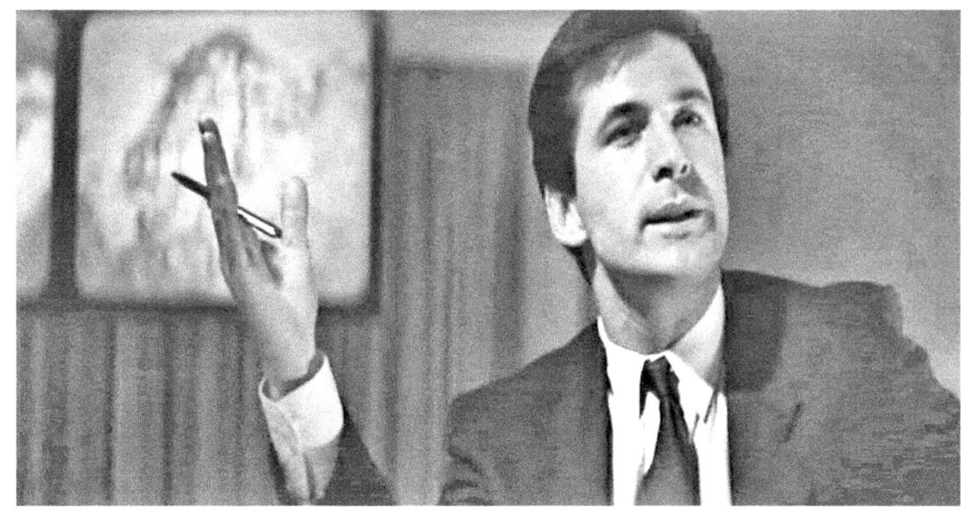

Озарение Джека Райана на заседании кабинета относительно намерения Рамиуса дезертировать

ской каюте Рамиус успокаивает своего заместителя: «Если мы встретим нормального типа, это [дезертирство] сработает, если же ковбоя...» На этом последнем слове происходит быстрая смена кадра, и мы видим Райана во время его опасного перелета на авианосец «Энтерпрайз», — то есть абсолютно «нормального типа», выполняющего миссию по объединению двух мужчин ради спасения мира от ядерной катастрофы. Знаменательно, что, когда они в конце концов встречаются лицом к лицу (в последние полчаса фильма), сценарий повторяет ту же фразу: заметив в кобуре Манкузо пистолет, Рамиус называет капитана «ковбоем». С одной стороны, эти пренебрежительные намеки вызывают в памяти, как в «Крепком орешке» негодяй-террорист презирал «США [за веру в то, что они] могут эффективно играть в мире роль ковбойствующего героя, используя оружие, чтобы остановить преступников и злодеев» [Jeffords 1994: 61]. С другой стороны, если принять во внимание симпатию Бородина к Монтане, а также решающую перестрелку Райана с диверсантом, фильм, вслед за «Крепким орешком», возвращает к жизни это суровое американское наследие и создает образец «ковбойствующего героя» для некоторых последующих российско-американских картин того же десятилетия[59].

---

[59] Сам Рейган также идентифицировался с «ковбоем» — благодаря его техасскому происхождению и ролям в кино.

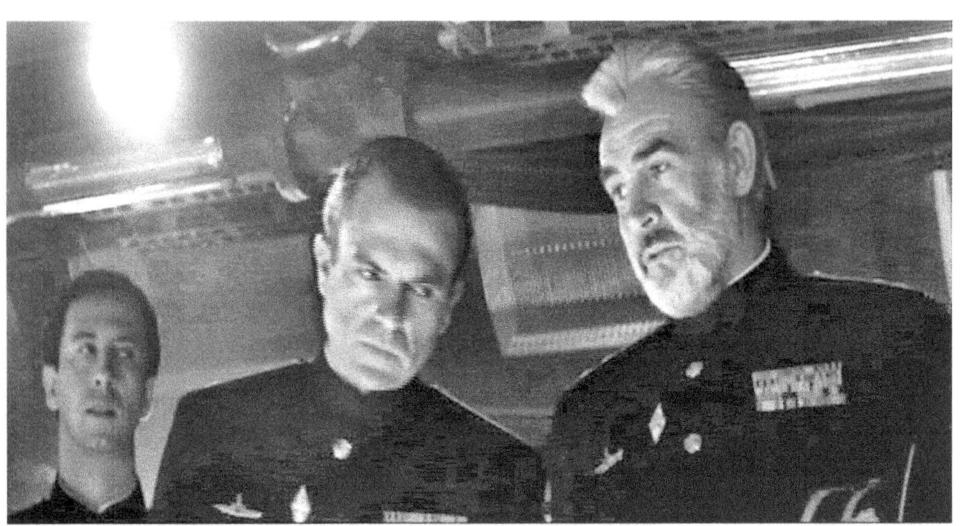

Рамиус сообщает своему «суррогатному сыну» Бородину, что Манкузо с пистолетом в кобуре — американский «ковбой»

Перед финальной перестрелкой, подготавливая передачу «Красного Октября» трем высадившимся на него американцам, Рамиус, в свою очередь, не только интуитивно осознает ключевую роль Райана в этих событиях, но и доверяет молодому аналитику, как сыну, контроль за подлодкой и ее оборону от диверсанта, убившего Бородина. Со своей стороны, Райан сохраняет свою веру в капитана: оказавшись перед выбором между его приказом направить подлодку на траекторию торпеды и отменой приказа со стороны Манкузо, он подчиняется именно ветерану Рамиусу. До сих пор спасавший своего «советского отца» благодаря уму и интуиции, Райан теперь демонстрирует и мускульную силу. Пока Рамиус лежит раненый, молодой американец, попутно отпуская шутки, напоминающие аналогичную несерьезность Макклейна из «Крепкого орешка», убивает саботажника, причем делает это при помощи пистолета, который ему передал Рамиус, в свою очередь получивший его от Манкузо. Так его доверие двум «приемным отцам» символически объединяется одним предметом[60].

В историю спасения Райаном Рамиуса и его подводной лодки от физического уничтожения заключен тот самый подтекст, который Джеффордс считает преобладающим в четырех сериалах-

[60] В книге Райан, услышав выстрелы, просто достает собственное оружие и говорит о том, что до вступления в ЦРУ он был морским пехотинцем.

блокбастерах десятилетия («Звездные войны», «Рэмбо», «Индиана Джонс» и «Назад в будущее») — подтекст, связанный с пересмотром Рейганом недавнего бесславного прошлого Америки и превращением его в часть могучего национального имиджа, а также с культурной тревогой конца 1980-х годов относительно способности будущих президентов (особенно Буша и его администрации) сохранить ценности и завоевания рейгановской революции. «Один из ключей к успеху этих фильмов, — замечает Джеффордс, — заключается не только в их трактовке взаимоотношений отца и сына, но также в победе над временем. В каждом случае счастливое окончание фильма становится возможным благодаря способности героя преодолеть ограничения своего времени, переписать историю, реструктурировать будущее или спасти отца от гнета времени как такового» [Jeffords 1994: 89][61]. Конечно, не случайно, что среди первых же слов, звучащих в фильме «Охота за “Красным Октябрем”», есть слово «время». В первой сцене, после реплики о погоде, Бородин двусмысленно добавляет: «Пришло время, товарищ капитан», — на что Рамиус многозначительно отвечает: «Да, пришло время». Позже, когда двое мужчин, оставшись наедине в кабине Рамиуса, разговаривают об Америке, Рамиус описывает свою карьеру, как бы ретроспективно поясняя этот намек: «Сорок лет в море, война на море, война без битв, без монументов — только потери». Для него дезертирство — это бегство от холодной войны, в которую он был вовлечен на протяжении десятилетий и от которой теперь решил отказаться. Его спаситель, Райан, лучше всех

---

[61] Как поясняет Джеффордс, «в каждом случае способность добра победить зло оказывается в полной зависимости от преданности сына отцу. С помощью этих, вероятно, упрощенных понятий Рейган и создал свой собственный нарратив американской истории. <...> Если история американского упадка и потерь подлежит переписыванию, а символы прошлого — восстановлению, то история неизбежно окажется под контролем настоящего. <...> Все эти фильмы подчеркивают значимость отца для общества, но они также и предупреждают, что возрождения фигуры отца будет недостаточно, что отцовские обычаи не обеспечат успешного будущего» [Jeffords 1994: 88–89].

остальных персонажей способен контролировать время — ведь именно он добивается четырехдневной отсрочки выполнения плана американского ВМФ стрелять по «Красному Октябрю», и именно он добирается до Рамиуса раньше советского флота. Еще важнее то, что Райан, помогая Рамиусу сбежать, освобождает капитана из «тюрьмы» его коммунистического прошлого. Наконец, предоставляя Соединенным Штатам подлодку, названную в честь ключевой даты русской революции, двое мужчин вместе переписывают историю (Америка заполучает один из символов коммунистической власти) и реструктурируют будущее (лишают Советский Союз ядерного преимущества). Таким образом, фильм «утверждает ценность [советского] отца для американского сообщества», даже несмотря на то, что, отказавшись от своей коммунистической идентичности[62], отец фактически принимает ценности сына. Что, впрочем, к лучшему, ведь «привычная жизнь отца не приведет к успешному будущему[63]. <...> Непрерывность развития должна сочетаться с революциями, чтобы обеспечить счастливый конец».

Идея этого образцового баланса между непрерывностью и революцией, способного привести холодную войну к счастливому финалу, формулируется в последней сцене «Охоты за

[62] Эту идентичность Клэнси тесно связывает с отцом самого Рамиуса, идеальным членом Коммунистической партии.

[63] Джеффордс видит в Буше ключевого преемника Рейгана, который тем не менее должен был создать свою собственную версию республиканского президентства. Принимая во внимание эти внутренние эквиваленты, может показаться немного натянутой интерпретация Рамиуса как суррогатного отца агента ЦРУ. Однако как вымышленный персонаж, сначала созданный консервативным прорейгановским автором, а затем адаптированный для экрана другими такими же американцами — включая не обозначенного в титрах соавтора сценария, супер-мачо Джона Милиуса, — и, наконец, сыгранный самым известным в мире шотландским актером, Рамиус неизбежно должен нести отпечаток американской политики, наложенный на его предполагаемое гражданство. Таким образом, вполне возможно, что Рамиус, перехватывающий торпеды, направив на них собственную подводную лодку, — этот советский вариант такого же сильного, уверенного в себе лидера, как и сам Рейган, — является (экс-)коммунистической версией американского патриарха.

“Красным Октябрем”». На залитой лунным светом реке в Мэне Рамиус и Райан в первый и последний раз общаются один на один. Что здесь действительно является революционным (разумеется, помимо красноречивого названия подлодки), так это дезертирство Рамиуса и образовавшаяся между мужчинами тесная связь. Кроме того, Рамиус теперь признается, что сбежал с подлодкой ради того, чтобы уберечь Америку от удара советских «ястребов», и то потрясение, которое он вызвал в Москве, может сыграть положительную роль — ведь «маленькая революция иногда приносит выздоровление, не правда ли?» Идея же непрерывности развития заключена в общей патриархальной структуре сюжета. Параллелью финальному диалогу служит другая, более ранняя беседа Рамиуса наедине с Бородиным, в которой последний рассказывает о том, что во сне он жил в Монтане и водил пикап, а Рамиус признается, что «скучает по безмятежной рыбалке [из детства]», и сетует о проведенных на море сорока годах холодной войны. Таким образом, Райан теперь играет сыновнюю роль — причем в обстановке, еще больше связывающей его с Рамиусом: ведь Мэн сначала фигурирует в фильме как родина деда Райана, а затем как один из двух штатов, которые Рамиус (необъяснимым образом) выбрал в качестве места прибытия своей подлодки[64]. Мужское единение выводит зрителя на обширную патриархальную тему, когда Райан указывает на расположенный поблизости остров, где дед учил его рыбачить, а Рамиус отвечает ему: «Около Вильнюса есть река, на которой мой дед тоже учил меня рыбачить... А ты по-прежнему любишь рыбачить, Райан?» Эта традиция преемственности («от деда к отцу, от отца к сыну»), возвращенная к жизни посредством связи между седобородым литовским патриархом и его американским протеже, затем включается в еще более широкие исторические рамки: когда мужчины

---

[64] Другой штат — Массачусетс. В романе Рамиус вводит в заблуждение Падорина, заставляя его думать, что подводная лодка нацелена на Нью-Йорк (как более вероятную цель для ядерного удара), хотя на самом деле она направляется в Норфолк (штат Виргиния).

смотрят на лунный свет, сценаристы вкладывают в уста Рамиуса поэтичную цитату, приписываемую Христофору Колумбу: «Море дарит человеку надежду, сны переносят его домой». Эта цитата напоминает о вечной роли Америки как страны надежды и мечты для всех иммигрантов, включая дезертиров[65]. Ранее Рамиус, обращаясь к офицерам «Октября», упоминал о том, что, «достигнув Нового Света, Кортес сжег свои корабли», и теперь произнесенные Райаном заключительные слова фильма звучат своего рода откликом на его реплику: «Добро пожаловать в Новый Свет, сэр».

Рейгановский мотив отца и сына соседствует в «Охоте за “Красным Октябрем”» с другими знакомыми элементами кинорепертуара времен холодной войны, включая, конечно же, изображение всех «правоверных» коммунистов как отпетых негодяев и глупцов. По сути, примеры стереотипной подлости начинают окружать Рамиуса еще до того, когда мотивы его поступков становятся проамериканскими. Его призывающая команду к сплочению речь скрывает его дезертирские намерения за агрессивным патриотизмом, предвосхищающим реплики русских фанатиков в позднейших фильмах. Взывая к национальной гордости по поводу этого «первого путешествия новейшего достижения нашей родины», Рамиус напоминает морякам об

> упоительных днях спутника и Юрия Гагарина, когда мир трепетал от звука наших ракет. Они содрогнутся вновь — но теперь уже от звука тишины. Мы уложим на лопатки их крупнейший город и послушаем рок-н-ролл наших ракетных учений,

---

[65] Версия этого приветствия в романе более безлична: «Обе стороны были связаны друг с другом и стремились к поиску сходства характера и опыта, создавая основу для понимания. Это было более чем интересно. Это было трогательно. Райан задавался вопросом, насколько все это сложно для советских людей. Наверное, сложнее всего, что он когда-либо делал — ведь их мосты сгорели. <...> Насколько сложно было бы этим мужчинам, рисковавшим своими жизнями, приспособиться к тому, что мужчины, подобные Райану, почти не принимали во внимание? Именно такие люди создали “американскую мечту”, и такие же люди были необходимы для ее поддержания» [Clancy 1984: 340].

и единственное, что они услышат, когда мы закончим, — это наш смех. Мы пойдем в Гавану <...>. Великий день, товарищи — мы входим в историю.

Пока Рамиус и его офицеры постепенно превращаются в потенциальных дезертиров, в ходе повествования различными способами демонизируются и принижаются другие русские. Убитый Рамиусом замполит по фамилии Путин (!) — настоящий архетип «красного» идеолога, изрекающий перед смертью такую отвратительную фразу: «Неприкосновенность частной жизни не имеет значения для Советского Союза. Это понятие часто мешает общественному благу». Еще один суровый чиновник, преданный системе, — доктор Петров (Тим Карри), а капитан Туполев — вероломный друг, готовый ради государства убить своего бывшего учителя и напарника («мы отправляемся убить друга», как он объявляет своему подчиненному). Вся команда «Октября», пребывая в неведении относительно планов Рамиуса, наивно сопереживает его притворной борьбе с американскими военными силами и, несмотря на весь свой опыт, верит, что американцы намерены уничтожить не подлодку Туполева, а именно их «Октябрь». Посол Лысенко — элегантный и зловещий лжец, который в конце концов все же теряет лицо в ходе беседы с доктором Пелтом. Более того, в диалогах американцев подчеркиваются присущие вечным врагам Америки хитрость («русские на горшок не сядут без плана») и беспощадность («русские не остановятся ни перед чем, чтобы предотвратить дезертирство Рамиуса. Они отчаянные»).

В вопросе кастинга фильм явно вернулся к голливудской традиции занимать в ролях советских людей британских или европейских актеров, обычно менее знакомых американской аудитории и поэтому лучше воплощающих для нее коммунистическую чужеродность. Отсюда и присутствие здесь Питера Фирта, Джосса Экланда, Стеллана Скарсгарда, а также, что довольно необычно, австралийца Сэма Нила. В то же время, однако, взяв на роль Рамиуса всемирно известного Коннери, кинематографисты довели до кульминации новую тенденцию, возникшую благодаря более спокойным отношениям с Советским Союзом — тенденцию рисковать популярным актером, ставя его на подобные роли[66]. На протяжении десятилетия гласности Голливуд в целях повышения аутентичности постепенно начнет занимать в главных ролях российских актеров, но при этом на роли второго плана будет по-прежнему брать актеров других национальностей — часто в целях увеличения кассовых сборов в разных странах.

Исполнение Шоном Коннери роли Рамиуса привлекло внимание к еще одной условности, связанной с показом советских граждан, сохранявшейся на протяжении многих лет — как до, так и после того, как ее подверг критике Роджер Эберт в рецензии 1997 года на фильм «Миротворец». Перечисляя все «уловки», и так очевидные и ожидаемые в этом фильме, Эберт включил в их список и английский язык с акцентом у русских персонажей: «После нескольких субтитров русский лает на своего подчиненного: "Говори по-английски!", после чего они продолжают общение на английском — по той единственной причине, что они понимают, где находятся: в американском фильме» [Ebert 1996]. В «Красном Октябре» переход от русскоязычных вступительных диалогов (Рамиуса с Бородиным, затем Рамиуса с Путиным) к английской речи по крайней мере выглядит более изящно: когда замполит начинает произносить библейскую фразу по-русски, камера надвигается на лицо Путина, фиксируя сверхкрупным планом его губы, а затем вновь отодвигается назад, когда он заканчивает фразу уже на английском. С этого момента все русские говорят уже только на английском, за исключением фразы Рамиуса о «ковбое», обращенной к Бородину, и еще нескольких реплик, которыми он обменивается с Райаном. Двумя годами ранее американская аудитория доказала, что

---

[66] Путь этому проложили четыре фильма: «Парк Горького» (1983) с Уильямом Хёртом в роли хорошего советского милиционера; «Москва на Гудзоне» (1984) с Робином Уильямсом в роли перебежчика; «Нет выхода» (1987) с Кевином Костнером в роли русского крота в Пентагоне; и «Красная жара» (1988) с Арнольдом Шварценеггером в роли хорошего советского милиционера.

способна во время просмотра фильма следить за большим количеством субтитров: фильм «Красная жара» Уолтера Хилла стал редким исключением из правила, так как здесь были снабжены субтитрами все диалоги русскоязычных персонажей между собой, кроме сцены конфронтации героя со злодеем в Чикаго. Шварценеггер, прошедший подготовку с носителями языка, показал себя в этом фильме одним из немногих западных актеров, способных копировать русский акцент и интонации[67]. Отбросив идею языковой аутентичности и выбрав более привычную стратегию при показе советских людей, в «Охоте за “Красным Октябрем”» Коннери быстро перевели с русского языка на английский, дополненный его знаменитым шотландским акцентом. Среди многочисленных критиков, которые не смогли принять экранный образ Коннери из-за его голосовых модуляций, были Ричард Шайб, заметивший, что «Рамиус — это в своем роде хитрый морской волк, которого Шон Коннери может сыграть хоть во сне, даже если нам трудно переварить русского капитана с шотландским акцентом» [Scheib 1990], и Дессон Хау из «The Washington Post», спросивший напрямую: «Как это капитан-литовец говорит с таким сильным шотландским акцентом?» [Howe 1990b].

Как бы компенсируя псевдорусские диалоги, «Охота за “Красным Октябрем”» в значительной степени опиралась на русскую хоровую музыку, чтобы не только вызвать ощущение советской идентичности, но и передать ее коллективистский характер. Этот режиссерский ход также будет повторен во множестве последующих фильмов. В сцене со вступительными титрами короткий диалог Рамиуса и Бородина сменяется торжественным военным гимном в исполнении русского мужского хора, который вскоре контрапунктно переходит в песню «До свидания, берег родной!», исполняемую смешанным хором. Продолжающий звучать гимн служит звуковым мостом, соединяющим вступительную сцену

---

[67] В «Москве на Гудзоне» ведущим актером был Робин Уильямс, также проговаривавший значительные объемы русских диалогов с приемлемым акцентом.

со сценой в доме Райана, и тем самым создает первую из многочисленных символических перекличек между американским агентом и советским капитаном. Вскоре после этого диегетически[68] добавляется и гимн Советского Союза, впервые исполняемый патриотически настроенной командой после сплочающей речи Рамиуса о предстоящей миссии — и именно это пение затем уловит радар Джонса на американском корабле «Даллас». Позже гимн повторится уже очень тихо, в качестве инструментальной закадровой музыки, перед тем как Падорин прочтет письмо своего племянника. Без эффекта диегезиса гимн вернется и в качестве аккомпанемента первой сцены на борту подлодки Туполева, и для сопровождения трудной высадки команды «Октября» на спасательные шлюпки, а песня «До свидания, берег родной!» прозвучит за кадром в финальной сцене Райана и Рамиуса.

Два примера подбора актеров на роли американских персонажей в «Охоте за “Красным Октябрем”» также добавили исходной истории дополнительное измерение, которое во многих последующих фильмах станет идеологическим инструментом. Если вымышленный мир Клэнси был полностью белым, то в киноадаптации романа две довольно яркие роли — адмирала Грира и оператора гидролокатора Джонса — были отданы Джеймсу Эрлу Джонсу и Кортни Б. Вэнсу. В образе Грира Джонс с его звучным голосом и общей внушительностью близок Коннери, а персонаж Вэнса оказался любителем классической музыки, что для 1990 года является довольно необычной экранной характеристикой афроамериканца. В отличие от «Белых ночей» Тэйлора Хэкфорда, в 1985 году на злобу дня демонстрировавших превосходство Америки над Россией в вопросах равенства черных и белых, киноадаптация «Красного Октября» не затрагивает никаких проблем, связанных с этнической идентичностью

---

[68] Диегезис — повествовательный прием в искусстве, при котором авторский комментарий к описываемой в произведении реальности раскрывается через элементы этой реальности. Например, в фильме музыка, придающая сцене то или иное настроение, может быть диегетической в том случае, если ее слышит не только зритель, но и сами персонажи. — *Примеч. пер.*

обоих мужчин. И точно так же этот фильм не использует афроамериканцев для демонстрации русского расизма, что встречается в некоторых позднейших фильмах. Скорее включение черных актеров здесь просто повышает имидж Соединенных Штатов как страны подлинной демократии, чьи институты безразличны к цвету кожи — так же как и в «Крепком орешке» Мактирнана, где присутствовал афроамериканский полисмен в качестве единственного напарника и друга белого героя.

Наконец, если фильм уделил важности гражданских прав гораздо больше внимания, чем роман Клэнси, то в вопросе гендерных отношений все было наоборот. Учитывая огромный интерес Клэнси к теме доблести и взаимоотношений морских офицеров, фактическое исключение женщин из нарратива его романа кажется неизбежным. Однако маскулинная традиция самого Голливуда, помимо тематики «отца и сына», сыграла свою роль и здесь, поскольку фильм уменьшил и так минимальное присутствие женщин в созданном Клэнси мире холодной войны. И в книге, и в фильме живая жена Райана и покойная жена Рамиуса «ожидают» на периферии нарратива — причем последняя влияет на ход событий исключительно в книге. Клэнси явно связывает на идеологическом уровне ее смерть с отступничеством Рамиуса: комбинация пьяного хирурга, защищенного партией, ненадежности советских лекарств и нехватки лекарств иностранных — все это заставляет Рамиуса прийти к мысли, «что государство должно заплатить» [Clancy 1984: 34]. В фильме же факт ее смерти, напротив, не несет такого смысла — даже из беседы Рамиуса с Бородиным становится понятно, что личное горе первого просто лишило его того, ради чего ему стоило бы продолжать жить в Советском Союзе. В фильме Рамиус говорит — сначала своим офицерам, а затем и Райану, — что именно эскалация холодной войны и создание «Красного Октября» мотивировали его сбежать вместе с подлодкой. С американской стороны Клэнси включил такие символические женские фигуры, как Нэнси — управляющую адмирала Грира, о которой Райан говорит: «Смыслит в разведке не больше, чем политические назначенцы в соседнем офисе» [Clancy 1984: 37], — и женщинуадминистратора в Пентагоне. В фильме же необъяснимым образом появляется стюардесса, которой Райан во время своего перелета из Лондона в Вашингтон вынужден объяснять понятие «турбулентность»[69]! Всего двумя годами позже в фильме «Несколько хороших парней» перед зрителями предстанет Деми Мур в роли морского коммандер-лейтенанта — так что, возможно, женщины не были достаточно убедительны на экране лишь в роли участниц холодной войны.

Вышедший прямо на распутье между вехами холодной войны и свежими направлениями нового десятилетия, фильм «Охота за “Красным Октябрем”» стал своего рода компендиумом тех репрезентативных стратегий, на которые Голливуд будет опираться в период гласности и позже. Выводя дезертиров в качестве хороших русских и продолжая превращать в стереотипы практически всех остальных, он полагался на тот движущий мотив «отца и сына», который отвечал ценностям рейгановской эпохи, но вскоре сошел на нет, уступив место вошедшим в моду в 1990-е годы бадди-фильмам [Jeffords 1994: 90], включая «Дело фирмы», снятое годом позже. Таким образом, во многом следуя принципам, сформировавшимся задолго до 1990-х годов, «Охота за “Красным Октябрем”» также установила и несколько новых ориентиров.

«Русский отдел» (1990 год, режиссер Фред Скеписи, MGM и Pathé)

Через девять месяцев после «Охоты за “Красным Октябрем”» еще один фильм с Шоном Коннери в главной роли подтвердил преимущества гласности не только своим сюжетом, но и самим

---

[69] Образ стюардессы, похоже, хорошо согласуется с тем, как Путин выражает Рамиусу соболезнования: «Ваша жена была красивой женщиной. Ее смерть — это несчастье». Такое решительное низведение женщин до простого декоративного статуса в мужском мире неудивительно, если учесть, что одним из не обозначенных в титрах сценаристов фильма был супермачо Джон Милиус (режиссер «Красной жары»).

фактом проведения съемок в Москве и Ленинграде (на тот момент для Запада это уже было возможным). Снятый всего через два года после описанных в романе-первоисточнике событий (в отличие от шестилетней разницы в случае «Октября»), «Русский отдел» поразил большинство критиков своей своевременностью. Хэл Хинсон из «The Washington Post» выразил всеобщее мнение о его актуальности, отметив, что «создание фильма о политической ситуации в такой изменчивой стране, как Советский Союз, может обернуться катастрофой, однако здесь реалии эпохи постгласности уже кажутся правдоподобными и злободневными» [Hinson 1990b]. Другие аспекты адаптации, однако, вызвали неоднозначные отзывы. Например, Роджер Эберт раскритиковал сценарий, который «настолько статичен и утомителен, что прямо гудит безжизненностью» [Ebert 1990], а Винсент Кэнби отмахнулся от фильма как от «путаного и туманного, гораздо менее глубокого и даже менее увлекательного, чем практически любой другой экранизированный роман Ле Карре...» [Canby 1990]. Напротив, Хинсон назвал фильм «исключительным», а сценарий — «элегантной адаптацией Тома Стоппарда» [Hinson 1990b]. Рецензия в «Time Out», один из редких примеров жалобы на то, что фильм «перенасыщен взаимоотношениями Востока и Запада», в то же время находила его «очень приятным, остроумно написанным, где-то красивым для созерцания, а где-то — в хорошем смысле — даже вылощенным» [SGr Nd][70].

Будучи англо-американской совместной продукцией, «Русский отдел» имеет больше общего с авторским кино, чем большинство других шпионских триллеров: сценаристом, адаптировавшим роман Джона Ле Карре 1988 года, был Том Стоппард, а режиссером — Фред Скеписи, работавший со своим соотечественником, кинооператором из Австралии Йеном Бейкером. И если кинозвезда «Русского отдела» (Мишель Пфайффер), сопродюсер Фреда Скеписи (Пол Масланcки) и композитор (Джерри Голдсмит)

---

[70] Дессон Хау восхищался «обилием сцен, [снятых] в очаровательном, приглушенном дневном свете, так что советская архитектура и скульптуры обретают своеобразный теплый перестроечный оттенок» [Howe 1990a].

и указывали на принадлежность фильма Голливуду, то сам британский характер повествования, равно как и симпатия главного героя к русским, окончательно порывали с националистической снисходительностью, типичной для фильмов, целиком созданных в Америке. Вдобавок доступность русских актеров для русских ролей позволила видоизменить обычную триангуляцию американских фильмов с британскими актерами, играющими советских злодеев. Однако, несмотря на то что «Русский отдел» далек от американского шовинизма «Охоты за “Красным Октябрем”» с ее полностью мужским миром подводных лодок, он тем не менее предлагает удивительно похожий по своей сути сценарный замысел в разительно отличающемся контексте: в его центре также находится благородный постсоветский человек, связывающийся с человеком западным для того, чтобы предать свою страну ради спасения мира от ядерной угрозы.

Москвичка Катя Орлова (Мишель Пфайффер) пересылает спивающемуся издателю и джазмену Скотту Блэру (Коннери) по прозвищу «Барли» предназначенные для публикации тетради, которые затем попадают в руки британских разведчиков. В Лиссабоне они допрашивают Барли на предмет его связей с Советским Союзом, и тот сообщает, что эти тетради, в которых задокументирована советская некомпетентность в области ядерного оружия, по всей видимости, пришли от «Данте» (Клаус Мария Брандауэр)[71] — диссидента, с которым он беседовал в новом пристанище писателя под Москвой. Опасаясь того, что рукопись Данте — это всего лишь хитрая советская дезинформация, британские шпионы уговаривают Барли вернуться в Россию, якобы по издательским делам, но в действительности для того, чтобы «получить от Данте товар». В Москве Барли вскоре влюбляется в Катю, а затем посещает Ленинград, где встречается с Данте, в котором британцы опознают военного ученого Якова Савельева. Данте упрекает Барли в том, что тот привлек к этому

---

[71] Неясно, почему сценарист фильма решил изменить псевдоним Савельева, который в романе звучит как Гёте. Возможно, идея заключается в том, что герой пишет о России как о современном аде.

делу государственные структуры, вместо того чтобы поскорее опубликовать тетради. Пройдя внутренний допрос, агенты ЦРУ, включая Расселла Шеритона (Рой Шайдер) и Брэди (Джон Махони), подключаются к операции. Когда Данте в своем письме просит составить полный список вопросов, которые британские разведчики хотели бы ему задать, у одного только Неда (Джеймс Фокс) вновь возникают подозрения, что это ловушка, и он хочет прервать миссию. Тем временем Барли под прикрытием своих последних заданий осуществляет сделку с КГБ: разоблачающий список вопросов в обмен на безопасность Кати, ее детей и ее дяди. Некоторое время спустя Катя и ее семья воссоединяются с Барли в Лиссабоне.

Фильм в значительной степени посвящен исследованию гласности спустя три года после ее принятия на политическом уровне, и удивление от самого факта ее существования здесь чередуется с осторожностью по отношению к ее ограничениям. Уже вступительные титры визуально транслируют настороженность — одна сторона большой буквы «R» в заголовке фильма и в нескольких других словах образована многозначительными красными серповидными линиями[72]. Затем, в первой сцене фильма, когда Катя отдает коллеге Барли тетради, ярмарка аудиокниг становится символом открытости страны для экономических отношений с Западом, хотя ощущение государственного контроля и манипуляций продолжает сохраняться. Когда Катя говорит: «Несмотря на гласность, роман моего друга все еще не может быть опубликован», Ники Ландау (Николас Вудсон), зная о скрытом наблюдении за ними, заставляет ее улыбнуться. Столкновение сходного и разного происходит, когда герои прибегают к проверенному способу: контрабанде материалов свободной прессы из коммунистического блока (который в 1988 году, когда Ле Карре заканчивал работу над книгой, еще существовал, но к моменту премьеры фильма уже был распущен).

---

[72] Этот мотив скрытой «красной угрозы» дополняет появляющаяся в лондонской квартире Барли книга «Новая Россия», красная обложка которой украшена серпом и молотом.

Та же двойственность фильма проявляется и в контексте энтузиазма Барли по поводу освобождения страны. Так, флешбэки с его речью в Переделкино — писательской деревне, наиболее известной бывшей дачей и могилой Б. Л. Пастернака, — начинаются со слов, обращенных к компаньонам по застолью: «Я верю в новую Россию. Вы, может, и нет, а я верю. Двадцать лет назад это была несбыточная мечта. Сегодня это наша единственная надежда». Но затем он добавляет, что даже уменьшение напряжения в отношениях между правительствами не гарантируют мира во всем мире: «Если это сможет дать надежду, то каждый из нас должен предать свою страну». Немного спустя, встречая Данте у могилы Пастернака, Барли снова вспоминает о более либеральной России, говоря: «Вы думаете, он знает, что людям вновь разрешено его читать?» В том же духе, оказавшись позднее с Катей на Красной площади, он с благодарностью отмечает, что всего три года назад, когда он сфотографировал здесь пару прохожих, его чуть не арестовали за «съемку военного объекта». В торговом центре, куда они заходят, чтобы купить по дороге обувь, Катя все же уравновешивает его оптимизм иностранца дозой реализма местной жительницы, пожаловавшись, что в перестройку потребительских товаров стало еще меньше, чем было. Барли перебивает: «Серьезно? Я думал, стало лучше», и ее ответ в сжатой форме иллюстрирует выражение «*plus ça change, plus c'est la même chose*»[73]: «Кругом коррупция и некомпетентность. Возможно, некоторые теперь воруют, я не знаю». И здесь уже сам Барли, осознавая и свою новую роль шпиона, и жестокость старой России, предупреждает Катю, чтобы она говорила тише, тем самым провоцируя ее ироничный ответ: «Жаловаться — наше новое человеческое право. Гласность дает всем право жаловаться и обвинять, но от этого обуви не становится больше».

Разумеется, именно это беспокойство — о том, что объявленный в России переход к демократии состоит лишь из риторики и абстракций, — побуждает Данте написать и контрабандно провезти свой подстрекательский материал. Как Катя объясня-

---

[73] Чем больше меняется, тем меньше перемен (франц.). — *Примеч. пер.*

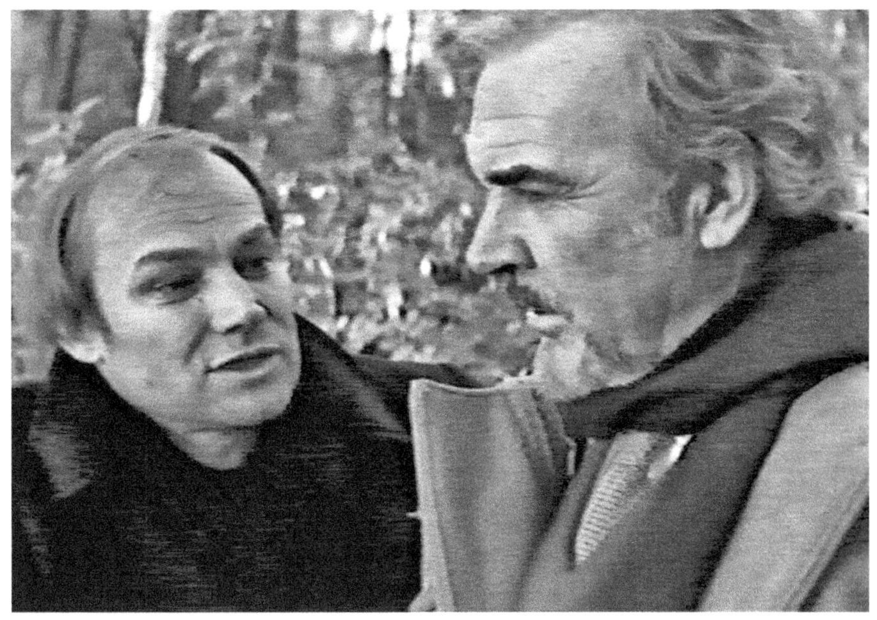

Данте и Барли беседуют у могилы Пастернака о долге предать страну, которую любишь

ет Барли во время их второй встречи, Данте «вдохновлен новой открытостью, но он знает, что ничто не меняется само по себе». Конечно, в разговоре с Барли в Переделкино Данте уже указывал на живучесть шаблонов времен холодной войны, загадочно говоря собеседнику: «Ты в опасности только из-за нашей лжи. Я лгу ежедневно». В ходе их встречи в Ленинграде Данте снова подвергает атаке гласность, открыто ставя под сомнение скрытую за ее прокламациями суть: «Наши новые люди говорят об открытости, разоружении, мире. Это слова». Во время прогулки с Барли по Дворцовой площади, исторически связанной с началом революций 1905 и 1917 годов, Данте высказывает мысль, что «у России нет времени» на проигрыш, если речь идет о выполнении обещаний гласности; возможно, потребуется даже новая революция.

Хотя он критически относится к своей родине, Данте вместе с тем также вносит свой вклад в характерное для повествования фильма четкое различение русской культуры и деструктивной идеологии, с которой эта культура давно переплетена. С одной стороны, в Переделкино он описывает российское государство в поэтичных выражениях, уравновешивающих обвинение во лжи коннотациями ранимости и страдания после доблестного боя: «Советский богатырь умирает в своих латах». С другой стороны, Данте цитирует строки поэта XIX века В. С. Печерина[74]: «Как сладостно отчизну ненавидеть! // И жадно ждать ее уничтоженья! // И в разрушении отчизны видеть // всемирного денницу возрожденья!», добавляя: «Печерин понял, что возможно любить свою страну и ненавидеть ее систему». Барли отвечает: «Я тоже ее люблю — вашу страну. И умеренно люблю свою», — одновременно и откликаясь на реплику, и предлагая параллель, которая была немыслима в предыдущих фильмах на русско-американскую тему. Такая оценка патриотизма противоречит голливудской традиции показа хороших или хотя бы приемлемых русских только в роли перебежчиков, примером чему может послужить Рамиус из вышедшей несколькими месяцами ранее «Охоты за “Красным Октябрем”». При своем втором появлении в фильме Данте вновь, браня провал русской революции, говорит о собственном месте внутри своей национальной истории среди тех, кто готов к новой революции, к тому, чтобы поставить Россию на правильный путь, но при этом *отказывается* дезертировать, отклоняя приглашение Барли: «Поехали в Англию. Они тебя вывезут». И хотя его прямой патриотический отказ в романе («Я не перебежчик, Барли. Я русский, и мое будущее здесь, как бы коротко оно ни было» [Ле Карре 1990: 213]) здесь заменен отсутствием ответа, фильм все же ясно дает понять, что героизм Данте включает в себя отказ от бегства на Запад. Предлагая ему такой выбор, «Русский отдел» перекликается с темой, доминировавшей и в российских фильмах этого десятилетия.

Разумеется, наиболее стойкий скептицизм в отношении долговечности и эффективности гласности выражают западные профессионалы шпионажа, и они же, выступая в ненавистном Данте качестве «винтиков» в системе, оспаривают в фильме у «красных» их роль главных злодеев. От первого до последнего

---

[74] Поэт и религиозный деятель В. С. Печерин (1807–1885) во время деловой поездки переехал на Запад и принял католицизм (1840). Он окончил свои дни в Дублине (Ирландия).

контакта Барли с британскими разведчиками сценарий противопоставляет его направленные против холодной войны гуманистические ценности их склонности к постоянным подозрениям и махинациям. Едва встретившись с командой из четырех агентов, которые будут безжалостно допрашивать его всю ночь, Барли задает им саркастичный вопрос: «В чьем убийстве я должен участвовать?» — а затем, во время своего первого допроса, с отвращением осуждает «то, как вы, ребята, оживаете, когда чувствуете запах крови». В конце, видя, как Барли готовит свою лиссабонскую квартиру к приезду Кати, Нед[75] выражает сомнение в том, что ожидания Барли сбудутся, и натянуто произносит: «Похоже, вы думаете, что поступили порядочно», — тем самым отделяя моральный кодекс Барли от собственной этики агента Ми-6.

Слово «порядочность» проникает и в воодушевленный разговор Барли в Переделкино, посвященный долгу личности по отношению к миру во всем мире; здесь Барли без указания авторства приводит высказывание американской писательницы Мэй Сартон, которое Ле Карре выбрал в качестве эпиграфа для романа: «Надо мыслить, как мыслят герои, чтобы поступать всего лишь как порядочный человек» [Ле Карре 1990: 13][76]. У Неда, — или «Недского», как зовет его Барли с добродушной иронией, — эмоции атрофированы в меньшей степени, чем у всей остальной команды (что создает контраст между ним и холодным жестоким Клайвом в исполнении Майкла Китчена), и поэтому он может понимать и даже уважать личные моральные кодексы находящихся за пределами системы. Например, то, как Нед нетерпеливо описывает Расселлу Данте (тот, «кого нельзя

---

[75] В последней главе романа Ле Карре заставляет своего рассказчика — человека из Ми-6 (которого Стоппард ассоциировал с фигурой Неда) — признать, что он «выбрал надежную крепость бесконечного недоверия» и «предпочел ее опасной тропе любви» [Ле Карре 1990: 350].

[76] В оригинальном тексте романа Ле Карре приводит это высказывание в измененном виде: «Послушай, в наши дни ты должен мыслить как герой, чтобы поступать всего лишь как порядочный человек». Русский перевод восстановил оригинальное написание фразы Мэй Сартон.

подкупить и нельзя напугать. Он прямой. Помните, что значит “прямой”?»), подчеркивает, что он сохранил остатки человечности, благодаря которым интуитивно постигает измену Барли и испытывает своего рода покровительственные чувства по отношению к человеку, которого он называет «мой Джо». Но Нед также участвует и в коллективном укреплении ценностей холодной войны, этой Великой Лжи Запада: инструктируя Барли о том, как выведать информацию у Данте, Нед дает ему карт-бланш, разрешая «сказать все, что ты захочешь сказать, лишь бы он остался нашим». В ответ на это Барли произносит простую, но в то же время одну из самых красноречивых реплик в фильме: «Кроме правды?»

Благодушный выпускник британской частной школы Нед не так очевидно демонстрирует отвратительные стороны шпионских игр, как яркий и эксцентричный Уолтер (Кен Расселл), подходящий к операции радостно и с явным удовольствием[77]. Театрально колоритный, иногда язвительный, он ликует при нахождении личных бумаг Барли, хвастается, идентифицируя те или иные аспекты личности Данте, и шутит на темы жизни и смерти, скептически и игриво манипулируя злободневными лозунгами, когда описывает намерения Данте: «Реконструкция. Открытость. Он собирается реконструировать баланс террора и таким образом открыть ящик Пандоры». Предпринимая в финале совместно с Недом удачную попытку убедить Барли выполнить свою миссию, Уолтер использует эмоциональный шантаж («Ты хочешь отдать [Данте] в лапы американцев? <...> Янки получат Данте, посадят его на вертел и сделают из него барбекю») и иронично взывает к Барли, расхваливая шпионскую миссию как нечто, «ради чего люди пишут. Шанс быть активным игроком в защите страны». Мгновением позже он добавляет, словами самого Ле Карре извращая те ценности, ради которых агенты предположительно сражаются: «Ты живешь в свободном обществе. У тебя нет выбора». В результате Барли отказывается

---

[77] Многие критики одобрительно отзывались о живом выступлении Расселла в этой роли.

от задания и еще раз напоминает о порядочности: «Много лет назад любая порядочная церковь сожгла бы вас, ублюдков». Но Уолтер остается столь же отвратительным, когда Барли осторожно вспоминает о гласности в своей полушуточной ремарке, обращенной к Неду: «Я думал, что теперь мы все должны быть вместе». Если ответом Неда становится только мягкое «О, мой боже!», то Уолтер бросается в оскорбительную риторику, грубо и грязно пытаясь утереть Барли нос: «Потому что в этом году им выгодно лежать на спине и играть в добрую собачку? Потому что в этом году они все равно на полу? Ты простофиля. Тем больше причин шпионить за ними и выбивать из них дурь! Бей их по яйцам каждый раз, когда они встают на колени»[78]. Ответ Барли предвосхищает его последующее решение обменять «ценные секреты» правительства на Катю и ее семью: «Вот где я с вами не согласен. Я всегда буду защищать от вас мою Россию».

Если Россия Уолтера и других агентов — это монолитная идеологическая абстракция, то Россия Барли включает в себя не только самих людей, но и те качества, которые жители этой страны особенно ценят, представляя себя как нацию: приземленность, теплоту, духовность и склонность к философствованию. Возможно, наиболее стереотипное изображение всех этих атрибутов мы видим в тот момент, когда Барли впервые объясняет, почему он часто посещает Россию:

> Вы попадаете в какой-то грязный публичный писсуар, а человек из соседней кабинки заглядывает к вам сверху и спрашивает вас о Боге, или Кафке, или о свободе и ответственности. Так ты ответь ему. Ведь ты знаешь. Ведь ты с Запада. И прежде, чем ты закончишь отряхивать свой член, ты подумаешь: «Что за великая страна! *Вот* почему я люблю ее. И они меня очень любят».

---

[78] В книге речь Уолтера длиннее и включает фразу «Империя зла поставлена на колени, как же!» [Ле Карре 1990: 107]. Образы насилия перекликаются с метафорой, которую сам Ле Карре высказал в интервью репортеру «The New York Times» в 1989 году: «Нам [Западу] действительно нужно сделать выбор, будем ли мы помогать им [СССР] выбраться из холода [из холодной войны] или будем топтать их каждый раз, когда они попытаются вылезти» [Whitney 1989].

Позже на вопрос Расселла о причине его частых визитов он отвечает: «Я люблю это место. Оно меня привлекает. Это такая разруха. <...> Бедные шельмы. Они просто хотят быть похожими на нас. У них огромное сердце... И огромное невежество. И они всегда держат свое слово». Еще позже Катя вторит словам Барли о главном для русских органе, упомянув, что Данте не составлял свои тетради «до прошлого года, пока не встретил британского издателя, заговорившего с его сердцем». Правда, несколько негативных стереотипов в фильм все же закрадываются. Например, когда враждебно настроенный Майк отзывается о Кате (еще до того, как увидит ее фотографию) как об «обычной толстой старой заднице» или когда соотечественники в Переделкино говорят о Данте как о человеке, находящемся «в отпуске и, соответственно, в запое». Все это, однако, уходит на второй план, по мере того как русские персонажи начинают проявляться как личности, а не как клише. После Данте и Кати, возможно, наиболее значимый персонаж — это Западный (Дэниел Возняк), который парадоксальным образом показывает себя настоящим другом, по просьбе Барли вступив в контакт с советскими властями, и которого Барли, верный своему кредо благосклонно относиться к людям независимо от их идеологии, не отвергает, невзирая на его контакты с КГБ. Такие парадоксы явно[79] не вписываются в систему взглядов западных спецслужб с их бинарными оппозициями и черно-белым мышлением.

Помимо того что фильм и так фокусирует внимание на сомнительных сделках спецслужб, их гнусный имидж в конечном счете усиливается параллелью с КГБ. Именно Данте первым формулирует сходство между западными и коммунистическими спецслужбами, отказываясь от любого контакта с партнерами Барли из-за того, что «это непорядочные люди». Сформулировав таким образом уже созданное фильмом негативное впечатление, Данте поднимает ставку, сравнивая людей, «руководящих»

---

[79] В Переделкино Данте озвучивает парадоксальную мотивацию своего намерения писать: «Чтобы спасти [свою страну], возможно, необходимо ее предать».

Барли, с коммунистами прошлого. Отметив, что Барли носит серое пальто, он говорит: «Моего отца посадили в тюрьму люди в сером. Он был убит людьми, носившими серую униформу. Серые люди уничтожили мою прекрасную профессию, и даже если они не приведут тебя к гибели, то тоже позаботятся о тебе». Здесь вновь возникает тема «мы против них», но теперь реплики уже стирают национальные границы, противопоставляя людей вроде Данте и Барли людям в сером из обеих стран, олицетворяющих менталитет и ядерную гонку времен холодной войны.

Ближе к концу сценарий особо подчеркивает эту проведенную Данте параллель, различными путями подтверждая и развивая симметричность западной и советской систем. Когда Барли и Катя разговаривают на балконе после вечеринки по случаю публикации, он говорит ей: «Они следят — и с твоей, и с моей стороны. Мы победим и тех и других». Немного позже допрос Барли советскими агентами начинается точно так же, как ранее начинался его допрос британцами: серия разрозненных вопросов и ответов, звучащих за кадром, пока Катя гуляет по Москве (в этот раз — по направлению к могиле Данте). Стоппард даже заставил советских агентов повторить почти дословно один из вопросов, которые задавали Барли британцы: «Данте [Савельев] прибыл [в Переделкино] один или с кем-то еще?» Когда комната, где происходит этот второй допрос, наконец появляется на экране, ее красные драпировки и скатерть на столе напоминают красные драпировки в сцене допроса в Лиссабоне. Вдобавок, когда Барли читает нотации властям об их обязанности соблюдать заключенную с ним сделку, — «Я говорю о чести, а не об идеологии», — он подразумевает их родство с Ми-6 и ЦРУ, добавляя, что «оставил письмо у себя на тот случай, если *они* не поймут разницу». Наконец, в своем письме Неду Барли закадровым голосом утверждает, что «Данте был прав. Люди в сером продолжают гонку вооружений, которой никто не хочет», и объясняет, что в ходе своей сделки он, Барли, «обменял реальных людей на ложные аргументы».

Любопытно, что фильм, по всей видимости, воспринимает коммунистическое беззаконие как нечто само собой разумеющееся, разоблачая сомнительные западные методы борьбы с ним. Несмотря на то что советская система ответственна за смерть Данте так же, как и за смерть его отца десятилетиями раньше, и так же, возможно, отправила бы в тюрьму уничтожила и Барли, и Катю, и ее семью (если бы не список вопросов, оказавшийся у Барли!), тем не менее в фильме ни разу не показывается на экране насилие или убийство системой того или иного человека, равно как и сами жертвы подобных убийств[80]. Заметно также отсутствие и устрашающих солдат, и зловещих агентов КГБ. Наиболее приближается «Русский отдел» к теме деятельности злобных советских агентов в продолжительных кадрах с двумя автомобилями — сначала красным, а затем белым, — осуществляющими наблюдение за Катей и Барли в парке[81]. Кроме того, в предположении Неда о том, почему советские агенты могут остановить Данте, если он — их марионетка, присутствует аллюзия на пытки: «Если бы я пользовался русскими методами, я бы его репрессировал. Данте уже может быть непрезентабелен. Он может быть уже не в состоянии использовать телефон. Он может быть уже не в состоянии использовать ложку. Он может быть уже мертв». Хотя все эти образы явно вызывают в воображении «красную жестокость», они представляют собой единичный обвинительный акт, остающийся на заднем плане в истории о разведывательной деятельности и романтике. Более того, если Ле Карре к концу романа открыто подрывает веру Барли в на-

---

[80] Напротив, роман привлекает внимание к зловещей атмосфере России, например, когда Ле Карре описывает следующий внутренний монолог Барли, идущего на встречу с Данте (Гёте): «Он не знавал другого города, который вот так прятал бы свой стыд за столькими прелестными фасадами или с улыбкой задавал бы столько страшных вопросов. <...> Сколько трупов запруживало эти изящные каналы, сколько их, замерзших, уплывало в море? Где еще на земле такой разгул варварства воздвигал себе такие изящные памятники? Даже прохожие с их медлительной речью, вежливостью, сдержанностью, казалось, были скованы друг с другом чудовищным притворством» [Ле Карре 1990: 203].

[81] То, что Ми-6 следят за Барли из грузовика «Совтрансавто», в еще большей степени доказывает, что их трудно отличить от советских агентов.

дежность русских в деловых вопросах[82] и оставляет неясным, позволят ли когда-либо советские агенты Кате и ее семье эмигрировать, то фильм фактически улучшает их национальный имидж, заставляя даже русских политических деятелей «сдержать свое слово» и в результате освободить Катю и ее семью. Экранное воссоединение Кати с Барли (в отличие от неоднозначного финала романа) во многом связано со страхом Голливуда перед несчастливыми финалами[83], но возможно также, что кинематографисты посчитали его подходящей поправкой для 1990 года, когда Горбачев выполнял обещания, данные Рейгану и Бушу[84].

Но если советские власти фигурируют здесь в более позитивном ключе, чем в обычных шпионских триллерах, то полностью противоположное справедливо в отношении сил военной разведки Соединенных Штатов. Действительно, американцы в большей степени, нежели русские, кажутся здесь созданными по национальным стереотипам, приближаясь к тем одномерным американцам, которых изображали в некоторых своих фильмах русские. Во-первых, ЦРУ в фильме неоднократно ассоциируется с деньгами — с их добычей и с их распределением. Движимый долларом американизм впервые проявляется в тот момент, когда Расселл объясняет двум ученым, подтвердившим данные о Савельеве:

> Большинство наших клиентов приезжают в этот город с контрактами, чтобы обеспечить мир и процветание в оружейной промышленности на следующие пятьдесят лет. Но как, мать вашу, торговать гонкой вооружений, когда единственный урод, за которым вам приходится гоняться, это вы сами?

---

82 В главе 17: «А Барли — как он и сказал Хензигеру и Уиклоу за ужином — еще не встречал русского, который, дав слово, взял бы его назад. Разумеется, он имел в виду не политику, а чисто деловые отношения» [Ле Карре 1990: 343].

83 Хау выразил сожаление по поводу наличия в фильме «излишней дозы сахара по сравнению с более открытым финалом романа» [Howe 1990a]. Возможно, создатели фильма также сочли невозможным, чтобы герой Коннери «не заполучил девушку».

84 Например, он сдержал свои обещания 1988 года вывести советские войска из Афганистана и сократить численность войск в Восточной Европе.

Такие капиталистические спекуляции на военном деле составляют также суть его жалобы Неду и Клайву в Лондоне, когда он принимает командование. Будучи сторонником гласности, он тем не менее говорит им в своем наглом и циничном стиле:

> Беда в том, что многие из высокооплачиваемых сынков рискуют потерять свои кормушки и проголодаться, и все из-за этих чертовых тетрадей. Российские военные усилия зашли в тупик, американские военные усилия зашли в тупик. Их ракетные двигатели стоят на месте, вместо того чтобы жарить на полную катушку, их МБР не могут выбраться из своей конуры, их ученые не могут сделать надежное топливо для этого дерьма. Нашим клиентам не нравится об этом слышать.

Существенно, что экономический сговор среди шпионских, военных и индустриальных институтов характеризует в фильме только агентов ЦРУ. Сотрудники Ми-6 лишены таких капиталистических мотиваций — как лишены они и тех значительных ресурсов, которые американцы могут продемонстрировать.

Представление в фильме экономической силы агентов ЦРУ, сотрудничающих с Ми-6, напоминает то, как сами русские показывали американскую непринужденность в финансовых вопросах — как завидную и позорную одновременно. Когда, например, Нед звонит Расселлу, чтобы запросить у него секретного партнера для Барли, его формулировка красноречива: «Расселл, мне нужны твои деньги. И твоя любовь». Позже этот самый партнер Дж. П. Хенцигер (Колин Стинтон) произносит речь на вечеринке по поводу своего ожидаемого присоединения к компании Барли, снова объединяя идеологию с финансовой выгодой: «Сделаем друг друга свободными. Сделаем друг друга богатыми»[85]. Та же грубость в денежных вопросах проявляется тогда, как Брэди (Джон Мэхони) говорит о вознаграждении Данте: «Если Данте хороший парень, он получит куш. Я позабочусь об этом. Мил-

---

[85] Конор Круз О'Брайен пишет об этой сцене из романа Ле Карре следующим образом: хотя Хенцигер — это агент, притворяющийся вульгарным бизнесменом, «все же чувствуешь, что ему не нужно притворяться так сильно» [O'Brien 1989].

лион — это не проблема. Десять миллионов — даже лучше. Таким образом Данте станет предателем, которого наши патриоты смогут понять». Когда Расселл далее сообщает, что ЦРУ также возьмут на себя переселение Барли и выплату ему пенсии, Нед упрекает Клайва: «Ты отправил моего Джо на пенсию?» — озвучивая то же пренебрежительное отношение к деньгам, что звучало в ироничном отказе Уолтера от «большого жирного чека», которым Нед незадолго до этого махал перед Барли: «Не беспокойся о деньгах. Барли выше этого». Аналогичным образом, Лен Уиклоу (Дэвид Трелфолл), симпатичный молодой «мозг» Ми-6, с которым Барли способен установить связь, также пренебрежительно отзывается о финансовых мотивах, когда говорит Западному (словами, в книге принадлежащими Барли): «Россия на пике популярности в наши дни. Скажите парням с деньгами, что мы хотим составить какой-нибудь русский список, и они забросают нас деньгами». Если агенты ЦРУ очевидно выступают в повествовании в качестве парней с деньгами, то сам Барли выглядит неудачливым бизнесменом, имеющим проблемы с отделом продаж и выплатой зарплат, в то время как Данте, самый идеалистичный персонаж фильма, ранее соблазнившийся советскими деньгами, просит Барли передать доход от публикации его рукописи на «какие-нибудь достойные нужды».

Роль США как уродливой, эксплуататорской капиталистической нации выражена в фильме в гораздо большей степени, поскольку Стоппард устранил очевидное беспокойство автора книги по поводу того, что постсоветская Россия движется в том же направлении. Одна из наиболее красноречивых сцен в романе — когда Барли присоединяется к Уиклоу и Хенцигеру в частном ресторане в Москве, где

> вокруг них сидела та Россия, которую дремлющий в Барли пуританин ненавидел уже давно, хотя никогда прежде не видел: не слишком маскирующиеся царьки подпольной капиталистической экономики, промышленные нувориши и любители красивой жизни, жирные партийные котики и рэкетиры. От их сверкающих драгоценностями женщин разило западными духами и русскими дезодорантами; официанты млели у наиболее богатых столиков [Ле Карре 1990: 216].

Хотя такие сцены, как ланч Барли с Катей в ресторане и, ближе к финалу, вечеринка по поводу публикации легко могли бы послужить поводом для подобной антикапиталистической критики, авторы фильма обошлись без этого, зато посчитали целесообразным включить воспоминания дяди Матвея (Николай Пастухов) об обороне Ленинграда, подразумевающие напоминание о храбрости русских и их союзе с Западом во Вторую мировую войну. Худшим признаком негативного влияния капитализма на российскую жизнь служит краткий диалог между Барли и сомнительного вида ленинградским юнцом, заявляющим, что готов купить все, что может продать западный человек, будь то «сигареты, виски, наркотики [или] валюта».

Сценарий не только делает своей мишенью американский капитализм, но и наделяет его высокомерием, вульгарным языком, антисоциалистической паранойей и безразличием к культуре. Еще до наступления того момента, когда Расселл официально возглавит операцию, он уже свободно отдает приказы и критикует, комментируя записанные на пленку разговоры Барли и Кати: «Я в своей жизни никогда не слышал такой ерунды. Барли не сказал Кате ни о чем, кроме этой чертовой Греты Гарбо. А Данте лучше бы уже начал испражняться, или пускай отходит от горшка». Он столь же высокомерен и, как сухо отмечает Нед, «копрологичен», когда в ответ на озабоченность Неда по поводу списка вопросов сообщает своему британскому коллеге: «[Если Данте позвонит, как и договаривались], ты заткнешься, мать твою? Или держись подальше от моей операции!» По сравнению с английской сдержанностью, а также грамотностью Данте и Барли, язык американцев выглядит особенно грубым и резким. Более того, когда Расселл несколько раз признает успех британской команды своей излюбленной фразой «Отдаю должное, Нед!», это выглядит как пустое признание проигрыша в соревновании, а не как благородный поступок, который Барли мог бы приравнять к порядочности.

Но наилучшим образом демонстрирует американскую глупость встреча Расселла и Куинна с Барли. Напыщенные расспросы Расселла о любви Барли к России и его последующее торгашеское сравнение информации Данте с выставленной на продажу картиной Пикассо, которая может оказаться подделкой, приводят к тому, что издатель теряет терпение и произносит на скорую руку придуманную для американцев идиому: «Это не мой Пикассо, Расселл, [и] мне плевать, покупаете вы его или нет». Чем дальше, тем хуже: карикатурный полковник Куинн, которого сам Расселл называет «военщиной от задницы до головы», с двумя своими подчиненными допрашивают Барли о его отношении к таким предположительно подрывным членам общества, как гомосексуалисты[86], либералы, анархисты, диссиденты и миротворцы. Из вопроса о «либеральном бэкграунде» Барли становится известно, что его отец симпатизировал коммунистам. Конечно, эта информация могла легко раскрыться и на британском допросе, но она сообщается именно здесь, чтобы подчеркнуть паранойю американцев[87]. Следующий, еще более маккартистский вопрос — об именах знакомых музыкантов, которых Барли мог бы посчитать склонными к анархистским идеям. Его ответ («Да, был такой тромбонист. Его звали Уилфред Бейкер. Единственный джазовый музыкант, о котором я помню, что он был полностью свободен от анархистских идей»), выглядит как образчик псевдосотрудничества и вызывает улыбки у команды Ми-6 по отношению к их союзникам, занятым охотой на ведьм. В конце концов на вопрос о том, осуждает ли он английскую общественную систему, Барли иронично отвечает: «Абсолютно. Мне подавай Америку». Затем он закрывает даль-

---

86 В романе приводится объяснение Клайва, почему он исключил из команды Уолтера, чья сверкающая голубизной аура была для американцев перебором: «Уолтер превратился в обузу, <...> для нас он был просто эксцентричным чудаком. Но другие... <...> Слишком многие посматривали на него косо» [Ле Карре 1990: 193]. По контрасту, романный Барли шутливо отзывается о двух своих знакомых — «голубые как васильки», — в то время как экранный Барли столь же весело отвечает на вопрос Куинна о наличии у него гомосексуального опыта, признавая, что речь идет «об обычном детском баловстве рук. Как и у вас, полагаю».

87 В книге Барли так описывает Расселлу своего отца: «Фабианец. Нечто вроде активного сторонника рузвельтовского “Нового курса”. Будь он вашим гражданином, то угодил бы в черный список» [Ле Карре 1990: 237].

нейший допрос, подтверждая, что посещает Россию чаще, чем Америку, «потому что предпочитает Россию. Она так же коррумпирована, как Америка, но там меньше дерьма». После описанной сессии и последующего теста на детекторе лжи Нед радостно сообщает Барли, что он одобрен для выполнения миссии, а Барли в ответ не может удержаться и награждает Неда ироничным ответом: его «Троекратное ура нашей команде!» как будто иронизирует по поводу спортивных игр в школе, где учился Нед, и в то же время как бы указывает на границы англо-американского сотрудничества.

Ассоциируя в негативном ключе музыку с анархией, параноидальные филистеры-американцы фактически формулируют тематическую связь, закодированную в положительном смысле во всей остальной части повествования. Как и в «Такси-блюзе» П. С. Лунгина, вышедшем в тот же год, джаз в «Русском отделе» не только символизирует ниспровержение идолов и дух свободы (если не анархию) главного героя по отношению к любым системам, но также становится культурным мостом между Западом и Востоком. В Переделкино импровизированная джазовая мелодия, в которой Барли руководит своими компаньонами, играя на расческе, в то время как остальные стучат по бутылкам, хлопают, бьют по крышкам от банок, венчает крепкое товарищество группы. И демонстрация его техники игры на расческе при воспоминании об этом эпизоде заставляет оттаять британских следователей. Затем в Ленинграде Данте замечает в разговоре с Барли, что «новая революция начнется [не выстрелами, а] Иоганном Себастьяном Бахом или каким-нибудь джазом, который вы так хорошо играете. Или Сидни Беше»[88]. В фильме Барли также играет на своем саксофоне — сначала в лондонском клубе, а затем еще раз ближе к финалу, в России, на вечеринке по случаю публикации, после того как он просит

---

[88] В сценарии изменен упоминаемый Ле Карре музыкант. Если в романе Барли ссылается на тенор-саксофониста Лестера Янга (1909–1959), в 1934 году присоединившегося к оркестру Каунта Бейси, то у Стоппарда Данте говорит о Сидни Беше (1897–1959), который в 1925–1929 годах играл в Европе, в том числе и в России. См. [Sidney Bechet Nd; Lester Young 2001].

Западного, чтобы тот организовал ему контакт с КГБ. И, разумеется, идентичность Барли как саксофониста оказывается дополнена музыкой самого фильма, в котором «джазовое трио исполнило большинство тем (как написанных, так и сымпровизированных), причем игра на саксофоне Брэнфорда Марсалиса была как минимум впечатляющей» [Clemmensen 2007]. Также здесь, как указывает Кристиан Клемменсен в своей рецензии на музыку в этом фильме, подчеркивается идея наведения культурных мостов: «Учитывая необходимость легкого советского влияния на саундтрек, Голдсмит также сочинил музыку для дудука и балалайки [*sic*], армянских инструментов, которые на слух американца напоминают низкие, вибрирующие деревянные духовые инструменты» [Clemmensen 2007]. Очевидно, ключевое различие между использованием джаза в «Такси-блюзе» и в «Русском отделе» заключается в том, что в последнем гибкость и революционный дух этой американской по происхождению музыки оказывается связан с англичанином. Как и книга, фильм отделяет джаз от Америки еще и тем, что упоминает Рэя Нобла, английского композитора и руководителя оркестра (1903–1978), широко использовавшего джаз в своем репертуаре. Помимо совместной игры с Ноблом, Барли, так же как и Брэди, играл с ним в шахматы — игру, которую Данте ранее упоминал в контексте холодной войны, говоря о том, что в шахматах нет лжи, а в его игре ложь везде. Хотя Данте подчеркивает разницу между шахматами и политическим маневрированием, в действительности повествование сближает их, давая понять, что шпионаж — это более грязная версия интеллектуальной игры, где присутствуют не только ответные ходы, но и ложь. В конце признание Неда в том, что Расселл начал распускать слухи о фальшивости списка вопросов, чтобы обмануть русских, однозначно напоминает шах и мат: «Если он сможет заставить “красных” поверить [в этот слух], все вернется на круги своя. Данте не нужно беспокоиться». Безусловно, фильм передает то же ощущение бесполезности шпионской игры, которое Конор Круз О’Брайен приписывает роману, где «мир “спецслужб” фигурирует как интеллектуально увлекательный, морально деградирующий и бессмысленный по своей сути» [O'Brien 1989]. В то же время, используя джаз и шахматы для создания метафоры соревнования между Россией и Западом в период пост-гласности, «Русский отдел» дистанцируется от голливудской тенденции подчеркивать мачизм посредством отсылок к ковбоям и футболу.

Сам факт выбора англичанина на роль главного героя может подтолкнуть к выводу, что в этом фильме, как и во многих аналогичных, полностью голливудских сюжетах, именно Запад инициирует достойные восхищения поступки русских. Но на самом деле сценарий изо всех сил старается уравнять представителей Востока и Запада. Во-первых, Стоппард, как и в романе, снижает роль Барли как катализатора для Данте через его самоуничижительное представление собственных высказываниий в Переделкино как пьяной болтовни на тему того, «как спасти мир между обедом и ужином». Позже в Ленинграде, когда Данте убеждает его оставаться верным своему кредо, сформулированному в Переделкино, Барли отвечает просто: «Я не тот человек, за которого вы меня принимали». Оба мужчины также чувствуют, что им необходимо освободиться: Данте — от того, что он работал военным ученым, Барли — от того, что он стал неприкаянным пьяницей, который «подводит людей». Строго говоря, хотя слова Барли о мире и порядочности во всем мире и мотивируют Данте к проявлению героизма, самого Барли к смелому выбору подталкивает именно его контакт с Данте и Катей.

Тот факт, что еще один уравновешивающий элемент между мужчинами — это Катя, женщина, которую они оба любят, — свидетельствует о том, что повествованию не удалось проявить такую же оригинальность в своей гендерной политике, как в своей национальной триангуляции. Хотя на первый взгляд помещенный в центр сюжета любовный роман радикально отдаляет фильм от гомосоциальной атмосферы «Охоты за "Красным Октябрем"», на самом деле ярко выраженная мужская связь между бывшим и нынешним любовниками одной и той же женщины просто придает той же динамике другое лицо. Катя фактически служит посредником между мужчинами, чей интерес друг к другу как минимум столь же силен, как привязанность к ней[89], и чье сотрудничество способно помочь миру. Она же, хотя и работает редактором, ассоциируется лишь с домом (присмотр за детьми, покупка обуви, приготовление ужина и т. д.). С одной стороны, книга делает связь между мужчинами еще более сильной, о чем свидетельствует фраза Гёте, адресованная Барли в Ленинграде: «В ту ночь мы нашли друг друга [в Переделкино]. Это было чудо» [Ле Карре 1990: 209]. С другой стороны, книга лучше характеризует Катю, которая предстает там не просто как предмет любовного интереса героев. В нескольких главах излагается ее точка зрения, в том числе неоднозначное впечатление от Барли после их первой встречи, когда она посчитала его «типичным империалистом, лживым, назойливым и недоверчивым» [Ле Карре 1990: 168]. Напротив, фильм несколько смягчает интенсивность взаимоотношений Барли и Данте, но почти полностью ограничивается мужским, внешним взглядом на Катю, за исключением самого начала, где в сцене на Красной площади камера делает нерешительную попытку отождествить себя с героиней посредством съемки из-за ее плеча, а затем смотрит «ее глазами» на улицу. Тем не менее, как только Барли входит в повествование, Катя сразу становится (желанным) объектом как его взгляда, так и взгляда зрителей — начиная с того момента, когда Ми-6 показывают Барли на экране ее фотографию[90]. Этот подход явным образом закрепляет ту вторичную позицию, которую Катя занимает уже в оригинале, где

---

89 Ситуация иллюстрирует формулу Ив Кософски Седжвик о триангулированном желании между мужчинами, связанными одной и той же женщиной. См. [Sedgwick 1985].

90 Один из самых ходульных примеров эротизированной репрезентации женщины в этом фильме (сцена в душе) фактически аналогичен тому, как в романе автор прерывает рассказ от имени Кати внезапным заверением читателей, что она была «красивая женщина, как и говорил Ландау», и перечислением ее качеств [Ле Карре 1990: 119]. В экранизации зритель хотя бы находится по другую сторону душевой занавески, и если в этой сцене что-то и акцентировано, то скорее неисправность крана, который героине удается закрыть, только приложив усилия.

она играет традиционную женскую роль: выполняет просьбы своего первого любовника, чьи ценности и язык она приняла, а спасти ее должен его западный «двойник», — подобно тому, как сам Данте пытается спасти Россию. В самом деле, уже первый кадр с Катей, снятой на фоне куполов-луковиц церкви на Красной площади, практически указывает на ее связь с Россией-родиной, что является еще одним клише женской идентичности. Но тот факт, что она играет хоть какую-то политическую роль, заставляющую ее к тому же рисковать собственными детьми, делает ее более сильной фигурой, нежели большинство женщин на экране в 1990-х и даже 2000-х годах.

В сентябре 1989 года, произнося речь на официальном обеде газеты «The New York Times», Ле Карре отрицал, что он был настолько наивен, — как могли бы подумать некоторые американские читатели его книги, — чтобы поверить, что гласность и перестройка изменили Советский Союз за одну ночь. Но, перечисляя различные вещи, возможного возврата которых следует опасаться — «сталинские масштабы производства оружия», новые тюремные заключения художников и диссидентов, «восстановление удушающего партийного аппарата», — он подчеркнул необходимость экономической помощи Запада и сокращения вооружений, для того чтобы уберечь русский народ от риска стать «виновником своего собственного уничтожения». В заключение он обратился к Соединенным Штатам с призывом изменить свое мышление:

> Я действительно считаю, что мы являемся свидетелями такого же исторического часа в истории, как 1917 год, и что нам еще предстоит полностью пробудиться от болезненной воинственности холодной войны, а также воспользоваться теми прекрасными возможностями, которые ждут нас — хотя долго ли так будет? [Le Carré 1989].

Среди тех, кто оценил эту речь, был сенатор Пол Саймон, который внес ее в отчет Конгресса как «реалистичную оценку того, какое место мы занимаем по отношению к Советам» [Simon 1989].

Призыв доверять (и даже помогать) врагу не только встречается в «Русском отделе», но и является отголоском аналогичных призывов российского лауреата Нобелевской премии мира, с которым недавно встречался Ле Карре. В 1987 году, когда уже были закончены три четверти романа, Ле Карре посетил Московскую книжную ярмарку и, отправившись в Ленинград, встретился с А. Д. Сахаровым (подобно Барли, встретившему там Гёте / Данте), который в 1950-х годах вооружил Советы водородной бомбой. В 1960-х годах растущая приверженность Сахарова идее прав человека заставила ученого выступить против вооружения баллистическими ракетами, призвав правительство довериться американцам и остановить разработку ракет. Очевидное восхищение Сахаровым, которому Ле Карре приписывает «печать истинного величия» за то, что он пошел «гораздо более смелым путем [чем такие англичане, как Ким Филби и Энтони Блант] публичного протеста в закрытом обществе», вероятно, возникло еще до их встречи и могло оказать влияние на некоторые черты физика-диссидента в романе[91]. Но есть и одно существенное отличие, к тому же проливающее свет на один из немногих примеров покровительственного тона в представлении русских в романе Ле Карре. Помимо того, что он был блестящим физиком и смелым диссидентом, Сахаров к тому же являлся воплощением первоклассных научных возможностей своей страны[92]. Напротив, если «Русский отдел» и показывает, что инициатива и героизм возможны в СССР, то он также основывается на тревожной предпосылке научного бессилия страны. Вымышленные российские ученые, не сумевшие противостоять западным технологиям, несущим в себе угрозу ядерной войны, претерпевают странное принижение своих возможностей в духе «Волшебника страны Оз». Эта предпосылка выглядит особенно необычной, учитывая то, что Ле Карре лично встречался с Сахаровым, учитывая его уважение к русским и общее безразличие его романа к техноло-

---

[91] Цит. по [Whitney 1989].

[92] Лауреат Нобелевской премии мира 1975 года, он был реабилитирован Горбачевым.

гиям (в отличие, например, от Клэнси, отдавшего дань как русским, так и американским мощным машинам в «Охоте за “Красным Октябрем”»)[93]. И спустя примерно десятилетие, после разоблачения в деле о российских атомных подлодках и фактических призывов к войне (см. главу вторую, о «Багровом приливе»)[94], этот момент у Ле Карре выглядит еще более несообразным. Если Советский Союз достаточно хорош, чтобы изобрести такую передовую подводную лодку, как в «Красном Октябре», то сдача ее капитаном стране, которая, по-видимому, никогда не станет использовать ее для начала ядерной войны, демонстрирует этическое превосходство американцев; если же «красные» недостаточно хороши, чтобы выполнить свои ядерные угрозы, это косвенно свидетельствует о технологическом превосходстве Запада. В любом случае очевидно, что россияне не могут выиграть соревнование на экране.

«Дело фирмы» (1991 год, режиссер Николас Мейер)

Подобно двум картинам, опиравшимся на популярность Коннери, в малоизвестном фильме «Дело фирмы» (1991) также отразилась настороженность Америки по поводу вроде бы набиравших ход российских реформ, но при этом, в отличие от этих выдающихся фильмов, он уловил больше характерного для этого

---

[93] Единственное заметное восхищение технологиями присутствует лишь в конце фильма, когда Боб говорит своим соотечественникам: «Я думаю, вам понравится наше оборудование», а Клайв уточняет: «Чертовски здорово. Пленки Блэра зашифрованы, отправлены по спутниковой связи Лондон, а затем расшифрованы — и все это всего за несколько минут».

[94] Еще одна странность — это комментарий Расселла о том, что список вопросов «может раскрыть все советские военные секреты, что даст нам возможность сразу же выиграть гонку вооружений» — *после* того как агенты решили, что утверждения Данте об общей советской некомпетентности звучат правдоподобно. Похоже, от самой гонки мало что осталось; по крайней мере, ученый, с которым советовался Расселл, высказался так: «Если он [Савельев] говорит, что они не смогут поразить Неваду даже при хорошей погоде, то вам лучше поверить в это».

периода оптимизма по поводу возможности искреннего сближения отдельных людей из двух стран. Поставленный Николасом Мейером по его собственному сценарию[95], фильм «Дело фирмы» разочаровал своих немногочисленных критиков, которые расценили его как слабый компромисс между политическим триллером и второсортным бадди-фильмом. По мнению некоторых рецензентов, сама предпринятая в этом фильме попытка детально рассмотреть международную деятельность на раннем этапе гласности как будто сработала в обратном направлении. Например, Крис Хикс отметил (правда, не вполне справедливо), что юмор в фильме возникает «главным образом за счет упоминания политических имен» [Hicks 1991], тогда как Фрэнк Мэлоуни возразил, что «события в реальном мире, таком, каков он есть [?], настолько опередили сценарий, что превратили его из пугающей констатации актуального положения в историческую диковинку» [Maloney 1991]. В ретроспективном обзоре DVD за 2001 год Холли И. Ордуэй неоднозначно прокомментировала:

> [Фильм] приправлен упоминаниями о падении Берлинской стены, Горбачеве и советской политике растущей открытости, а также о различных политических событиях в США, таких как истории с иранскими контрас и Оливером Нортом. <...> С одной

---

[95] Николас Мейер — автор романа и киносценария «Критическое решение» (1976), в котором Шерлок Холмс встречается с Зигмундом Фрейдом; также он — режиссер фильма «Звездный путь 6: Неоткрытая страна» (1991), сюжет которого, вдохновленный холодной войной, вращается вокруг подписания мирного соглашения между Клингонской империей и ее многолетним врагом Федерацией. Неудивительно, что Мейер мог показаться идеальным постановщиком бадди-фильма о двух приятелях-антагонистах времен холодной войны. Подтекст гласности для «Звездного пути 6», выпущенного через несколько месяцев после «Дела фирмы», предложил Леонард Нимой, сказавший Мейеру: «Вы знаете, клингоны — вместо русских... Как насчет того, чтобы стена рухнула прямо в открытом космосе?» Мейер с энтузиазмом решил начать историю с «межгалактического Чернобыля». Позже он вспоминал, как однажды в разговоре со своим личным дантистом, высоко оценившим фильм, он упомянул о том, что «предсказал советский путч» и вывел под именем Горкона самого Горбачева, — но оказалось, что дантист вообще не обратил внимания на эту аллегорическую параллель. См. [Crispin Nd].

> стороны, это выгодно отличает его от политического мира франшизы о Бонде, но с другой стороны, эти дополнительные штрихи не работают для тех зрителей, которые не помнят (или никогда не знали) достаточно хорошо мировую или американскую политику 1990-х годов [Ordway 2002].

Возможно, именно ожидание упрощенной вселенной «бондианы» заставило Махони в 1991 году пожаловаться на то, что история в этом фильме «сложна, а сложности требуют слишком много времени, чтобы их объяснить». Наиболее позитивный комментарий по поводу политического антуража дала Марджори Баумгартен из «Austin Chronicle», охарактеризовавшая этот фильм как «абсолютно стандартный образец бадди-жанра, хотя то, что он развивается через взаимоотношения двух старых вояк времен холодной войны, — поворот вполне симпатичный» [Baumgarten 1991]. Самым большим новшеством, учитывая стандартные голливудские стратегии репрезентаций, было здесь то, что Мейер не только изобразил американскую и российскую стороны на равных, но и, в отличие от более поздних фильмов, решился поставить под сомнение идею безупречности Соединенных Штатов как морально превосходящей страны[96]. Даже в большей степени, чем «Русский отдел», «Дело фирмы» показало сомнительные аспекты идентичности Америки как сверхдержавы.

Вышедший на пенсию сотрудник ЦРУ Сэм Бойд (Джин Хэкмен) вызван для выполнения специального задания в Берлине: обмена шпиона КГБ Петра Ивановича Грушенко (Михаил Барышников) и двух миллионов долларов на Эрнста Собеля (Боба Шермана), американца, заключенного в тюрьму за шпионаж в 1969 году. Мгновенно возникшие сомнения Грушенко по поводу договоренности с полковником КГБ Григорием Голицыным (Олег Рудник) подтверждаются, когда Бойд замечает что-то

---

[96] Такое неодобрение Мейером его собственной страны может объяснить отсутствие интереса к его фильму в 1991 году — причем независимо от кинематографических достоинств картины. Этот же самый паттерн сыграл и годом ранее, когда «Такси-блюз» Павла Лунгина был неоднозначно принят российскими зрителями.

подозрительное в советском заключенном. Прервав обмен, Бойд обнаруживает, что он и его спутник превратились в мишени для своих. ЦРУ и КГБ преследуют их в Париже, где Грушенко обращается за помощью к своей «девушке», Наташе Гримо (Жеральдин Данон), которую сначала принимают за его любовницу, но впоследствии она оказывается его дочерью. Когда представители обеих спецслужб захватывают Наташу в заложницы, чтобы вынудить Бойда передать им Грушенко и деньги, Бойд организует еще один обмен — на Эйфелевой башне, — чтобы спасти своих новых союзников.

В сценарии Мейера связь между Бойдом и Грушенко устанавливается на фоне официального и поддерживаемого народом скептицизма по поводу гласности. Предложение КГБ, инициировавшее акцию обмена, оборачивается коварным планом, цель которого — приобретение двух миллионов долларов США для переброски двойного агента Собеля в Штаты. Со своей стороны американское военное и разведывательное руководство, движимое скрытыми мотивами и отличающееся от своих замечательных предшественников в «Охоте за “Красным Октябрем”» настолько, насколько это возможно, интересуется лишь собственными махинациями. Институционально закрепляя традиции холодной войны, сценарий, однако, меняет привычный подход, не только уравнивая неблаговидные и предосудительные действия русских и американцев, но даже выставляя последних в худшем свете. В то время как большинство «фильмов о холодной войне 1950-х годов [...и таких фильмов 1980-х, как “Вторжение в США” с Чаком Норрисом] убеждали в обоснованности действий аппарата безопасности: полиции, армии, ФБР, ЦРУ, тех групп, которые <...> формируют инфраструктуру военизированного государства времен холодной войны» [Prince 1992: 62], «Дело фирмы», наоборот, дискредитирует эти силы.

Сцена, знакомящая зрителя со структурами, которые назначают Бойду миссию, подчеркивает атмосферу политической нестабильности этого периода, а также своей моральной неоднозначностью подразумевает отрицательную реакцию со стороны американцев. Глава ЦРУ Эллиот Джаффе (Кертвуд Смит) приветствует Бойда фальшиво-веселой фразой: «Правительства приходят и уходят; бюрократия остается прежней», после чего сообщает ему: «В настоящее время мы много работаем с КГБ. Они идут на сделки». Сделка в данном случае свидетельствует об экономической слабости России, поскольку приобретение от ЦРУ за Собеля двух миллионов долларов, очевидно, для получателей гораздо важнее советского «крота» Грушенко, которого Джаффе собирается «подбросить» таким образом, что «это будет выглядеть обменом». «Только не говори мне, что они на мели», — комментирует это Бойд, а затем, задавшись вопросом, зачем нужна эта миссия, шутливо подсказывает: «Да просто подождите несколько месяцев. Горбачев отправит их всех [американских шпионов] обратно по случаю недели братства наций». Джаффе на это отвечает: «Горбачев может не продержаться так долго», — очень своевременная мысль, учитывая, что фильм выйдет 6 сентября 1991 года, всего за три месяца до того, как Ельцин сменит Горбачева на посту российского лидера (26 декабря). Если, как свидетельствует этот инструктаж, действия России действительно вызваны нестабильностью и финансовыми затруднениями, то поведение американцев определяется, похоже, коварным оппортунизмом. Едва лишь помощник Брюс Уилсон (Ховард Макгиллин) заговаривает об уважении, отмечая, что президент достаточно ценит Собеля, чтобы наградить Медалью почета его освободителей, как Джаффе раскрывает позорное средство, с помощью которого осуществится сделка: мистер Гонсалес[97], отрекомендованный как «особый друг фирмы» и представитель «колумбийской фармацевтики», предоставит необходимые два миллиона долларов США. Как признается

---

[97] Отказываясь от привычного карикатурного показа русских, фильм тем не менее использует стереотипы в образе Гонсалеса — в тот момент, когда этот персонаж вкрадчиво повторяет: «Я очень хочу помочь вашей стране», — а также в образе Файзала, который выглядит совершенно бесстыдным арабским делягой, продающим бракованное оружие. Именно из-за этого портрета «недобросовестного саудовца как торговца оружием» фильм «Дело фирмы» попал в книгу Джека Шахина «Плохие арабы на экране: как Голливуд унижает людей» [Shaheen 2001].

полковник Пирс Гриссом (Терри О'Куинн), используя бюрократический эвфемизм, готовность американцев иметь дело с деньгами от наркоторговли «не совсем кошерна»[98]. Заверения Гриссома и Джаффе в том, что обмен «совершенно чист», очевидно, не убеждают осторожного Бойда, и кадр с агентом в соседней комнате, записывающим весь этот инструктаж, только усугубляет негативное впечатление.

Когда примерно через час экранного времени русские во главе с полковником Голицыным наконец появляются в кадре, становится понятно, что в основе их неблаговидных поступков — всего лишь простое «мошенничество» по отношению к их давнему национальному врагу, а начатая ими перестрелка в туннеле метро была ответом на то, что Бойд внезапно решил прервать берлинский обмен. Более того, сценарий Мейера сократил привычные голливудские разглагольствования о жестоком обращении «красных» с собственным народом, ограничив их одним коротким диалогом между Бойдом и Грушенко. Пытаясь развеять опасения русского относительно секретной операции, Бойд заявляет во время перелета в Берлин: «Если вы не стоите того, чтобы вами торговали, зачем им пытаться убить вас?», на что Грушенко отвечает: «Может, они думают, что я болтал». Когда Бойд добавляет: «Я понимаю, почему вы нервничаете из-за того, что может подумать Москва», — он тем самым реанимирует призрак ужасных (экс-)советских планов и репрессий; но Грушенко закрывает тему, выражая лишь небольшое опасение культурного шока: «С чего вы взяли, что я настолько сумасшедший, чтобы вернуться домой? По крайней мере, в тюрьме я знал правила».

Напротив, в течение первого часа фильма именно американцы, несмотря на свое гражданство, последовательно претендуют на звание «плохих парней», демонстрируя тот тип подлости, кото-

---

[98] Этот персонаж, поначалу скрывающийся в тени и страстно мечтающий не о Медали почета, а о том, чтобы «Конгресс слез со спины фирмы, позволив ей и дальше всеми силами защищать страну от ее врагов», немного напоминает милитаристов-фанатиков времен холодной войны из фильма «Доктор Стрейнджлав».

рый традиционно использовался в качестве характеристики советских персонажей. Джаффе выполняет приказ Гриссома избавиться от Бойда и набивает взрывчаткой дом, чтобы убить и Бойда, и Грушенко; Брюс Уилсон говорит Джаффе, что, поскольку немецкие власти «не ходят перед нами на цыпочках так, как они привыкли» при коммунизме, он готов обмануть берлинскую полицию, выставив Бойда «панамским авиатеррористом или членом иракского эскадрона смерти»; другой прихвостень ЦРУ, угрожающего вида головорез Майк Флинн (Дэниел фон Барген)[99], — остающийся в тени, как и Гриссом, — заявляется с полицией, чтобы допросить Хорста, которого называет «старым нацистом, все еще находящимся в ведении [ЦРУ]», — свидетельство того, что агентура давно занимается торговлей преступниками[100]; Флинн и двое его подчиненных, злобную натуру которых в фильме визуально выражает съемка под углом, врываются к саудовскому укрывателю Бойда, пытают его, чтобы получить информацию, и в итоге убивают за кадром.

Более того, американцы не кажутся по контрасту менее подлыми даже в тот момент, когда к ним в Берлине присоединяются их коллеги из КГБ. Правда, Джаффе приходит в изумление, когда Голицын входит в комнату, полную агентов ЦРУ, занимает место Брюса, обращается к Джаффе на ты и делает эвфемистическое предложение: поскольку «у них есть общие проблемы», они должны «объединить [свои] ресурсы во имя прогресса». Оба притворяются, что верят словам Джаффе: «Это дивный новый мир, не так ли, парни?» Однако Джаффе сразу же пытается отвлечь Голицына от следа во Франции, и Голицын позже отвечает ему «взаимностью», скрывая информацию о том, что у Грушенко была «девушка в Париже». И все же русские, возглавляемые незаметным и лукавым на вид полковником, отнюдь не выглядят

---

99 В «Багровом приливе» Дэниел фон Барген играет советского тирана (см. главу вторую).

100 Из-за страха перед советской властью американцы сразу после Второй мировой войны немедленно заключили тайное соглашение с нацистскими информаторами, которые казались тогда меньшим из зол.

настолько карикатурно, чтобы источать еще большее зло, чем Джаффе и его команда. В одном из эпизодов сценарий даже пытается выставить американцев в худшем свете, чем их оппонентов. Когда полковник КГБ и его люди хватают на улице Наташу, Джаффе и его агенты внезапно появляются из засады, и именно грубый Флинн прикладывает нож к шее женщины. Пока Джаффе с пристрастием допрашивает ее о местонахождении отца, Голицын с явным отвращением отводит в сторону взгляд. Ближе к концу фильма Голицыну все же удается сравняться с Джаффе в безжалостности, когда он предупреждает Бойда, что, если тот не предаст Грушенко, Наташе «не понадобится лифт, чтобы сойти с [Эйфелевой] башни». Тем не менее факт остается фактом: грубость и подлость фигурируют на экране исключительно в лице ЦРУ и американских военных, единственных, кто предает своих собственных оперативников и применяет в этом меняющемся мире буквально бандитскую тактику. Более того, сценарий дает понять, что Соединенные Штаты следуют этой схеме регулярно, — когда во время инструктажа Джаффе случайно упоминает об «обмане [ЦРУ] в деле Норьеги»[101]. Позже Бойд воскрешает в памяти этот намек, говоря Грушенко: «Если я вернусь, то есть если доберусь туда живым, то я — новый Оливер Норт, хотя моя грудь не увешана медалями»[102]. Порази-

---

[101] Самопровозглашенный генерал и глава панамского разведывательного управления Мануэль Норьега, несмотря на свою репутацию преступника-наркодилера, тесно сотрудничал с ЦРУ в середине 1980-х годов. В 1989 году он попытался захватить контроль над правительством Панамы; когда заговор против него был раскрыт, Соединенные Штаты вторглись в страну. Сдавшись в 1990 году, Норьега был осужден за торговлю наркотиками и отмывание денег. Очевидно, что упоминание о нем в той сцене, где ЦРУ заключает договор с колумбийскими наркобаронами, усиливает ощущение, что США регулярно заключают сделки с сомнительными союзниками. См. [Manuel Noriega Nd].

[102] В 1985 году, несмотря на то что американские политики выступали против сделок с террористами, Совет национальной безопасности продал ракеты Ирану в надежде добиться освобождения заложников в Ливане. Затем Совет поручил подполковнику морской пехоты Оливеру Норту перевести часть иранских платежей никарагуанцам («контрас»), восставшим против

тельно, насколько тщательно фильм избегает патриотической риторики, обычно оправдывающей кинематографический американский экстремизм в контексте холодной войны. Действительно, сам термин «патриотизм» появляется в фильме один-единственный раз, и при этом становится лишь очередным ударом по ЦРУ и вооруженным силам. Крупный план Грушенко, когда он опровергает претензию Бойда на благодарность от ЦРУ («Вы знаете, что сказал доктор Джонсон? Он сказал, что патриотизм является последним прибежищем негодяя»), сменяется видом Белого дома, после чего камера отдаляется, показывая Гриссома справа на переднем плане кадра; Гриссом недоверчиво мычит в телефонную трубку: «Что он сказал?!» Визуальные и звуковые мосты[103] аккуратно вписывают полковника в данное Джонсоном определение — даже после того, как быстрый переход к Джаффе на другом конце провода показывает, что недоверчивость Гриссома связана с подозрениями Бойда относительно Собеля. Тем не менее Гриссом полностью оправдывает это созданное монтажом кинематографическое «обвинение», когда поручает Джаффе устранить Бойда не в целях национальной безопасности, а потому, что «если этот старик продаст свою историю журналу “Time”, мы с тобой попадем прямо в дерьмо».

Показателен и тот факт, что в фильме присутствуют критические замечания об Америке и об отношениях времен холодной войны, озвученные артистом с безупречной собственной репутацией симпатичного русского — Михаилом Барышниковым. Как и Шон Коннери, играющий Марко Рамиуса в «Охоте за “Красным Октябрем”», Барышников привнес в свою роль экстрадиегетические аспекты. Подобно тому как аудитория, узнавая Коннери по роли секретного агента времен холодной войны

сандинистского правительства. Любая американская военная помощь «контрас» была запрещена законом, поэтому в 1986 году и Норт, и глава Совета предстали перед судом по обвинению в участии в действиях, обернувшихся крупным скандалом в администрации Рейгана.

103 Звуковой мост — кинематографический прием, при котором звук, начавшийся на последнем кадре предыдущей сцены, продолжается в первом кадре следующей, связывая таким образом обе сцены друг с другом. — *Примеч. пер.*

Джеймса Бонда, наделяла и его адмирала-дезертира авторитетом и вызывающим восхищение мачизмом, которым он ранее одаривал своих западных героев, реальное бегство Барышникова из Советского Союза на Запад в 1974 году[104] превратило его в редкую русскую *persona grata* еще до наступления гласности. Кроме того, Барышников в этой роли вернулся к образу, созданному в двух его более ранних фильмах — «Поворотный пункт» Герберта Росса (1977) и «Белые ночи» Тэйлора Хэкфорда (1985), — где он фактически играл самого себя: танцора, предпочитающего Штаты Советскому Союзу. К тому же картина «Белые ночи» — тоже бадди-фильм — объединяет его с Грегори Хайнсом, исполняющим роль афроамериканского танцора, совершившим ошибку и бежавшим в противоположном направлении. Как и в «Деле фирмы», Барышников там более опытный партнер; он предупреждает своего американского коллегу о том, что не стоит сохранять верность ненадежному государству, — хотя в фильме Хэкфорда роль такого «ненадежного государства» отведена Советскому Союзу.

Беря в фильм Барышникова, противника коммунизма как в реальной жизни, так и в предыдущих ролях перебежчиков, Мейер смягчил сомнительные черты личности Грушенко — бывшего агента КГБ, который отнюдь не хранит верность Соединенным Штатам[105]. Следует признать, что его нежелание считать Россию своим домом, равно как и нежелание вернуться туда даже после семи лет пребывания в американской тюрьме, броса-

---

[104] Молодой солист Ленинградского театра оперы и балета им. Кирова Барышников, чувствуя себя скованным культурными ограничениями советского режима, бежал во время гастролей в Торонто. Поработав в Национальном балете Канады, он присоединился к Американскому театру балета, где продолжил успешное сотрудничество с Гелси Киркланд.

[105] Согласно IMDb, Барышников «так ненавидел этот фильм, что отказался рекламировать его». Можно лишь догадываться о том, что именно ему не понравилось — отсутствие танцев, роль бывшего шпиона КГБ (а не перебежчика) или еще один опыт работы в бадди-фильме, который мог вызывать у него неприятное дежавю после «Белых ночей». См. [Company Business Trivia IMDb].

ет тень на Советский Союз. Но Грушенко, в отличие от Николая (Коли) Родченко из «Белых ночей», критически относится Соединенным Штатам — и это можно принять, и даже восхищаться этим, — не только благодаря исполнителю роли, но и благодаря включению Мейером упоминаний других его кинематографических предшественников и позитивных поворотов в ситуациях с этническими стереотипами. Так, на ужине в Берлине, когда Бойд говорит Грушенко: «Ты почти дома», тот отвечает: «Оставь это дерьмо. “Дома, дома”. Я что, инопланетянин?» И фактически он и правда инопланетянин, только усовершенствованный — в том смысле, что фильм Стивена Спилберга 1982 года о доброжелательном межгалактическом пришельце послужил прототипом для последующих фильмов, таких как «Москва на Гудзоне» Пола Мазурски (1984), «Русские» Рика Розенталя (1987) и «Красная жара» Уолтера Хилла (1988)[106], в которых даже скорее явно, чем фигурально в роли инопланетян выступали идеологические «чужаки», то есть коммунисты [Palmer 1993: 232]. В другом случае Мейер интертекстуально подчеркивает симпатичность Грушенко как русского, когда заставляет его высмеять постоянное недоверие Бойда к России, сославшись на название голливудского фильма, символизирующего всю американскую паранойю времен холодной войны: «Мы больше не плохие парни. “Русские идут, русские идут”». Эта отсылка явно связывает Грушенко с его предшественниками из комедийного фильма Нормана Джуисона 1966 года, где подлодка, полная вполне человеческого вида существ русской национальности, служила сатирой на привычную демонизацию «красных». Наконец, во время той же сцены ужина фильм наполняется стереотипными признаками русскости, когда Грушенко знакомит Бойда с водкой «Старка»[107] и меланхолично

---

[106] Во всех этих фильмах, так же как и в картине «Русские идут! Русские идут!», вызывающих симпатию русских персонажей играют американские актеры: Робин Уильямс, Уип Хабли и Арнольд Шварценеггер.

[107] Старка — это польская 50-градусная ржаная водка, выдержанная в дубовых бочках. По словам самого Грушенко, она не лучше знаменитой русской «Столичной» — просто он предпочитает именно ее.

бренчит на балалайке, на что Бойд отзывается: «Эй, не выливай на меня все русское сразу, хорошо?» Однако и здесь Грушенко выступает не как грубый пьяница, а как ценитель водки, в результате чего «Старка» становится мотивом, связанным с удовольствиями жизни, свободной от «дерьма»[108] шпионских игр. Звуки же балалайки снова появятся в фильме, но уже не диегетически и в ускоряющемся темпе: они станут веселым закадровым комментарием в сцене, где двое бывших агентов обводят вокруг пальца своих преследователей в Берлине и Париже[109].

Помимо конфликта между американскими и советскими ценностями, в центре сюжета «Дела фирмы» оказываются также два миллиона долларов, символизирующие глубокий контраст между капитализмом и социализмом. Но, как можно догадаться уже из «колумбийского» эпизода во вступлении фильма, его целью не является превознесение западной системы. Напротив, подобное изображение оборонительного комплекса Вашингтона имеет ряд прецедентов в кинонарративах 1980-х годов[110], где,

---

[108] К сожалению, Мейер заставляет своего персонажа использовать ненормативную лексику, что снижает идеологическую убедительность его отрицательного отношения к холодной войне. Чаще всего в его речи фигурирует слово «дерьмо» («Ты и я — мы оба прислуживаем нескольким придуркам. Одно и то же дерьмо»). Хотя фильм в целом поддерживает эту позицию тем, что выставляет и американцев, и русских в равной степени проигравшими в холодной войне, сам Грушенко выглядит не очень привлекательно из-за частой ругани. Интересно, что Барли из «Русского отдела» использует то же самое слово «дерьмо», описывая им то, как его допрашивали американские разведчики.

[109] В Берлине балалайка сопровождает поездку Бойда и Грушенко на велосипедах к дому Файзала; в Париже она звучит во время перемещений неуловимой Наташи с двумя миллионами долларов, а также когда Бойд убегает от людей Джаффе. Учитывая склонность Мейера к киноцитатам, кадр, показывающий большую тень человека на здании взрывоопасного «убежища», к которому приближается Бойд, выглядит отсылкой к фильму Кэрола Рида «Третий человек» (1949), снятому в такой же коварной и изменчивой атмосфере Европы после второй «горячей» войны. Правда, там этот кадр сопровождала музыка цитры, а не балалайки.

[110] Эта зависимость от клише 1980-х годов поразила Ордуэя, который назвал ее “особенно устаревшей”: хотя время действия относится явно к 1990-м годам, сам фильм почему-то очень напоминает триллеры конца 1970-х или

согласно Сьюзен Джеффордс, в качестве институциональных злодеев выводились бесчеловечные корпорации [Jeffords 1994: 104]. ЦРУ Мейера, называемое «фирмой» и отождествляемое с укоренившейся в нем бюрократией и сомнительными сделками, кажется политической версией зловещих корпораций из таких фильмов, как «Чужой», «Бегущий по лезвию бритвы», циклов «Звездные войны», «Терминатор» и «Робокоп» [Jeffords 1994: 104]. Показанный как неумолимая сила, обладающая технологическими и полицейскими сетями и лишенная морального сострадания по отношению к приносимым в жертву жизням своих сотрудников, нечистоплотный военно-разведывательный комплекс фильма напоминает «компанию» в «Чужих», «Cyberdyne Systems» в «Терминаторе» и «Omni Consumer Products» (OCP) в «Робокопе». Последняя параллель особенно примечательна, если учесть, что Кертвуд Смит, играющий Эллиота Джаффе, в «Робокопе» исполнял роль Кларенса Бодикера, наркоторговца и прислужника корпоративного босса OCP.

В этой связи неудивительно, что «Дело фирмы», как и «Русский отдел», выставляет капитализм не вполне благородной системой. Например, в одном из своих первых диалогов Бойд насмешкой отвечает на сомнения Грушенко по поводу падения Берлинской стены: «Они собираются установить ее возле Лондонского моста в Лейк-Хавасу [Сити, Аризона]. Не хочешь купить кусочек?» Имея в виду коммерческую тривиализацию национальной идентичности и мировой истории, Бойд выражает пренебрежительное отношение к системе свободного предпринимательства, которое обычно встречалось у коммунистов при описании Соединенных Штатов и вообще Запада. В какой-то момент и сам Голицын произносит похожую колкость, объясняя подчиненному, почему он скрыл информацию о Наташе от американцев: «Зачем? Пусть занимаются своими кредитными картами». Но по

1980-х. [...Помимо] тусклого освещения и скучной коричневатой цветовой палитры <...>, сама история также довольно типична для более ранних фильмов такого типа, включая и ощущение угрозы бюрократии с обеих сторон, и обязательное наличие определенного места действия в кульминации...» [Ordway 2002].

большей части именно Бойд и Грушенко наиболее активно обсуждают напряженные взаимоотношения капитализма и коммунизма, часто в пользу второго. Так, когда Грушенко упрекает Бойда в том, что тот сделал его всего лишь курьером для доставки двух миллионов долларов, Бойд иронично отвечает: «На что вы жалуетесь? Вы на пару минут станете миллионером». Точно так же он сохраняет иронию, когда на открытый вопрос Грушенко «Вы ни во что не верите?» отвечает утвердительно, при этом помахивая фальшивой кредитной картой. Аналогичным образом, когда Бойд спрашивает Грушенко, почему Собель «остался коммунякой» за время своего длительного пребывания в Штатах, Грушенко насмешливо отвечает: «Он не коммуняка, он яппи. Они заплатили ему — и, вероятно, очень хорошо». Это же уничижительное предположение о том, что капитализм означает продажу всех и вся, звучит в ироничном использовании Грушенко фразы «плоды демократии» по отношению к оконной проституции на улицах Западного Берлина. Самое забавное, что после решения передать два миллиона долларов Наташе, которую Грушенко очистил от клейма агента КГБ, назвав ее «самым большим капиталистом, которого вы когда-либо встречали», Бойд скептически отмечает: «Я не знаю, насколько хороша идея отдать два миллиона долларов капиталисту», — лишь позже добавив более ожидаемую оговорку при передаче Грушенко денег для отмывки в Цюрихе: «Теперь я передаю два миллиона долларов коммунисту».

Конечно, комедийность фильма смягчает и выпады против капитализма, и итоговый побег героев с этими двумя миллионами долларов[111]. Кроме того, очевидное обвинение в адрес движимого финансами Запада смягчают еще два других фактора. Во-первых, сам сценарий, как кажется, грешит капиталистическими манипуляциями, прикрытыми тем, что в нем выдается

[111] Как мы отметим в четвертой главе, подобная невнимательность к последствиям получения денег главными героями сомнительным методом — даже несмотря на то, что враг в итоге оказывается раскритикован в пух и прах за свое финансовое превосходство — повторится в «Брате 2» А. О. Балабанова (2000).

за признак преимущества демократии, — свободу прессы. После того, как Гриссом заговаривает о возможном риске продажи Бойдом его истории журналу «Time», это название повторяется еще дважды: когда Наташа заставляет Бойда довериться ей, угрожая раскрыть его миссию в журнале, и когда Бойд в закодированной форме заверяет ее в своей неизменной преданности Грушенко, прося ее продлить подписку на «Time». На диегетическом уровне этот журнал играет роль постуотергейтского инструмента борьбы с институциональной секретностью и коррупцией[112], а его последнее упоминание служит обещанием возможного разоблачения Гриссома и ЦРУ уже за рамками сюжета. Тем не менее стоит отметить, что фильм создала студия «Warner», которая в 1989 году объединилась с «Time», став крупнейшей в мире медиакорпорацией. В этом более широком контексте упоминание «Time» вряд ли можно рассматривать иначе как бесстыдный маркетинговый ход[113].

Во-вторых, даже несмотря на то, что фильм «Дело фирмы» резко нападает на капитализм, он также предупреждает, что Америка может оказаться не в состоянии поддерживать свое экономическое превосходство в постсоветском мире, особенно если она по-прежнему будет озабочена устаревшей борьбой против России. Фактически фильм открыто привлекает внимание к сдвигу в функционировании мировых сил, что, по мнению Джеффордс, на подсознательном уровне повлияло на формирование образа нового героя-мужчины в фильмах конца 1980-х годов. По ее словам,

> ухудшающаяся экономика и последующее падение международного престижа США способствовали переопределению мужественности в Голливуде. Граждане США наблюдали за тем, как

---

[112] В более поздних фильмах аналогичные напоминания о западной свободе слова и прессы подаются в телевыпусках новостей.

[113] Вероятно, здесь также имеется и скрытая шутка: фамилия злодея-американца перекликается с фамилией продюсера фильма Стивена Чарльза Джаффе. Или, возможно, Мейер таким образом просто отомстил студии за вмешательство в его сценарий.

> другие страны, в частности Япония, Германия и богатые нефтью страны Ближнего Востока, получают все больший контроль над международными рынками, размещают заводы на территории США и инвестируют в американские банки и недвижимость; рекламируемый Рональдом Рейганом национализм «крепких тел», казалось, все же не попал в цель. Увеличение производства оружия, вернувшее Соединенные Штаты на путь противостояния «империи зла», в конечном итоге мало что сделало для того, чтобы помешать немецким и японским товарам доминировать в торговых центрах США, уменьшить зависимость США от арабской нефти или поддержать доллар в международной торговле [Jeffords 1994: 116].

Именно Японию, Германию и Ближний Восток фильм представляет как новых соперников Америки в борьбе за гегемонию в капиталистическом мире, больше не разделенном между двумя сверхдержавами, как во времена холодной войны. Эта тема начинается с той же сцены обеда в Берлине, когда Грушенко продолжает свою насмешливую фразу о русских, которые идут: «Японцы уже здесь. Они владеют всей твоей чертовой страной». Экономические интересы Ближнего Востока проявляются в образе Файзала (Надим Савалха), которого Бойд описывает как обладателя «унитаза из чистого золота» и «настолько богатого, что может катиться на лыжах в гору». Помимо демонстрации растущего влияния своего региона, Файзал предлагает ряд фантастических схем отмывания грязных денег Бойда, указывающих на наличие множества других экономических и военных игроков на ставшей гораздо более сложной карте мира[114]. Позже

---

[114] Он предлагает обменять деньги на бразильскую валюту и затем отправить ракетные установки к «контрас»; обменять их на надежные немецкие марки и создать панамскую корпорацию для продажи минометов кубинцам в Анголе; и, наконец, обменять их на португальские эскудо и продать ракеты в Литву. Через некоторое время он также упоминает в качестве покупателя Организацию Освобождения Палестины, но «не говорите мне, что они признали Израиль, черт возьми!» Бойд указывает Файзалу, что нет никаких кубинцев в Анголе, так же как и русских в Афганистане, — сценарий таким образом напоминает зрителям об одном из сдержанных обещаний Горбачева.

сценарий возвращается к теме азиатского доминирования: когда Грушенко раскрывает, что Наташа работает в «одной из тех крупных японских фирм» в Париже («Société Fujiame»), и когда она сама в конечном итоге предупреждает о том, что времена изменились, сообщая Бойду, что он и Грушенко — два динозавра, которым пора отказаться от холодной войны: «С вашими шпионскими играми вы нынче уже вымерший вид. Россия, Америка — кого это волнует? Вы убьете друг друга, и все это будет бесполезно. Через два года вся Европа, включая Германию, станет одной большой корпорацией. Что хорошо для "Тошибы", хорошо для всего мира».

С точки зрения Джеффордс, в мире, которому уже не так угрожает коммунизм, ослабление международного господства Америки с ее «мягким и добрым» президентом привело к «реконфигурации крепкотельного героя от сухого переноса внешнего облика президента-мачо к эмоционально определенному и внутренне мотивированному персонажу» [Jeffords 1994: 114–115]. Она отмечает, что герой 1990-х, по сравнению с его предшественниками в наиболее кассовых фильмах 1980-х годов, стал более обыкновенным, более эмоциональным, более ориентированным на семью и более законопослушным, в его облике важнее его «моральная, а не мышечная ткань» [Jeffords 1994: 136]. В «Деле фирмы», возможно, одном из наименее популярных фильмов 1990-х годов, такое снижение уровня тестостерона[115] проявляется везде, начиная с первой же сцены, где стиль «бондианы» оборачивается пародией. Черная фигура в маске ночью фотографирует секретные документы в каком-то здании в Форт-Уорте,

[115] В этом смысле полной противоположностью является комедия о холодной войне «Красная жара» (1988), которой режиссер Уолтер Хилл повторил успех своего более раннего фильма «48 часов» (1982). Объединивший в одну команду американского полицейского (Джеймс Белуши) и его советского коллегу (Арнольд Шварценеггер), этот фильм отличается быстрым темпом действия и обилием взрывов, демонстрирует стойкость крутого парня и супермускулистый образ Шварценеггера. Первая же сцена (в сауне), демонстрирующая торс Шварценеггера вплоть до ягодиц, служит выраженной демонстрацией мужского тела.

штат Техас. Когда срабатывает сигнализация и охранники начинают преследовать взломщика, тот быстро спускается вниз по стене здания, перемахивает через забор из проволоки и спрыгивает на другую сторону, затем спотыкается, повреждает ногу, ругается и падает на землю. Когда он снимает маску, мы видим лицо на тот момент уже 61-летнего Джина Хэкмена, и в следующей сцене фильма к разочарованию зрителя выясняется, что этот персонаж работает в мире «промышленного шпионажа». Нацепивший к тому моменту очки Бойд прохлаждается в ожидании своей очереди в косметической компании «Максин Грей», чтобы раскрыть ее руководству секрет «увлажняющего средства, тонального крема и блеска для губ» конкурирующей фирмы. Вдруг он замечает, что молодой «ботаник»-компьютерщик, сидящий в очереди за ним, получил доступ к той же самой информации посредством хакерского взлома, легко заткнув его за пояс с его супергеройскими способностями[116]. Позже пародийный оттенок также появляется в сексистском «мужском» языке, который Грушенко использует в конце сцены обеда, — бросая вызов Бойду утверждением о потере Америкой ее роли полицейского времен холодной войны. Практически сразу после упоминания о возвышении Японии он добавляет в стиле Рэмбо: «Чью задницу вы, американцы, собираетесь пнуть сейчас?» И если кривая усмешка Бойда — «У нас всегда есть Фидель» — подчеркивает

---

[116] Джеффордс отмечает, что видоизмененный герой стал гораздо менее склонен к технологиям. Хэкмен, возможно, испытал некоторое чувство дежавю по отношению к своей недавней роли в политическом триллере Эндрю Дэвиса «Доставить по назначению» (1989), который точно так же был направлен против холодной войны и рассказывал о ветеране армии, сопровождающем заключенного из Германии в Соединенные Штаты, где тот должен был предстать перед военным трибуналом. Как только пленник сбегает, персонаж Хэкмена обнаруживает заговор, — по утверждению новостного выпуска, «вынашиваемый советскими и американскими военными лидерами-изменниками, чтобы убить советского генерального секретаря и предотвратить подписание [в Чикаго] пакта [о советско-американском разоружении]». Несмотря на то что в роли решительного мастер-сержанта Хэкмен был всего лишь на два года моложе, его персонаж выглядел там гораздо более крутым.

зависимость США от их антикоммунистической самоидентификации, то последующее заявление Грушенко, что у русских тоже «всегда есть Фидель», подчеркивает переплетение мужской и национальной мачистской гордости по обе стороны идеологической пропасти. Общий смех превращает сказанное обоими в шутку.

В остальной части фильма Бойду, которого Гриссом презирает как «старика», дается возможность в достаточной мере проявлять свои физические способности, чтобы опережать врагов, стреляя, бегая и бросаясь в воду, а также запрыгивая на поезд и спрыгивая с него — последнее, впрочем, явно не без труда («Ох, парень, я слишком стар для этого»)[117]. Как и Марко Рамиус в «Охоте за “Красным Октябрем”», Бойд обладает скорее опытом и мудростью человека среднего возраста, чем пиротехническими способностями крутого парня (за исключением, возможно, его участия в перестрелке на Эйфелевой башне, впрочем, ограниченного долями секунды). И хотя Грушенко, воплощенный 43-летним Барышниковым, выглядит явно лучше, в фильме он лишен какой-либо возможности проявить себя. Если в «Белых ночах» его телосложение идеально натренированного танцора включало некоторую фетишизацию мужского тела, то в этом фильме присутствует лишь один-единственный момент, который приближается к «гипер-зрелищу мускулистой мужественности» — когда он появляется в домашнем виде, одетый в боксерские трусы и майку [Holmlund 1993: 222]. Возможно, ничто в фильме не указывает на это упорное снижение образа мускулистого крутого парня так ярко, как кража обоими героями автомобиля, — впрочем, не участвующего после этого в скоростной погоне, — а затем двух велосипедов, на которых они спокойно, как старые друзья, едут по направлению к дому Файзала. Более того, когда Грушенко, спасая Бойда от взрыва у дверей начиненного взрывчаткой дома, с расстояния стреляет в дверной звонок, ощущения идеально меткой стрельбы отнюдь не возни-

---

117 Партнер пенсионного возраста, объединившийся с молодым человеком, Бойд напоминает Мурто из бадди-фильма «Смертельное оружие» (1987).

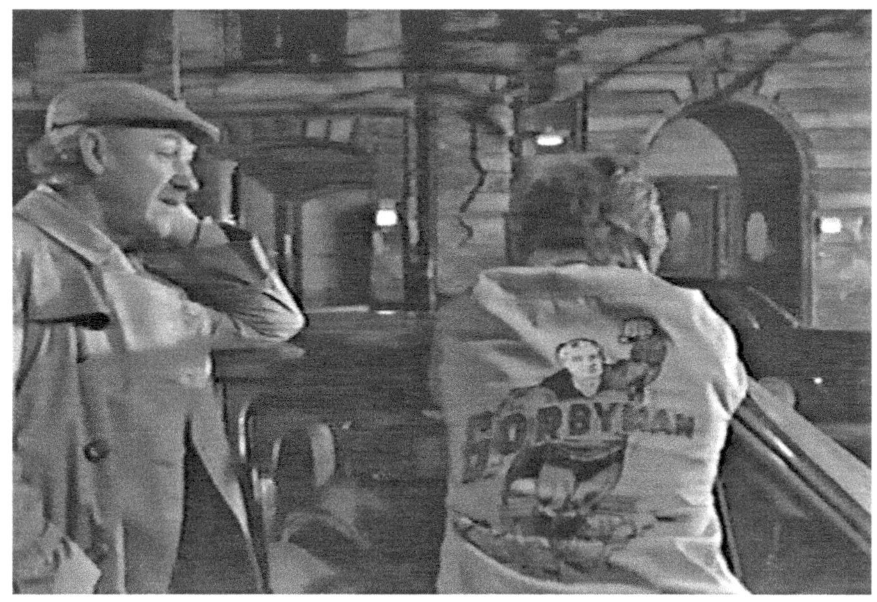

Логотип с «Горбименом» на куртках Бойда и Грушенко в шуточной форме передает героизм отказа от холодной войны ради русско-американского сотрудничества

кает: в цель он попадает только с третьего выстрела. Композиция сцены добавляет визуальный комментарий к супер-героике: пока Грушенко прицеливается, стоя спиной к камере, наконец становится заметно, что именно изображено на его украденной куртке (ранее появлявшейся в кадре только мельком) — это Супермен, поверх которого написано «Горбимен». Даже если из этого можно сделать вывод, что супермены существуют только в мультфильмах, куртка все же служит напоминанием об идеологическом прогрессе тех лет, благодаря которому Горбачев стал реальным героем (или «человеком года» — в 1990 году)[118]. Очевидно, что именно в следовании за Горбачевым в направлении международного сотрудничества Бойд и Грушенко наилучшим образом демонстрируют «моральный облик» своих стран.

Бойд и Грушенко у Мейера очевидно в меньшей степени являются мачо, нежели многие другие герои боевиков, приведшие к обесцениванию международного имиджа Америки; настолько

---

[118] Хотя Ле Карре в «Русском отделе» выражал прогорбачевские (и антитэтчеристские) настроения, ни одно имя политического деятеля в экранизации его романа не прозвучало.

гомосоциальные, насколько это позволяет жанр бадди-фильма, они разговаривают о бейсболе[119], курят сигары и вместе выпивают, а также постоянно обмениваются многозначными шутками, в которых «явный антагонизм между двумя мужскими эго прикрывает скрытую связь между мужчинами» [Easthope 1990: 90]. Например, в сцене стрельбы в дверной звонок, после того как Грушенко промахивается, Бойд, в очередной раз снижает пафос мачизма, спрашивая его: «Не кажется ли тебе, что ты немного театрален?» — и грубоватый ответ Грушенко одновременно указывает на связь между ними: «Кто-то же должен позаботиться о тебе». Как это часто бывает, шутки переходят в гомоэротическое напряжение, которое здесь, похоже, прогрессирует от острой гомофобии к принятию мужской близости. Во-первых, во время ужина в Берлине, обращение Грушенко: «Не мог бы ты просто отпустить меня? Или иди со мной», —вызывает сердитое замечание Бойда: «Что это значит? Я должен сбежать с тобой?» Чуть позже, отведя Грушенко в сторону и парируя его вопросы, Бойд ворчит: «Ты мне понравился больше, чем он». Передвигаясь по Берлину, они впервые начинают говорить о своей паре «мы»; когда Грушенко наставляет на Бойда пистолет, тот вклинивает в шуточный разговор печальную фразу: «Я думал, что мы друзья»; после того как Грушенко спасает Бойда от взрыва, тот дразнит его, называя сентиментальным русским. А затем фильм неожиданно показывает их вместе на откидной кровати, — в тайном укрытии Хорста, где им удалось скрыться от Флинна и полиции, — и реплика Грушенко «Тебе было хорошо?» хоть и выглядит здесь насмешкой, однако наводит на размышления. Сразу же после этого провокационного эпизода сценарий переносит мужчин на улицу красных фонарей, где их совместная

---

[119] Один из первых вопросов, который Бойд задает Грушенко, звучит так: «Вы любите бейсбол?» Грушенко проходит этот тест лишь наполовину: «Я знаю о бейсболе», — после чего Бойд сообщает ему, что теперь у него будет новая форма, так как ему посчастливилось угодить в «команду чемпионов». Помимо темы спорта, связывающей мужчин, в разговоре также проявляется цинизм Бойда по отношению к шпионской «игре», метафорой которой в «Русском отделе» являлись скорее шахматы, чем спорт.

прогулка в типичной манере бадди-фильма акцентирует их гетеросексуальность, но на фоне значительного гомоэротического напряжения.

Но по сути дела и здесь, и в других сценах Мейер не особо озабочен «охраной» [Holmlund 1993: 221] гетеросексуальности своих героев, точно так же, как и показом мачизма. С одной стороны, ироничный комментарий Грушенко о проститутках как «плодах демократии», похоже, в большей мере является следствием характерного для него посткоммунистического осуждения, нежели либидо мужчины, который семь лет провел в тюрьме. С другой стороны, через несколько мгновений оба попадают в ночной клуб трансвеститов — по-видимому, весьма удачное место для того, чтобы спрятаться, но помимо этого место, где доминируют однополые предпочтения и где размываются социальные границы, что дает интересный комментарий по поводу прогрессирующего сближения героев. Кроме того, здесь вновь продолжается оспаривание маскулинного господства: подслушав нетерпеливую реплику Бойда «Эллиот, попридержи свой член!», обращенную по телефону к впавшему в милитаризм Джаффе, два трансвестита реагируют на нее: «Ооо!» Можно сказать, что фильм практически служит подтверждением фрейдистской теории, согласно которой паранойя возникает из-за гомофобии[120]: то есть отказ сценариста и его персонажей от ценностей холодной войны раскрывает в повествовании гомоэротизм, замаскированный и смягченный в меньшей степени, чем в обычном голливудском мейнстриме.

Если фильм «Охота за “Красным Октябрем”», отдавая дань уважения всеобщей взаимной привязанности во флоте, полностью обошелся без женских персонажей, то в «Деле фирмы»,

---

[120] По мнению Истхоупа, с точки зрения психоанализа паранойя «на самом деле происходит от [подавляемого] гомосексуального желания» [Easthope 1990: 106]. «Поскольку гомофобия — это проекция того, что внутренний враг обретает облик врага внешнего, она всегда имеет устойчивый культурный смысл и содержание. Гомофобия, особенно когда она приводит к паранойе, всегда связана с идеями и страхами в отношении социальных групп, наций и классов» [Easthope 1990: 108].

напротив, для них находится место — но лишь для того, чтобы затем окончательно убрать их с пути и вывести героев из нарратива вместе, в качестве партнеров. Сначала мы узнаем, что Бойд спит с сотрудницей «Максин Грей», соблазненной его шпионскими талантами — и в этом, возможно, есть некоторый налет бондианы, за исключением того, что она его ровесница. Но затем она исчезает из истории. После этого появляется бывшая жена Грушенко — фигура за кадром, упоминающаяся несколько раз — так же, как и покойная жена Рамиуса в «Красном октябре». Наконец, с появлением умной, независимой и энергичной Наташи возникает серьезный барьер между двумя мужчинами, сохраняющийся вплоть до самого конца истории, когда становится известно, что она дочь Грушенко, и ее роль сводится к клише беспомощной женщины-заложницы. Важно, что ни у одного из мужчин в конце фильма нет женщины, к которой можно вернуться, при том что в финале они вместе отправляются в идиллическое тропическое место, которое становится метафорой теплоты, существующей между ними вопреки разногласиям как национального, так и мачистского характера. Заставивший Бойда купить ему пальто («я замерзаю»), задумчиво смотрящий на вокзальный плакат Сейшельских остров, уютно устроившийся перед камином в доме Файзала, Грушенко, похоже, готовится разделить с Бойдом побег от «дерьма» холодной войны в теплую гавань с пляжами[121], «сладкими красотками» (последней надеждой на гетеросексуальный исход) и отсутствием договора об экстрадиции. Выбор Бойдом брошюры именно с Сейшельскими островами подчеркивает совместимость их дуэта, как ранее их взаимные наказы «верь мне»[122] и обязательство спасать друг

---

[121] Этот выбор предвосхищает «Превосходство Борна», где в начале фильма мы видим уставшего от работы шпиона со своей немецкой любовницей в Гоа. Та же самая метафора тепла / холода проходит через фильм «Святой» (1997), но в более сдержанной манере, ассоциируя холод не с холодной войной, а с «плохими русскими». Эта метафора восходит, вероятно, к роману Ле Карре «Шпион, пришедший с холода» (1964).

[122] Когда Грушенко уезжает за деньгами в Цюрих, он говорит Бойду: «Доверяй мне». Когда Бойд организует встречу на Эйфелевой башне, он по телефону

другу жизнь. Мейер наносит последий удар по патриотизму, когда Бойд, помахивая сейшельской брошюрой, с озорством шепчет: «Наша страна — это мы», а также демонстрирует последний жест политической ответственности, когда Грушенко призывает Штаты саботировать повторную передачу Собеля. Финальный стоп-кадр снятых на крупном плане чокающихся стопок «Старки» предвосхищает намечающееся продолжение — уже на острове — свободного российско-американского партнерства[123].

Несмотря на общую для всех этих трех фильмов осторожность Запада по отношению к якобы десоветизированному правительству, все они перенаправили оптимизм по поводу партнерства с бывшим врагом в русло индивидуальных связей, устанавливаемых поверх национальных барьеров. Таким образом, эти фильмы отказались от «параноидальной гомогенизации врага», которую Ричард Хофштадтер приписывал Голливуду 1940–1960-х годов [Shcherbenok 2010], вместо этого продолжая новаторство «Маленького Никиты» и нескольких других картин 1980-х, где

говорит Грушенко: «Доверяй мне». Интересно, что во время поездки в Цюрих Грушенко нацепляет фальшивые усы — точно такие же, как у Бойда. Эта «маскировка» также связывает двух партнеров.

[123] Принимая во внимание склонность Мейера к киноцитатам, весьма заманчиво рассматривать его бадди-фильм как обновленную контекстом холодной войны картину Джорджа Роя Хилла «Бутч Кэссиди и Санденс Кид» (1969), также представляющую собой ненавязчивую смесь комедии и боевика. Фильм Хилла построен на дуэте хитроумных мужчин, рискующих жизнями друг ради друга. Именно здесь впервые появляется вызывающий улыбку кадр, где «два человека вместе прыгают с большой высоты» — тот самый момент, который Баумгартен отметила в своей рецензии на «Дело фирмы», правда, не связав его с первоисточником. В «Деле фирмы» Бойд и Грушенко в замедленном темпе прыгают с мансарды дома Файзала в реку. Но Мейер завершает историю своих приятелей отнюдь не таким неправдоподобным «хэппи-эндом», как в фильме Хилла, где Бутч Кэссиди и Санденс Кид прыгают прямо навстречу огнестрельным залпам (или как в фильме «Тельма и Луиза», — вышедшем почти одновременно с «Делом фирмы», в 1991 году, — где женскую вариацию дуэта Бутча Кэссиди и Санденса Кида ждет та же участь).

русские были показаны как «нормальные люди» [Palmer 1993: 223]. Если в параноидальных нарративах закрепляется «тотальное отсутствие внутренних различий: советское правительство, Советский Союз как нация, русские как народ, бывшие или нынешние члены Коммунистической партии США <...> — все изображены как единое целое, чья главная и единственная цель состоит в полном разрушении свободного мира и порабощении свободолюбивых американцев» [Shcherbenok 2010], то рассмотренные выше фильмы эпохи постгласности гуманизируют бывших врагов, представляя их главными героями, а не антагонистами, и даже наделяют их порядочностью и героизмом, отсутствующими в образах некоторых незначительных американских (или британских, как в «Русском отделе») персонажей. Фактически функция суррогатных отца и сына в «Охоте за “Красным Октябрем”» и братская близость Барли и Данте в «Русском отделе» (а также брак Барли и Кати) и Бойда и Грушенко в «Деле фирмы» демонстрируют более сильную связь западных людей с их русскими коллегами, чем с соотечественниками. Кроме того, «Русский отдел» и «Дело фирмы» фактически заставляют усомниться в патриотизме безнравственных западных правительств и самоидентификации британцев и американцев как моральных агентов демократии, подчеркивая не только отсутствие принципов, но и капиталистический напор, который в советском и российском кино связывался с Америкой в целом. Однако в ходе последующего десятилетия благодаря мощному комплексу превосходства Америки и ее страху перед советским рецидивизмом на экране стал доминировать неуклюжий и отсталый русский в паре со своим злобным двойником — стремящимся к доминированию во всем мире «ренегатом».

Глава 2
«Брат с другой планеты»: Хмурое небо (1993–1996)

Несмотря на то что в качестве наиболее сомнительного «партнера» киносценарии стали выводить не столько противников, сколько собственную сторону, не все американцы были готовы доверять бывшему врагу, — так же как не все россияне представляли Америку землей обетованной, страной благоденствия и чудесных решений всех проблем. Сопровождавшие ельцинскую «шоковую терапию» резкое обнищание российского населения, криминализация бизнеса и власти и разграбление национальных ресурсов безжалостными оппортунистами подорвали веру в желательность провозглашенного в России перехода к рыночной экономике[1].

Клинтон с Ельциным по общей договоренности регулярно проводили встречи на высшем уровне, и весной 1994 года в Канаде они оба заявили о своей приверженности идее партнерства США и России, способствующей международной стабильности. Клинтон также заверил Ельцина в намерении Америки помочь России в преодолении финансовых трудностей, связанных с переходом к новой экономической модели. Тем не менее в се-

---

[1] См. [Cohen 2000: 31–40], где приведен список трудностей, постигших Россию в 1990-е годы, а также содержится пламенное обвинение Америки относительно той роли, которую она в них сыграла. Менее острые контраргументы можно найти в [Kotkin 2001].

редине 1990-х годов, когда Конгресс находился под контролем республиканцев, США начали сокращать свои денежные ассигнования России. Причинами были начатая Ельциным в декабре 1994 года и сопровождавшаяся нарушением прав человека война в Чечне; реакция России на ответную двухнедельную бомбардировку, проведенную НАТО под руководством США 30 августа 1995 года против боснийских сербов — давних союзников России; широко распространенные в России коррупция и злоупотребления, о чем почти ежедневно сообщалось в американской прессе; а также сомнения в эффективности кредитования России, которое, по мнению некоторых экспертов, фактически сдерживало экономический рост страны. Гиперинфляция; тревожный спад промышленного производства; пирамиды вроде МММ, которые не только уничтожили сбережения огромного числа простых россиян, но и продемонстрировали неспособность правительства остановить мошеннические финансовые схемы[2]; отток капитала, который, согласно оценкам Всемирного банка, в 1993–1996 годах составил в общей сложности 88 миллиардов долларов; наконец, многомесячная задолженность по заработной плате по всем направлениям, заставившая многих задуматься о собственном выживании, — все эти события вызвали неприязнь к Америке и «реформам», на проведении которых она продолжала настаивать, хотя страна явно находилась в состоянии свободного падения.

Губительные последствия этих так называемых реформ, активно продвигаемых администрацией Клинтона, вызвали скептицизм россиян по поводу доброй воли Америки и достоинств капитализма — скептицизм, который в конечном итоге обострился до враждебности, особенно после банковского кризиса, произошедшего в «черный вторник» в 1994 году. Американцы все чаще воспринимались как корыстные и мелочные прагматики, стремящиеся превратить русских в своих уменьшенных клонов и неспособные понять и оценить уникальную

---

[2] Тонкий анализ схемы МММ как культурного феномена см. в [Borenstein 1999].

природу русских традиций и русской силы[3]. Американское присутствие в России раздражало многих агрессивной саморекламой, сомнительными инвестициями и самодовольным стремлением продемонстрировать превосходство, основанное исключительно на деньгах. Этот образ «безобразного американца» быстро подхватили русские фильмы.

«Ты у меня одна» (1993 год, режиссер Дмитрий Астрахан)

> Ты у меня одна, словно в ночи луна,
> Словно в году весна, словно в степи сосна.
> Нету другой такой ни за какой рекой,
> Ни за туманами, дальними странами.
>
> *Юрий Визбор. «Ты у меня одна» (1970-е)*

Музыка и, в частности, популярная романтическая песня Ю. И. Визбора «Ты у меня одна», написанная в начале 1970-х годов, не только играет значительную роль в удостоенном наград[4] фильме Дмитрия Астрахана, но и фактически определяет его концепцию, а также само его название, опирающееся на традиционную для России идентификацию любимой женщины с любимой страной [Добротворский 1994: 143, Стишова 1994: 89][5]. Как и Квашнёв, Астрахан инсценирует волатильную проблему

---

[3] Различные американские комментаторы придерживались схожих взглядов на вмешательство Америки во внутренние дела России, в частности Стивен Коэн, чья статья «Новая американская холодная война», опубликованная 8 июня 2007 года, развивает тему его монографии «Неудачный крестовый поход». См. [Cohen 2006]. Тщательное изучение российского контекста, в котором появились эти фильмы, см. в [Shiraev, Zurok 2000].

[4] Фильм получил гран-при Президентского совета «Кинотавра» за 1993 год. По словам К. Э. Разлогова, премия была придумана прямо на месте, после того как фильм не взял приз за режиссуру [Спектр мнений. Ты у меня одна: 8]. Марина Неелова была удостоена «Ники», а также «Серебряной пирамиды» на Московском кинофестивале за лучшую женскую роль, а Александр Збруев получил приз жюри Большого конкурса в Сочи «За лучшую мужскую роль».

[5] Умный и взвешенный обзор фильма Астрахана также см. в [Graffy 1999: 161–178].

эмиграции в Соединенные Штаты через историю возвращения домой русского эмигранта, — топос, распространенный в российском кино девяностых годов. В данном случае возвращенцем является Аня (Светлана Рябова), сначала показанная в фильме как школьница брежневской эпохи, безнадежно влюбленная во взрослого студента и будущего инженера Евгения Тимошина — ее «дядю Женю» (Марк Горонок; Александр Збруев). После того как он женится на очкастой Наташе (Марина Неелова), Аня эмигрирует в США со своим старшим братом Алексеем Колывановым. Последний достигает впечатляющего успеха в Лос-Анджелесе в качестве бизнесмена, и благодаря одному из тех совпадений, что закрепились в жанре мелодрамы, двадцать лет спустя Аня возвращается в постсоветский Петербург как представитель компании для осуществления совместного проекта как раз с тем учреждением, в котором, по счастливой случайности, работает Женя.

Астрахан, которого часто критикуют за потворство массовым вкусам, обычно ассоциируется с тем, что русский кинематографический дискурс называет «зрительским кино» (в отличие от «авторского», или артхауса). Открыто признавая свое программное обращение к эмоциям аудитории, Астрахан в этом фильме стремится вызвать ностальгию у тех зрителей, чья тоска по ушедшей эпохе ставит их в один ряд с героями фильма. Как отметили и С. Н. Добротворский, и Е. М. Стишова, по своей технике, настроению и ценностям «Ты у меня одна» принадлежит к традиционному и даже ретрокино, а его эстетика рассчитана на зрителей, воспитанных на советском экране [Добротворский, Сиривля 1996: 26]. И заглавная песня, и прочая музыка из 1970-х годов, а также флешбэки и фотографии, на которых запечатлен веселый, беззаботный дух товарищества студенческого кружка, сплотившегося вокруг чемпиона по боксу Жени, работают на зрительскую идентификацию, срастающуюся с этой элегической «мелодией любви» к России времен застоя (сонной брежневской эпохи) — особенно у поколения шестидесятников, к которому принадлежат и сам Женя с его друзьями [Стишова 1994: 90]. Фильм показывает, что в то время энергия оптимизма, детская дружба и сильные чувства объединяли людей, подкрепляя их ожидания гарантированного — если и не официально рекламируемого светлого — будущего.

Примерно через два десятилетия (с наступлением ожидаемого в первых эпизодах фильма «будущего») настроения в стране в целом и среди представителей Жениного поколения в частности резко изменились. Мечты уступили место тяжелой работе. Женя дополняет свой скудный заработок инженера, работая параллельно ночным сторожем в магазине молочных продуктов; психолог Наташа проповедует новые западные концепции сексуальной совместимости совершенно не понимающим ее парам; их дочь Оля надеется на то, что ее парень Петя, чей отец планирует уехать в Америку, предложит ей руку и сердце. Тесные квартиры, отсутствие элементарного комфорта и денег, угроза потерять свое положение, а также неловкие встречи Жени со своим отцом (Виктор Гоголев), зарабатывающим деньги в метро и подземных переходах пением и игрой на аккордеоне в компании молодой женщины (Ирина Мазуркевич), — такова реальность повседневной жизни сорокалетнего Жени в новой постсоветской России[6]. Связывая утрату юности и идеалов с утратой национальной идентичности и советского образа жизни, Астрахан ловко играет на универсальном элегическом восприятии собственной молодости, окруженной ореолом ностальгии (формула «какими мы были»).

В этой серой жизни Тимошина появляется выросшая и разбогатевшая Аня, все еще питающая страсть к «дяде Жене». Соблазнив его на семейном диване Тимошиных, она уговаривает его уехать с ней в Лос-Анджелес и устроиться на хорошо оплачиваемую работу в фирме ее брата Алексея. Это Анино приглашение является кульминацией американской темы, которая с самого начала проявляется на нескольких уровнях и подключает несколько второстепенных персонажей. Помимо отъ-

---

6 По сути, фильм точно отражает ту драматическую потерю статуса российской интеллигенции в 1990-х годах, когда многие ее представители вынуждены были искать работу, чтобы выжить.

езда Колывановых в Америку в начале фильма, на вечеринке по случаю Жениной победы в боксерском поединке Наташа встречает одного из своих друзей, помолвленного с американкой (причем дочерью сенатора, — что объясняет присутствие агента КГБ на лестнице во время вечеринки). Двадцать лет спустя Олин парень Петя угрожает ей, что бросит ее и уедет в Америку со своим отцом, у которого там трехлетний контракт. Все Женины коллеги мечтают, что Аня выберет их для поездки в Соединенные Штаты; приказав убрать помещение, чтобы произвести впечатление на Аню, начальник подразделения авторитетно сообщает сотрудникам, что американцы зациклены на порядке и чистоте. Особенно красноречиво то, что на протяжении всего фильма песня Визбора чередуется с американской музыкой, а также с записями «Битлз». Короче говоря, хотя Америка как таковая ни разу не появляется на экране, Астрахан посредством метонимии и вербальных отсылок создает ощущение ее постоянного психологического и социального присутствия. Анин визит попросту структурно замыкает круг, поскольку один из ее телохранителей — это точная копия агента КГБ, два десятилетия назад отслеживавшего и сообщавшего о «международных связях» (эту аналогию Астрахан подчеркивает кинематографической параллелью кадров с мужчинами в «режиме ожидания» на лестничных площадках).

Изначально действовавший в согласии с Аниными планами, Женя в конечном счете отвергает ее предложение, решив остаться со своей женой средних лет в загроможденной однокомнатной квартире — то есть остаться в негостеприимном хаосе Санкт-Петербурга («Мне не надо всего этого. Я тебя не люблю!»). Эту преданность привычной жизни, которую он вел на протяжении двух десятилетий, вряд ли можно назвать иррациональным или неубедительным выбором. На самом деле настойчивая, отчаянная страсть Ани на психологическом уровне могла бы стать мощным сдерживающим фактором для любого мужчины. Тем не менее стоит проанализировать причину изменения Жениного образа мыслей, так как ее понимание связано с тем, как сам Астрахан идеологически кодирует Америку.

Флешбэки, воссоздающие брежневский период, когда СССР и США соперничали за превосходство как две великие мировые державы, показывают Америку в привлекательном свете, представляя американцев через синекдоху дочери сенатора. Девушка легко вливается в компанию Жени — их объединяет общий интерес к американской музыке. Однако этот образ блекнет и сходит на нет, когда Астрахан изображает 1990-е годы, ознаменовавшие распад Советского Союза и, как следствие, обретение Америкой вызывавшего всеобщее возмущение статуса неоспоримо доминирующей нации во все более глобализирующемся мире. Единственными представителями Америки в этой части фильма являются русские эмигранты, — то есть условные «предатели» в глазах многих российских зрителей. В целом общий вывод Астрахана относительно современной Америки как страны изобилия и денег согласуется с застарелыми советскими стереотипами. Что характерно, в Америке Алексей потолстел, а Аня научилась сексуальной агрессии. Подготовка Наташи к Аниному визиту и само поведение американизированной «племянницы» не оставляют сомнений в том, что Аня символически представляет лишь финансовую власть и ничего более; она воплощает менталитет потребителя, который россияне обычно приписывают Соединенным Штатам — особенно после распада Советского Союза. Такие неблагоприятные ассоциации готовят почву для того, что некоторые критики описывают как благородное решение главного героя «не покидать» Россию / жену.

Моральный выбор Жени проистекает из возникающей в его восприятии аналогии между двумя ключевыми сценами, которые Астрахан, стремясь выразить свою простую мысль, весьма прямолинейно сопоставляет. В одной из этих сцен Аня ведет Женю в модный бутик и платит за его стильный западный наряд пачкой стодолларовых купюр, на которую камера смотрит весьма многозначительно. В другой сцене Женя возле гостиницы «Астория» встречает Володю (Александр Лыков) — кричаще накрашенного трансвестита-проститутку; оскорбив угодливого швейцара (Валерий Кравченко), он принимает Женю за нищего и предлагает ему доллар, а затем этим же долларом смягчает грубые манеры швейцара. Эту вторую сцену Астрахан тавтологически сопоставляет с флешбэком-воспоминанием о пачке денег в руках у Ани, подчеркивая осознание Женей того факта, что, переехав в Америку, он сам превратится в проститутку и перестанет быть мужчиной. То, что сам Астрахан воспринимает этот момент «прозрения» так же, как и Женя, отчасти доказывается тяжеловесным режиссерским решением всей сцены.

Женина дилемма лежит в центре сюжета фильма, женоненавистнический подход которого к гендерным вопросам приравнивает женственность к рынку и прагматизму: Наташа заставляет своего мужа оказать влияние на Аню ради материальной выгоды; Аня пытается купить Женю; трансвестит-проститутка не только продает себя за деньги, но и покупает прощение швейцара за доллар. Пока Женя не начинает «вести себя как мужчина» — «по-русски», принимая собственные решения, — он позволяет себя «феминизировать»[7]: «Золушок» поневоле, позволяющий как Наташе, так и Ане принарядить себя ради создания впечатления, он лишен их самоуверенности, о чем свидетельствует его неспособность «вести себя как мужчина» почти до самого конца, когда он, вымещая ярость, с помощью кулаков обуздывает молодых соседей, устроивших шумную вечеринку. Как и в подавляющем большинстве постсоветских фильмов, в основе сюжета фильма «Ты у меня одна» лежат дилеммы главного героя-мужчины, однако в центре этих дилемм находятся женщины, сами в конечном счете сведенные к традиционной аллегорической функции.

И все же финал фильма изобилует двусмысленностями и нерешенными проблемами, которые критики преуменьшили или проигнорировали. Как свойственно фильмам Астрахана, «Ты у меня одна» завершается праздником[8] — отмечаемым во дворе в день рождения Жени (ведь он действительно переродился!). Застолье, организованное его неугомонным отцом со своей

---

7 Различные критики, особенно Графф, отмечали эту феминизацию.

8 Е. Я. Марголит аккуратно отмечает, что все фильмы Астрахана «завершаются праздником» [Марголит 1996: 5–8].

подружкой, представляет собой публичный бахтинский праздник (с шашлыком, водкой, пивом и хриплым исполнением заглавной песни), в котором на равных участвуют и отец, и его сын-инженер, и случайные местные забулдыги, и соседи, и даже один из Аниных телохранителей (хотя и не сама Аня).

Но если это карнавальное веселье, организованное представителями разных слоев общества, демонстрирует гостеприимную и бурную открытость легендарной «русской души», то сама специфика его контекста более интимна по настроению, так как для главного героя празднование совпало с ситуацией неопределенности. Когда Женин отец неожиданно появляется под окном и выкрикивает сыну поздравления (в то время как компания его приятелей затягивает песню, подводящую итог Жениным отношениям с женой и родиной), сам Женя стоит с каменным лицом и не отвечает, демонстрируя ту же самую реакцию, что и за несколько секунд до этого — в ответ на Наташины объятия и слезные мольбы, чтобы он не покидал ее / Россию. Лицо и поведение Збруева тонко передают то огромное усилие воли, которое требуется его персонажу, чтобы присоединиться к гулякам. Кроме того, когда он сам кричит жене их фирменную фразу: «Наташка, ты у меня одна!» — она тоже остается сидеть в Олиных объятиях, никак ему не отвечая, а ее лицо и язык тела при этом выражают лишенное каких бы то ни было иллюзий отчаяние. В результате лицо Жени также приобретает выражение тревожного сомнения. Приравнивание женщины к нации здесь нарушено. Хотя он и сумел реинтегрироваться в свое русское сообщество, предпочтя в итоге Россию со всеми ее неприглядными сторонами Америке со всем ее богатством, но все же уступив, хоть и ненадолго, уговорам Ани, Женя лишил себя самого права характеризовать свои семейные отношения словами этой знаковой песни. Поэтому под большим вопросом остается дальнейшее совместное существование этой пары.

Если, как утверждает Стишова, шестидесятники, то есть интеллектуалы шестидесятых годов, — это действительно последние русские идеалисты двадцатого века, для которых любовь вечна, верность длится до гроба, а привязанность к родине священна

[Стишова 1994: 90], — тогда зрители, воспринявшие финал фильма как позитивный, найдут в нем успокоение и самоутверждение через идентификацию с героями, которую Марголит считает отличительной чертой фильмов Астрахана [Марголит 1996: 5]. В конце концов, Женя отверг богатую соблазнительную Америку в пользу «дома», вернулся в семейное гнездо, к коллективно признанным в кругу интеллигенции «благородным» ценностям. Популярность фильма у российской публики, несомненно, объясняется его прочтением с этой позиции. Такая точка зрения, однако, игнорирует не только скрытую подноготную русской интеллигенции (гордость, пассивность, страх перед неизвестным, а также презрение к практическим аспектам жизни, больше подходящим другим, «мелким» существам — все это есть у Жени)[9], но и тревожную ноту, звучавшую в конце фильма.

Кроме того, успокаивающее националистическое прочтение фильма игнорирует как преуспевающего Алексея (пусть даже толстого и, следовательно, подозрительного), так и предприимчивую Аню, что еще больше осложняет ситуацию. Несмотря на то что один критик безответственно проигнорировал Аню, принизив ее термином «американочка» [Марголит 1996: 8], а другой интерпретировал ее мотивы в отношении Жени как желание завладеть очередным «предметом» [Стишова 1994: 90], именно Аня, а вовсе не Женя, безусловно, заслуживает почетного звания самого подлинного романтика в этом фильме — ведь она в течение почти двух десятилетий оставалась «верна» своей любви к значительно превосходящему ее по возрасту Жене! Возможно, ее банковский счет и в Америке, но ее чувства оста-

---

9 О разочаровывающей «недобросовестности» и корыстном создании собственного имиджа советской интеллигенцией см. в [Siniavsky 1997]. О несовместимости интеллигенции и «новых русских» см. в [Гощило 1999: 153–164]. Интересно, что Стишова называет «инфантилизацию» общей чертой «шестидесятников» [Стишова 1996: 90], в то время как Добротворский считает, что она эндемична по отношению к советскому мужскому шовинизму и эгоистично культивировалась советским правительством с целью удержать народ на подростковом уровне развития [Добротворский, Сиривля 1996: 26].

лись в России, и то, что происходит между ней и Женей в Санкт-Петербурге 1990-х годов, вполне могло бы оправдать переориентацию фильма и изменение его названия на «Ты у меня один». Замечание Марголита о том, что на фоне всеобщей радости одна Аня остается несчастной (правда, кого это заботит, если она стала «американочкой»!), противоречит чувству общей нестабильности и подвешенности в заключительных эпизодах фильма (ведь ни Женя, ни Наташа, ни Оля не показывают ни малейшего намека на счастье), однако при этом все же отчасти попадает в цель, поскольку явное, неприкрытое страдание Ани приводит ее к попытке самоубийства — правда, не очень убедительной и сорванной ее же телохранителями, — а также к ее немедленному отъезду [Марголит 1996: 8]. Любопытно, что эта сказочная принцесса, которая намеревалась перенести Золушка в «страну чудес» процветающей, вечно счастливой Америки, произносит при прощании с ним обнадеживающую фразу «Все будет хорошо», — фразу, которая станет названием следующего фильма Астрахана (1995)[10], где авторская позиция по отношению к идее эмиграции в землю обетованную по ту сторону Атлантики радикально изменится.

«Ты у меня одна» принадлежит к тому кинорепертуару, о котором Добротворский в 1994 году сказал: «О том, что надо жить здесь, постсоветское кино догадалось не так давно» [Добротворский 1994: 142]. Идея, что русские должны жить в России, а любовь нельзя купить, в сочетании с ностальгическим сентиментализмом фильма вызвала восторженный резонанс у российской аудитории, и Астрахан в интервью не скрывал, что ставил своей целью затронуть сердечные струны зрителей и проецировал собственные чувства на главного героя, — включая осознание Женей того, что переезд с Аниной помощью в Америку равнозначен для него мужской проституции («мы выступаем против проституции мужской») [Астрахан 1994: 106]. В фильме «Ты у меня одна» заявленная цель Астрахана — заин-

---

[10] Фильм «Все будет хорошо». Анна Лоутон находит в его финале «пространство для надежды» [Lawton 2004: 190].

тересовать зрителей, сфокусировавшись на человеческих отношениях, — достигнута однозначно, и, хотя этот фильм, как и подавляющее большинство российских фильмов 1990-х годов, даже не окупился в прокате, он, как спешит отметить сам автор, регулярно фигурировал в десятке наиболее часто арендуемых видео [Астрахан 1994: 107]. Несмотря на свою популярность среди «масс», этот фильм содержит слишком необычные и рискованные элементы для произведения, созданного лишь для того, чтобы порадовать публику: в его финале присутствуют те диссонирующие детали, которые аудитория — пусть даже речь идет не о среднестатистическом зрителе, а о настроенном на нюансы кинокритике — никак не сможет спутать с типичным «хэппи-эндом» в голливудском стиле.

«Все будет хорошо» (1995 год, режиссер Дмитрий Астрахан)

Summertime, and the living is easy.
Джордж Гершвин. «Порги и Бесс» (1935)

Уничижительные комментарии к фильму «Ты у меня одна» бледнеют рядом с сокрушительно разгромными рецензиями на следующий фильм Астрахана, само откровенно утешительное название которого — «Все будет хорошо» — явно указывает на его связь с жанром волшебной сказки, подразумевающим чудесный счастливый финал. Этот фильм, завоевавший успех у широкой публики, стал одним из самых значительных кинохитов года, позволив тем, кто вложил в него средства, вернуть тридцать процентов своих вложений. Несмотря на то что по голливудским стандартам такая кассовая прибыль может считаться катастрофической, для российского кино в условиях финансового кризиса середины 1990-х годов это было коммерческим успехом [Каленов 1996: 17].

В то время как простые зрители стекались на фильм, различные критики выражали сожаления по поводу очевидного разворота Астрахана: «позитивное изображение американских ценностей» в сюжете было воспринято как поверхностное и неубедительное изменение его позиции в фильме «Ты у меня одна» [Марголит 1996: 7]. Другие (такие как П. Г. Шепотинник, С. Н. Добротворский, Д. Б. Дондурей, И. В. Павлова, М. С. Трофименков, И. Ю. Алексеев и О. Д. Шервуд) обвинили Астрахана в непростительной безвкусице (китче), цинизме, презрении к собственной аудитории, паллиативах в стиле Жириновского и низком профессионализме[11]. В. М. Белопольская саркастически сравнила фильм Астрахана и фильм Е. С. Матвеева «Любить по-русски» (1995) с аптечкой: оба режиссера действуют как «социальные врачи» в духе Жириновского, выписывая те успокоительные, которых требует общественность [Белопольская 1995: 67]. В одном из своих интервью продюсер фильма И. Е. Каленов защищал переход от реализма в начале фильма к сказочному финалу, утверждая, что зрители хотят видеть «кино, которое помогает жить» [Каленов 1996: 18]. Кассовые сборы не только подтвердили точность наблюдения Каленова, но и показали, до какой степени тогдашние предпочтения зрителей определялись традиционными советскими кинематографическими конвенциями. Как справедливо, но чересчур огульно возразил Добротворский, постсоветские зрители, не выросшие на советских мифах, едва ли воспринимают иностранцев как волшебников, способных изменять судьбы людей одним движением пальца [Добротворский, Сиривля 1996: 26][12]. Действительно, популярность фильма «Все будет хорошо» отчасти можно объяснить его способностью угодить всем (кроме критиков) посредством более дифференци-

---

[11] Краткое описание реакций этих и других критиков см. в [Все будет хорошо 1996: 35]. На фоне всеобщих негативных оценок безоговорочно положительный отзыв Е. Я. Марголита и взвешенная, хоть и немного уклончивая оценка Е. М. Стишовой звучали как нота несогласия.

[12] И все же во время перестройки и в начале 1990-х годов именно такую ауру русские и проецировали на образ Америки. Более того, современные экранные переработки сказок вряд ли можно считать исключительной прерогативой советского кинематографа, о чем свидетельствуют «Красотка», «История вечной любви» и множество других голливудских кассовых блокбастеров.

рованного изображения событий, чем это признавалось в опубликованных российских обзорах[13].

Начальные эпизоды фильма, бесспорно, повествуют о повседневной советской провинциальной жизни во всем ее тоскливом убожестве: минималистичное общежитие рабочих металлического завода, которое буквально сражается против неприкосновенности частной жизни и визуальных удовольствий; генетическая склонность мужского контингента к пьянству; отсутствие культурной деятельности — за исключением фольклорного ансамбля, которым руководит и дирижирует неуклюжий, хоть и талантливый энтузиаст Семён Тузов (Валентин Букин), сожительствующий с рафинированной и безропотной Катей Орловой (Ирина Мазуркевич). Своего рода апогеем и экзистенциальной кульминацией примитивной мрачности этой среды становится момент, когда старый рабочий неожиданно умирает прямо на заводе после обличительной речи о том, что он не получил ничего за сорок лет своего тяжкого труда. Этот фрагмент фильма беспощадно живописует безрадостный мир, напоминающий мир вымышленного рабочего класса из произведений Эмиля Золя, а также неприкрашенный советский быт. Подобный эффект производит и другой эпизод, в котором письмо бойкой и юной Ольги Тузовой (Ольга Понизова) Коле Орлову (Анатолий Журавлев), молодому заводскому рабочему, отбывающему воинскую повинность во флоте, подводит итог тем банальным, приводящим в уныние событиям, которые составляют рутину общежитейского существования рабочих и их семей. Эта картина, до боли знакомая российской аудитории, включает планы молодой пары пожениться (решение, разработанное прагматичной и чересчур болтливой Олей), чтобы тем самым повторить судьбу своих родителей.

Элементы волшебной сказки проникают в эту мрачную среду благодаря последовательным появлениям русско-американского

---

13 Единственный углубленный анализ, тонко исследующий все нюансы картины, можно найти у Джулиана Граффи. Именно это желание угодить всей киноаудитории и заставило ряд критиков в гиперболизированной форме выразить свое отвращение к фильму.

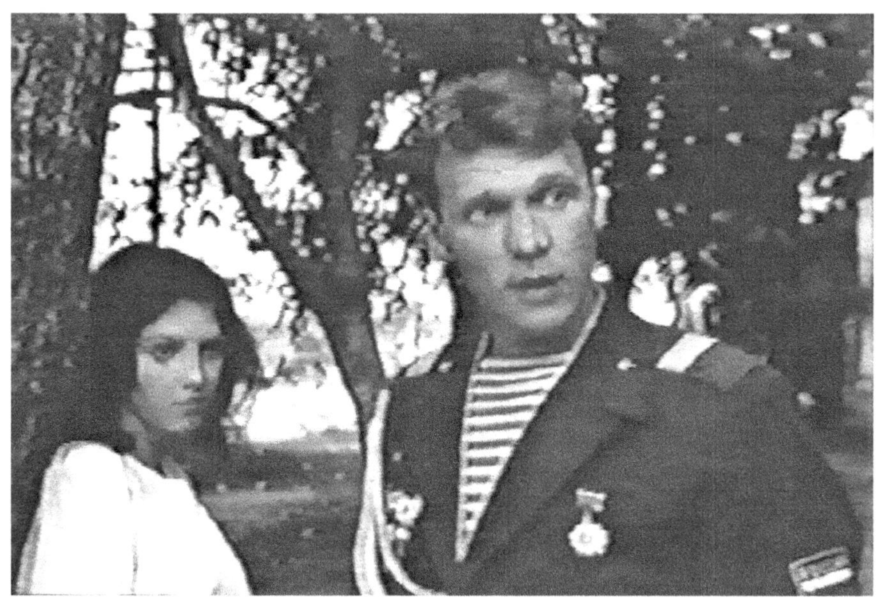

Неподходящая пара: прагматичная Оля и благородный Коля

и японского миллионеров средних лет — Константина (Кости) Смирнова (Александр Збруев) и Ахиры, — всемогущих существ с других континентов и как будто действительно из другого мира — мира, где правят деньги[14]. Если в таких фильмах, как «Дюба-дюба» и «Русский рэгтайм», Америка символизировала бегство от неприглядности постсоветской действительности, то в картине «Все будет хорошо» она олицетворяет эскапизм — «планету Голливуд» или детский Диснейленд, мир развлечений или легкомысленную пьеску. Ее атрибуты включают Диснейленд, который Смирнов планирует построить в городе, фейерверк, использующееся в качестве игрушки пианино, мисс Телевидение Машу Савельеву (Анна Банщикова), коронацию самой красивой девушки вечеринки и так далее. Едва ли случайно, что визуальным образом, связанным с молодым представителем Америки — вундеркиндом и гениальным математиком из Принстона Петей Смирновым (Марк Горонок), — становится рекламный транспарант эскапистского праздника, изображающий пляж и ароматные пальмы с надписью «Терпкий вкус другой жизни» и рас-

14 Смирнов и Ахира были восприняты критиками как «новые русские» (ярлык, автоматически сигнализирующий о яростном негодовании и неприятии со стороны интеллигенции).

положенный рядом с общежитием рабочих, с которым он так насмешливо констрастирует. Под этим транспарантом, который становится для него чем-то вроде гороскопа, Петя регулярно паркует свою машину — подаренные отцом красные «игрушечные» жигули. Степень абсурдности того, что Нобелевскую премию получил двадцатилетний Петя, вкупе с его же (точнее, актера Горонка) подростковой внешностью и ребяческим поведением с Олей («Свадьба завтра?.. А сегодня не выходишь [замуж]?.. Ну, тогда раздевайся!»), передают саму юношескую природу этого мира. Это подчеркивается словами песни Гершвина «Summertime», которую напевают Петя с Катей — песней, в которой физическая привлекательность и деньги («твой отец богат, а твоя мама красавица») делают жизнь «легкой»[15]. Короче говоря, весь этот фильм, представляет Америку огромным Диснейлендом или сказочной страной, заполненной аттракционами, весельем и простотой благодаря капиталу и принципам капитализма, примитивно подытоженным одной краткой формулировкой Смирнова: «Если ты хочешь чего-то, бери!»

Как и в других русских экранных изображениях Америки, метонимическое присутствие этой страны принимает форму материальных благ, перелицованных на сказочный лад: внезапно, как по волшебству, появляющиеся предметы роскоши включают эффектные фейерверки, дизайнерские наряды для свадьбы Коли и Оли, ключи от новой квартиры, а также роскошные праздники, которыми обычно и заканчиваются сказки[16].

---

[15] «Summertime» — самый известный музыкальный номер из оперы Гершвина «Порги и Бесс» (1935). Ее сюжет, вращающийся вокруг борьбы двух мужчин за обладание женщиной, которую аферист завлекает в большой город, частично перекликается с событиями в фильме Астрахана.

[16] Сказочных элементов в фильме предостаточно: это и Смирнов с Ахирой, выступающие в качестве «волшебных помощников»; и магия гипнотизера — ассистента Ахиры, позволяющая одним жестом вылечить алкоголизм Паши Самсонова; и проникновение Смирнова в дом его бывшей возлюбленной через окно (а-ля «Финист — Ясный Сокол»); и фольклорное (сексуальное) значение упавшей вилки, связавшей Петю и Олю; и превращение неудач-

Но, в соответствии со сказочными формулами, бенефициары щедрости волшебных помощников способны как принять, так и отвернуть их дары. От фольклорного жанра фильм Астрахана отличает принципиальное решение семьи с говорящей фамилией Орловы возвыситься над тем, что другие с восторгом принимают как непреодолимое искушение.

Преодолевая формулировку Каленова о простом кино «хорошего настроения»[17], финал «Все будет хорошо» — точно так же, как и финал «Ты у меня одна», — вырывает фильм из той простоты «лубка», за которую его ругало большинство критиков. Сергей Анашкин, нашедший привкус фальши в том, что он назвал астрахановским «совковым раем», отмечает, что «наивное искусство», к которому, по его мнению, принадлежит этот фильм, существует в двух ипостасях: идиллия и гротеск. Астрахан, по его утверждению, пытается объединить то и другое, давая массам идиллию, а более искушенному зрителю — гротеск [Анашкин 1996: 11]. Тем не менее, если подход Астрахана действительно является двойственным и рассчитан на две группы зрителей, то он балансирует не столько между идиллией и гротеском, сколько между сказкой (американский вариант) и классической прозой (русская альтернатива).

Реакция на фильм в России указывает на то, что критики и среднестатистические зрители, несомненно разделяющие, пусть и неосознанно, убежденность Марголита в том, что «надежда и утешение» — «нормальные» и «достойные» аспекты кино [Марголит 1996: 6], прочли финал фильма как идиллию. В конце концов, несмотря ни на что, дедушка Володя (Михаил Ульянов) ценой невероятных усилий воссоединяется со своей давно про-

---

ника Сергея Карелова в поп-звезду, включая характерный фольклорный прием «утроения» (три белых мерседеса, с которыми он возвращается, чтобы просить руки своей невесты Веры), и финальное привлечение Машей сексуального внимания Ахиры после ее неудачи с Сергеем Кареловым и Петей Смирновым; и т. д.

17 Каленов отмечает: «То, что Дима [Астрахан] вводит элемент сказочности на полном серьезе, не объясняя, что перед нами сказка, а утверждая, что так и должно быть — это, по-моему, прекрасно» [Каленов 1996: 18].

павшей женой Наташей[18], а прежде всем досаждавший Паша Самсонов, во мгновение ока исцеленный от алкоголизма гипнотизером Ахиры, превращается в заботливого отца и мужа. Тем не менее финал фильма заставляет усомниться в том, что на первый взгляд может показаться наилучшим лейбницевским решением дилемм большинства персонажей. В последней сцене, которая предлагает взглянуть на последующие судьбы героев, мы видим, что Вера устала, но вынуждена постоянно путешествовать со своим супругом — поп-звездой, и даже если классическая Колина фантазия на тему «И кто теперь сожалеет?», в котором он представляет себе опустившегося, пьяного Петю и растерянную Олю, попрошайничающих на улицах, едва ли отражает реальность, все же ее яркое воплощение на экране неизбежно заставляет зрителя задуматься о жизни молодой пары.

Что еще важнее, финал фильма подчеркивает не только двойственность в ожидаемом восприятии аудитории, но также двойственность самого его жанра и тех социальных групп, которые он изображает: если Ахира, нувориш Костя Смирнов и те, кто с радостью принимает их «фантастические дары», принадлежат к миру сказки и действуют соответственно, то два персонажа отказываются от щедрости волшебных помощников и выбирают банальную повседневную реальность — синонимичную с русской провинцией, с которой они уверенно отождествляются. И Катя (старшее поколение), и Коля (молодое поколение) Орловы избирают неприглядный толстовский путь долга и труда в соответствии с принципом, сформулированным Ахирой и переведенным его помощником: «Деньги не приносят счастья, если они не заработаны»[19].

---

[18] Романтическую драму этой пары структурирует фольклорное время: на фотографии Наташи, висящей в комнате дедушки Володи, видна молодая женщина лет двадцати, а к моменту появления самой Наташи в конце фильма (после двадцатилетнего перерыва) ей как минимум 60 лет.

[19] Во всяком случае, контраст между этим принципом и философией Кости Смирнова («Бери то, что хочешь!») не позволяет зрителю наделить этих персонажей одинаковыми образом мыслей и представлениями о жизни. Они скорее символизируют Восток и Запад, между которыми традиционно колеблется Россия.

Критики не раздумывая присоединились к Костиному корыстному оправданию прагматичного эгоизма на том основании, что оно мотивировано положительной характеристикой — наличием мечты (то есть мини-утопии, представленной как вариант «американской мечты») — характеристикой, которой Катя подспудно, а Коля явно лишены. Однако все значительные мечты героев в фильме вращаются вокруг денег и сдобренной гламуром любви. Короче говоря, «Все будет хорошо» противопоставляет Мэдисон-авеню и Голливуд Толстому, и то утешение, которое российские зрители нашли в фильме, несомненно связано с тем, что он показывает, не отдавая предпочтения чему-то одному, два разительно различающихся образа жизни, один из которых коренится в западных капиталистических ценностях, а другой — в форме русской самоидентификации, сводящей финансовые соображения в лучшем случае к неактуальности, а в худшем — к заслуживающей осуждения мелочности. Вопреки богатству Смирнова, Катя остается с абсурдным, но любящим ее Семёном, потому что интуитивно понимает, что уже слишком поздно бежать со своим первым любовником, превратившимся в миллионера. Параллельно «моменту истины» своей матери Коля столь же проницательно осознает бóльшую совместимость Оли с Петей[20], а здравый смысл и порядочность толкают его на жест, в котором можно увидеть акт самоотречения. Таким образом, альтернатива идиллии и гротеска, предложенная Анашкиным, оборачивается двумя в равной мере возможными опциями: это, с одной стороны, фантазийное существование, основанное на богатстве, славе и путешествиях (за границу) и ставшее возможным благодаря Смирнову и Ахире, а с другой стороны — традиционный христианский путь стоицизма, труда и моральной целостности, который проповедовал Толстой[21]. Оба варианта на данный момент легитимны, хотя дие-

---

20 Визуальная сторона усиливает драматизм этого треугольника: Петя и Оля выглядят как подростки, в то время как Коля не только выглядит и ведет себя как взрослый человек, но даже напоминает своим видом солидных советских героев.

21 По словам Граффи, «Консервативное, целительное видение фильма подразумевает восстановление и защиту старых ценностей во время кризиса» [Graffy 1999: 171]. Хотя некоторые российские критики не отдали должное

гезис фильма указывает на то, что с течением времени души и обстоятельства меняются — встроенная тема, которая спасает фильм от приписываемого ему статуса дешевого паллиатива.

В этом фильме вновь музыка проясняет его философские и этические установки. Ария «Summertime» из оперы «Порги и Бесс» Гершвина — это успокаивающая колыбельная, которая в данном контексте намекает на молодость не только Америки, но и ключевого для сюжета фильма незрелого дуэта Пети и Оли. Этой музыке противопоставляется репертуар народного ансамбля под руководством Семёна Тузова, который, как сообщается в фильме, много лет назад привел в восхищение Шостаковича[22]. В конце американская «Summertime» становится частью репертуара русского ансамбля Тузова, который во время свадебного торжества Оли и Коли исполняет ее на народных инструментах, — эта сцена дает понять, что россиянам следует быть открытыми и не бояться, что иностранные элементы вольются в их старую и неприступную эндемичную культуру.

В отличие от других экранных трактовок Америки 1990-х годов, «Все будет хорошо» непроизвольно сопоставляет Америку с Японией, поскольку обе страны воплощают западные и восточные варианты финансового и технологического успеха, по крайней мере внешне придерживающиеся единой обобщенной модели. Но если большинство героев Астрахана поддаются соблазну этой готовой модели, преподнесенной им на блюдечке, Коля, как и его мать, сохраняет веру в вековые русские ценности и свой завод, который, конечно, не обогатит его, все же позволит ему сохранить целостность личности и остаться верным себе. Отвергнутый критиками как ограниченный персонаж, неспособный достичь счастья, Коля, что характерно, завершает фильм

консервативности фильма, «Все будет хорошо» на самом деле предполагает такое прочтение скорее у взрослой аудитории, в то время как «магическое перемещение в Америку» оставлено для более молодых зрителей. При этом фильм позволяет зрителю, настроенному на нюансы, с недоверием отнестись к принятию любого из предложенных решений в качестве идеала.

22 Среди критиков только Граффи отметил важность музыкальных аспектов фильма. См. [Graffy 1999: 172].

обещанием, содержащимся в названии и неоднократно повторяющимся потом: все *будет* хорошо, — потому что он выбрал способ существования, с которым могут идентифицировать себя бесчисленные представители российской аудитории и который сам Астрахан не презирает и не высмеивает, поскольку хотя он и не приносит мгновенного счастья, но представляет собой осознанное этическое решение. В этом смысле третий полнометражный фильм Астрахана едва ли можно назвать страстной поддержкой Америки и всего, что она представляет. Как видится, в основе сюжета «Все будет хорошо» лежит не противопоставление Америки и России по принципу «или-или», а защита принципа «то и другое», что позволяет каждому зрителю найти свое собственное утешение в финале фильма.

«Дикая любовь» (1993 год, режиссер Виллен Новак, Украина)

«Дикая любовь» Виллена Новака, напротив, показывает, что абсолютно ничего хорошего не будет. Новак разделяет склонность Астрахана структурировать сюжеты вокруг любви, но с тем отличием, что любовь в его фильмах скорее тревожаще коротка («Красные дипкурьеры», 1977), может остаться несбывшейся («Принцесса на бобах», 1997), или, в случае «Дикой любви», может привести к роковым последствиям. Ориентируясь на современную молодежь, лишенную этических координат, «Дикая любовь» аналогичным образом опирается на гендерные условности, рассматривающие страну как троп женщины: киевский студент-мотоциклист Максим (Владимир Щегольков), единственный сын богатых родителей, выбирает между своей серьезной однокурсницей, американкой Сью (Ксения Боголепова), и своей «постоянной подругой» Машей (Ксения Качалина), проживающей в интернате в одной комнате с тремя другими девушками сомнительной репутации. Выбор главного героя между светловолосой «хорошей девочкой» и темноволосым олицетворением страсти напоминает такие романы Вальтера Скотта, как «Айвенго»,

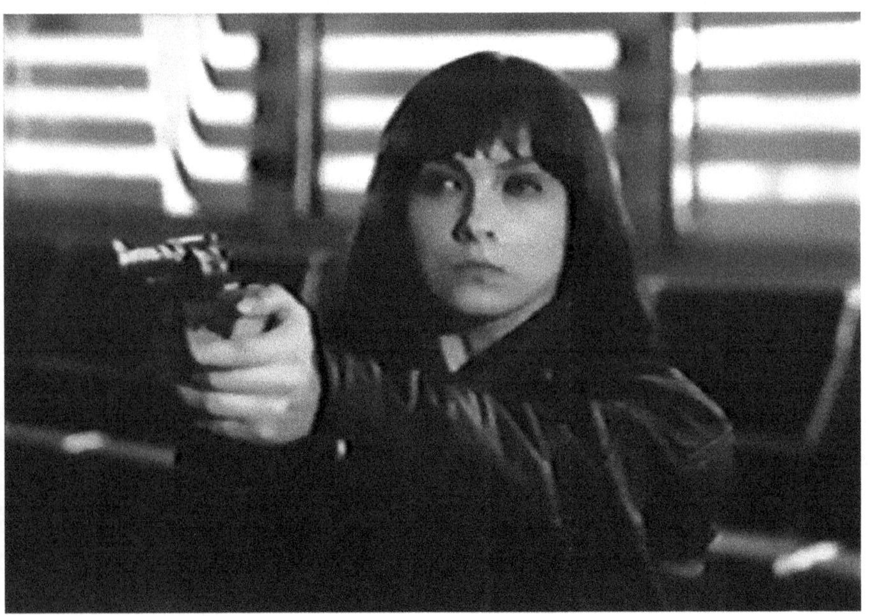

В аэропорту: вызванная Машиной «дикой любовью» реакция на отъезд Максима в США

а также бесчисленные любовные истории и тургеневские повести. Очарованная Максимом, румяная и похожая на херувима Сью уговаривает своего отца, главу компьютерного бизнеса, пригласить его в штаб-квартиру компании в Калифорнии и оплатить все расходы. Там амбициозного молодого программиста ждут, по всей видимости, не только обучение и работа, но и отношения и брак с настойчивой Сью. Приняв это предложение, Максим должен покинуть свою социально маргинализированную поклонницу. Маша, презираемая родителями Максима и насилуемая хулиганом Губаном (который одержимо жаждет ее и странным образом называет ее Марго), склонна к приступам деструктивного насилия, которые, как быстро осознает проницательный зритель, в конечном итоге приведут к необратимым последствиям. Новак оправдывает эти ожидания: попытка Максима обмануть ее терпит неудачу, и выбитая из колеи Маша убивает его выстрелом в аэропорту — в тот самый момент, когда он уже готовится улететь в Америку. И вновь аэропорт не только служит местом действия, но и становится тропом этического выбора.

Фильм «Дикая любовь» остается в русле знакомого сценария: испорченная, богатая Америка дразнит деньгами, профессиональным продвижением и благосклонностью своего обездоленного экс-антагониста времен холодной войны, но, как предполагает поведение Сью, при этом преследует свои собственные цели с холодной целеустремленностью. Бедная, охваченная преступностью, «изнасилованная» Украина (как и Россия) не может конкурировать с ней материально, но превосходит своего бывшего врага в способности к истинной страсти[23]. Ее богатство состоит из *чувств*, морально превосходящих доллары, по отношению к которым народ чувствует свое превосходство, но перед которыми, впрочем, не может устоять. Из фильма следует, что неконтролируемые страсти являются исключительной прерогативой Украины / России, поскольку только там эмоционально отсталые или обездоленные американцы могут найти «безумную любовь»: Сью идет по стопам своей прабабушки, которая до революции тоже по уши влюбилась в киевлянина, после чего ее принудительно вернули в Америку, к надежным супружеским узам — результат, с которым, по всей видимости, должны смириться все американцы, плохо знакомые с Киевом.

Во время симпозиума 1996 года, посвященного фильму, российский эмигрант П. Л. Вайль, частично на основе «Дикой любви», определил антизападные предрассудки в постсоветском русском фильме как часть широко распространенной неопатриотической, ксенофобской идеологии, которая отвергает «другого», утверждая свое априорное духовное превосходство [Вайль 1996: 159–160]. Как выразился Вайль, можно проследить траекторию «от казенного лозунга “Мы лучше всех” советской эпохи к уничижительному “Мы хуже всех” времен перестройки и возрождению тезиса “И все-таки мы лучше всех” постперестроечного периода, особенно с появлением своих [русских] эффектных богачей» [Вайль 1996: 159][24]. Действительно, после того как Маша застрелила своего любовника-предателя в аэропорту, толпа одноклассников Максима,

---

23 Фильм украинский, действие также происходит в Украине, но герои говорят на русском языке. С тем же успехом «Дикая любовь» могла быть снята и в России.

24 Автор статьи подкрепляет это обобщение кратким описанием примерно десятка фильмов, выпущенных в 1990-х годах.

пришедшая проводить его, обращается не к психопатичной убийце Максима, а к обезумевшей Сью, выкрикивая уже хорошо знакомую нам фразу: «Вали отсюда! Возвращайся в свою Америку!»[25] Согласно своеобразным иррациональным законам мелодрамы (и постсоветской идеологии), Маша-мстительница права [Вайль 1996: 158], и в конце фильма камера старается вызвать симпатию зрителей именно к ней, показывая не труп Максима, а ее застывшее выражение лица, пока она неподвижно сидит в увозящем ее в тюрьму милицейском фургоне[26].

Несмотря на свою умышленность и предсказуемость[27], «Дикая любовь» поражает зрителя своим всеобщим социальным дарвинизмом. Если в «Астраханленде» не обитало ни одного злодея, то фильм Новака напрочь лишен положительных или хотя бы немного симпатичных персонажей, поскольку личная заинтересованность мотивирует к далеким от благородства поступкам практически всех: Максим, который в глазах психопатичной Маши изначально выглядит пресловутым рыцарем в сияющих доспехах, предает обеих девушек, чтобы вырваться вперед; Сью, несмотря на свою внешность девочки-ромашки, использует эмоциональный шантаж, манипулируя и своим отцом, и Мак-

---

[25] Как и во многих постсоветских фильмах, Новак использует здесь американскую поп-музыку (хотя звучит она в сцене, не связанной с персонажем-американкой — когда Максим и Маша мчатся на своем мотоцикле по улицам Киева). В этом смысле режиссер оказывается восприимчив к приманке американского культурного импорта, даже несмотря на то, что он отвергает «Америку».

[26] Как и в большинстве постсоветских фильмов, преступность здесь пронизывает всю окружающую среду. Вооруженный пистолетом Губан (чья кличка вызывает в памяти глагол «губить») принадлежит к классу теневых дилеров-нуворишей («новые русские / украинцы»); он насилует и Марию, и трех ее соседок по комнате, которые одеваются как проститутки и принимают участие в организуемых им явно незаконных аферах. Сама Мария организует нападение на Сью, а затем убивает Максима. Любовь, не сопровождаемая насилием, в фильме коротка.

[27] Тяжеловесным предзнаменованием выглядит вступительный эпизод, напоминающий истории о роковой любви в духе Тургенева; при первом же взгляде на Максима Сью видит в нем что-то «фатальное»; Маша постоянно говорит о том, что умрет без Максима, задается вопросом, кто из них умрет первым, и т. д.

симом, чтобы завоевать благодарность и сексуальное внимание последнего; так называемая любовь Маши напоминает одержимость демонами, в связи с чем смерть «возлюбленного» для нее несравненно предпочтительнее, чем его уход к другой; родители Максима действуют в соответствии со стереотипом, пытаясь в сыне воплотить свои собственные желания; психология «презираемой женщины» побуждает крашеную блондинку Галю — однокурсницу и «подругу» Сью — сообщить Маше о намерении Максима уехать с американской гостьей; преступник Губан, влюбленный в неуравновешенную Машу, не стесняется насиловать ее или по ее приказу терроризировать Сью, а также регулярно эксплуатировать трех Машиных соседок по комнате, выступая в роли их сутенера. Единственным порядочным человеком, способным заботиться о других, является Раиса, директор общежития, которая не только предупреждает Максима о психической неуравновешенности Маши и ее потенциальных последствиях, но и выносит бескомпромиссное суждение о его эгоистичном поступке. В Киеве Новака, этом рассаднике страстей, желание вытесняет мораль.

В конечном счете, хотя ни одна из сторон Атлантического океана не достигает в «Дикой любви» героического статуса, в финале фильма, как заметил Вайль, предпочтение отдается безграничной славянской страсти, а не западному расчету. Если для юных зрителей смерть Максима от рук Маши, вероятно, несет в себе налет трагедии (увезенная полицией Маша в конце выглядит впавшей в ступор), то для друзей Максима и, несомненно, для всей отечественной аудитории злодеем мелодрамы снова оказывается породивший разногласия аутсайдер. Отсюда и лозунг, который так часто повторяется в этих экранных повествованиях о пересечении границ, с их непременным самолетом в качестве вездесущего мотива, — «Возвращайся в свою Америку!» Проводя аналогию между экстремальным поведением героинь «Дикой любви» и болгарского фильма «Барьер», В. Иванова откровенно утверждала, что эксцессы фильма вполне понятны: «Мало что [они] влияние в мире отнимают, так еще и талантливых мальчиков наших к себе увозят» [Иванова В 1994б: 8]. Фильмы

Астрахана убеждают зрителей в том, что не все «мальчики» предательски соглашаются быть с выгодой для себя вывезенными; мелодраматичное, несравнимо более мрачное видение Новака ставит дилемму в буквальном смысле как вопрос жизни и смерти: прибытие американки вызывает серию взрывоопасных столкновений, завершающихся безумием и убийством.

«Американская дочь» (1995 год, режиссер Карен Шахназаров)

Если «Все будет хорошо», явно заимствует многие элементы из жанра волшебной сказки, то «Американская дочь» обладает явными признаками жанра фантастики, хотя и имеет общие черты с типичными роуд-муви вроде «Бумажной луны» Питера Богдановича (1973)[28]. Первый российский фильм, снятый почти целиком в США, «Американская дочь» демонстрирует явные проблемы с логикой и несоответствия в своей решимости разоблачить заблуждение раннего постсоветского кино, согласно которому Америка предстает перед русскими манящей гаванью. Проще говоря, «Американская дочь» утверждает, что дома лучше, потому что «дом там, где сердце». Производство и выпуск этого фильма совпали по времени с потоком статей и писем в российской прессе, выражающих протест против усыновления американцами русских детей, многие из которых, однако, были оставлены в детских домах без каких-либо перспектив обретения семьи. В этом смысле «Американская дочь» может рассматриваться как частичное отражение точки зрения значительной части населения России, согласно которой американцы оскорбляют родительские и общественные способности русских, а также их национальную гордость[29].

---

[28] Некоторые критики назвали фильм мелодрамой, тогда как другие обнаружили в нем (возможно, намеренно?) комедийные элементы.

[29] Вопрос об усыновлении российских детей иностранными гражданами (что стало юридически возможно в 1990 году) вызывал споры на протяжении 1990-х годов, когда усыновление иностранцами значительно опережало

Переворачивая географическую траекторию «Америкэн боя», фильм Шахназарова начинается в России, где Алексей Варакин (Владимир Машков), скромный музыкант из Воркуты, работающий в московском ресторане, тоскует по своей дочери Анне. Вскоре действие переносится в Америку, куда четырьмя годами ранее увезла Анну бывшая жена Варакина Хелен (Мария Шукшина), эмигрировавшая и вышедшая замуж за богатого американского бизнесмена. Троица живет в роскошной обстановке в Сан-Франциско, куда Алексей прилетает с намерением вернуть Анну в Россию, к ее бабушке, то есть к ее историческим корням. Отсутствие общего языка не препятствует немедленному установлению связи между отцом и дочерью, в результате чего Алексей предлагает Анне сбежать к бабушке. Они пускаются в путешествие автостопом из Сан-Франциско через различные штаты между Калифорнией и Мексикой, и все эскапады этой смелой пары дают возможность Шахназарову поделиться с российской аудиторией своими взглядами на Америку. Когда Анна заболевает, Варакин, осознавая возможные последствия, самоотверженно сдается полиции, чтобы обеспечить дочери госпитализацию; его арестовывают и отправляют в тюрьму за похищение. Однако все кончается хорошо, потому что в финале фильма любящий отец и дочь все же отправляются домой — туда, где сердце...

усыновление россиянами. Заместитель генерального прокурора Колесников в 2004 году выразил обеспокоенность по поводу того, что усыновление стало прибыльным бизнесом в России, где оно часто стоило до 50 000 долларов. См. [Adoption of Russian children 2004]. В 2005 году Е. Ф. Лахова, председатель Российского парламентского комитета по делам женщин, семьи и молодежи, предложила ввести мораторий на усыновление российских детей гражданами тех стран, где сообщалось о насилии в их отношении. Как сообщает РИА Новости, Лахова утверждала, что тринадцать усыновленных американцами российских детей были убиты, и 28 декабря 2012 года Путин подписал так называемый «антимагнитский» закон, запрещающий усыновление русских детей американскими родителями. См. [Derinova 2013]. Оригинальную психологическую трактовку того, как российская киноиндустрия справилась с ударом по национальной гордости, см. в [Hashamova 2007].

Реакция российской критики на фильм была и одобряющей, и уничижительной одновременно. Всеобщее восхищение удостоенной наград игрой Эллисон Уитбек сопровождалось осуждением самого фильма как «слабенького», «беспомощного», «слезливого», «дурацкого», как «эрзаца» и не заслуживающего обсуждения[30]. По крайней мере двое критиков заметили в «Американской дочери» Шахназарова психологические трудности в связи с попытками примириться с событиями личной истории режиссера, имевшими место два десятилетия назад (в 1980-е годы его жена Алена Зандер уехала в Америку, забрав с собой дочь). Однако эту идею сразу же отклонил А. Титов и, как сообщалось, опроверг сам режиссер, он же соавтор сценария [Титов 1996: 31, Киноманам 1995]. Другие высмеивали героя фильма за полное незнание английского языка: «Хоть убейте, не могу поверить в русского рок-музыканта, который не знает по-английски даже “yes”»; «смущает, что герой Машкова, собираясь в Америку-разлучницу за дочерью, не выучил ни одного английского слова — это придает его образу оттенок идиотизма»[31]. Они правы.

Л. А. Аннинский, лучше разбирающийся в идеологических спорах, чем в теории кино, аккуратно подытожил, почему «Американская дочь» не удалась: «Интересная попытка сопоставить русских и американцев, но, кажется, с результатом, обратным тому, какой задуман. [Соавторы сценария] хотели показать душевную открытость нашего соотечественника на фоне железных янки. [Вместо этого] Показали: милую безответственность, обаятельную слабость и скоморошную дурь на фоне серьезности и силы духа [американцев]» [Американская дочь 1996: 45]. В самом деле, большую часть калечащих фильм стереотипов и неправдоподобия объясняет стремление Шахназарова противопоставить якобы вопиющую ограниченность Америки эмоциональному богатству России. Сама предпосылка картины — то, что русский отец будет тосковать по давно уехавшей дочери, — малоубедительна

---

30 Краткие комментарии широкого круга критиков см. в [Американская дочь 1996].

31 М. С. Трофименков и Т. В. Москвина в [Американская дочь 1996: 45]

для страны, где отцовство фактически отсутствует, где матери-одиночки составляют более десяти процентов родителей[32], а дети убегают из дома, спасаясь от своих отцов — алкоголиков и хамов. В таком контексте Варакин является музейным экспонатом как представитель редкого, вымирающего вида[33]. Более того, как воплощение русской мужественности и, по ассоциации, русской национальной идентичности он — ходячее клише, сгусток всех тех стереотипных черт, которые приписываются русским: горячей несдержанности; творческого таланта; безграничной щедрости; способности с кем угодно установить мгновенный контакт благодаря своей человечности; поведения, руководимого «сердцем и душой», а не практическим расчетом, и т. д.[34]

Четыре года, проведенные в Америке, не развратили оторванную от своих корней семилетнюю дочь Варакина; несмотря на то что по сюжету она совершенно забыла русский язык, она как русская девочка все же не может перестать думать о своем отце. Это объясняет, почему она мгновенно узнает его и может общаться с ним «сердцем». Отсюда и ее мгновенное желание любой ценой вернуться на родину, к своей русской бабушке, — даже ценой правдоподобия самого фильма. «Универсализм», который Достоевский в своей знаменитой речи на церемонии, посвящен-

---

[32] О матерях-одиночках в России см. в [Lokshin, Harris, Popkin 2000].

[33] Одна женщина-комментатор удачно подытожила различие между бывшим русским мужем Хелен и ее нынешним американским супругом: «Одно дело — жить в Америке, в прекрасном особняке с множеством комнат, великолепной обстановкой, большим садом. Иметь личный вертолет и шофера. Быть холеной, ухоженной дамой и наслаждаться жизнью. И совсем другое дело — жить в России с мужем-музыкантом, который может повести дочь в зоопарк и потерять ее там, забывшись за кружкой пива. Нет, человек-то он не плохой, даже хороший человек. Просто — нормальный русский мужик» [Иванова 1995].

[34] Единственной нетипичной характеристикой Варакина является его застенчивость, которую саркастично высмеивает П. Корякин: «Мы с вами знаем, что музыканты из ресторанных ансамблей очень застенчивы и робки» [Корякин 1995]. Эта неуверенность кажется еще более неубедительной, учитывая яркость актера Машкова, а также характеры персонажей, которых он регулярно играет.

ной памяти Пушкина, приписывал «русскому характеру» и утешительная идея которого дошла до наших дней[35], позволяет Анне и Варакину очаровывать или обезоруживать отдельных американцев, но при этом не дает возможности преодолеть безличную американскую систему. В баре или ресторане в Фениксе (штат Орегон) все посетители и особенно официантка тают от восторга, когда Варакин поет «Love Me Tender», по всей видимости, не понимая в этой песне ни слова. В конечном счете, единственная добродетель, демонстрируемая в фильме американцами, — это их способность ценить «настоящего русского». Заботясь о здоровье своей дочери, Варакин охотно соглашается на четырехлетний срок тюремного заключения за похищение человека — наказание, юридически обоснованное (с американской точки зрения), но морально несправедливое (с российской точки зрения). Этот поворот в сюжете позволяет Шахназарову показать, как непонятливая Америка из-за своего педантизма заключает в тюрьму великодушных россиян[36].

Несмотря на то что отношение различных американцев к Варакину показано в фильме нейтрально и даже позитивно, сама Америка как полная противоположность России не обладает никакими искупительными чертами. Поскольку эмиграция бывшей жены Варакина с их дочерью представляет собой предательство страны, Хелен выступает здесь как негодяйка, олицетворяющая недостатки Америки: прагматизм, стремление к «хорошей жизни» и убежденность в том, что материальный комфорт правит жизнью (как она сообщает дочери: «Я сделала это [то есть покинула Россию] для тебя»). Ее американский муж — карикатура на целеустремленного состоятельного бизнесмена — говорит исключительно на языке долларов; соответственно, он

---

[35] Например, в мае 2004 года ведущий телевизионного ток-шоу «Апокриф» на канале «Культура» Виктор Ерофеев и его гости аналогичным образом всерьез обсуждали российского интеллектуала (интеллигента).

[36] Один российский комментатор симптоматично заметил: «В американском пространстве наш герой глуп и наивен, зато искренен последней — отчаянной — русской искренностью» [Крюкова 1995a].

предлагает выкупить любящего русского отца из тюрьмы и разрешает ему ежегодные поездки к дочери согласно праву на посещение. Тюремное заключение Варакина демонстрирует несправедливость американской правовой системы, поскольку зрители знают, что его так называемое «похищение» Анны — это всего лишь возвращение дочери к искреннему и заботливому родителю, которое к тому же она сама и задумала.

Финал фильма, который высмеяли даже самые восторженные российские критики, бросает вызов всем законам правдоподобия, но при этом создает необходимую Шахназарову метафору, где Америка — это тюрьма, из которой нужно спасти всех русских. Подобно античной богине, семилетняя *dea ex machina* Анна, управляя вертолетом своего отчима, в прямом смысле слова спускается с небес на землю, которую ее любимый отец и его сотоварищи-заключенные подметают с апатичным безразличием, свидетельствующем об острой необходимости реформирования пенитенциарной системы в Штатах. Анна освобождает не только своего многострадального отца, но и того единственного заключенного, с которым он успел подружиться, очевидно, на основе идеологической совместимости. Как и следовало ожидать, этот заключенный — афроамериканец, тоже желающий попытать счастья в стране истинной свободы, каковой для него является Россия. Перевернув стандартные постсоветские национальные тропы, «Американская дочь» возвращается к ранним советским сценариям — таких фильмов, как «Цирк» Григория Александрова (1936), — которые мифологизировали Советский Союз как страну свободы и гостеприимный рай для людей всех рас. Благодаря этому успешному спасению героев от так и не показанных на экране «ужасов» американской жизни фильм завершается тем, что российские кинокритики справедливо называют голливудским фетишем — «хеппи-эндом»[37].

---

[37] Открытые или трагические финалы в европейских (в том числе российских) фильмах традиционно переснимались для экспорта в Америку, где хеппи-энд является желаемой нормой.

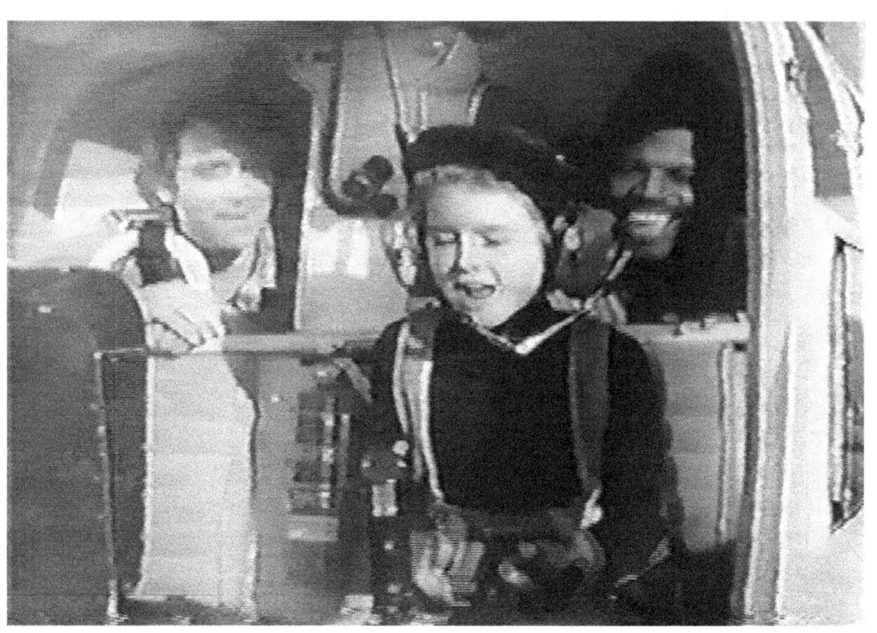

Отец, дочь и афроамериканец направляются на вертолете в сторону более дружелюбного российского неба

Даже Александра Иванова, одна из немногих критиков, нашедших что-то позитивное в «Американской дочери», признала, что эту картину следует воспринимать как фильм для детей или, возможно, как семейный фильм [Иванова 1995]. Другие эвфемистически ссылались на «абсолютную прозрачность» фильма и недостаток сложности [Шумяцкая 1995]. Преимущественно (хотя и не исключительно) на основе финала различные рецензенты отнесли фильм к жанру сказки (Корякин, А. Иванова, В. С. Кичин). И все же его стиль не имеет ничего общего с фольклором, — иначе, по словам Л. В. Павлючика, «почему же [тогда эта предполагаемая] сказка пытается быть такой повествовательно-правдоподобной?» [Павлючик 1995б: 9]. Но колоссальное неправдоподобие не является обязательным синонимом сказки. Любой, кто настаивает на интерпретации этого сюжета как перевертыша сказки о Кощее Бессмертном, в котором дочь выступает вместо невесты (ни один сторонник «сказочного» подхода не пытался обосновать свою позицию подобным образом), стоит перед необходимостью оправдать отсутствие сказочного антуража, предметов и атмосферы на протяжении всего фильма. Напротив, Шахназаров, похоже, намеревался показать россиянам, на что «на самом деле» похожа Америка — страна, лишенная древних семейных традиций, а значит, неподходящая для «русской души». Чтобы подчеркнуть составляющий ядро сюжета контраст между двумя народами, режиссер сентиментально приравнивает «мать-Россию» к бабушке, с которой стремятся воссоединиться беглецы.

Как и многие последующие российские фильмы, — в частности, блокбастеры Алексея Балабанова, — «Американская дочь» пытается «усидеть на двух стульях», что, мягко говоря, не вполне честно. Пытаясь привлечь как можно больше зрителей, фильм легко заимствует у американского кино и жанр, и структуру, и музыку, однако используя это для прозелитизма русскости[38]. В этом смысле он смешивает новое и чужое (американское) со старым и привычным (советским русским), одновременно принимая во внимание и неоспоримое предпочтение зрителями 1990-х годов американского кино, и их эмоциональную идентификацию с традиционной национальной / националистической преданностью. И если русские, заподозрившие Америку в дурных намерениях, начали к ней охладевать, то Соединенные Штаты все чаще стали сомневаться в надежности своего так называемого «партнера».

«Багровый прилив» (1995 год, режиссер Тони Скотт, Hollywood Pictures)

Созданный спустя почти десятилетие после «Топ Гана» тем же режиссером (Скоттом), теми же продюсерами (Джерри Брукхаймером и Доном Симпсоном) и исполненный такого же уважения к военному делу, «Багровый прилив» сочетает в себе аутентичное отражение международной ситуации с реанимированной тревогой по поводу российских ядерных сил. Его паранойя на борту субмарины — наряду с повышенным вниманием к технологиям, — очевидно, также придает фильму отнюдь не

---

[38] Как отмечает Анна Лоутон, фильм отдает дань уважения Голливуду [Lawton 2004: 192].

мимолетное сходство с «Охотой за “Красным Октябрем”». Которое, впрочем, оказалось недостаточно позитивным для Дженет Маслин, которая назвала картину «большим, хвастливым, шумным фильмом о субмаринах, не свободным от дурной зависти к Клэнси» [Maslin 1995][39]. Дессон Хау из «The Washington Post», также не впечатленный фильмом, помимо «Мятежа на “Баунти”» (1935, 1962) вспомнил еще два фильма времен холодной войны, выступивших в качестве предшественников «Багрового прилива», из которых «сценарий Майкла Шиффера нащипал [*sic*] элементы» [Howe 1995] — а именно «Систему безопасности» (1964) и «Доктора Стрейнджлава» (1964). Оба критика выразили сожаление по поводу настойчивых попыток сценария возобновить конфликт, утративший актуальность с 1989 года, когда «окончание холодной войны <...> создало зияющий вакуум злодеев в художественной литературе, спекулирующей на теме армагеддона. Паранойя просто не та, что была раньше» [Maslin 1995][40]. Помимо Шиффера потребовалось еще четыре автора[41], чтобы создать этот хромой сценарий о ядерной угрозе,

---

39 Один из наиболее интересных отголосков фильма «Охота за “Красным Октябрем”» — использование недиегетического хора. Но если «Красный Октябрь» и последующие фильмы связывают хоровую музыку с «русскостью», то в «Багровом приливе» гимн «Eternal Father, strong to save» — любимый как в британском, так и в американском военно-морском флоте — использован для характеристики американской команды. Особенно значимым этот гимн выглядит в сценах затопления подводной лодки «Алабама» и смерти моряка в затопленной бухте. Припев в гимне звучит так: «For those in peril on the sea» («Для тех, кто в опасности на море»). См. [Eternal Father Nd].

40 Брайант Фрэзер также раскритиковал «сюжетную линию, отбрасывающую нас назад», прокомментировав ее в таком же пренебрежительном ключе: «Требуемая этикетом [*sic*] атмосфера холодной войны была для этой истории возобновлена; это связано с тем, что российские повстанцы захватывают военную базу и тем самым вновь разжигают ядерную паранойю, которая была хороша для боевиков дорейгановской эры» [Frazer Nda].

41 Майкл Шиффер адаптировал для своего сценария рассказ, написанный им в соавторстве с Ричардом П. Хенриком, советником по подводным лодкам. Затем Скотт привел на просмотр фильма Квентина Тарантино, Роберта Тауна и Стива Зайлиана (хотя впоследствии они не были указаны в титрах). Как комментирует Рэтхолл, «в результате [переписывания Тарантино]

который вывел на свет божий ренегатов из десоветизированной России. Конечно, фильм в конечном счете действительно демонстрирует «определенный разрыв со спекулировавшей на милитаризме риторикой холодной войны "Топ Гана"; но он использует обходной и клишированный путь по голливудской аллее памяти, приводящий к устаревшему пункту назначения» [Wrathall 1995: 43].

Уже на вступительных кадрах фильма появляются титры, в которых сформулирована суть конфликта: «Три самых влиятельных человека в мире: президент Соединенных Штатов, президент Российской республики и... капитан американской атомной подлодки». Упомянутый капитан — это Фрэнк Рэмси (Джин Хэкмен), чью субмарину «Алабама» Пентагон отправляет в Тихий океан, чтобы предотвратить возможный ядерный удар российских повстанцев, захвативших две ракетные базы под Владивостоком. Крутой мачо «старой закалки», Рэмси вскоре вступает в конфликт со своим новым помощником, лейтенантом-командиром Роном Хантером (Дензел Вашингтон), выпускником Гарварда, больше настроенным против войны, чем против русских. Столкновение с одной из подводных лодок повстанцев приводит к повреждению радиостанции, в результате чего прерывается передача сообщения, из текста которого остается неясно, подтверждает оно или отменяет предшествующий приказ о нападении на материковую часть России. Несмотря на это, Рэмси настойчиво требует запустить ракеты. Заручившись поддержкой некоторых членов экипажа — включая Коба (Джордж Дзундза), «правую руку» Рэмси, — Хантер поднимает восстание и запирает Рэмси в его каюте. Другие члены экипажа — в том числе лучший друг Хантера лейтенант Питер «Уэпс» Инч (Вигго Мортенсен) — освобождают Рэмси и восстанавливают его ко-

---

персонажи регулярно отрываются от дела, чтобы заняться модными беседами о "Звездном пути", Серебряном Серфере и, — в постмодернистском размахе, — о достоинствах других фильмов про подводные лодки — таких как "Идти тихо, идти глубоко" и "Под нами враг"» [Wrathall 1995: 43–44]. Фрэйзер точно заметил: «Трудно сказать, дополняют или разжижают оригинальный сценарий Майкла Шиффера все эти добавления...» [Frazer Nda].

мандование, которое теперь уже проходит под дулами пистолетов. За несколько минут до того, как Рэмси соберется торпедировать русских, радиоприемник наконец-то будет починен и станет ясно, что приказ заключался в отмене пуска ракет. Представ перед военно-морским судом, оба мужчины получают выговоры за разрыв в цепи командования; Рэмси досрочно уходит на пенсию, предварительно отрекомендовав Хантера к повышению.

Между заголовком фильма и вступительными титрами вымышленная телевизионная новостная передача поначалу ярко живописует неустойчивость новых взаимоотношений России с Западом в середине десятилетия, а затем сразу отдается алармистской фантазии. Корреспондент CNN на французском авианосце (играющий самого себя Ричард Валериани) сообщает, что российский президент отреагировал на восстание в Чечне и соседних республиках Кавказа, отдав приказ о «массированных бомбардировках». Размытые изображения бомб и мертвых тел сменяются изображением президента Клинтона на трибуне, сопровождаемым комментарием репортера: «Потрясенный гибелью людей, президент Соединенных Штатов, к которому присоединились президент Франции и британский премьер-министр, приостановил иностранную помощь России». В ответ на это «ультранационалист» Владимир Радченко «осудил давление США как акт войны против Российской республики и российского суверенитета», а также «осудил своего президента как марионетку США». До этого момента содержание новостей адекватно изображало реальные события середины 1990-х годов: Чеченскую войну, начатую Ельциным в декабре 1994 года, и последующую обеспокоенность Запада возобновившимися в России территориализмом, равнодушием к правам человека, а также фракционной оппозицией руководству Ельцина. В частности, как отметили два критика, Радченко напоминает одного из самых ярых хулителей Ельцина — В. В. Жириновского, который в 1990 году создал Либерально-демократическую партию для противостояния Горбачеву, поддержал переворот 1991 года, а затем выдвинул свою кандидатуру на пост президента, конкурируя сначала с Ельциным, а позже и с Путиным в 2000 году. Если Гэри Камия из «San Francisco Examiner» просто описал Радченко как «безумного персонажа в стиле Жириновского» («Ядерная угроза служит топливом для ловко скроенного подводного саспенс-триллера» [Kamiya 1995]), то критик «Sight and Sound» Джон Рэтхолл, подобно Маслин и Хау, проблематизировал идеологическую манипулятивность фильма: «Русские, конечно, до сих пор остаются подручными злодеями: требуется лишь актуальное упоминание о Чечне и ультранационалистах в духе Жириновского» [Wrathall 1995: 44].

Такое гримасничанье в отношении злодеев фильма, безусловно, уместно, учитывая, что после появления Радченко диктор сразу же озвучивает надуманный повод для новой холодной войны на фоне изображений танков, пожаров, толп, десантников и взрывов. Призыв ультранационалиста ко всем — особенно к армии — присоединиться к нему в восстании вызвал широкомасштабные беспорядки, которые привели к приостановке работы парламента, объявлению военного положения и кризису в правительстве — фактически к гражданской войне в России. Но недостаточно просто обозначить Россию как нестабильное место с фанатичными политиками. Вдобавок Радченко, стремящийся, по всей видимости, к международной войне, захватывает свое правительство и грозит, что «жестокое и лицемерное вмешательство Соединенных Штатов не останется без ответа» — и, конечно же, с помощью своих повстанческих сил сразу захватывает межконтинентальные баллистические ракеты.

Нельзя сказать, что Жириновский — наиболее вероятный прототип Радченко — был безобидной фигурой в российской политике. Будучи ультраправым демагогом, своими дикими провокационными заявлениями он выражал резкую враждебность по отношению к Западу и открыто заявлял, что его приход к власти будет означать диктатуру. Кевин Федарко в своей статье 1993 года «Фарс, с которым нужно считаться» назвал Жириновского «самой сильной оппозиционной фигурой в России», подчеркивая, что его шутовский облик не должен заслонять его политическую смекалку и опасные идеи [Fedarko 1993]. С одной стороны, отмечал Федарко, «его платформа колеблется между дикостью и абсурдом: от призывов к массовым казням до предложения превратить Кремль в круглосуточный развлекательный центр с музеями, ресторанами и барами» [Fedarko 1993][42]; с другой стороны, Федарко обратил внимание на обеспокоенность жителей Запада в отношении вполне гитлеровской способности Жириновского национализировать свои личные обиды и набрать достаточное количество голосов (шесть миллионов), чтобы занять третье место на выборах 1991 года. Тем не менее, сколь бы угрожающей ни казалась такая фигура во время первых свободных выборов в России, к тому времени, когда фильм был запущен в производство, должно было стать очевидно, что, несмотря на возмутительные предвыборные выступления и предложения Жириновского, его собственные намерения участвовать во всех будущих президентских кампаниях вряд ли совместимы с революционной и ядерной повесткой. Спустя десятилетие после выхода фильма «Правда» сообщала, что Жириновский, хотя и держится в рамках как представитель официальной власти, все еще демонстрирует свои старые фокусы (например, драки в парламенте), и заключала: «партия Жириновского в целом придерживалась линии Кремля, несмотря на подчас провокационные заявления и выходки, которые принесли ее лидеру звание клоуна российской политики» [Flamboyant Russian lawmaker 2005]. Действительно, если подозрения некоторых россиян верны, то он является скорее псевдооппозиционной фигурой, финансируемой самим правительством для отвлечения внимания.

И все же, конечно, без Радченко, угрожающего Соединенным Штатам и при этом не обращающего внимания на ожидающее его возмездие, фильму не хватало бы фигуры вымышленного врага. Как бы там ни было, в конце новостного выпуска сценарий дал понять, что российское правительство старается и имеет возможности сдерживать свой внутренний хаос. Но пока «рос-

---

[42] В ходе агитации в универмаге Жириновский пообещал, что в случае своего избрания он снабдит тех, кто голосовал за него, «дешевым нижним бельем»; во время конференции он объяснил свое недовольство евреями их богатством и предложил замену еврейских телеведущих чистокровными русскими.

сийские вооруженные силы пытаются окружить Радченко», Запад стремится сохранить мир во всем мире. Репортаж заканчивается фиктивной кульминацией: «Кризис, который начался на Кавказе, теперь распространился на Дальний Восток и, похоже, превращается в худшее противостояние со времен кубинского ракетного кризиса». Сценарий вновь напомнит об этом ядерном кризисе, послужившем для него моделью, когда Хантер позже сообщит своим людям, что Радченко получил коды запуска ракет: «Последний раз мы ввели чрезвычайное положение тридцать два с половиной года назад, во время кубинского ракетного кризиса».

Вскоре после этого следуют еще два эпизода вымышленных новостных выпусков, задача которых теперь заключается не в том, чтобы быстро ввести зрителя в курс дела, а в том, чтобы усугубить серьезность кризиса и продолжить рекламировать CNN в качестве информационного органа демократии. Вступительный репортаж телеканала CNN плавно перетекает в сцену празднования дня рождения дочери Хантера[43]: многочисленные видеоролики, показывающие российские беспорядки и предупреждающие об угрозе для страны, приковывают его и Уэпса к экрану телевизора. К этому моменту Радченко уже приобрел «повстанческую армию» и угрожает разбомбить не только Соединенные Штаты за их «вмешательство в Чечне», но и Японию. Затем, непосредственно перед совещанием, команда субмарины смотрит телевизионное интервью с Радченко, который выглядит уже не столь маниакально, как в предыдущем ролике CNN; теперь он произносит речь, заявляя: «Если хоть один гражданин России будет убит, то я, став президентом, убью 900 000 ответственных за это людей». На последующий вопрос репортера: «Вы бы использовали ядерное оружие?» — он твердо отвечает «Да». Только в дополнительных кадрах этого интервью, присутству-

---

[43] Как и «Охота за "Красным Октябрем"», «Багровый прилив» впервые показывает своего американского героя в домашних сценах как нормального парня и любящего отца, а затем отправляет его в полностью мужской мир военно-морского флота, живущий по принципу «сделай или умри».

ющих на DVD, объясняется упоминание Японии. В вырезанном из фильма минутном фрагменте мы видим непосредственно безымянную женщину-репортера и Радченко, уже не в рамках трансляции упоминающего Японию в качестве примера воплощения в жизнь своих угроз. «...Я бы вернул Японские острова, — говорит он ей, — это собственность русского народа. Я бы велел нашему флоту плавать вокруг них, и если бы кто-нибудь осмелился выступить против нас, я бы ответил ядерным ударом». Помимо плохого русского акцента исполнителя роли Радченко (Дэниел фон Барген), этот дополнительный диалог фактически противоречит намерению его персонажа бомбить Японию, которое авторы фильма все же посчитали более подходящим, чтобы создать у зрителей ассоциацию с угрозами Жириновского[44]. Кроме того, еще более экспансивный, курящий и постоянно ссылающийся на «русский народ» Радченко в этой сцене мог показаться создателям фильма человечнее, чем это было необходимо[45].

Несмотря на такую примитивную реанимацию призрака советской ядерной угрозы, сценарий (неубедительно) отрицает идею, что Радченко служит аналогом своих соотечественников из предыдущей эпохи. Так, на совещании Рэмси проводит различие между прежними и нынешними злодеями, выражая при этом ту посткоммунистическую ностальгию, которая пронизывает сам сценарий и которая действительно зачастую была

---

[44] Другие воинственные угрозы Жириновского в эти годы в реальности включали возвращение Аляски и сброс радиоактивных отходов на Германию!

[45] На вопрос о причине его популярности в России Радченко отвечает: «Это потому, что я говорю те слова, о которых русские люди знают, что это правда». И эта правда для него заключается в том, что «русских обманули, ими манипулировали, их привели на дно мусорной кучи, а это не то место, где им надлежит быть, и это не то место, где они будут. Я поставлю Россию туда, где ей следует находиться, — на первое место». И по поводу своей готовности убивать 900 000 человек за смерть каждого россиянина он добавляет: «Это серьезные угрозы, которые, надеюсь, я буду в состоянии осуществить». Конечно, даже урезанного интервью, а также первого появления Радченко на телеэкране и реакций на него уже достаточно, чтобы передать ощущение той угрозы, которую он представляет для Запада.

свойственна военным и правительственным кадрам 1990-х годов. «В старые добрые времена холодной войны, — говорит он своей команде, — на русских всегда можно было положиться в том отношении, что они всегда будут действовать в своих собственных интересах. Но этот Радченко играет в совершенно новую игру с совершенно новыми правилами». Новая игра, очевидно, включает в себя игнорирование аспекта гарантированного взаимоуничтожения в ядерной войне, так замечательно высмеянного в «Докторе Стрейнджлаве» и полностью затушеванного здесь — за исключением некоторых упоминаний «ядерного холокоста». Неужели Радченко не знает об этом аспекте? Именно такое ощущение создается, когда на следующий день офицеры «Алабамы» обедают с Рэмси, обсуждая повестку повстанцев. Лейтенант Рой Зиммер (Мэтт Крэйвен) заявляет, что Радченко является «фанатиком <...> [и] потенциальным Гитлером. Кто-то должен просто встать и застрелить его». Этой же агрессивной позиции придерживаются и лейтенант Бобби Догерти (Джеймс Гандольфини) — позже один из самых преданных сторонников Рэмси — и администратор транспортной безопасности Билли Линклеттер (Скотт Беркхолдер), который добавляет, что Радченко является «опасным безумцем <...>, угрожающим ядерной войной». Лейтенант Дэрик Вестергард (Рокки Кэрролл) более сдержанно сравнивает фанатизм Радченко с фанатизмом Паттона, благодаря которому тот стал великим и вошел в историю, на что Уэпс замечает, что Соединенные Штаты — единственная страна, использовавшая атомную бомбу против другой страны (опять Япония!). После того как Дэрик добавляет, что «полдюжины других стран третьего мира» охотно воспользовались бы атомной бомбой для удара по Соединенным Штатам (получается, что Россия здесь выступает как страна третьего мира!), Догерти шутливо бросает ему вызов: «Ты что, коммунист? Тебя заботит, что мы сбросили бомбу на Японию?» Эта забавная смысловая линия, приравнивающая пацифизм к коммунизму, одновременно реанимирует и паранойю о сторонниках «красных», и в то же время дает понять, что Радченко не является коммунистом именно в силу своего намерения уничтожить Японию!

Напротив, одна из сценарных вставок Квентина Тарантино[46] звучит как отголосок предшествовавшей гласности эпохи, что гораздо больше подходит для образа Радченко как искусственно имплантированного в сюжет злодея. В энергичной беседе с уставшим Восслером (Лилло Бранкато — младший), безуспешно пытающимся отремонтировать на субмарине радио, Хантер, мотивируя его, напоминает ему про «Звездный путь»: «Вы помните, как клингоны собирались взорвать “Энтерпрайз”, а капитан Кирк взывал к Скотти: “Мне нужно больше мощности”? Ну так вот, я — капитан Кирк, а вы — Скотти». Позже Хантер использует те же аналогии, призывая Фосслера двигаться быстрее, чтобы предотвратить ядерную войну: «Это капитан Кирк. Мне нужна варп-скорость на этом радио». «Звездный путь», широко известный тем, что смоделировал антагонистов-клингонов по образу «красных», здесь обеспечивает ту же культурную кодификацию ценностей холодной войны, что и упоминания «Звездных войн» в речах Рейгана (например, в 1983 году)[47]. По словам Хау, «и вновь нас просят считать русских клингонами и бояться пылающей угрозы холокоста» [Howe 1995].

Однако в конечном счете вся предварительно сфабрикованная подлость этого ренегата не может скрыть того, что он является просто предлогом или катализатором для гораздо более важной идеологической борьбы между Рэмси и Хантером. Ведь, в отличие от «Охоты за “Красным Октябрем”», «Дела фирмы» и «Русского отдела», чьи западные герои взаимодействуют с реальными русскими (как бы они ни характеризовались — тонко или стереотипно), «Багровый прилив» в своих коллизиях остается внутри-

---

[46] Общепризнанно, что Тарантино ответственен за все киноцитаты в фильме [Wrathall 1995: 44]. Постмодернистская или нет, но сама эта аллюзия на «Звездный путь», безусловно, добавляет в сценарий ощущение искусственно сконструированного постсоветского коммунистического злодея.

[47] В своей работе «Зеркало, зеркало? Политика телевизионной фантастики» Рекс Брайнен отмечает: «Клингоны TOS [из “Звездного пути”] часто казались персонажами из футуристического СССР — ненадежные, стремящиеся к экспансии и запертые в неизбежной борьбе противоположностей с положительной Федерацией за контроль над галактикой» [Brynen 2000].

национальным. Сначала опосредованный телеэкраном, а затем уже лишь упоминаемый время от времени в разговорах, страшный русский здесь постепенно отходит на второй план, уступая место разворачивающейся на субмарине сугубо американской драме. Шаблон, по которому построен образ Радченко, служащий лишь средством перехода к главным героям-американцам, наиболее масштабно представлен в сцене обеда. От обмена других персонажей мнениями относительно войны и бомб сценарий переходит к изображению того, как Рэмси, подкалывая Хантера, пытается выяснить его мнение о ядерной войне. Противостояние, которое приведет к открытому конфликту по поводу запуска ракет, принимает форму в тот момент, когда Рэмси вдохновенно цитирует изречение фон Клаузевица: «Война — это продолжение политики другими средствами»[48], на что Хантер отвечает ему новой интерпретацией этой цитаты, заставляющей капитана задуматься: «В мире атомного оружия истинный враг не может быть уничтожен. <...> Истинный враг — это сама война».

Схематичная поляризация Рэмси и Хантера во всех остальных их столкновениях говорит о том, что они не только являются антагонистами в отношении к ядерной агрессии, но также демонстрируют два противоположных типа американской маскулинности. Рэмси, белый, авторитарный, грубоватый человек действия средних лет, имеющий реальный боевой опыт, представляет традиционную мужественность эпохи холодной войны; молодой, черный, либеральный и культурный Хантер, характеризующийся осмотрительностью и чуткостью, — один из «“новых” людей 1990-х годов» [Jeffords 1994: 176]. Помимо обычного сопоставления мужской потенции с оружием и ракетами, фильм также предлагает в качестве символов столкновения противоположных мужских характеров сигары и жеребцов. Единственное, что у этих героев есть общего, — это выражаемый по-разному патриотизм и верность чести военно-морского флота, которую фильм любопытным об-

---

[48] Если отсылки к «Звездному пути» и другим фильмам приписываются Тарантино, то в отношении цитаты из Клаузевица большинство критиков согласны, что она попала в сценарий благодаря Роберту Тауну.

ходным путем соотносит с футболом — одним из видов спорта, которые Голливуд считает необходимым включать в боевики, (пере-)определяющие американскую мужественность. Так, появляющийся сразу после первого выпуска новостей CNN и сопровождаемый зловещей музыкой красный титр «Багровый прилив» («Crimson Tide») поначалу, кажется, соотносится с опасностью, исходящей от Радченко, с гибелью и разрушением, которыми он угрожает. Тем не менее при внимательном рассмотрении становится понятно, что это название футбольной команды Университета Алабамы, увековеченное в названии субмарины. Кроме того, выясняется, что кличка джек-рассел-терьера Рэмси — Медведь — это прозвище одного из бывших тренеров футбольной команды, Пола «Медведя» Брайанта, а песня, которую моряки поют перед посадкой на субмарину, — «Roll Tide Roll» — гимн всех игр команды «Crimson Tide» [Crimson Tide Trivia IMDb]. Несмотря на ее скрытый характер, функция этой ассоциации футбола с патриотизмом в фильме более традиционна, нежели тема верховой езды, которую Хантер упоминает как свое хобби, и которая становится поводом для разногласий. Рэтхолл, памятуя о «гомосексуальных намеках фильма “Top Gun”», обнаружил, что «в словесных дуэлях Рэмси и Хантера, посвященных размеру сигар и достоинствам черных и белых жеребцов, гомоэротический подтекст если и не совсем выходит на поверхность, то поднимается по крайней мере до уровня запуска ракет» [Wrathall 1995: 44]. Конечно, такой подтекст можно считать данностью, когда речь идет о соперничестве / связи двух мужчин, оказавшихся в полностью мужской среде. И роль Радченко в сюжете напоминает политическую версию того посредничества, которое в романтических драмах или комедиях представляет женщина как объект столкновения двух мужчин: Радченко точно так же частично затушевывает гораздо более сильную эмоциональную вовлеченность мужчин по отношению друг к другу. Однако окраска жеребцов имеет и более глубокое значение.

Хотя расовый признак, очевидно, представляется одним из ключевых в противопоставлении двух мужчин в фильме, он играет гораздо меньшую роль, нежели, например, такие малозаметные контрасты, как разный социальный класс и образование. Похоже, объяснение этому кроется в сценарии, где изначально не было прописано ведущей афроамериканской роли — ведь роль Хантера сперва предлагали таким актерам, как Том Круз, Брэд Питт и Энди Гарсиа [Crimson Tide Trivia IMDb]. Но Маслин только отчасти права, когда утверждает, что Дензела Вашингтона «впихнули в эту безликую роль хорошего парня, которая с тем же успехом подошла бы и Тому Крузу». После того как Вашингтон был выбран на эту роль, кто-то из команды сценаристов, вероятно, решил добавить к уже и так всеобъемлющему антагонизму Рэмси и Хантера еще и намек на расовую напряженность, тем самым придав фильму отличительную особенность, несколько продвигающую его вперед по сравнению с кинематографическими стандартами начала 1990-х годов. Так, во время своей первой встречи, которая по сути является чем-то вроде собеседования при приеме на работу, Рэмси и Хантер с энтузиазмом обсуждают интерес последнего к верховой езде — довольно привилегированное хобби — с точки зрения того, какие лошади лучше. Как и ожидалось, мужчины предпочитают разное: Хантер любит арабских жеребцов, а Рэмси хвалит липиззанцев[49]. Затем, ближе к концу фильма, когда оба на протяжении трех минут ожидают починки радио, Рэмси возвращается к этой теме, говоря, что липиззанцы имеют португальское происхождение, и вызывающе добавляет: «Знаете ли вы, что все они белые?» Выражение лица Хантера и тон, которым он отвечает на эту реплику, подтверждают наличие в вопросе Рэмси расистского намека. Помощник одерживает победу над Рэмси, дважды исправляя его заблуждение и одновременно умудряясь остаться в русле все того же расового подтекста: сами лошади родом из Испании, и все они рождаются темными, становясь белыми только с возрастом. В их последнем диалоге (после суда) Рэмси

---

[49] Вполне логично, что в своей сексистской шутке Рэмси упоминает тех же лошадей, которых он позже будет использовать и для расистских инсинуаций. Сравнивая врожденную интуицию лошадей с интуицией старшеклассниц, «у которых нет мозга, но они знают, что все парни хотят их трахнуть», он проявляет себя одновременно и как белый, и как мужской шовинист.

открыто признается, что был неправ — как может показаться, в отношении ракет. Но затем он добавляет: «Я говорю о лошадях — они действительно из Испании». Мало того, что такой человек, как Рэмси, только таким образом и может признать свою ошибку, но его ответ также завершает фильм подтверждением образованности и силы личности чернокожего — даже несмотря на то, что Рэмси не вспоминает здесь о цвете жеребцов.

Таким образом, тот факт, что победа Хантера выглядит как победа *черного* героя над белым супрематистом, дает «Багровому приливу» дополнительное измерение, которое, по мнению Сьюзен Джеффордс, отсутствовало в первых фильмах десятилетия, в том числе тех, которые непосредственно касались гражданских прав. Как она отмечает,

> исторически <...> в доминирующих культурах США мужественность определяется через белое мужское тело и противопоставляется мужскому телу, имеющему явный расовый оттенок. Боевики 1980-х годов подтверждают эти предположения своими характеристиками героизма, индивидуализма и физической целостности как сосредоточенных в белом теле. И хотя фильмы 1991 года отвергают многие характеристики такого тела — его склонность к насилию, его обособленность, его отсутствие эмоций и его внешность[50] — они все же не оспаривают ни белизны этого тела, ни необходимых ему особенностей внешности [Jeffords 1994: 148].

В то время как, по мнению Джеффордс, некоторые фильмы 1991 года «утверждают, что если человечеству вообще суждено будущее, то оно заключено в сердцах белых людей» [Jeffords 1994: 177], «Багровый прилив» защищает будущее человечества силой сердца и разума именно черного человека. Хотя цвет кожи Хантера, кажется, не сопровождается никакими признаками этнической принадлежности (вероятно, потому, что персонаж

---

[50] Хотя Джеффордс пишет в основном о «крепких телах» начала десятилетия — франшизах «Рокки», «Рэмбо» и «Крепкий орешек», — и сам Джин Хэкмен вряд ли может быть отнесен к этой категории, его Рэмси является олицетворением насилия (ядерного и физического, направленного против своих же людей) и обособленности (его единственный компаньон — собака).

создавался в расчете на белого актера), именно благодаря ему фильм превосходит те более поздние картины, которые намекают на превосходство Америки над Россией в вопросе расовой терпимости или даже настаивают на нем, и в то же время обычно оставляют черных персонажей на втором плане по отношению к белым героям — подобно тому, как они оставляют вторичными по отношению к американцам и русских напарников.

Большинство критиков согласилось с тем, что именно Хантер является настоящим героем, — несмотря на заключение военно-морского суда, согласно которому оба мужчины одновременно были правы и ошибались. В меньшей степени критики пришли к согласию относительно качества характеристик Рэмси. Камия, например, отметил, что «присутствие <...> Хэкмена не может скрыть некоторую шаткость его персонажа. Похоже, что создатели фильма хотят, чтобы Рэмси вел себя в разное время по-разному: иногда он кажется почти маньяком, а иногда выглядит разумным, хотя и эксцентричным офицером» [Kamiya 1995]. Маслин отметила то же самое несоответствие, но с несколько иной точки зрения: «Несмотря на всю поверхностную браваду, фильму не хватает смелости, чтобы сделать Рэмси интересной фигурой. Он скорее высокомерен, нежели зол. Вместо того чтобы казаться опасным, он кажется просто введенным в заблуждение и неправильно понятым и обладает той элитарностью, которая вряд ли вызовет раздражение у читателей Тома Клэнси» [Maslin 1995]. Конечно, то, что Рэмси великодушно предлагает военно-морскому ведомству отдать корабль под командование Хантера, — неожиданно для человека, который еще совсем недавно угрожал застрелить любого члена своего экипажа, лишь бы запустить ракеты. Очевидно, однако, что любой персонаж, способный показаться зрителю чем-то вроде капитана Ахава, «охотящегося на русских, как будто они Моби Дик наших дней» [Null Nd][51], имеет

---

[51] Камия комментирует: «Он ругает команду, начальство и, в целом напоминая капитана Ахава, демонстрирует качества, которые отвратительно видеть в человеке, способном уничтожить весь мир с помощью ключика, который он носит на шее» [Kamiya 1995].

налет злодейства. И — что более тесно связано с российской тематикой фильма, — Рэмси ближе всего оказывается к образу злодея именно в тот момент, когда он, уподобляясь Радченко, разделяет в своем фанатизме неосведомленность русских о последствиях запуска кем бы то ни было ядерной ракеты.

Однако сам фильм скорее играет против своего же сценария, когда в конце показывает еще одну, последнюю трансляцию CNN. Помещенная между драмой раскрытия информации, содержавшейся в прерванном радиосигнале, и сценой военно-морского суда, она весьма поверхностно завершает весь этот двухнедельный кризис, не только дублируя уже полученную из восстановленного текста сообщения информацию («безоговорочная капитуляция всех российских повстанческих вооруженных сил»), но и фактически нивелируя то ощущение угрозы, которое создавали предыдущие новостные выпуски. Тот же самый репортер объявляет, что «перспектива борьбы со своей страной не вдохновила повстанческие войска, и они быстро сдались. И поэтому кризис, который, казалось, грозил перейти точку невозврата, разрешился, унеся жизни менее чем сотни солдат». Монтажный переход от этого доклада к разрешению личного конфликта между Рэмси и Хантером является лишь последним знаком озабоченности фильма тем, что американцы в середине 1990-х годов самоопределяются через противостояние российским полигонам в большей степени, нежели самим русским с их национальной идентичностью. Даже заключительные титры, объясняющие, что после 1996 года капитанам субмарин было запрещено самим принимать решения о запуске ядерных ракет, слабо маскирует манипулирование в сценарии стереотипами русских и их ядерными угрозами, которое призвано лишь стать поводом для американского «боевика / психодрамы» [Null Nd].

Некоторые недавно обнародованные материалы времен холодной войны вводят в «Багровый прилив» некий интригующий поворот, которого сам по себе этот предсказуемый фильм лишен. Архивы, остававшиеся закрытыми до 2002 года, показали, что во время кубинского ракетного кризиса, с особой настойчивостью упоминаемого в первом новостном ролике фильма, один моряк действительно выступил против своего командира, чтобы остановить ядерную атаку, однако это был как раз советский офицер! То, что в наше время видится как эпизод, наиболее близкий к превращению холодной войны в горячую, произошло 27 октября 1962 года, когда один из американских военных кораблей, блокировавших Кубу, оказался «приперт к стенке» и был вынужден обстрелять советскую подводную лодку, оснащенную ядерными боеголовками. Решив запустить ракеты, чтобы поддержать национальную честь, капитан подлодки последовал советскому военно-морскому протоколу, попросив согласия двух других офицеров со своим решением. И если один из них согласился, то другой — им был второй капитан В. А. Архипов — держал противостояние до тех пор, пока не убедил капитана проконсультироваться с Москвой[52], наложившей вето на ответный удар. В ходе трехдневной конференции, проходившей на Кубе в ознаменование сороковой годовщины кризиса, директор Архива национальной безопасности США Томас Блэнтон прокомментировал: «Из этого урока следует, что парень по имени Василий Архипов спас мир»[53]. Очевидно, вопрос, который поднимает эта раскрытая информация, состоит в том, была ли она доступна в 1990-х годах, и если да, то могла ли она повлиять на сценарий Шиффера. И теперь, когда она стала достоянием общественности, почему эта история до сих пор не экранизирована?

Одномерный злодей и «ультранационалист» Радченко из «Багрового прилива» воплощает тот образ врага, который Хофштадтер в книге «Параноидальный стиль американской политики» описывает как фигуру, «не пойманную в сети большого

---

52 Только в 2001 году стало известно, что советские подводные лодки являются ядерными ракетоносцами. См. [Lloyd 2012].

53 Аналогичный инцидент произошел в сентябре 1983 года, когда подполковник С. Е. Петров, командующий диспетчерским пунктом ядерного командного центра, решил, что система, предупредившая об американском запуске пяти ядерных ракет, ошиблась. Не доверяя возможно неисправной технике в центре, он зарегистрировал предупреждение как ложную тревогу и позже получил выговор за неповиновение приказу [Thomas 1998].

механизма истории, но становящуюся жертвой собственного прошлого, собственных желаний, собственных недостатков. Это свободный, активный, демонический агент»[54], символизирующий страшную, всемирного масштаба угрозу, предшественник обезумевших ренегатов из «Самолета президента» и «Миротворца». Однако его роль в повествовании оказывается вторичной и служит главным образом тому, чтобы подчеркнуть значимость более важных агентов — двух противостоящих друг другу американцев[55]. Неслучайно «Багровый прилив» вышел в том самом году, когда бондовская франшиза вернула своего героя к борьбе с «русскими бестиями» — преступниками, а не идеологическими противниками [Osipovich 2004]. Очевидно, к 1995 году первый всплеск дружеского доверия Америки к постсоветскому союзнику значительно ослаб, что вылилось в возвращение к прежним антагонистическим сценариям — хоть и немного модифицированным, но все так же легко узнаваемым.

---

[54] Цит. по [Shcherbenok 2010: 1].

[55] «Миротворец», напротив, выводит боснийского злодея с запутанным прошлым и неоднозначной ролью в истории (см. главу третью).

Глава 3

«Глубокая заморозка»: Надвигается гроза (1997–1999)

Бурные 1990-е годы засвидетельствовали полную неспособность Билла Клинтона и Б. Н. Ельцина реализовать и расширить обещания тех едва намеченных успехов, которые сопровождали сердечные переговоры Горбачева с Рейганом и Бушем[1].

Как заявил в 2001 году директор Института стратегических оценок С. К. Ознобищев, «в начале 1990-х годов <...> Ельцин объявил, что Россия и США являются партнерами, союзниками и даже друзьями. Но, несмотря на такие заявления, американо-российские отношения на протяжении 1990-х годов демонстрировали последовательность только в одном отношении: они постоянно ухудшались». Российские политики и аналитики были жестоко разочарованы тем, что США «пытаются исключить Россию из процесса принятия решений по фундаментальным европейским и международным вопросам», а также тем, что 24 марта 1999 года НАТО осуществило в Косово воздушный удар по Югославии (давнему союзнику России), в котором участво-

---

[1] Несомненно, отчасти эта неудача проистекала из повышенного внимания Клинтона внутренним делам и длительных расследований его сексуальных приключений, которые завершились редким зрелищем президентского импичмента по телевидению (19 декабря 1998 года). Русские, высмеивавшие «пуританскую» реакцию американцев на выходки Клинтона с Полой Джонс и Моникой Левински, восхищались его сексуальной энергией, резко отличавшейся от геронтологической «бесполости» их государственных мужей.

вали США, Германия и Франция[2]. В то же время возобновленная в конце 1999 года печально известная война в Чечне 1994–1996 годов, непоследовательность Ельцина в обеспечении внутренней ратификации внешнеполитических соглашений, его обращение к насилию в процессе преодоления парламентского кризиса 1993 года, его хорошо задокументированное регулярное нетрезвое поведение — все это подпитывало сомнения Америки и сводило на нет ее уверенность в России [Konovalov 2001]. Кроме того, всплеск инвестиционного мошенничества, а также финансовый крах 1998 года, известный как «Черный вторник», уничтоживший многолетние сбережения людей, не только развернули народное мнение России против американских экономических систем и советников, но и подорвали веру правительства Соединенных Штатов в способность России справиться с переходом к экономике западного типа.

Продолжающееся официальное и в значительной степени вербальное одобрение Америкой предполагаемых «реформ» при Ельцине фактически обогатило крошечное преступное меньшинство, в то же время погрузив страну в состояние ежедневных мини-кризисов. Ко всему прочему в 1998 году произошел дефолт по долгам страны, что привело к банкротству множества банков и росту инфляции более чем на 80 % и обрекло бесчисленное множество небогатых россиян на нищету. В глазах российского населения экономическая катастрофа дискредитировала западный «капитализм» и нанесла серьезный ущерб репутации Америки. Независимо от класса, пола и возраста ощущение предательства пронизывало все слои общества: и правительственных чиновников, и интеллигенцию, и среднестатистических прохожих на улице, и необразованные провинциальные

---

[2] Протестующие в Соединенных Штатах сравнили президента Клинтона с Гитлером и сожгли американские флаги, а этнические албанские беженцы, изгнанные из своих домов сербскими войсками и военизированной полицией, бежали в соседние Македонию и Албанию. Удары с воздуха, иногда непреднамеренно попадавшие по мирному населению, и «этническая чистка» закончились лишь с реализацией мирного плана России и НАТО в июне.

массы. Оно нашло гиперболизированное выражение во многих культурных формах, в том числе в статьях, художественной литературе, песнях и фильмах, подвергавших критике как американцев, так и представителей якобы разработанного по американским моделям местного «ускоренного капитализма» — разбогатевших на преступности нуворишей. В уничижительной репрезентации американцев как бездушных вредителей, стремящихся погубить природные и духовные ресурсы России, ни один фильм конца 1990-х не может сравниться с «Сибирским цирюльником» (1998) — самым длинным, тяжеловесным и дорогим проектом Никиты Михалкова. По иронии судьбы, этот 45-миллионный драндулет был частично обеспечен западным, в основном французским, финансированием. Однако он со своим гневом и цветистой риторикой явился ответом на серию американских боевиков, которые вряд ли могли бы еще сильнее оскорбить компетенцию России в области контроля безопасности, а также ее международный авторитет.

«Самолет президента» (1997 год, режиссер Вольфганг Петерсен, Columbia Pictures)

Поставленный Вольфгангом Петерсеном по сценарию Эндрю К. Марлоу «Самолет президента» начинается с очевидной парадигмы комплекса превосходства, отпечаток которой несут все голливудские фильмы конца 1990-х годов, посвященные российско-американским отношениям. От вступительных титров, идущих поверх сцены ночного парашютного десанта на президентский дворец в Казахстане, фильм переходит к сцене банкета в ознаменование российско-американского сотрудничества, проходящего три недели спустя. Объявив об успешном совместном захвате генерала Александра Радека, самопровозглашенного правителя Казахстана, президент России Петров представляет «одного из величайших мировых лидеров и [своего] друга», почетного гостя, президента Джеймса Маршалла (Харрисон Форд) — который сразу же обращается к своим слушателям с речью об этической ответственности[3]. Очевидно, что цивилизованные, просвещенные союзники, присутствующие на банкете, контрастируют с казахским ренегатом, кратко показанным в сцене ночного рейда, а затем описанным как глава режима, убившего 200 000 мужчин, женщин и детей. Но если «хорошие русские» удовлетворены победой над «плохим экс-советским», чей «ядерный арсенал мог привести мир к новой холодной войне», американский президент устанавливает более высокие стандарты: он отвергает поздравления, потому что его страна, недостаточно быстро преодолела «политический интерес» и поступила в соответствии с требованиями морали. «Настоящий мир, — поясняет он, — это не только отсутствие конфликтов, но и наличие справедливости», — после чего клянется никогда не вести переговоры с террористами. Помимо того, что сам Маршалл на голову выше Петрова, он также выше и стандартов международной этики, и поэтому получает аплодисменты аудитории, из уважения слушающей его стоя. Таким образом, уже в первые десять-пятнадцать минут «Самолет президента» одновременно представляет две ключевые для 1990-х годов стратегии репрезентации: с одной стороны, он увековечивает и поддерживает образ СССР времен все той же холодной войны (теперь принявший облик «девиантной» России), а с другой — утверждает американские ценности в качестве мировых стандартов.

---

[3] Хотя основная часть его речи произносится на английском языке, Маршалл приветствует свою аудиторию на русском, развивая свои языковые навыки, которые впоследствии позволят ему выдать себя за одного из террористов. Фактически во всех четырех описываемых здесь фильмах 1997 года у главных героев имеется по крайней мере по одной реплике на русском языке, что повышает их авторитет как экспертов по России; все четыре фильма также стремятся к аутентичности, включая настоящие русские диалоги говорящих между собой «аборигенов». Последнее, впрочем, выполнено непоследовательно, и Роджер Эберт называет этот прием утомительной «подпоркой»: «После нескольких субтитров русский лает на своего подчиненного: “Говори по-английски!”, после чего они продолжают общаться на английском по той единственной причине, что они понимают, где находятся: в американском фильме» [Ebert 1996].

Если в самой фамилии Радека заключен намек на (советский) радикализм, то Маршалл отсылает к правоохранительным органам Дикого Запада, одного из тех мест, где зародилась американская национальная идентичность. И в этом контексте шовинизм фильма приобретает дополнительное измерение в лице Харрисона Форда, исполняющего роль Маршалла, сама фамилия которого значима[4]. Вообще суровое и изначально одинокое противостояние Маршалла террористам, угоняющим его президентский самолет, напоминает дополненный политикой сюжет фильма «Ровно в полдень» (1952) — с тем лишь отличием, что действие здесь происходит на небе. Форд привносит в эту роль свой культовый статус героя-мачо, отождествляемого, в частности, с Ханом Соло, борцом с «империей зла» из «Звездных войн» (1977), и с современным ковбоем Индианой Джонсом из одноименной трилогии Спилберга (1981, 1984, 1989). Сьюзен Джеффордс включает все четыре фильма в число определяющих как в кинематографическом, так и в политическом отношении мужественность эпохи президентства Рейгана — президентства, которое ассоциировалось с ковбойскими ролями самого Рейгана и сопротивлением его администрации коммунистической «империи зла» [Jeffords 1994: 65][5]. Конечно, относительная молодость и откровенное дружелюбие Маршалла, а также его семья — преданная, сообразительная жена и дочь-подросток, — могут вызвать в памяти скорее образ тогдашнего президента Клинтона. Поскольку основная часть фильма посвящена физи-

---

4 Фамилия президента созвучна слову «маршал» (marshal), обозначающему начальника полиции на Диком Западе. — *Примеч. пер.*

5 В книге «Выбор героев: меняющиеся лица американского мужественности» Марк Герзон комментирует прозападные интонации президентства Рейгана: «Опасаясь, что мы теряем контроль над миром, американцы [в 1980 году] отвергли мягкого арахисового фермера и избрали крепкого ковбоя» [Gerzon 1992: 108]. Поскольку международная дипломатия Рейгана все больше и больше полагалась на милитаристские угрозы, сам он заслужил у европейцев, опасавшихся ядерной войны, прозвище «нейтронный ковбой», а среди многочисленных публикаций СМИ о его голливудско-западных ценностях можно найти также жалобу журнала «New Republic» на его «внешнюю политику в стиле Джона Уэйна».

ческой расправе Маршалла над казахскими террористами, становится ясно, что в основе его лидерства лежит способность подкрепить свои слова действиями, то есть вспомнить о военной доблести, которая когда-то принесла ему Медаль почета, и вновь почувствовать себя воином. И в этом качестве Маршалл — о котором его бывший командир говорит: «Он умеет воевать. Если он там, он — наш лучший шанс», — напоминает двух других выдающихся рейгановских «крепкотельных» героев 1980-х годов: ковбоя-правоохранителя Джона Макклейна («Крепкий орешек») и, конечно же, ветерана войны во Вьетнаме Джона Рэмбо.

Но если боевики из циклов «Крепкий орешек» и «Рэмбо» просто конструировали своих героев на основе ценностей крутых рейгановских парней, то сценарий «Самолета президента» делает еще один шаг вперед в уходе от правдоподобия, делая своим главным героем действующего президента! Таким образом, этот фильм предлагает прямой перенос на экран того «стиля президента-мачо», который, по словам Джона Ормана, достиг апогея во время пребывания у власти Рейгана [Orman 1987: 18]. Уже вступительная речь Маршалла знакомит с большей частью тех семи качеств, которые Орман связывает с этим стилем — «конкурентоспособный в политике и жизни; любящий спорт и атлетичный; решительный, никогда не колеблющийся и не сомневающийся; безэмоциональный, никогда не показывающий своих истинных чувств; сильный и агрессивный, свободный от слабостей и пассивности; властный; “настоящий” мужчина, абсолютно чуждый “женственности”» [Orman 1987: 8]. Сцена возвращения Маршалла на самолет добавляет к этому атлетизм, обычно имеющий решающее значение в построении мужественного образа американцев: попав на борт, президент сразу же спрашивает, записал ли ему помощник футбольный матч «Нотр-Дам» — «Мичиган», и, невзирая на сообщение о мобилизации в Ираке, приказывает включить видео, после чего начальник штаба советует ему «заставить их [иракцев] передать мяч». Развивая эту метафору, президент отвечает: «Не сообщайте мне счет. Моя игра». Стопроцентно американский парень, он смотрит записанный на видео матч с банкой пива популярной марки «Бад», после чего быстро и твердо принимает решение отправить боевые подразделения в Ирак. Таким образом, в дополнение к атлетизму, который президент показывает в многочисленных поединках с террористами, фильм метафорически трактует сами международные отношения как подобие спортивной арены, а Америку — как команду родного города. Фактически «Самолет президента» мог бы послужить учебным пособием, демонстрирующим то, что, «подобно войне, спорт как выражение мужественности организован вокруг четырех моментов — поражения, боя, победы и товарищества» [Easthope 1990: 70][6]. Позже, когда злодей говорит вице-президенту: «Я захватил его [Маршалла] жену, его дочь, его начальника штаба, его советника по национальной безопасности, его секретные документы — и его бейсбольную перчатку», — ироничное включение сюда атрибута наиболее значимого для американцев вида спорта подчеркивает подлость антагониста и исходящую от него угрозу родным ценностям. Более того, реакция одного из американских офицеров на эту угрозу вряд ли могла бы быть более очевидной в своем объединении патриотизма, атлетики и мужества: «Черт, никто не сделает этого с Соединенными Штатами. Президент вернет свою бейсбольную перчатку и поиграет шарами этого парня»[7].

«Этот парень», стремящийся заставить Россию и Америку освободить своего коллегу Радека, представляет в фильме в достаточной степени клишированного злодея времен холодной войны, которого президент-герой должен победить. Помимо участия в радековском «подавлении демократии» и восстанов-

---

[6] Русская литература в советский период видела параллель между спортом и идеологией, о чем свидетельствуют многие художественные произведения, включая «Зависть» Ю. К. Олеши (1927) и «Суд идет» А. Д. Синявского (1960), где футбольный матч раскрывает идеологические пристрастия.

[7] Денис Горелов в «Русском телеграфе» не только заметил западную аллюзию, но и посчитал забавным, что в фильме глава государства одновременно оказался ковбоем, пилотом, бейсболистом и диск-жокеем. См. [Горелов 1997]. Стивен Хантер из «The Washington Post» обратил внимание на ковбойские параллели: «Он [президент Маршалл] предупреждает мир о том, что Америка снова вернулась в седло, и в городе появился новый шериф» [Hunter 1995].

лении «старой советской империи под флагом геноцида», Иван Коршунов, так же как и Радек, явно стремится «освободить» Россию посредством искупительного пролития американской крови. Его мечта, как он напыщенно сообщает по телефону вице-президенту, — это день, когда «мать-Россия снова станет одной великой нацией, когда капиталистов вытащат из Кремля и расстреляют на улице, когда наши враги будут убегать и прятаться в страхе при упоминании нашего имени, и когда Америка попросит у нас прощения...»[8]. Когда он наконец впервые сталкивается с Маршаллом в конце фильма, он обвиняет Америку в том, что она инфицировала бывший Советский Союз «выдумкой, которую вы называете свободой — бессмысленной и бесцельной. Вы отдали страну гангстерам и проституткам. Вы все забрали у нас». Хотя антикапитализм и антиамериканизм этого высказывания очевидны (и рифмуются с российскими фильмами того же периода), совсем не ясно, что именно Коршунов подразумевает под «страной» и «нами». К 1997 году Казахстан уже шесть лет был независимым от России государством, и, как отмечает в своей рецензии Джеффри Макнаб, казахский террорист должен «по праву ненавидеть старый коммунистический режим», угнетавший его этническую группу [Macnab 1997: 43]. В свете современной политики триангуляция Америки, России и Казахстана кажется лишь поводом для того, чтобы вновь вселить страхи перед советским рецидивизмом, изобразив революционного и в то же время реакционного фанатика, чье обращение к «матери-России» — наряду с его козлиной бородкой — отдает скорее эпохой Распутина или Ленина, нежели Ельцина.

Эта запутанная политическая мотивация, которую фильм сообщает Коршунову в конце, хорошо согласуется с упрощенной характеристикой террориста, которую он дает себе в попытках самооправдания перед семьей президента. Интересно, что во время первого разговора Коршунова с дочерью Маршалла Элис

---

8 Этот сценарий развития событий является более жестокой и расширенной версией мотивов «Сибирского цирюльника» Никиты Михалкова.

его образ, похоже, претерпел некоторые изменения в сторону гуманизации, но затем все же был резко демонизирован. Коршунов спрашивает ее:

> Вы думаете, что я монстр, потому что я убил этого человека [советника по национальной безопасности]?.. Чей-то отец, чей-то сын. Но я тоже чей-то сын. У меня трое маленьких детей. Знаешь, твой отец, — он ведь тоже убивает <...>. Он плохой человек?.. [Отличие лишь в том, что] он делает это в смокинге с помощью телефонного звонка и крутой бомбы.

Предположение о том, что убийство ради идеи может объединять американского президента и террориста, является провокационным даже в таком специфическом контексте, но затем Коршунов добавляет: «Я бы отвернулся от самого Бога ради матушки-России». Учитывая, что американская идеология почти всегда основана на переплетении патриотизма, семьи и религиозных убеждений, атеистический, просоветский шовинизм Коршунова здесь сводит на нет любые симпатии к нему как к отцу, сыну и личности. Кроме того, фоновой музыкой для «защитной речи» Коршунова служит не что иное, как «Интернационал», который, будучи официальным социалистическим гимном 1918–1994 годов, продолжает путаницу советской и казахской политической идентичности, а также усиливает старомодную ауру этого персонажа, по касательной происходящего в лучшем случае от доктора Живаго. Более того, хотя заключение Элис «ты — чудовище, а мой отец великий человек» кажется вполне подходящим для верной двенадцатилетней дочери, оно также, к сожалению, отражает весьма низкий уровень представляемого фильмом противопоставления двух мужчин. И в этот момент может даже показаться уместным, что Коршунов в исполнении Гэри Олдмана, с его иногда проскальзывающим убедительным русским акцентом, подсознательно напоминает другого монстра, которого актер сыграл в 1992 году в «Дракуле Брэма Стокера» Фрэнсиса Форда Копполы!

Точно так же, когда первая леди со словами «вы только что убили безоружную женщину» возмущается позицией Коршунова, называющего резню на самолете войной, он отвечает ей еще одной «чудовищной» параллелью между террористами и американцами: «Вы, убившие 100 000 иракцев только для того, чтобы сэкономить пять центов на галлоне газа, будете читать мне лекции о правилах войны?» Эта фраза не только исходит из уст оправдывающегося террориста, но и предшествует тому проявлению рефлекторного патриотизма, которое послужит в фильме окончательным опровержением любых подобных инсинуаций в отношении Соединенных Штатов: сомневаясь, какой из пяти проводов — зеленый, красный, желтый, белый или синий — нужно разрезать, чтобы незаметно сбросить топливо с самолета и спровоцировать посадку, Маршалл бормочет: «Я рассчитываю на вас — красный, белый и синий», — обрезая все три. Вскоре после этого в заявлении вице-президента для прессы о том, что «все американцы <...> молятся за безопасность каждого человека на борту президентского самолета», вновь подчеркивается различие между фанатичным советским безбожием и Соединенными Штатами, «одной нацией под Богом».

Хищный ястреб, убийца, фанатик и атеист Коршунов превращается в истеричного хулигана и труса, когда сталкивается с Маршаллом и объясняет, как американское влияние развратило бывший Советский Союз. Пока захваченный президент, руки которого связаны за спиной, стоически хранит молчание, его мучитель избивает его, не прекращая своих декламаций; как только Маршалл освобождается, чтобы перейти в контрнаступление (футбольные термины трудно забыть!), террорист хватает первую леди, чтобы использовать ее в качестве оборонительного щита. В ходе джеймсбондовской разборки, происходящей на пороге грузового отсека, Маршаллу удается побороть, а затем выкинуть запутавшегося в удушающих парашютных канатах Коршунова из самолета, сопровождая свои действия репликой: «Пошел вон с моего самолета!» — звучащей как современный парафраз знаменитого «в этом городе нет места для двоих».

Надо отдать должное «Самолету президента» в том отношении, что, хотя он и прибегает к простейшим стереотипам при создании образа главного злодея, он все же не красит той же кистью правительство Петрова. Так, высказанное в начале фильма предположение о том, что Москва могла помочь террористам добраться до самолета, вскоре отбрасывается, поскольку Петров доказывает, что является верным союзником: он сотрудничает с вице-президентом в деле спасения Маршалла и берет на себя риск освободить Радека по просьбе американского президента (делается это под принуждением, так как Коршунов угрожает убить Элис). Пока Маршалл считается погибшим, Петров говорит, что «пятьдесят [американских] жизней [пассажиров самолета] — ничто в великом деле» защиты миллионов казахов и русских от Радека; но позже он быстро удовлетворяет личную просьбу Маршалла. И при этом его реальная дружба с Маршаллом не является измышлением Голливуда, принимая во внимание такую же близость, сложившуюся между Горбачевым и Бушем в начале 1990-х. В 1991 году Буш даже предупредил Горбачева о заговоре, получив в ответ благодарность от российского лидера за дружеское участие [Oberdorfer 1991, 1998: 453]. Более мягкая версия подобного взаимопонимания возникла между Бушем-младшим и В. В. Путиным, чье культивирование того же самого стиля президента-мачо и самоидентификация с ним (спорт, жесткие высказывания, отказ от эмоций) наводят на мысль о единообразии мужской и политической идентичности во всем мире[9]. Помимо Петрова, который так и остается позитивной, но невнятной фигурой, в фильме также присутствуют два «плохих парня» из Америки: Гиббс, агент-предатель из ЦРУ, напоминающий членов коррумпированной секретной службы в «Деле фирмы», и Уолтер Дин, министр обороны, постоянно оказывающий давление на вице-президента, в конечном счете добиваясь петиции об отставке Маршалла. Дин даже уравновешивает прагматизм Петрова аналогичным комментарием: «Мне неприятно говорить это, но пятьдесят человек — это

---

[9] В этом отношении и Горбачев, и Джимми Картер были теми, кого американцы назвали бы «слабаками» по контрасту с Путиным, чья самопрезентация выдвинула на первый план жесткий «мужской разговор». Анализ путинского мачизма см. в [Goscilo 2012].

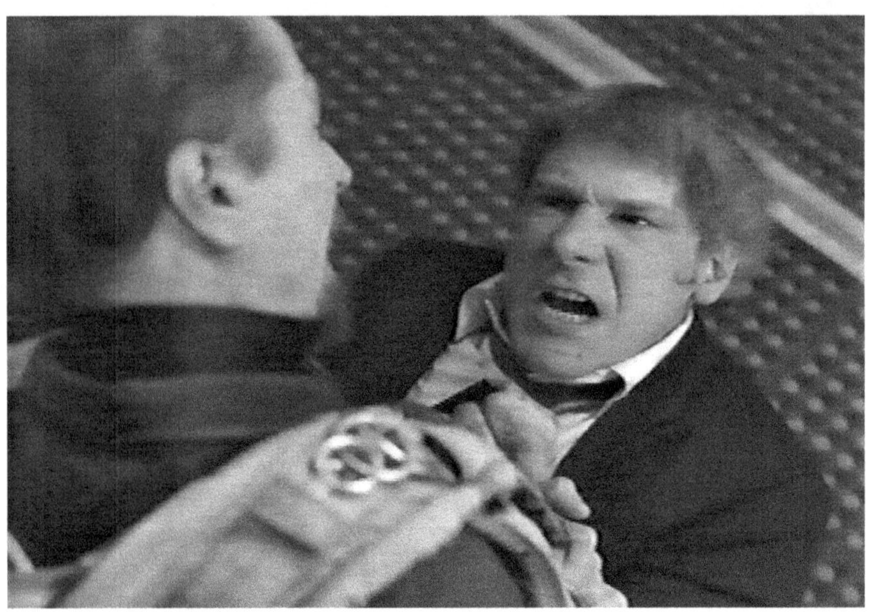

Готовясь выкинуть Коршунова с «борта номер один», Маршалл требует: «Пошел вон с моего самолета!»

небольшая цена за то, чтобы остановить это [освобождение Радека и ядерную угрозу]».

Помимо диегезиса, одно любопытное решение в кастинге связывает хорошего Петрова с плохим Радеком, а также их обоих со злодеем Коршуновым: ни одного из них не играет русский актер. Вместо этого, несмотря на аутентичную московскую обстановку вначале и актеров соответствующих национальностей на второстепенных ролях, американский характерный актер Алан Мур играет Петрова, тогда как соотечественник режиссера и его давний напарник немец Юрген Прохнов играет Радека. Присутствие Олдмана напоминает о традиции времен холодной войны, когда советских и нацистских злодеев изображали англичане, хотя скорее всего, объясняется финансовыми соображениями — необходимостью сбалансировать кассовые сборы, полученные благодаря Форду — что едва ли способен был обеспечить русский актер. Но другие кастинговые решения указывают на отсутствие у создателей фильма стремления к аутентичной репрезентации иностранцев независимо от денег. Более того, в этом контексте российский критик Елена Телингатер, выступившая против показа российского президента «таким карикатурным, что даже в американской прессе высказывались снисходительные упреки», также выразила разочарование тем, что режиссер Вольфганг Петерсен — такой же немец, как и Прохнов, который «наверняка был взращен на американских военных фильмах, где немцы постоянно фигурировали в качестве злодеев», — оказался недостаточно проницательным, чтобы переработать оскорбительные стереотипы, которые никак не подходили к показываемой в фильме реабилитированной России [Телингатер 1997: 4].

В конечном итоге мягкотелая Россия Петрова, связанная с ренегатами — этими регрессивными коммунистами / фашистами в обличии террористов, — выглядит как второсортная держава, в лучшем случае последователь; напротив, несмотря на свою консервативную концепцию семьи, спорта и церкви, Америка проявляет прогрессивность на разных фронтах, поскольку, как и многие фильмы 1990-х годов, реанимирующие советские пугала, «Самолет президента» наделяет свою экранную Америку расовой и гендерной интеграцией в качестве маркеров культурного превосходства. Следовательно, командир в Пентагоне с его верой в Маршалла является афроамериканцем, точно так же, как и находчивая помощница, инициирующая передачу важного факса с самолета. Этой второстепенной героине в сценарии дается реплика, которая одновременно перекликается и с историей иранских заложников при Картере, и со спасением Джоном Рэмбо военнопленных / пропавших без вести в фильме «Рэмбо: Первая кровь 2»[10], и с поддержкой демократичными афроамериканцами Клинтона: «Я так горжусь тем, господин президент, что вы остались с нами. Спасибо».

Между тем, несмотря на то что жена и дочь президента выступают в роли типичных женских персонажей боевика, которых должен спасти герой, они мужественны и смелы в своей конфронтации с Коршуновым, и в конце концов именно Грейс

[10] И, конечно, спасение Маршаллом заложников на борту его собственного самолета повторяет его спасательные миссии во Вьетнаме. Более того, верный «мачистскому духу», его бывший командир заблаговременно дает нам такую информацию: «Он выполнил больше миссий по спасению вертолетов, чем любой другой человек в моем распоряжении».

Маршалл отталкивает пистолет Коршунова, что позволяет ее мужу одолеть террориста у открытой двери самолета. Но самый значительный переворот в гендерной сфере — это изображение замечательной женщины вице-президента Кэтрин Беннетт в убедительном исполнении Гленн Клоуз. Хотя иногда она кажется просто частью «группы поддержки», сопровождающей успехи своего начальника-мачо, и, хотя министр обороны постоянно оспаривает ее решения, используя выражения, которые могут показаться скрытым сексизмом, она все же играет важную роль во взаимодействии с Петровым, кабинетом и прессой. Примечательно, что подлинно вопиющий сексизм исходит только от реакционера Коршунова, который издевается над Кэтрин — в реплике о «вспотевшей шелковой блузке» (шелк, по-видимому, символизирует для него «западный декаданс»: будучи отсталым казахом, он не осознает, что современные женщины-лидеры одеваются для успеха, а не для соблазнения). В этом отношении он также выражает сексуальную угрозу своим обращением с женой и дочерью Маршалла, особенно когда зловеще целует Элис, что создает контраст с тем звонким поцелуем «напарника по команде», которым награждают ее сам Маршалл и его черный помощник.

На технологическом фронте фильм также дает понять, что Америка обладает конкурентным преимуществом, особенно в сфере авиации и вооружений. В начале фильма пресс-секретарь, показывая замаскированным под телеоператоров террористам самолет, описывает кабину пилотов как «самый современный коммуникационный центр на земле и в небесах. Мы могли бы руководить отсюда всей страной — или даже войной, если бы пришлось». И действительно, большая часть войны с терроризмом будет происходить в самом самолете, хотя и не без юмористического решения, подчеркивающего изобретательность янки: общение Маршалла со своим кабинетом будет сведено лишь к одному мобильному телефону, который он найдет в багажном отделении. Другие высокотехнологичные самолеты вступят в игру, когда вице-президент Беннетт прикажет отправить реактивные истребители для защиты президентского самолета от шести казахских «Мигов». Последующее короткое воздушное сражение напоминает «Звездные войны»: Маршалл управляет своим самолетом в стиле Хана Соло, а добро уничтожает силы, стремящиеся восстановить казахскую «империю зла». В грандиозном финале военные осуществляют опасную транспортировку семьи, помощников и самоотверженного президента на другой самолет, носящий название — какое бы вы думали? — «Liberty» («Свобода»)! — в то время как кабинет, пресса и все сочувствующие сходят с ума от радости, а навязчивая, гимнообразная музыкальная тема помогает прочувствовать победу американской родины.

Если большинство американских критиков ответили на такой упрощенный перенос международной политики в сценарий боевика простой насмешкой, то реакция России была явно раздраженной. Елена Телингатер и Денис Горелов — в «Экране и сцене» и «Русском телеграфе» соответственно — упрекали режиссера фильма Вольфганга Петерсена в том, что он отдал должное американскому ура-патриотическому самолюбию. Телингатер спрашивает:

> Неужели он не понимал, что, выдерживая в своем фильме все необходимые квоты политической корректности по отношению к американскому обществу (вице-президент США — женщина, почти все «оригинальные» — по мнению сценариста — решения предлагают негры и так далее), он делает фильм, оскорбляющий другие страны и нации? [Телингатер 1997: 4].

Оба критика также выразили сожаление по поводу очевидной оценки самим тогдашним президентом столь сомнительного проекта. Телингатер скептически отметила, что Клинтон с энтузиазмом пригласил съемочную группу посетить «борт номер один», а Горелов завершил рецензию ироничным комментарием: «Товарищу Клинтону картина очень понравилась» [Горелов 1997]. Но почти единодушное пренебрежение критиков не повлияло на кассовый успех фильма: только за первый уикэнд он принес 37 132 505 долларов, что составило почти половину его предполагаемого бюджета в 85 000 000 долларов [Air Force One Trivia

IMDb]. Его прием в Америке, а затем и за границей показал, что аудиторию не оттолкнуло прямолобое политическое содержание, равно как и то, что зрители еще не устали от клонов Индианы Джонса и Рэмбо. В том же году три других фильма также продемонстрировали нежелание Голливуда отказаться от показа любимых злодеев Америки, но «Самолет президента» с его высокопоставленным надирателем задниц оказался единственным фильмом из этой серии, получившим статус блокбастера.

«Миротворец» (1997 год, режиссер Мими Ледер, DreamWorks SKG)

Выпущенный всего через два месяца после «Самолета президента»[11], «Миротворец» также добавляет в свой рассказ о международном терроризме тему изменений в российско-американских отношениях после холодной войны. Кроме того, этот фильм поразительным образом рифмуется со своими предшественниками в том, как они воплощали национальные и гендерные стереотипы: опять мы видим спасающего всех и вся американского героя-мачо, плохого русского ренегата и символического хорошего русского, а также влиятельную женщину современной постфеминистской эпохи, которая тем не менее играет роль второй скрипки по отношению к мужским мускулам. Однако «Миротворец», снятый по сценарию Майкла Шиффера режиссером Мими Ледер и снабженный субтитрами в сценах русских и боснийских диалогов, предоставляет более аутентичный и более сложный политический фон для американской героики. Кроме того, он также является вариацией более раннего фильма того же Шиффера — «Багрового прилива» (1995), — сюжет которого аналогичным образом по-

---

[11] Премьеры фильмов состоялись 27 июля и 28 сентября соответственно. Первый был создан на «DreamWorks Studio», основанной в октябре 1994 года Стивеном Спилбергом, Джеффри Катценбергом и Дэвидом Геффеном. Снятый по сценарию Майкла Шиффера, «Миротворец» разочаровал создателей, принеся менее 1/3 от выручки «Самолета президента» в первые выходные. См. [The Peacemaker Boxoffice/business ND].

строен вокруг безрассудных поступков двух американцев в ответ на захват ядерного оружия русскими ренегатами.

Вступительные титры фильма наложены на сцену убийства министра парламента в церкви в боснийском городе Пале; ближе к финалу действие фильма вновь перенесется в церковь — уже в Манхэттене (Нью-Йорк), — где человек, стоявший за этим убийством, сам умрет за несколько минут до того, как американской героине удастся обезвредить сложное устройство с боеголовкой, которым он намеревался наказать Соединенные Штаты и Запад за вмешательство в боснийские дела. Помимо указания на чувствительность сценария к международной полемике вокруг бомбардировок Боснии и Герцеговины под руководством США в 1995 году, эти боснийские сцены отодвигают русских плохих парней на второй план: из двух наиболее ярких злодеев, появляющихся в первой сцене, один погибнет в ближайшие нескольких минут, а другой — за полчаса до кульминационной манхэттенской конфронтации. Тем не менее именно российская коррупция и хитрость в этом фильме вооружают боснийского злодея Душана Гаврича (Марчел Юреш), — который появляется в фильме только на сороковой минуте, — ядерным оружием и русской безжалостностью для осуществления его террористического плана. Первое связующее звено, указывающее на общую виновность боснийцев и русских — это плавный переход от долгого залитого синим светом кадра с убийцей боснийского министра к точно так же залитой синим светом ночной сцене на ракетной базе Карталы в Челябинской области, где российские солдаты грузят ядерные ракеты в поезд, отправляющийся в Требинск. Первая звучащая в фильме реплика на русском свидетельствует не только о соблюдении Россией договора 1991 года, известного как переговоры о сокращении стратегических наступательных вооружений (СНВ), но и о возмущении американским влиянием. Офицер с иронией спрашивает своего сержанта: «Наши друзья из СНВ уже дали нам разрешение на нашу работу?» «Да, — отвечает сержант и жалуется: — Я связал себя с армией не для того, чтобы разоружать ее для американцев». На это его начальник терпеливо отвечает: «И никто из нас. Мир меняется. Мы должны меняться вместе с ним». Через несколько секунд становится ясно, что голливудские сценарии также разделяют это сопротивление переменам. В клубах синего тумана, в блестящих черных фашистских сапогах, показанных крупным планом, сопровождаемый зловещей музыкой, шагает другой офицер, которого все называют «товарищ генерал». Вскоре мы узнаем, что оба этих офицера — предатели и преступники, намеревающиеся совершить массовое убийство и украсть ракеты у своих соотечественников.

Как и в «Самолете президента», угон здесь является ключевым моментом. В темноте поезд движется через Уральские горы, и оставшиеся титры возникают на экране под звуки хора, исполняющего боснийское церковное песнопение «Елицы», связанное с восточной православной церковью и, следовательно, с Россией. С идущего по соседнему пути поезда на поезд с ракетами высаживаются угонщики, чьи очки ночного видения, специальные костюмы, защищающие от радиации, и лазерные прицелы придают им сходство с армией роботов Дарта Вейдера. Убив всех спящих солдат, они направляют усеянный трупами состав на другой путь, прямо навстречу приближающемуся поезду, в котором едут гражданские лица. После кражи десятка боеголовок генерал Кодоров (Александр Балуев) хладнокровно убивает своего терзаемого угрызениями совести напарника, чем сразу же утверждает себя в качестве «плохого русского». Наконец угонщики под его командованием запускают одну из боеголовок, уничтожая своих соотечественников и распространяя радиацию по всей Европе. В конце сцены мы видим сельскую пару, которая пытается спастись от надвигающейся лавины огня, после чего камера перемещается в голубую воду бассейна, чтобы представить зрителям героиню фильма — физика-ядерщика из Белого дома доктора Джулию Келли (Николь Кидман). Этот резкий переход от стихии огня к стихии воды также, возможно, метафорически выражает антагонизм между Америкой и взрывоопасной постсоветской Россией.

С этого момента сценарий неоднократно обращается к призраку России образца 1997 года, трактуя его как едва ли заметно

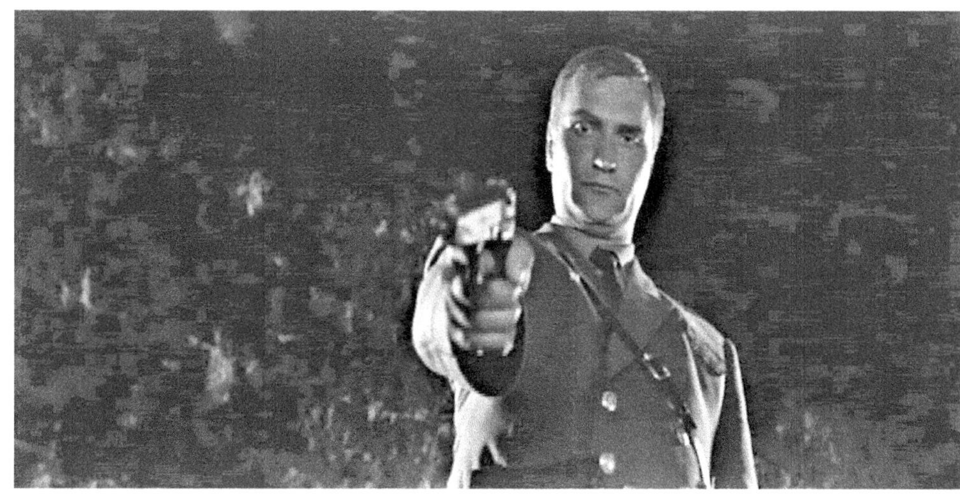

Генерал Кодоров над телом только что убитого им сообщника

более приемлемый, чем ее прошлое ненадежное советское «я», породившее ренегата Кодорова. Сначала один из помощников Келли поднимает вопрос о российском империалистическом оппортунизме, выражая обеспокоенность со стороны Национального военного командного центра Пентагона тем, что «русские воспользуются этим инцидентом для переброски войск в Чечню и Грузию». Хотя Келли отвечает, что это не американская проблема, в фильме вновь подчеркивается тема угнетения Россией Чечни — эту идею выражает последующая гипотеза Келли о том, что ядерный взрыв может быть возмездием националистов за убийство русскими бывшего чеченского лидера. Несколько в ином ключе советник по национальной безопасности шутливо жалуется: «Россия. Что за чертов беспорядок. Боже, я скучаю по холодной войне». Этой фразой, перекликающейся с высказыванием русского сержанта о десоветизации, фильм отражает американскую тенденцию, описанную историками еще в 1989 году. Как отметил Мартин Уокер в своей книге «Холодная война: история» (1994), «я заметил много ностальгии по определенности холодной войны, особенно в дипломатических кругах и кругах национальной безопасности. Холодная война задавала предсказуемые рамки для международных отношений, и СССР был достаточно рациональным ее участником — в отличие от "Аль-Каиды" и террористических организаций»[12].

---

[12] Цит. по [Canfield 2002]. Реплика советника также напоминает ностальгию по определенности холодной войны в «Деле фирмы».

Но высшим выражением обеспокоенности американцев по поводу нестабильности в России эпохи постгласности и по поводу неоспоримого права и необходимости Соединенных Штатов взять на себя ответственность за кризис с угоном поезда является сам герой истории, офицер разведки подполковник Том Дево (Джордж Клуни). Служа связующим звеном между Келли и армией, он впервые появляется на заседании суда, где обсуждаются его расходы во время секретной операции против бывшего агента КГБ. Работая в союзе с «хорошим русским», полковником армии Дмитрием Вертиковым («вертикальный» — как столб, — но прямой ли?), Дево срывает план бывшего агента «продать Ираку излишки боеприпасов [нервно-паралитического газа] на черном рынке». В знак признательности за участие своего союзника в операции Дево покупает для юной дочери Вертикова «Форд Эксплорер», поспешно характеризуя этот поступок как «акт благотворительности». Такое знакомство с героем кратко выражает идею смены десятилетий, сформулированную в реплике Дево о превращении советского шпиона в спекулянта-капиталиста, зарабатывающего на войне. Эта траектория аналогична той, по которой движется Кодоров, — недаром Дево в разговоре с Келли описывает его как «подонка <...>, который за деньги сделает все что угодно». В то же время Дево, очевидно, убежден, что те россияне, которые поддерживают Соединенные Штаты, достойны капиталистических благ, воплощенных в американских автомобилях!

С заседания Дево отправляется прямо на брифинг Келли, где высокомерно прерывает ее, демонстрируя свои познания в российских делах, а затем в поисках информации провоцирует прямое обвинение России. Во-первых, помощник читает Дево правительственный доклад о Кодорове, который недавно выступил с речью, характеризуемой как «в основном националистический шум, оплакивающий потерю империи и отмечающий необходимость единства славянских народов». Помимо того, что этот доклад добавляет к грехам Кодорова лицемерие, он также приводит в действие стереотип пьющего русского, что видно из результатов анализа мочи во время вождения машины в нетрезвом состоянии. Далее, несмотря на то что, по словам помощника, генерал Кодоров находится под следствием и, вероятно, будет обвинен в своей собственной стране, Дево отвергает вероятность порядочности российской администрации, вместо этого выражая типичное для Америки конца 1990-х годов недоверие к предполагаемому союзнику: «Если в этом замешан высокопоставленный российский генерал, любая информация, которую мы получаем из Москвы, либо скомпрометирована, либо является откровенной ложью». Не доверяет он и тем подробностям о ядерной катастрофе, которые русские прислали Келли. В следующей сцене, где Келли и Дево летят в Вену, чтобы встретиться там с Вертиковым, речь Дево, осуждающая научное, а не милитаристское отношение его спутницы к проблеме, демонстрирует ковбойские метафоры в духе «Самолета президента»:

> Вы можете управлять своими диаграммами и теориями, сколько хотите. В полевых условиях вот как это работает: хорошие парни — это мы, и мы преследуем плохих парней, которые не носят черных шляп. Но они все одинаковы: им нужны власть и уважение, и они готовы платить бешеные бабки, чтобы заполучить это.

Лишь изображая боснийского злодея Гаврича, фильм подвергает сомнению точку зрения Дево и в итоге поддерживает утверждение Келли о том, что мотивация некоторых террористов сложнее. Однако для Кодорова он вполне удовлетворяется образом описываемого Дево двухмерного злоумышленника.

Позже Дево вновь открыто обвиняет Россию, но теперь уже не в продажности, а в некомпетентности. Когда Келли передает ему заявление американского президента о том, что ядерный кризис является «российской проблемой, и они сами должны с ним справиться», Дево заявляет: «Нет. У нас сейчас есть преимущество. Мы должны воспользоваться им сейчас. Русские неспособны найти даже чертов снег зимой». То, что представители российских властей почти не появляются в кадре, пока их украденные боеголовки движутся в направлении Ирана и Боснии, говорит о том, что сценарий, безусловно, поддерживает нелестное мнение Дево о них. Единственный раз русские появляются с целью разрешения кризиса в сцене встречи американских и российских солдат, во время которой вертолеты под командованием Дево просят разрешения войти в воздушное пространство Российской Федерации, чтобы забрать российскую боеголовку, и попадают под обстрел. И это появление достаточно показательно: вся сцена создает образ некомпетентных и, вероятно, все еще прокоммунистических русских. В этот критический момент российская империалистическая жестокость всплывает вновь, ибо Дево просит русских солдат разрешить американским вертолетам следовать за боеголовками, потому что «это оружие может направляться в Чечню или Грузию». Смысл этой инициативы Дево (равно как и самой сцены) в том, что, несмотря на подозрительность любого вмешательства России в дела ее бывших союзников, Америка обязана самоотверженно (один вертолет все-таки был сбит русскими!) вмешиваться в дела низших стран, обязана надзирать за всеми, охраняя демократию во всем мире — но особенно в Нью-Йорке.

Но хотя бы в воздушной сцене фильм не сводит образы русских солдат к пьяницам, клоунам или агрессивным убийцам; они — профессионалы, хотя и допускают во время работы обмен дурными шутками (как ни странно, не переведенными в субтитрах). Фактически, за исключением сержанта, критикующего разоружение, все русские солдаты, представленные в фильме и неизменно гибнущие от руки Кодорова, показаны нейтрально, без каких-либо коммунистических или иных зловещих коннотаций, свойственных предшествующей эпохе. С сочувствием показываются и российские гражданские лица, погибшие в результате крушения поезда и ядерного взрыва. В поезде едут уставшие рабочие, кормящая мать и пожилая женщина в косынке — простые люди, жестоко обреченные на гибель дьявольским замыслом Кодорова. Также и в женщине, читающей газету в пассажирском салоне, и во влюбленной паре средних лет, разбуженной крушением поезда, мы не видим никаких связей с прежней или нынешней предосудительной идеологией их страны. Помимо нескольких странных штрихов, показывающих их этническую принадлежность (бабушкина косынка, пассажирский салон, прилюдное кормление грудью) и напоминающих об отсталости России, эти люди выглядят как универсальные образцы невинных жертв. Тем не менее косвенно фильм использует русских, чтобы показать американское моральное превосходство, — не только демонстрируя генерала-отступника, безжалостного и равнодушного к судьбе людей, но и подчеркивая более высокие стандарты Дево: отдавая приказ вертолетам преследовать грузовик Кодорова, он решительно заявляет: «Что бы ни произошло, не стреляйте в гражданских».

В отличие от ценящего человеческие жизни Дево и невинных русских, преследуемый героями Кодоров по пути в Иран убивает каждого на своем пути. К тому времени, когда его грузовик наконец удается обнаружить в Дагестане, якобы всего в нескольких милях от иранской границы, Кодоров умножает свою злодейскую сущность в десятки раз: с шуткой принимая деньги за отправленное в Боснию оружие; угрожая своему боснийскому коллеге; устанавливая знак Красного Креста на своем грузовике, несущем груз смерти; выражая ненависть к нищете беженцев, спасающихся от войны между Арменией и Азербайджаном; убивая своих соотечественников на российском блокпосту и т. д. Однажды он даже принимает позу, вызывающую в памяти нацистов — когда, сложив руки за спиной, одетый в коричневую униформу и с пистолетом на ремне, он стоит спиной к камере, снимающей его с верхней точки, — в этот момент его доминирующая в кадре фигура выглядит олицетворением сил зла[13].

Более того, информация о Кодорове, предоставленная героям в Вене Вертиковым, одновременно передает деспотизм коммунистического общества и подтверждает глубокую коррумпированность генерала. Вертиков говорит Келли и Дево:

---

[13] Сливая воедино советский и нацистский кошмары, фильм напоминает о трактовке злодея в «Рэмбо 3», что, в свою очередь, Стивен Принс сравнивает с тем, как Стивен Спилберг использовал нацистов в своей серии фильмов. См. [Prince 1992: 73–74].

> Алик Кодоров происходит из поколения офицеров, которые выросли в рушащейся системе, [...состоящей из] очередей безработных, грязных маленьких квартир... <...> Кодоров и его друзья были уверены в том, что с ними всего этого не случится. Но эта система дала трещину. Для Кодорова это был выход из положения, его единственный шанс.

Но, что хуже всего, согласно формулам боевика, Кодоров косвенно ответственен за засаду, устроенную по его наводке, а также за убийство Вертикова. Само это столкновение с австрийской мафией помогает Дево продемонстрировать свои джеймсбондовские навыки лихого вождения на венской площади автомобиля (естественно, белого — по контрасту с черным автомобилем злодеев) и добавляет к его неутомимому преследованию русских мотив «мести за умершего приятеля». Критик «Sight and Sound» Энди Медхерст точно охарактеризовал эту сцену:

> Одной из тренировочных груш Клуни является подонок Кодоров, и это говорит о том, что во всей этой неразрешимой неразберихе боснийской ситуации Душана невозможно демонизировать, но зато всегда найдутся надежные демоны-русские, которых можно преследовать и изгонять. Но даже здесь «Миротворец» дистанцируется от дебильного менталитета холодной войны, противопоставляя Кодорову симпатичного Вертикова, чье жестокое убийство для того и совершается, чтобы узаконить большую часть дальнейшего хаоса, спровоцированного США [Medhurst 1997: 50].

Тем не менее важно отметить, что, хотя такое противопоставление является прогрессом по сравнению с голливудским подходом времен холодной войны («единственный хороший русский — мертвый коммунист»), оно все же использует устоявшиеся стереотипы наряду с более просвещенными характеристиками[14].

---

[14] Такая компенсаторная симуляция — обычная уловка расистских сценариев. В своей книге «Плохие арабы на экране: как Голливуд унижает людей» Джек Шахин комментирует поддержку режиссером Эдвардом Цвиком

Конечно, жанр диктует, чтобы между американским героем и русским плохим парнем в финале состоялась дуэль, поэтому в фильме Дево приводит сидящего в грузовике Кодорова в бешенство, позвонив ему по телефону и пытаясь запугать его угрозами насильственной смерти. Затем, приближая жестокий финал, который злодей карикатурно старался заслужить на всем протяжении фильма, Дево эффектно спускается с небес на вертолетном канате, чтобы сразиться с Кодоровым на грузовике, висящем на краю моста. Естественно, Кодоров дерется подло, пытаясь задушить Дево канатом, бьет его ногами в тот момент, когда тот падает, и, наконец, умирая, изрыгает окровавленными губами проклятие «Мать твою!»

Самое поразительное в той сцене, когда Дево вторгается в российское воздушное пространство, чтобы заполучить Кодорова и боеголовки, — это то, что он должен получить на это разрешение Келли; тем самым сценарий наделяет ее бо́льшими полномочиями в ходе их совместной работы в американском командном центре в Турции. Тем не менее до того, как они начнут притираться друг к другу, недооценка героем своего босса-женщины вкупе с пренебрежительным отношением к русским символизируют типичное для большинства нарративов объединение американского мужского и национального шовинизма, поскольку, в отличие от «Самолета президента», приписывающего сексизм только российскому злодею (вспомним его издевательства над шелковой блузкой вице-президента), «Миротво-

---

арабских стереотипов в фильме «Осада» (1998): «Посмотрев, как экранные арабские террористы убивают более 700 жителей Нью-Йорка, я [Шахин] сказал, что некоторые зрители могут решить, что арабо-американцам самое место в [концентрационных] лагерях». Сам Цвик говорил о наличии в фильме баланса, указав на то, что актер Тони Шелхауб сыграл достойного арабо-американского агента ФБР. «Этот хороший парень Цвика напомнил мне о том, как раньше продюсеры пытались оправдать враждебные описания американских индейцев. Изображая в фильмах диких индейцев, убивающих поселенцев, они претендуют на баланс на том основании, что в то же время упоминают Тонто» [спутника Одинокого Рейнджера, «положительного индейца» в американском фольклоре. — *Примеч. пер.*] [Shaheen 2001: 430, 17].

рец» вводит в свой интернациональный экшен-триллер тему битвы полов. Не то чтобы он упускал возможность обсудить проблему русского сексизма: напротив, единственный введенный в историю экс-советский представитель власти — это чиновник, у которого Келли запрашивает информацию и которому она вынуждена сказать: «Это *я* — тот, кто за все отвечает. Я подчиняюсь непосредственно президенту». Но фильм вводит *американскую* гендерную побочную линию уже в третьей сцене с Келли, когда она оговаривает, что контактирующий с ней военный должен быть «готов получать приказы от женщины» — и, разумеется, ее объединение с Дево сразу же приводит к столкновению, потому что он, конечно же, намерен предугадывать ее приказы или узурпировать ее власть. Разумеется, фильм часто подает высокомерие Дево как типичное поведение старого вояки, не доверяющего либеральной и тем более пацифистской неопытности (его речь о плохих и хороших парнях начинается со слов: «Когда бы вы были моим боссом более двух недель, вы бы знали [что все просто]»). Это напоминает аналогичную оппозицию солдата и интеллектуала-пацифиста, созданную Шиффером в «Багровом приливе» между капитаном Рэмси (Джин Хэкмен) и коммандер-лейтенантом Роном Хантером (Дензел Вашингтон). В самом деле, Келли вполне подошла бы ключевая фраза Хантера из того фильма: «В ядерном мире главный враг — это сама война».

Но, сделав противниками представителей противоположного пола, Шиффер предпочел отказаться от неуместных намеков на сексуальное напряжение и наделил Келли качествами современной женщины-профессионала. Следовательно, по сценарию Дево периодически подвергается мелким унижениям. Например, Келли ставит его на место, когда он ожидает, что она приготовит ему кофе; в другом случае она демонстрирует знание русского языка, вопреки его уверенности, что она не может его знать; или когда он смущается от хитрого комментария Вертикова: «Красивая женщина с докторской степенью. Вы играете не в своей лиге»; наконец, когда Дево объявляет, что он только что говорил с председателем Объединенного комитета начальников штабов — а Келли сообщает (как раньше сообщала российскому чиновнику-сексисту), что она уже успела посовещаться с президентом. Кроме того, Келли интуитивно чувствует связь между боснийским убийством и похищенными боеголовками, догадывается о смысле аббревиатуры «44E», осознает тайные мотивы некоторых террористов, а также точно определяет место, где Гаврич захочет использовать боеголовку. И, конечно, именно ее опыт спасает их обоих и весь Нью-Йорк от ядерного взрыва. Аналогичным образом, в самой последней сцене — в том же бассейне, где мы видели Келли в первый раз, — она выныривает из воды и приветствует снятого с ее позиции Дево спокойной фразой «Ну как, ты заработал новые медали?» (он их заработал), — а также заранее догадывается о его намерении пригласить ее выпить, поскольку они напарники, сумевшие пережить свою миссию. Отнюдь не спеша броситься в его объятия, она решает сначала закончить десятый круг в бассейне и, под финальную фразу Дево «я подожду», как истинная свободная женщина 1990-х, делает то, что собиралась делать.

В то же время нельзя отрицать, что Келли, общаясь с Дево, становится более «милитаризированной» — в те моменты, когда она, как кажется, готова признать, что убивать врагов — это нормально. Например, когда Келли просит президента разрешить Дево войти в воздушное пространство другой страны, а он спрашивает ее, готова ли она начать войну, остановив грузовик с боеголовками, она без колебаний отвечает: «Да, сэр, да». В конце, когда снайпер никак не может решиться выстрелить в Гаврича из-за находящейся рядом с ним семьи, она, вслед за Дево, нетерпеливо приказывает ему: «Пристрели его. Сделай выстрел». Подобная перемена вполне согласуется с военной метафорой, которой ее непосредственный начальник Эпплтон ранее сопроводил свой приказ возложить на Келли ответственность за разрешение ядерного кризиса: «Я дам вам и вашей команде карт-бланш [то есть доверю вам контроль]». Таким образом, в некоторой степени милитаризм Дево охватывает женщину, до этого приходившую в ужас от учиненного им насилия над венским мафиози и плакавшую при известии о гибели американского вертолетного экипажа.

Но фильм, похоже, стремится уравновесить ситуацию и сделать более человечным свой ходячий «символ мужественного солдата», поскольку образ типичного мачо Дево, которого Клуни играет с обычной для него самоуверенностью, тоже претерпевает изменения. Дево оплакивает Вертикова, постепенно начинает уважать чуткость Келли к насилию и заметно нервничает, когда оставшееся на обезвреживание боеголовки время стремительно сокращается. Ближе к концу фильма именно интуиция Келли приводит героев в церковь на Манхэттене, где скрывается Гаврич. Независимо от того, предполагает ли «Миротворец», что в основе американской национальной безопасности лежит дополняющее друг друга взаимодействие воинских навыков и навыков интеллектуальных, интуитивных, или авторам просто потребовалась двухминутная романтическая кода после взрыва, но фильм все же отходит от некоторых привычных и старомодных голливудских гендерных линий. Подтверждая статус героини несколько двусмысленным образом, он вызывает в памяти комментарий российского критика Толшигатор по поводу «Самолета президента», а именно: что приверженность Голливуда политкорректности никогда не выходит за пределы внутреннего контекста и не распространяется на международные, и особенно российско-американские, отношения. Более того, как и в «Самолете президента», гендерный баланс сопровождается здесь расовым равенством, поскольку два афроамериканских персонажа служат делу защиты своей очевидно избавившейся от расовых предрассудков нации: лейтенант Бич (Майкл Боутмен), прекрасно поддерживающий миссию Келли и Дево в турецком командном центре, а затем черная женщина — офицер полиции Нью-Йорка (Адина Портер), которая точно указывает, что Гаврич вылетел в Соединенные Штаты. В обоих фильмах американские медиа, воплощенные CNN, позволяют героям — Маршаллу и Келли соответственно — получить важную информацию, помогающую им победить злодеев; но выпуски новостей CNN выглядят тут достаточно значительными, чтобы служить, ко всему прочему, метонимией свободы прессы в Америке и справедливыми распространителями капиталистического, демократического дискурса Америки по всему миру[15]. Позитивно представленная в трех фильмах 1990-х годов, такая зависимость Америки от средств массовой информации в конечном итоге выльется в национальную ответственность в сатирической картине «15 минут славы» (2001).

В конечном итоге все это подводит нас к фигуре Душана Гаврича, боснийского злодея, играющего ключевую роль в сюжете, но являющегося более сложным персонажем, чем откровенно плохой Кодоров или хороший Вертиков. Первый раз Гаврич появляется в роли сентиментального пианиста, дающего урок музыки молодой девушке в своем доме; одновременно он с тревогой ожидает боеголовку, которую купил через посредника у Кодорова. Последующие сцены, раскрывающие его намерения занять место убитого министра в международных мирных переговорах на Манхэттене, вызывают к нему сочувствие, несмотря на все его мрачные планы: ведь он добр со всеми своими сотрудниками, посещает кладбище во время унылого дождя, как будто выражающего его горе от бессмысленной насильственной смерти его жены и дочери. Объясняя в видеозаписи свой мотив для взрыва ядерного устройства на Манхэттене, он на крупном плане спокойно произносит свое провокационное заявление: «Я серб, я хорват, я мусульманин. <...> Правда в том, что я не монстр. Я человек. Я такой же, как вы, нравится вам это или нет». Если «Самолет президента» ставил вопрос о зверствах Коршунова с единственной целью полностью его дегуманизировать, «Миротворец», напротив, выглядит более искренним, отказываясь с легкостью признавать экстремистов чудовищами. Сценарий по сути поддерживает самовосприятие Гаврича до такой степени, что позволяет ему выступить с задевающей за живое речью против вмешательства Запада в балканские дела:

> Кто поставлял <...> хорватские танки, снаряды мусульманской артиллерии, убивающие наших сыновей и дочерей? Именно правительства Запада нарисовали границы нашей страны, иногда чернилами, иногда кровью, кровью наших людей. А те-

[15] Согласно IMDb, вымышленные выпуски новостей CNN были сняты в реальной студии CNN в Лос-Анджелесе.

> перь вы отправляете своих миротворцев, чтобы снова переписать нашу судьбу. <...> Мы не можем принять этот мир, который оставляет нам только боль — боль, которую нужно заставить почувствовать миротворцев.

Нетипичный террорист, он заканчивает свою речь фразой: «Пусть Бог помилует всех нас». Некоторое сочувствие он продолжает вызывать у зрителя даже после прибытия в Нью-Йорк: он не бросает раненого соратника, он уводит из церкви детей и священника, в его воспоминаниях улицы Нью-Йорка монтируются с его родными улицами, на которых в хаосе гражданской войны погибли жена и дочь. В какой-то момент ему даже кажется, что он несет свою мертвую дочь по родным улицам. Кроме того, сама его убежденность о том, что он должен бороться с насилием и злом с помощью дальнейшего насилия, делает его похожим на Дево. Наиболее ярко это проявляется в сцене, где Дево приказывает снайперу стрелять в боснийца, несмотря на то что Гаврича заслоняет проходящая мимо прямо по линии огня семья — муж, жена и дочь. И как только Келли повторяет команду, все трое — она, Дево и Гаврич — оказываются связаны друг с другом как морально неоднозначные миротворцы, совершающие насилие, чтобы предотвратить еще худшее насилие.

Помимо неоднозначного Гаврича, сосуществующего в фильме с одномерным Кодоровым, в нем также представлена довольно обширная сеть зла, включающая в число иностранных угроз Соединенным Штатам короткие, но наводящие на размышления отсылки к Ближнему Востоку. В конце концов, все боеголовки, кроме одной, отправляются в Иран. Вдобавок ученый, который разбирает оружие, чтобы сделать его портативным, — это доктор Эмир Тараки, пакистанец, имеющий докторскую степень Гарварда в области астрофизики. Его послужной список Дево комментирует так: «Это верно. Мы обучили половину террористов мира». Наряду с существенно усложненной характеристикой Гаврича, эта современная трактовка заставляет выглядеть обращение фильма к традиционному злодею былых времен — злому русскому уму — еще более странно реакционным.

Своим затушеванным представлением балканского злодея в сочетании с гораздо глубже осознанной, чем обычно, политической обстановкой, «Миротворец», безусловно, выделялся на фоне других фильмов о России середины-конца 1990-х годов, даже если его русским персонажам и не стало лучше от этой изощренности. В числе благодарных критиков был Медхерст, который описал фильм как «стремящийся <...> смешать ласкающие слух взрывы и погони с искренней попыткой разобраться в недавних и теперешних трагедиях в Восточной Европе». Хотя Медхерст пришел к выводу, что такая двоякая цель сделала фильм «шизофреничным», он все же посчитал эту неудачу благородной, назвав «Миротворца» «одним из самых интригующих голливудских фильмов года», поскольку он, «по крайней мере, пытается расширить кругозор кинематографа, вводя небольшое усложнение в традиционно примитивный жанр» [Medhurst 1997: 50]. Медхерст также отметил эволюцию гендерной темы, поскольку «гибкая визуальная динамика» этого фильма опровергла «утомительные истины киноиндустрии о неспособности женщин справляться с боевиками» [Medhurst 1997: 50]. В отличие от него, Дэвид Энсен, которому, напротив, не понравились эти небольшие отклонения фильма от канонов жанра, одновременно раскритиковал «Миротворца» и за то, что он «не сломал шаблон» жанра боевика. Похвалив фильм за «довольно стильное заполнение квоты бездумного экшена», он все же отметил, что авторы зря посчитали его «умным»: «Ледер пытается привнести чувство скорби в жанр, занятый исключительно подсчетом трупов, и *эти вещи совершенно несовместимы*» [курсив мой] [Ansen 1997: 71]. Именно неодномерный злодей и «попытки придать [ему] трагическую глубину» показались Энсену самым «поверхностным» решением фильма, совершенно напрасно пытающимся украсить этот экшен-триллер.

В то время как большинство американских критиков разносили актерское мастерство и имидж Клуни, а многие находили Кидман слишком гламурной для роли ученого, подбор исполнителей на роли русских был на самом деле более интересным.

В отличие от «Самолета президента», где злодеев играли британские актеры, Кодорова здесь сыграл известный русский актер Александр Балуев (позже он выступит в отрицательной роли в «Олигархе» Павла Лунгина в 2002 году). Но «Миротворец» также отчасти повторил жонглирование национальностями из более ранних фильмов — вызывающего симпатию Вертикова сыграл немец Армин Мюллер-Шталь. Хотя, возможно, на этот выбор повлияли статус звезды и продаваемость актера в Германии и России, Мюллер-Шталь все же кажется странным исключением в этом в целом весьма разборчивом в отношении кастинга фильме.

И «Самолет президента», и «Миротворец» лишь на словах внесли свой вклад в улучшение отношений между Америкой и реформированной Россией, заложив традицию нового скептицизма в отношении бывшего врага, которая сохранится в конце 1990-х годов и в новом столетии. Если отбросить хаотичность его перехода к новой идеологии и новому обществу, угроза бывшего Советского Союза в этих двух фильмах сохраняется в форме локального империализма, фанатичных фракций, ненадежного ядерного оружия и капиталистической эксплуатации. В отношении моральных стандартов, международного статуса, компетенции, моделей мужественности и социального прогресса Соединенные Штаты явно выигрывают на этом исключительно голливудском судилище.

Два других фильма 1997 года, создающих уничижительный образ России и русских, — на этот раз с бóльшим акцентом на капиталистическую коррупцию, — также оказались в числе худших фильмов года, а возможно — и десятилетия. Если «Самолет президента» по крайней мере преуспел в плане кассовой выручки, а «Миротворец» завоевал некоторое признание кинокритики, то «Шакал» и «Святой», повсеместно раскритикованные, заняли противоположный полюс, вскоре заслуженно погрузившись в забвение из-за смехотворных предпосылок своих сюжетов, отчасти обусловленных опорой на стереотипы русскости.

«Шакал» (1997 год, режиссер Майкл Кейтон-Джонс, Alphaville Films)

Если в «Самолете президента» и «Миротворце» российско-американское сотрудничество было номинальным, то в «Шакале» Майкла Кейтона-Джонса оно становится реальным и составляет основу сюжета фильма. «Шакал» стал ремейком выдающегося политического триллера Фреда Циннемана «День шакала» (1973), поставленного по одноименной книге Фредерика Форсайта (1971). В оригинальном фильме французская и британская полиции стремились захватить совершенного убийцу, нанятого правой организацией, чтобы убить Де Голля; в версии же 1997 года агенты ФБР и МВД совместно преследуют убийцу-контрактника, нанятого русской мафией с целью застрелить американскую первую леди. Зная только кодовое имя наемника (Шакал), российско-американская команда заручается поддержкой находящегося в тюрьме снайпера ИРА и его бывшей любовницы, баскской сепаратистки, — только они двое были знакомы с убийцей несколько лет назад и теперь могут его идентифицировать. К этому взаимодействию представителей четырех разных стран фильм добавляет расовую и гендерную проблематику, делая главного агента ФБР афроамериканцем, а офицера МВД и баскскую террористку — женщинами. По сравнению с романом Форсайта и экшен-триллером Циннемана, рассказывавшими лишь о «белых парнях», «Шакал» преуспевает в вопросе социального равенства, однако теряет почти во всем остальном — и в сюжетной логике, и в характеристиках персонажей, и в диалоге, и в действии, и, конечно же, в репрезентации постсоветской России.

Представленная на экране в сжатом виде под вступительные титры российская история с 1917 по 1990-е годы задает для всего фильма как место действия, так и общий тон для дальнейшего показа страны как источника зла. Сопровождаемые хоровой музыкой[16], вскоре перерастающей в какофонию, черно-белые

---

[16] Эта уже третья ассоциация России с хором поразительна, но ее, вероятно, можно объяснить ассоциацией совместного пения с советским акцентом на коллектив.

образы угнетения и угрозы — Ленин, казаки, Сталин, механистично марширующие солдаты, колонны бронетехники, — достигают кульминации в снятых в 1989 году цветных кадрах разрушения Берлинской стены, показанных под аккомпанемент наставления Рейгана: «Мистер Горбачев, разрушьте стену». Затем быстро сменяют друг друга кадры с беспорядками, Горбачевым, Ельциным, жестокостью полиции и пачками долларов, — по мере того как закадровый голос западного репортера усиливает ощущение полного переворота: «...конец советской империи и ее семидесятилетнего эксперимента с коммунизмом [принесли] широкое распространение коррупции и экономические беды, фактически приведшие к взрыву преступности». Эта сцена с титрами показалась Кейтону-Джонсу интересным способом представить «природу истории», которую он описывает как «ФБР, помогающее российским властям подстроиться под вестернизацию России» [Caton-Jones 2008][17]. «Грохочущая, почти индустриальная музыка, — добавляет он, — должна была задавать тон, [чтобы создать] ощущение беспокойства». Если эта увертюра, упрощенно сводящая историю огромного государства двадцатого века к циклу насилия, коррупции и угнетения, напоминает подход канала MTV к русской культуре, то такое сходство вовсе не случайно: к работе над монтажом Кейтон-Джонс привлек лондонский коллектив, специализирующийся на рекламе и поп-видео, а рок-группа «Massive Attack» написала музыкальное сопровождение. «Очень довольному» тем, как эти «забавные титры» создают и «мини-историю», и ощущение беспокойства, режиссеру больше нечего было сказать о России — ни здесь, ни в остальной части фильма. Более того, когда в первой сцене ФБР и МВД совместно осуществляют надзор над московским ночным

---

[17] Рут Стейн, писавшей о фильме в «The San Francisco Chronicle», монтаж показался «первым свидетельством запутанной концепции “Шакала”, — с его изображениями Сталина, Ленина и устаревших советских военных парадов, предвещающими грядущее зло. Но [сюжетные] механизмы “Шакала” построены на постсоветском преступном мире, а не на этих старых символах» [Stein 1997].

клубом, мы на самом деле видим на экране улицу в Хельсинки, дополненную наложенным на заднем плане изображением собора Василия Блаженного, который представляет русскую столицу [Caton-Jones 2008].

Почему именно ФБР оказалось в Москве и почему оно помогает внутренним российским правоохранительным органам — вопрос, который задавали многие рецензенты, правда, лишь для того, чтобы отделаться от этой предпосылки как от первой из бесчисленных нелепиц, наполняющих сценарий. Конечно, в экстрадиегетическом плане этот сюжетный ход можно объяснить предыдущими фильмами — «Самолетом президента» и «Миротворцем», — где американские лидеры уже покровительствовали голливудской России. Заместитель директора ФБР Картер Престон (Сидни Пуатье) всегда оказывается поблизости, и даже невероятным образом отдает приказы местной милиции — ведь его опыт в идентификации ДНК может помочь его коллеге, майору Валентине Козловой (Дайан Венора), обвинить российского мафиози Газзи Мурада (Равиля Исьянова) в убийстве мэра. Как обычно, национальные черты здесь выглядят полными противоположностями, и если бы в фильме присутствовал аналогичный уничижительный монтаж американской истории, то он мог бы легко включить такие позорные для нации эпизоды, как суды над ведьмами, Ку-клукс-клан, Уотергейт и избиение полицией Родни Кинга. С одной стороны, то, как Газзи прибывает в огромном лимузине, как приятель встречает его с шампанским и полураздетыми женщинами, а также целая серия его оскобительных реплик, обращенных к Козловой («Что? Нет отката на этой неделе? Чертова рыночная экономика!», «Отсоси, дорогая», «Ты теперь трахаешься с американцами, уродливая милицейская шлюха?», «Ты, шлюха со шрамом»), — все это мгновенно представляет зрителю его как «нового русского», а саму Москву — как очаг неокапиталистического упадка, коррупции в милиции, присутствия мафии и чрезмерного сексизма. С другой стороны, достойное поведение Престона косвенно подразумевает не только превосходство Америки в науке, но и преодоление ею расизма[18]. И, конечно, Пуатье идеален для этой роли как один из первых афроамериканских актеров, получивших признание и известность в 1960-х годах и впоследствии ставших символом преуспевания черных. Далее в этой сцене Престон прерывает оскорбления Газзи в адрес Козловой, а затем заверяет ее в том, что она правильно поступила, застрелив напавшего на нее преступника, — хотя по сути все это создает не столько контраст между Престоном и женоненавистником Газзи[19], сколько ощущение того, что Престон, наслаждаясь своим американским патернализмом, попросту наставляет и без того умную русскую женщину.

После этой драматической коллизии действие фильма переносится в Хельсинки, где приятель Газзи сообщает Тереку Мураду (Дэвид Хейман) о смерти его брата. Разумеется, Терек — суровый, зловещий и хладнокровный главный злодей фильма (с неизменной лысиной), — принимает новости плохо. Спросив своего приспешника, сколько милиционеров он убил, и поняв, что тот не смог не только предотвратить смерть Газзи, но даже отомстить за нее, он врубает ему в голову топор. На тот случай, если вдруг кто-то не понял его намека, он объясняет свой поступок присутствующим, произнося слова на английском языке с мелодраматичным псевдорусским акцентом: «Я любил этого человека как брата. <...> И я не рад этому. Но пораскиньте мозгами, если я сделал это с тем, кого люблю, то что тогда я сделаю

---

18 Престон здесь также проговаривает одну реплику на русском языке, рассказывая Газзи о том, как ФБР помогло с расшифровкой ДНК. По логике Брюс Уиллис должен был бы говорить с Тереком Мурадом по-русски (с субтитрами) на протяжении всей их встречи, но Кейтон-Джонс решил, что у него «не может быть сцены, где на протяжении двух минут они говорят исключительно по-русски» — очевидно, из-за чувствительности аудитории или отсутствия у нее навыков чтения субтитров. Поэтому Уиллис тоже произносит только одну реплику, требуя перейти к делу.

19 Газзи быстро переключается на Престона как на подходящего противника (тоже мужчину), дразня его «его женщинами» так же, как Шакал позже дразнит Малкуина неспособностью защитить «своих женщин». Посреди ожесточенных воплей «Иди ты к черту» Газзи кричит: «Клянусь, я убью тебя и твоих гребаных мамочек!» и «Возьми свою суку и убирайся отсюда!»

с тем, кого ненавижу?» С учетом того, как всего за несколько минут до этого Газзи издевался над Престоном («Это не Чикаго, а Россия!»), возникает ощущение, что русская мафия все же наконец догнала своих американских предшественников — фраза Терека любопытно перекликается с похожей репликой Аль Капоне из «Неприкасаемых» Брайана Де Пальмы (1987). К тому же сам Терек выглядит продолжением целой вереницы театрально коварных тиранов-мегаломанов «Спектра» и «СМЕРШа» из серии о Джеймсе Бонде. В следующей сцене, где он нанимает Шакала, чтобы тот помог ему в войне с ФБР, он продолжает свою цветистую риторику: «МВД убило моего брата. Поэтому я хочу, чтобы они утонули в собственной крови. Но их союзники — в Америке, и я хочу отправить им послание. Здоровенное послание. Я хочу нанести удар им прямо в мозг». Наконец, учитывая предрасположенность Голливуда к наделению незападных граждан склонностью к примитивному насилию и беспричинному расизму (последним, к примеру, сценарист Чак Пфаррер «наградил» арабских злодеев в фильме «Морские котики», 1990)[20], следует также отметить, что сами имена Газзи и Терека Мурадовых отсылают не к самой России, а к некоему ее азиатскому региону, возможно Чечне[21].

В отличие от Кодорова, фигура которого периодически реанимируется в «Миротворце» чтобы удерживать в поле зрительского внимания тему российской коррупции, Терек исчезает сразу же после заключения контракта на убийство американской ВИП-персоны. Будучи нанимателем, он продолжает присутствовать в фигуре своего киллера, который, будучи инструментом русской мафии, становится гораздо более выраженной злодейской фигурой, чем действующий во Франции наемник из ори-

---

[20] Джек Шахин включает фильм «Морские котики» в свой список худших примеров издевательства над арабами в кино [Shaheen 2001: 550]. По крайней мере, «Шакал» не продолжает те безостановочные этнические оскорбления с использованием ненормативной лексики, из-за которых Шахин подверг критике первый сценарий Пфаррера (которого он ошибочно идентифицирует как всего лишь консультанта в фильме).

[21] В самом деле, через центр Чечни протекает река под названием Терек.

гинального фильма Циннемана. Принимая во внимание, что первый Шакал (Эдвард Фокс) был бесстрастным профессионалом, обладающим и обаянием, и ловкостью, стрелок Пфаррера, напротив, хоть и искусен в маскировке, но эгоистичен и совершенно не презентабелен — исполняющий его роль Брюс Уиллис то делает каменное лицо, то изображает самодовольство[22]. Кроме того, он наслаждается садистскими играми в «кошки-мышки» с теми, кто оказывается в его власти: калечит и затем взрывает эксперта по оружию Яна Ламонта, издевается над подстреленной им умирающей Козловой, рисуя на ее щеке сердечко ее собственной кровью[23], а также цинично использует девочку-подростка в вашингтонском метро, чтобы уйти от преследования. Но тогда, по сути, этот Шакал может быть только подлецом, поскольку он фокусирует в себе всю гнусность русского Терека — точно так же, как в российских фильмах той эпохи низменные американские черты были сфокусированы в образах «новых русских» (см. главу четвертую).

---

[22] Деталь, показывающая снижение образа Шакала 1997 года по отношению к наглому и упоенному властью Шакалу 1973 года, — это название его лодки: «Наглый шалун». Драган Антулов различал двух Шакалов следующим образом: «В оригинальном [фильме] был интригующий протагонист — эффективный, умелый и эмоционально отстраненный убийца, который даже стал чем-то вроде героя для аудитории начала 1970-х годов, выступавшей против истеблишмента. В 1990-х годах киллер стал отъявленным психом-монстром; несмотря на все обаяние и талант Брюса Уиллиса, вряд ли кто-то сможет симпатизировать этому персонажу» [Antulov 2004a]. Мэри Энн Йохансон также похвалила этого сыгранного Уиллисом «непростительно плохого, <...> шокирующе хладнокровного убийцу — его внезапно леденеющий взгляд выглядит сногсшибательно» [Johanson 1998]. Напротив, Кеннет Туран из «Los Angeles Times» отметил, что Уиллис «часто путает крутизну с сонливостью» [Turan 1997b], в то время как Уэйд Мэйджор обвинил актера в одной из слабостей сценариста: «К счастью, неутомимый парад глупых костюмов Уиллиса и отчаянные попытки передать угрозу выглядят скорее китчево, чем круто, придавая фильму по крайней мере непреднамеренный комизм в те моменты, когда он мог бы стать невыносимо скучным» [Major Nd].

[23] По словам Кейтона-Джонса, Брюс Уиллис сам предложил эту деталь в качестве характеристики своего персонажа.

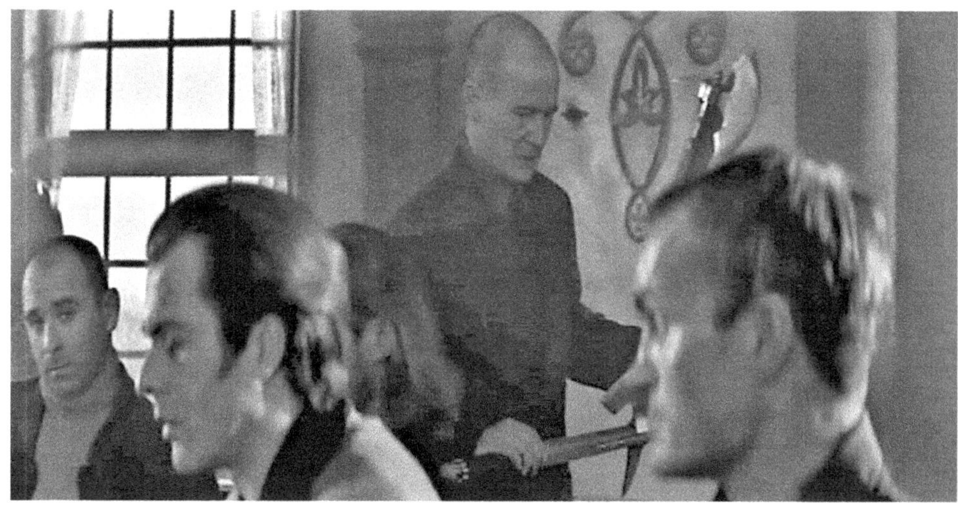

Терек намеревается зарубить топором разочаровавшего его приспешника, чтобы преподать другим урок

Резкий переход от сцены убийства топором к крупному плану гиены одновременно и метафорически говорит о звериной жестокости Терека, и косвенно представляет зрителю Шакала. По мере того как становится понятно, что изображение гиены является частью телепередачи о дикой природе, которую смотрит пока еще неизвестный нам мужчина (Брюс Уиллис), голос телевизионного диктора делает эту тематическую связь очевидной: «В отличие от других, менее хитрых хищников, гиена не идет на риск: она никогда не атакует, если не уверена в том, что убьет свою жертву. Хотя гиена и является совершенным убийцей, она явно не джентльмен». Во время этой фразы в комнату входит Терек, но вскоре именно тот, другой человек раскрывает свою хищную натуру, соглашаясь убить ВИП-персону, показанную ему Тереком на фотографии (саму фотографию при этом актеры не показывают зрителю, чтобы сначала держать его в напряжении, а затем повести по неверному пути). Оба одеты в черное, оба коварны, они очевидно два сапога пара, хотя только через несколько сцен, когда Козлова раскроет кодовое имя Шакала, этот визуальный мост между двумя персонажами будет полностью достроен. В дальнейшем Терек переместится на периферию сюжета, его будут часто упоминать, но он останется невидимым. Несмотря на то что в следующей же сцене, происходящей в Москве спустя две недели, Козлова сообщит, что Терек выполнил свои угрожающие обещания (уничтожение семи сотрудников МВД), именно Шакал, за которым фильм визуально следует сначала в аэропорту Хельсинки, а затем в Лондоне, начинает осуществление «более драматичного» плана мести Терека. Позже, когда в Америке успехи Шакала начинают понемногу сходить на нет, систематически пресекаясь стратегиями его преследователей, Козлова инспирирует более энергичное преследование киллера, тем самым выявляя собственную ментальную связь с Тереком: «Терек всегда считал убийство вопросом чести, поэтому он совершает свои преступления публично и с обилием крови. Если хотите, это утверждение. Так что если он нанял кого-то еще, то очевидно, что к этому делу он относится очень серьезно». Несомненно, план Шакала убить первую леди дистанционно управляемым устройством, похожим на пушку и выстреливающим 100 патронов за нескольких секунд, квалифицируются как продолжение жестокого *modus operandi* Терека. (Как и история с расшифровкой ДНК, этот план также свидетельствует об обычной западной манере демонстрировать собственные достижения в области высоких технологий, на фоне которых российские методы Терека, убивающего топором, выглядят еще примитивнее.) Если в последние минуты фильма Терек восстанавливает себя в правах в качестве главного злодея, то это происходит только потому, что его альтер-эго Шакал уже мертв и похоронен. В сцене на кладбище на размышления Престона об истинной личности уничтоженного ими убийцы его коллега из ИРА Деклан Малкуин (Ричард Гир) отвечает репликой, кратко формулирующей трактовку «плохих русских» во всех фильмах конца 1990-х годов: «Мы знаем все, что нам нужно: он был злодеем и он мертв, его больше нет. Остальное не имеет значения». После чего Престон заявляет, что собирается вернуться в Россию, где «останется до тех пор, пока Терек Мурад не сгниет в тюрьме или в могиле», заплатив за все совершенное им зло, включая убийство Козловой.

Клишированное, мелодраматичное зло (плохое только потому, что оно зло) Пфаррер приписывает русской мафии и ее представителю — убийце, и это выглядит еще более проблематичным на фоне сочувственного изображения персонажей, которые обычно сами квалифицируются как злодеи, — западноевропейских террористов. Фильм начинается с клише: сидящий в тюрьме ирландец Малкуин выглядит квази-аналогией Ганнибала Лектера — такого же находящегося в заключении злоумышленника, который оказывается единственным, кто может помочь ФБР идентифицировать и поймать другого, менее симпатичного преступника. Первому же появлению Малкуина предшествует напоминание о том, что он, «в конце концов, террорист»; когда Малкуин появляется на экране, Престон называет его «известным убийцей британских правительственных чиновников», а другой агент ФБР добавляет: «...не говоря уже обо всех женщинах и детях, которых [он], вероятно, взорвал». Но Малкуин своеобразно защищается от этих инсинуаций, проводя весьма сомнительное различие: он был снайпером, «а не бомбистом». На это Козлова отвечает, что она не видит большой разницы, — ведь он тоже лишал жизни людей. Однако, Малкуин настаивает, что он просто солдат, заслуживающий того, чтобы покинуть американскую тюрьму и вернуться к себе домой в Ирландию. «Посмотрите, — бросает он вызов Козловой, — даже в России солдаты возвращаются домой, когда мирный договор подписан, не так ли?» *Даже в России* — как будто ее страна уже никогда не сможет соответствовать цивилизованным стандартам западноевропейских государств, несмотря на наличие собственных проблем с террористами! На деле точно такой же политический террорист, как и Коршунов в «Самолете президента», Малкуин тем не менее не похож на монстра; он быстро превращается в порядочного и благородного человека, который умеет держать свое слово и способен ценить человеческую жизнь, а к середине фильма вообще становится «хорошим парнем», типичным героем боевика, имеющим свой личный мотив преследовать Шакала: ведь несколько лет назад тот напал на его беременную возлюбленную Изабеллу Зингаро (Матильда Мэй) и стал причиной гибели их нерожденного ребенка. Поначалу имевший дело в основном с Престоном, Малкуин вскоре одерживает победу над ранее равнодушной к нему Козловой — в тот момент, когда он, чтобы доказать, что у него нет оружия, задирает свою рубашку, невольно демонстрируя следы пыток, которые иронично называет «следами британского гостеприимства» и которые проводят параллель между его британскими похитителями и русскими следователями. Эти политические стигматы, конечно, героизируют Малкуина[24] и становятся способом его легитимизации как положительного персонажа. После этого вопрос о моральном облике ирландского снайпера больше не ставится[25] — он становится гораздо менее страшным, чем нанятый русскими убийца, к тому же именно его навыки позволяют обезвредить хитроумную пушку Шакала. Изабелла являет собой такое же чудо реабилитации: она живет в пригороде полноценной жизнью американской жены и матери (хотя и незаконно), при этом умудряясь сохранять свою подготовку бывшей баскской террористки, позволяющую ей в конце фильма застрелить Шакала.

Помимо очернения российских и связанных с Россией преступников и одновременной «санобработки» западных террористов, Пфаррер припасает несколько деталей, продолжающих поддерживать показанный во вступительной сцене монтажный образ развращенной страны. Так, еще в Москве Козлова сообщает своим коллегам из ФБР и МВД, что в 1980-х годах Шакал был тем, кого называют «актив КГБ», — оперативником, известным в то время тем, что для коммунистов совершил «одну бомбардировку и четыре убийства с применением огнестрельного оружия».

---

[24] Как удачно выразилась Рут Стейн, «Показывая дружелюбие лепрекона, Гир играет <...> самого симпатичного террориста ИРА со времен Брэда Питта в фильме “Собственность дьявола” (ирландский акцент Гира даже более убедителен)» [Stein 1997]. Хотя некоторые другие рецензенты сочли этот акцент проблематичным, никто не забыл упомянуть благородные аспекты характеристики Малкуина.

[25] В своем обзоре за 2004 год Антулов, отметив использование в фильме русских в качестве «надежных голливудских злодеев», прокомментировал: «Принуждение британской, испанской (и американской — после трагедии 11 сентября) аудитории принимать террористов в качестве героев является наименьшей из проблем этого фильма». Ссылаясь на менее связанные с идеологией недостатки, он перечисляет их: «показ технологии “крутых взрывов”, громкий саундтрек, пиротехника, “застающие врасплох” сюжетные повороты и самые раздражающие клише, позаимствованные у Голливуда», худшими из которых являются идиотские персонажи (Antulov 2004a).

То, что подобная беспощадность в советском духе сохраняется в России после холодной войны, следует и из параллели между Тереком и КГБ, и из настойчивых уверений одного из офицеров Козловой, считающего, что МВД должно быть «готово проводить допросы [захваченного члена мафии] с максимальной эффективностью». В контрасте между кивком Козловой и репликой Престона «Вряд ли я хотел бы знать, что вы имеете в виду» содержится лицемерный намек на то, что американские силы никогда не опускаются до грубых методов по отношению к своим врагам или заключенным[26]. В конце концов, когда в Америке международная команда обнаруживает утечку информации, российский посол выражает только недовольство из-за того, что нарушен его дипломатический иммунитет, а виновником, естественно, становится российский полковник Болитонов, немедленно отправленный обратно в Москву, где ему грозит некое «наказание», которое он хорошо себе представляет.

И все же может показаться, что образ майора Козловой, на протяжении большей части фильма позитивный, несмотря на ее связи с КГБ в прошлом, — в значительной степени уравновешивает всю эту трепку, которую фильм задает России. Несомненно сильная, смелая и способная женщина, она проводит беседы и инструктажи энергично и с умом, бросая вызовы как русским (Газзи Мураду или российскому послу), так и западным персонажам (Малкуину, директору ФБР Брауну), командует мужчинами (агентами ФБР) и — что необычно — успешно спасает жизни двух мужчин: Престона в Москве и Малкуина в Чикаго на стоянке яхт. В контексте женских прав ей даже удается сделать то, что фильм «Миротворец» сохранил для своего главного героя, а именно — пофилософствовать на тему американских «хороших парней». Зрителю это передается «из

---

[26] Оказывается, это означает, что «допрос при помощи наркотиков <...> совершенно законен в вопросах государственной безопасности», что может показаться не так уж плохо, пока офицер не обнаружит, что допрашиваемый умер от недиагностированного сердечного приступа. Такая кажущаяся «невинность» с американской стороны выглядит еще более неискренней после скандалов с допросами в Ираке последних лет.

вторых рук», когда Престон рассказывает Малкуину ее историю: «Насколько мне известно, майор Козлова заканчивает споры о женщинах в бою». Престон также хвалит ее за убийство Терека, хотя ей было известно, что «она тем самым вынесла себе смертный приговор. Когда мы предложили укрыть ее где-нибудь до тех пор, пока все это не закончится, знаете, что она сказала? <...> “Хорошие парни не прячутся”!»

Возможно, скрытая покровительственность этого мужского одобрения (а также ответа Малкуина: «Лютая женщина!») становится более очевидной после того, как Престон добавляет короткую реплику с вопиющей националистической пропагандой: «В этой стране, под этой системой — просто поразительно!» Как и малкуиновское «даже в России», эта реплика подразумевает, что родина Козловой является худшим из всех возможных миров — в данном случае для женщин, полностью лишенных прав. Но на самом деле, как показано в монтажном прологе, где женщины также принимают участие в красных парадах, переход России к коммунизму не только затрагивал женские права, но и способствовал активизации женщин в гораздо большей степени, чем ее одобряло американское правительство в том же десятилетии. К 1917 году Ленин назначил феминистку-большевичку А. М. Коллонтай на должность комиссара общественного благосостояния; в 1918 году новый закон легитимизировал разводы, а другой установил бесплатную госпитализацию в случаях материнства; в 1920 году Россия стала первой европейской страной, легализовавшей аборт. Сам Ленин считал важным освободить русскую женщину от ее положения «домашнего раба, растрачивающего себя на варварски непродуктивную, ничтожную, нервную и губительную тяжелую работу»[27]. Конечно, как и другие идеалы коммунизма, права женщин быстро утратили актуальность в 1930-х годах при Сталине, когда пренебрежение к женщине снова вернулось — теперь прикрытое идеей псевдоравенства и общими нечеловеческими условиями жизни. Русские женщины, к 1940-м годам составлявшие поло-

[27] Цит. по [Anderson, Zinsser 1988: 299–300].

вину рабочей силы страны, теперь продолжали свою домашнюю рутину уже наряду с общей для всех рабочей повинностью; как до, так и после эпохи гласности они не занимали высоких постов в Коммунистической партии и продолжали увязать в женоненавистнической культуре. Однако это была всего лишь частная, коммунистическая версия общего для всего мира жестокого обращения с женщинами как с гражданами второго сорта. Так, в Соединенных Штатах, приняв участие в трудовой экономике Второй мировой войны, женщины снова превратились в домохозяек, когда солдаты вернулись с фронта. Хотя американское женское правозащитное движение, возникшее в 1960-е годы, не исчезнувшее впоследствии и приведшее к глубоким и продолжительным гендерным реформам, намного превзошло российский социалистический феминизм 1920-х годов, намек Шакала на погруженную во мрак, монолитно сексистскую Россию, безусловно, является примером американской пропаганды, особенно оскорбительной, если учесть связанное с гендером принижение фигуры Козловой в самом фильме.

Если «Миротворец» вызвал скептицизм некоторых критиков из-за того, что роль ученого-ядерщика сыграла Николь Кидман, то в «Шакале» выбор на роль майора Козловой подчеркнуто негламурной Дайан Веноры оказался близок к тем стереотипам, которые связывают идеи женской свободы с непривлекательными, мужеподобными женщинами. Согласно устоявшимся голливудским гендерным конвенциям, грубая стрижка Козловой, ее неухоженные брови, явное отсутствие макияжа, однообразная униформа, суровые манеры и сам язык тела (включающий интенсивное курение папирос) являются частями общего замысла наделить ее характерными чертами буча — такого же, каким была ее предшественница, русская буч Роза Клебб (Лотте Ленья) в фильме «Из России с любовью» 1963 года. Более того, шрам на лице Козловой, свидетельствующий о ее профессиональном опыте, в рамках голливудского кодекса уменьшает ее женственность обратно пропорционально тому, как шрамы на теле Малкуина повышают его мужество. Так, разговаривая с майором после встречи с Изабеллой, Малкуин спрашивает, есть ли у нее

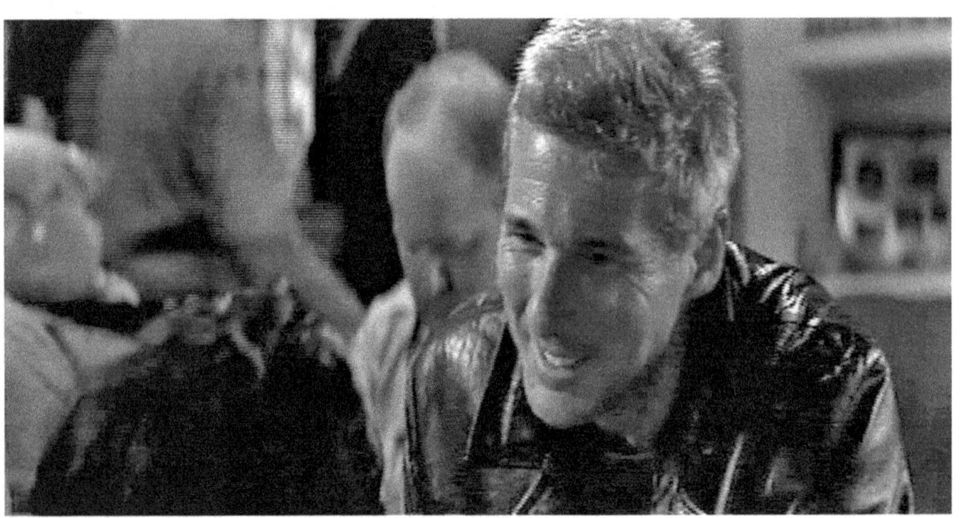

Момент нежности между Малкуином и Козловой перед ее смертью

муж и дети, на что она сначала отвечает: «У меня не было на это времени», а затем признается: «По правде, все это никогда меня не беспокоило. Это [указывая на шрам] — не то качество, которое мужчина ищет в женщине». Примечательно, что сценарий заставил Малкуина неловко промолчать. И хотя многие критики оказались более рассудительными, чем экранные мужчины, посчитав Козлову Веноры лучшим, что есть в фильме[28], последовательно маскулиноцентричная визуальная кодировка Голливуда, очевидно, подразумевала, что этот женский персонаж — лишь «вторая скрипка» на фоне более традиционно привлекательной Изабеллы (которая тоже является «крутой брюнеткой», однако выглядит гораздо более женственно из-за своих волнистых волос,

[28] Несмотря на свою проницательность в отношении голливудских стереотипов относительно русских, Антулов, похоже, принял визуальное кодирование женщин без скептицизма, хотя в приведенной ниже цитате слово «теряется» указывает на понимание им традиционных манипуляций с женщинами в фильме: «Дайан Венора, впустую сыгравшая роль крутой русской женщины-копа, <...> убедительна, но ее персонаж, сыгранный недостаточно привлекательной актрисой [!], теряется на фоне персонажа, которого сыграла <...> визуально более привлекательная Матильда Мэй». См. [Antulov 2004a]. Другие рецензенты только хвалили Венору. Йохансон считала ее «достойной того, чтобы посмотреть фильм», Уэйд Мэйджор назвал ее «единственным персонажем фильма, чудесным образом откапывающим пафос и достоинство из болота бессмыслицы». См. в [Johanson 1998]. Туран прокомментировал в более общем плане: «...Венора, как всегда, привносит нечто неожиданное в роль российского офицера разведки <...>» [Turan 1997b].

сережек, одежды, общей мягкости в эмоциональные моменты и т. д.). В довесок к тому, что замужняя Изабелла до конца остается романтическим интересом Малкуина, в фильме также есть намеки на возможность безответной нежности Козловой по отношению к Малкуину. Наиболее ярко она выражена в тот момент, когда Козлова, умирая, поглаживает его щеку — в то время как сам Малкуин выражает лишь горе по поводу ее смерти.

Подобно тому как сочетание гендерных и антисоветских конвенций приводит к ослаблению впечатляющего образа Козловой, ее редукция до женщины, нуждающейся в мужской защите и преисполненной чувства мести, пересекает национальные границы и ставит ее на один уровень с баскской террористкой Изабеллой и американской первой леди[29] как объектами мачистского состязания между Шакалом и Малкуином. Смертельно ранив Козлову выстрелом, Шакал садистски рассказывает ей, как долго она еще сможет протянуть, а также добавляет: «Если ты перед смертью успеешь повидаться с Малкуином, скажи ему, что ему не удастся защитить своих женщин». Если раньше Малкуину казалось, что целью Шакала является директор ФБР, то теперь, посмотрев по телевизору интервью Ларри Кинга с первой леди[30], он прозревает и догадывается, что на самом деле эта насмешка убийцы касается не только Козловой и Изабеллы, но и простирается намного дальше, предрекая покушение на первую леди. Этот вызов, как говорит Малкуин Престону, касается «любой женщины, всех женщин». Конечно, можно утверждать, что такая сексистская виктимизация женственности происходит не от сценариста, а от самих персонажей — Шакала и Терека, — однако и другие элементы повествования также подталкивают женских

---

[29] Несколько критиков, в том числе Роджер Эберт, отметили сходство первой леди с реальной первой леди 1997 года, Хиллари Родэм Клинтон, — ассоциация, которая явно добавит образу России злодейства в самом сердце нарратива. См. в [Ebert 1997].

[30] Так же как в «Самолете президента» и «Миротворце», телевидение играет здесь роль в подчеркивании важности миссии американской стороны. По словам Кейтона-Джонса, Кинг и Харпер импровизировали большую часть интервью [Caton-Jones 2008].

персонажей к встраиванию в маскулинную субординацию. В конце концов, едва успев появиться на экране, Малкуин сразу же произносит типичную мантру боевика — «Это наше с ним личное дело», — намекая на то, что Изабелла и Козлова (и даже патерналистская по отношению к нему фигура афроамериканского ментора) являются просто посредниками между героем и злодеем. Затем, когда Малкуин и Шакал смотрят друг на друга (сначала на стоянке яхт, затем в метро), серия сменяющих друг друга сверхкрупных планов их лиц напоминает о разборках белых парней-мачо в вестернах Серджо Леоне, возвращая этот на первый взгляд полностью ревизионистский ремейк прямо к культурному контексту романа Форсайта и его первой экранизации. В конце концов, несмотря на то что Изабелла, выстрелив в Шакала, спасает жизнь Малкуина, именно второй выстрел, произведенный самим Малкуином, добивает еще не умершего «плохого парня»[31]. И сам фильм заканчивается тоже в стандартно маскулинном стиле, когда двое мужчин-приятелей — Престон и Малкуин — закрывают дело и произносят последние слова.

Хотя Пфаррер явно был зависим от сценария первой экранизации, написанного Кеннетом Россом непосредственно по роману Форсайта, его собственная фильмография проливает некоторый свет на то, чем на самом деле является его «Шакал» 1997 года. После антиарабских «Морских котиков» Пфаррер написал сценарии триллера «Человек тьмы» (1990), посвященного темам поиска человека и мести; боевика «Трудная мишень» (1993) с Жан-Клодом Ван Даммом в роли мускулистого героя; видеоигры с субмаринами «Silent Steel» (1995), где в качестве одной из угроз для американского командира выступает российская подводная лодка; и, наконец, картины «Не называй меня малышкой» (1996) про заимствованную из комиксов охотницу за головами. Примечательно, что он также продолжил сюжет «Шакала» в серии комиксов для издательства «Dark Horse Comics», которая послу-

---

[31] Пфаррер не смог устоять перед превратившимся в клише кратковременным воскрешением на первый взгляд мертвого монстра (ср. с фильмами «Терминатор», «Роковое влечение», серией фильмов «Хэллоуин» и т. д.).

жила основой сценария фильма «Вирус», написанного в соавторстве с Деннисом Фельдманом, — научно-фантастического хоррора 1999 года, напряженность которого частично основывается на слиянии образов русских и смертоносной инопланетной силы! Хотя «Шакал» Пфаррера и Кейтона-Джонса в итоге не убедил критиков и зрителей своими упрощенными формулами, его авторы удачно воспользовались общим разочарованием Америки в России эпохи постгласности. В то же время фильм достаточно ярко продемонстрировал, что в 1990-е годы некоторые голливудские авторы не только по-прежнему полагались на сюжеты времен холодной войны, но даже не чувствовали никакого стыда, представляя их на уровне комиксов.

«Святой» (1997 год, режиссер Филип Нойс, Paramount Pictures)

Создатели «Самолета президента», «Миротворца» и «Шакала», в отличие от других западных кинематографистов[32], не воспользовались новой возможностью провести съемки непосредственно в России, предпочтя вместо этого соорудить несколько псевдорусских декораций, а затем перенести действие в другое место. В «Святом» (1997), напротив, по крайней мере половина действия фильма происходит в Москве, а в актерский состав и съемочную группу включено множество русских. Если добавить к этому участие опытного режиссера и сценариста Рустама Ибрагимбекова (р. 1939)[33] в качестве консультанта, можно сказать, что такое

---

[32] Так, например, дворцом Радека в «Самолете президента» послужило здание в кампусе Кейсовского университета в Западном резервном районе в Кливленде. См. [Air Force One Trivia IMDb]. В «Миротворце» части бывшей Югославии заменили русскую территорию. См. [The Peacemaker Goofs IMDb]. В «Шакале», хотя Москва появляется в заключительных титрах для обозначения местоположения, один-единственный вид может быть на самом деле подлинным — американское посольство.

[33] Среди прочего, он тесно сотрудничал с Никитой Михалковым и написал сценарий к фильму Михалкова «Утомленные солнцем», получивший Оскар в 1995 году.

решение могло бы стать принципиальным шагом вперед в представлении культуры бывшего СССР. Однако вместо этого фильм оказался таким же большим конфузом, как и «Шакал», которому он предшествовал на американских экранах с разрывом в несколько месяцев (премьеры 6 апреля и 16 ноября соответственно). Так же как и «Шакал», «Святой» был ремейком, опирающимся на предыдущую экранизацию — в данном случае киноадаптацию серии книг популярного романиста 1920-х годов Лесли Чартериса о храбром и обходительном английском воре, напоминающем Робин Гуда. Помимо съемок в самой России, проект мог похвастать героем, проверенным и одобренным зрителями в своих предыдущих киновоплощениях[34], а также режиссером, который с энтузиазмом читал Чартериса в молодости, создал две заслуживающих доверия экранизации триллеров Тома Клэнси («Игры патриотов» (1992), «Прямая и явная угроза» (1994)) и, наконец, счел необходимым посетить Россию во время работы над сценарием. Однако, как и в случае с «Шакалом», картина не смогла затушевать ошибочные начинания своих создателей. На самом деле, как ни забавно, проблески реализма в образах реальных русских людей и мест действия здесь в конечном итоге сглаживают всю надуманную нелепость осовремененного сценария, созданного на основе оригинальных образов Чартериса режиссером Филипом Нойсом, звездой Вэлом Килмером и сценаристами Джонатаном Хенсли[35] и Уэсли Стриком.

В начале фильма Саймон Темплар грабит российского политика Ивана Третьяка (Раде Шербеджия), производя на него тем

---

[34] Святой впервые появился на экране в целой серии фильмов, снятых с участием разных крупных актеров (Луис Хейворд, Джордж Сандерс, Хью Синклер) в период между 1938 и 1953 годами. На телевидении его роль воплощали Роджер Мур в сериале 1962–1969 годов, Ян Огилви во втором сериале конца 1970-х и, наконец, Саймон Даттон в полудюжине двухчасовых фильмов, снятых в конце 1980-х. Этот персонаж также фигурировал в нескольких английских и американских радиопостановках, начиная с 1940 и 1945 годов соответственно, и в двух французских фильмах 1960-х годов. См. [The Saint FAQ].

[35] Среди предыдущих сценариев Хенсли был «Крепкий орешек 3: Возмездие» (1995). В 1998 году он написал также сценарий «Армагеддона» с точно такими же одномерными русскими, а в 2004 году написал и поставил «Карателя».

самым сильное впечатление. Третьяк решает его нанять для того, чтобы похитить недавно разработанную ученым Оксфордского университета, американским доктором Эммой Расселл (Элизабет Шу), формулу, которая позволит Третьяку перехватить у президента лидерство во время отопительного кризиса. Когда Темплар с первого же взгляда влюбляется в Расселл, он отказывается от сделки, что приводит к продолжительному противостоянию между ним и его бывшим работодателем (а также с сыном Третьяка, который преследует американцев бóльшую часть времени в фильме). Первоначально движимый корыстной целью пополнить собственный счет в швейцарском банке на 50 миллионов долларов, Темплар в конечном итоге меняет свои приоритеты, которые теперь заключаются в том, чтобы сначала спасти Расселл, затем помочь президенту Карпову (Евгений Лазарев) разоблачить безжалостного Третьяка, и, наконец, спасти Россию (да и весь мир) от беспорядков в стране. Наука торжествует на Красной площади, а любовь — в Оксфорде.

Если предпосылка контракта Святого с русским ренегатом уже сама по себе была сомнительной, то разработка контекстов окончательно придала истории нелепый характер. Главным источником комизма стало повышенное внимание авторов фильма к мастерству маскировки Темплара[36], образ которого, согласно представленному на DVD комментарию самого Нойса, зародился из увлечения Вэла Килмера «множеством персонажей, которых он начал представлять себе» после прочтения сценария[37]. Другим

---

[36] На протяжении фильма Святой меняет двенадцать маскировок, в том числе: русского военного, австралийского мачо, длинноволосого испанца, гея-немца, занудного американского журналиста, длинноволосого и поэтичного южноафриканца, американца-южанина, русской уборщицы и т. д. Этот отвлекающий трюк создавал еще одну параллель между Святым и Шакалом, как Туран непочтительно отметил в своем обзоре последнего: «Уиллис <...> впрыгивает в многочисленные маскировки. Вэл Килмер делал то же самое в “Святом”, и “Шакал” заставляет задаться вопросом, не поспорили ли оба актера о том, кто большее число раз сможет изменить свою личность, обязав проигравшего появиться в следующей экстраваганце “Бэтмена”» [Turan 1997b].

[37] По словам Нойса, Килмер нанял лондонского мастера по парикам и специалиста по диалектам, чтобы идеально разработать своих персонажей и маскировку, еще до того, как студия дала фильму добро. Нойс рассказы-

источником стало включение в фильм фантастического научного открытия (холодного синтеза), за которым последовали неуместный роман героев и неуклюжий символизм, объединяющий науку и романтику. Кроме того, сценарий[38] размыл тему русско-американского противостояния, на которой держались диалоги, но сохранил при этом английские корни Святого, сделав его американским экспатриантом в Лондоне (и Расселл, соответственно, резидентом Оксфорда)[39]. Ни одной сцены фильма не происходит в Соединенных Штатах, однако ближе к концу можно увидеть американское посольство в Москве. Хотя теоретически эта корректировка должна была привести к более космополитичному образу Святого и более интернациональному (а не чисто американскому) триумфу в финале, на практике такая размытость оказалась лишь симптомом идеологической пустоты сценария и стремления его создателей усидеть на двух стульях.

На двух — если не на трех — стульях кинематографисты также всеми возможными способами стремились усидеть при трактовке своих картонных злодеев, помещенных в центр этого вакуума: здесь общие координаты экранного зла смешиваются с клише холодной войны, связанными с коммунизмом и страхами эпохи

вает, что энтузиазм и участие Килмера были «немного пугающими для меня, так как у нас уже был сценарий, и теперь у меня был актер, который казался одержимым». Далее он дипломатично комментирует ту энергию «игры по методу», которую Килмер привнес в свою роль. Затем в другом месте он признается: «Может быть, мне стоило остановить его [увлеченность маскировкой]. Я подумал, что должен был сказать: “Эй, слушай, хватит, хватит! Давай вернемся к сценарию”». Несомненно, критики и зрители предпочли бы, чтобы режиссер был менее любезен к «вдохновению» актера.

[38] Нойс и Хенсли тесно сотрудничали над первой версией сценария после совместного посещения России в 1995 году. Стрик появился, когда Хенсли был занят другим проектом. Конечно, многие несоответствия в характере фильма происходят от слишком большого количества людей, принявших участие в работе — фильм в итоге оказался лишен единого стиля.

[39] Предположительно Святой превратился в американца из-за актера, который в итоге был взят на его роль (Мел Гибсон и Рэйф Файнс также рассматривались на нее). Английским резидентом же он стал потому, что Хенсли и Стрик решили хотя бы таким образом сохранить верность творению Чартериса. См. [The Saint Trivia IMDb].

постгласности по поводу превращения России в капиталистическую страну с организованной преступностью. Под вступительные титры фильм дает «объяснение» образа Святого в стиле книжной серии «Психология 101»[40], показав эпизод из его детства, а затем быстро переходит к представлению антагонистов, напоминающему фильм «Миссия невыполнима» в миниатюрной версии. Святой сидит в комнате, заполненной фотографиями, и, слушая записанный на пленку голос, знакомящий с личностями его русских противников, маскируется для неопределенного преступного действия, а затем раздвигает шторы, открывая зрителям смутно очерченный городской пейзаж, определяемый титрами как «Москва... завтра». В последующем установочном кадре, показывающем главный офис организации Третьяка «Oil and Gas Industries», при съемке используются нижняя точка и косой ракурс, чтобы связать в зрительском восприятии эту фирму с гнетущим доминированием и создать образ мира, лишенного равновесия. Спустя несколько мгновений закадровый голос второстепенного персонажа внутри здания представляет Третьяка в качестве публичного оратора, утверждая его «волю к власти» в духе скорее вчерашней холодной войны, нежели «завтрашнего дня»: «Было три империи, которые господствовали в мире в области культуры и войн: Рим, Константинополь и Россия. Все три пали, и только одна может быть восстановлена. И восстановить ее может только один человек — Иван Петрович Третьяк». Эта риторика затрагивает важную часть русской мифологии — представление о России как о «Третьем Риме», возникшее в средневековый период и сохраняющееся до наших дней. В этом контексте имя Третьяка символически намекает на число «три», примерно так же, как и название студии Никиты Михалкова «ТриТэ» [Norris 2011: 108][41].

---

[40] По словам Нойса, он хотел, чтобы его героем был все тот же «мошенник-одиночка, но с большей психологической глубиной». Сцена под вступительные титры, к сожалению, добавляет мало глубины: устаревшая мелодрама о психологической травме сочетается с технической предсказуемостью перехода-наплыва от лица молодого Саймона к взрослому Темплару.

[41] Хенсли и Стрик, придумывая имя своему магнату, возможно, также имели в виду имя П. М. Третьякова, одного из богатейших московских купцов конца XIX века. В 1892 году, предоставив городу множество замечательных

Когда Третьяк энергично спешит к трибуне, его вьющиеся серебристые волосы, густая борода и приятные манеры подчеркивают его харизму, а на заднем плане стилизованный плакат с черным силуэтом на красном фоне напоминает не только нацистские знамена, но и изображение боливийского «воина-героя», революционера-социалиста Че Гевары. И, конечно же, речь самого Третьяка перекликается с фанатизмом его предшественников из «Самолета президента» Коршунова и Радека:

> Римляне, сограждане и друзья! <...> Забудьте о моей нефтяной компании, забудьте о моей самой продаваемой книге, и вы увидите, что я — лишь безумец, преследуемый фантазиями об империи, которая восстанавливает свою прежнюю мощь, свой прежний размер. <...> Я всего лишь поэт, сочиняющий стихи о России, не разорванной и не стоящей на коленях, но вооруженной до зубов, — России, которую не высмеивают, но почитают. Нет большего уважения, чем страх.

Но этой речи недостаточно для того, чтобы указать на возрождающуюся угрозу все еще живой «империи зла»: параллельный монтаж речи Третьяка и процесса ограбления Святым его компании позволяет плавно осуществить тематически важный визуальный переход от слов «вооруженная до зубов» к памятнику с советской национальной и военной эмблемой — пятиконечной звездой, окруженной снопами пшеницы, — перед тем как камера начнет панорамировать по карабкающемуся по стене Святому. И, конечно, Третьяк настолько возбуждает толпу, что она присоединяется к нему в хоровом пении — этом неизменном кинематографическом символе коллективного русского экстремизма, — исполняя советский государственный гимн.

Между тем параллельно происходящее представление сына Третьяка как главного приспешника своего отца (которого отец не демонстрирует своей публике) позволяет авторам обрисовать

произведений искусства, он основал нынешнюю Государственную Третьяковскую галерею, в которой находится крупнейшая в мире коллекция русского искусства.

деградацию «новых русских». Одетый во все черное дерзкий на вид юноша в кожаных штанах и с хвостиком на голове, Илья Третьяк, уже описанный нам в аудиозаписи как тусовщик из кафе «Эльдорадо», прибывает в лимузине с шофером. Прежде чем войти в здание своего отца, он размахивает серебряной тростью, которую держит в левой руке, и прислушивается к тому, как толпа, приветствуя его отца, выкрикивает его собственную фамилию. Во время выступления он нетерпеливо выходит, чтобы принять кокаин, при этом грубо солгав одному из людей своего отца, что если сейчас же не выйдет, то «написает в штаны». Случайно застав Святого за похищением, Илья поначалу выглядит самодовольным и слабым «новым русским» транжирой (напоминающим Газзи Мурада из «Шакала»), но вскоре, требуя, чтобы Святой снял балаклаву, произносит похабную фразу, говоря, что голова — «не лучшее место для презерватива». Попытка Святого подкупить Илью еще больше подчеркивает его образ испорченного плейбоя: «Подумай о том, сколько наркотиков ты сможешь купить на эти деньги [от продажи микрочипа, который украл Темплар]. Ты будешь тусить в Москве лет десять». Но это предложение вызывает высокомерный ответ Ильи: «Мне не нужна твоя мелочь», а также довольно неубедительную реплику: «Поцелуй меня в задницу». Эти фразы, составляющие часть образа крутого мачо и символизирующие мастерство утирания носа, неразрывно связаны и с экранным, и с реальным российско-американским торгом за превосходство. Также они порождают будущий паттерн намеков на нетрадиционную ориентацию Ильи. Илья, носитель изнеженного образа, тем не менее чуть не убивает Святого, а затем его головорезы присоединяются к нему в первом из последующих (возможно, даже слишком многочисленных) преследований неуловимого героя по улицам, где его неприязнь к Темплару находит свое отражение в зловеще националистических плакатах марширующей толпы, украшенных изображениями Третьяка и лозунгом «Да здравствует Российская империя».

Переход от безуспешной погони Ильи к первой лондонской сцене фильма начинается с одного из тех телевизионных выпусков новостей, которые создатели боевиков, по-видимому, считают необходимыми для того, чтобы придать серьезность показываемой в них упрощенной трактовке российско-американских отношений. В данном случае американская журналистка наполняет их пафосной демагогией на тему отопительного кризиса, который позволит Третьяку бросить вызов президентской власти. Если появление журналистки на фоне куполов-луковиц подлинной Красной площади знаменует собой доступность страны, ранее закрытой для Запада, то тот факт, что она в один заход описывает Третьяка как «бывшего коммунистического босса» и «нефтяного магната-миллиардера»[42], одновременно может насторожить американцев тем, что, по всей видимости, советская жестокость теперь просто переориентировалась на капиталистическую эксплуатацию. Та же тревога была более четко выражена в характеристике Кодорова в «Миротворце». Кроме того, этот выпуск новостей подчеркивает роль Америки в противостоянии между лондонцем Святым и его русскими антагонистами, одновременно позволяя впервые увидеть трусливого как зайца лидера-реформатора Карпова, который неспособен справиться с внутренним кризисом и явно незнаком со стилем президента-мачо. Бессилие президента, по-видимому, обусловленное сговором Третьяка с армией и мафиозной властью, напоминает о той потребности президента России в директивах Америки, которая подчеркивалась в «Самолете президента». Позже реплика, которой Святой представляется Карпову, усиливает впечатление покровительственного характера внешней политики Америки: «Президент Карпов, я ваш друг. Я хочу помочь вам уничтожить Третьяка». Непосредственно перед этим такое вмешательство в российские внутренние дела со стороны американского героя оправдывается на национальном уровне посредством телевизионного репортажа, транслируемого в аэропорту в тот момент, когда Расселл ожидает вылета из Москвы; диктор говорит, что

---

[42] В третьей характеристике она описывает Третьяка как «лидера своей политической партии», и все это вместе, безусловно, добавляет фашистский подтекст.

«в одночасье толпа напала на несколько компаний, связанных с Америкой», и ранила четырех американцев, вызвав немедленную эвакуацию всех граждан США. Еще один репортаж той же женщины-репортера, снова показанной на фоне Красной площади, предшествует грандиозному финальному триумфу Карпова над Третьяком и успешной демонстрации холодного синтеза, осуществленной при помощи Святого. Эта телепередача, подробно рассказывающая о том, что означает грядущее публичное мероприятие для всех заинтересованных сторон, кажется, включена в фильм исключительно для раскрутки темы «борьбы жизни и смерти за будущее демократии в России», стоящей «на грани второй революции» и восстановления своей значимости в глазах демократического Запада[43]. Короткая реплика, произнесенная закадровым голосом, добавляет, что и Третьяки, и коварный генерал Скляров (Л. Г. Прыгунов) будут ожидать суда в Лубянской тюрьме, ранее находившейся в ведении КГБ.

Между этими выпусками новостей Третьяки как персонажи предсказуемо приобретают не развитие, а лишь больший карикатурный резонанс. То ли преднамеренно, то ли случайно в сценарий оказалось включено напоминание о гнусной фигуре из пропагандистского мультфильма периода холодной войны. Когда Третьяк связывается со Святым по электронной почте, чтобы предложить ему сделку, он обращается к Темплару как к «Человеку-мухе» (поскольку тот зарекомендовал себя как хороший альпинист) и, прежде чем подписаться «Борис Паук», приглашает его к себе сообщением «Пожужжи мне». Маловероятно, что человек, не говорящий по-английски, способен на такую игру слов, но еще более забавно то, что выбранное им —

---

[43] Огромные видеоэкраны, окружающие Третьяка, когда он готовится унизить Карпова перед тысячами граждан России, визуально усиливают эту значимость. Марти Мэйпс включает телевизионные передачи в список тех шаблонных элементов, которые действительно могут сработать в некоторых фильмах, но терпят полный провал в «Святом», и называет их «унизительным приемом» для невнимательной аудитории. Однако в фильмах о российско-американских отношениях такие выпуски новостей становятся синекдохой свободы слова на Западе. См. [Mapes 1997].

или, точнее, сценаристами — имя вызывает в памяти злодеев из телевизионного «Шоу Рокки и Буллвинкля» 1960-х годов — Бориса Баденова и его сообщницу Наташу Фатале, которые шпионили за вымышленной страной Поттсильванией, часто воровали технологические секреты и всевозможными способами пытались захватить Америку[44]. Но, очевидно, кто бы ни выбрал псевдоним Борис, он мог это сделать и без намеков на мультфильм, поскольку и Нойс, и Хенсли во время своего визита в Россию могли слышать о другом Борисе — Березовском, знаменитом олигархе 1990-х годов, который установил особые отношения с президентом Ельциным и его дочерью, имел беспрецедентное влияние на правительственные решения и использовал свои деньги в политических целях [Boris Berezovsky 2014]. Если же они действительно намеревались напомнить о телевизионных злодеях, то, несомненно, они хотели всего лишь переработать коллизии холодной войны, а не разоблачить мультяшную несостоятельность своих русских. И все же с самого своего появления на экране в тот момент, как вслед за электронной перепиской происходит первое знакомство героя с обоими Третьяками, русские всего лишь демонстрируют свою плохую хватку. Беседуя с вызывающе дерзким Темпларом, замаскированным теперь под гомосексуального (и чудаковатого) немца, Третьяк-старший за сигарой и чашкой кофе излучает холодную и изощренную угрозу. Узнав от Святого (притворяющегося своим же собственным менеджером), что наемный вор не является агентом ни ЦРУ, ни Ми-6, он сразу же отвечает: «Хорошо. Тогда никто не будет возражать, если я убью его». Затем он добавляет: «О да, я могу убить и вышвырнуть этого человека, даже несмотря на металлоискатели, даже в этом зале ожидания». Свое

---

44 Первый мультфильм «Рокки и его друзья» был снят в 1959 году, а в 1961-м за ним последовало «Шоу Буллвинкля». Шедший вплоть до 1973 года, сериал демонстрировал антагонизм холодной войны между Соединенными Штатами и Советским Союзом. Белка-летяга Рокки и тугодум-лось Буллвинкль, оба родом из самого сердца Миннесоты, регулярно обводили вокруг пальца Наташу и Бориса Баденова, имя которого изящно намекало на Бориса Годунова (см. описание сериала в [Rocky and Bullwinkle Series Description]).

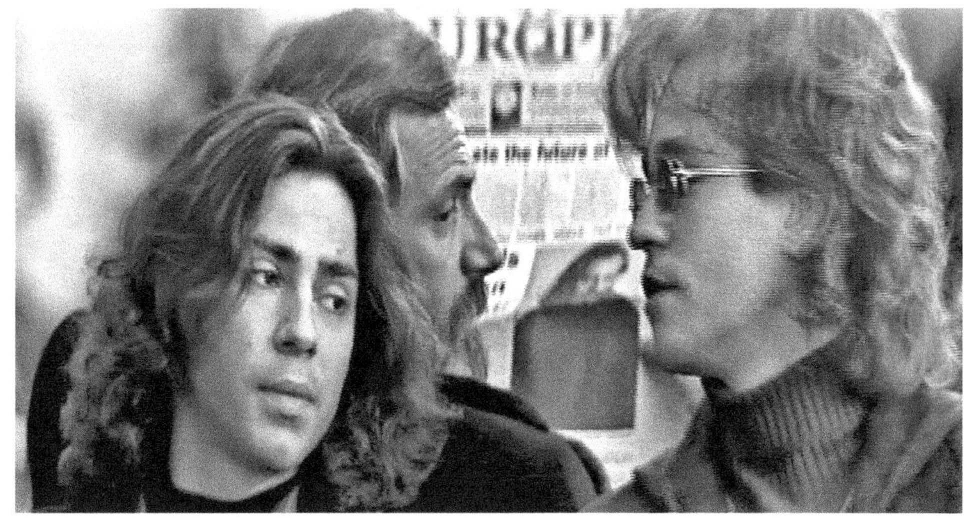

Переодетый Темплар провоцирует своих противников, Третьяка и Илью

намерение похитить формулу Третьяк оправдывает с помощью той клишированной фразы, которая всегда вертится на языке каждого экранного русского фанатика, но почему-то до сих пор еще не звучала в фильмах: «Это не для меня, а для матушки-России»[45]. Темплар сознательно опровергает это циничное оправдание словами: «Но вы же и матушку-Россию хотите, мистер Третьяк», — на тот случай, если для кого-то мегаломанские планы Третьяка захватить страну еще не очевидны. Даже если зрители не думают о Борисе Баденове, то, несомненно, сравнение с бесчисленными и однообразными элегантно зловещими злодеями бондианы здесь неизбежно.

В то же время, вызывая новые сомнения в мачизме Ильи, сцена завершается мирным соглашением отца и сына — несмотря на напряженные отношения между ними. Едва вторгшись в пространство этой пары, Святой бросает Илье: «Твоя длинная красивая трость идет твоим красивым глазам», а затем предлагает русскому юнцу помаду и блеск, которыми сам накрасил себе губы. Усиливающее уже очевидный гомоэротический подтекст обращение Темплара выглядит здесь запоздалым ответом на

---

[45] Эта фраза повторяется в одной из последних реплик в московской сцене, когда генерал Скляров предает Третьяка, внезапно переходя на сторону Карпова и заявляя: «Я приказываю всем войскам, верным матушке-России, захватить преступника Третьяка».

предшествующие сексуальные оскорбления Ильи[46]. Что еще интереснее, это также создает определенную игру с мужской индивидуальностью героя, и несомненно, что Энтони Лейн в первую очередь имел в виду именно этот момент, когда подробно комментировал: «Лицо Килмера всегда кажется слегка опухшим <...>; добавьте призывно полуоткрытые губы, и вы получите волну переменного сексуального тока. Иногда он кажется практически трансвеститом...» [Lane 2002: 184]. Как и в случае с отсылкой к «Шоу Буллвинкля», трудно сказать, насколько сценарий рассчитывал использовать андрогинную привлекательность Килмера — не в последнюю очередь потому, что на эту роль рассматривались и другие актеры. Но очевидно, что гомоэротическое напряжение между Темпларом и Ильей заложено в сценарии так же, как и в кастинге; кроме того, оно напоминает скрытый гомоэротизм многих бадди-фильмов, где подобный подтекст ощущается в нарочито гетеросексуальной отваге героев. Аналогичным образом, здесь (равно как и в сцене, где Килмер загримирован под южноафриканского поэта) «высвобождаемая» личность Святого заключена в рамки многочисленных сцен его ярких гетеросексуальных любовных приключений, а также увлеченного отыгрывания других образов. Следовательно, создатели фильма не только подтверждают нормальную сексуальность Темплара, но и прибегают к двойному стандарту, редуцируя скрытую гомосексуальность Ильи к еще одному аспекту его непривлекательности. Далее сцена завершается обращенной к Илье покровительственной репликой Святого: «Пока, сынок», которая звучит в унисон с уже знакомым отцовским приказом Третьяка: «Садись. Слушай и учись»; Темплар, как гражданин мира, добавляет к этому: «Ах, молодость». Тем не менее, как только Святой уходит, Илья демонстрирует, что, несмотря на свою незрелость и предполагаемую гомосексуальность, он все же обладает всем необходимым, чтобы стать партнером своего отца по преступной

---

[46] Согласно Нойсу, сцена в аэропорту была одной из многих, где Килмер импровизировал и игру, и диалог, поэтому эти провокационные и довольно мальчишеские насмешки могли идти от самого актера.

деятельности, подлинным наследником старого (экс-)советского блока. «Мне нравится этот парень», — говорит Третьяк Илье. Тот многозначительно отвечает: «Жаль, что мы должны убить его», с чем Третьяк соглашается: «Да, очень жаль».

С этого момента Илья, подобно посланцу смерти теперь постоянно одетый во все черное, становится мальчиком на побегушках у своего отца и гоняется за Святым и Расселл, а его трость становится визуальным дополнением к его цветистым речам, часто зловеще предшествуя его появлению в кадре. Помимо того, что Илья ощущает необходимость доказывать свою мужественность, он также, по всей видимости, выступает как продолжение власти и замыслов своего отца. Учитывая неоднократное доминирование трости в композиции кадров, неудивительно, что сценарий превратил ее в еще один атрибут «плохого парня». В альтернативной версии фильма[47] Илья убивает доктора Расселл, нанося ей удар в ногу отравленным наконечником трости — и это коварное и трусливое убийство героини венчает все его экранные злодеяния[48]. Из-за его подлости противоборство Темплара и Ильи оборачивается обычной для боевиков коллизией героя и злодея, которую можно встретить и в «Самолете президента», и в «Миротворце», и в «Шакале».

---

[47] Раздел «Trivia» сайта IMDb сначала вводит в заблуждение, утверждая, что «зрители предварительного просмотра предпочли конец, где она умерла», а затем добавляя, что «аудитории тестового просмотра не понравилось, что доктор Расселл умерла на третьей четверти фильма». Сам же Нойс утверждает, что зрители предварительного просмотра вообще не продемонстрировали предпочтения ни одной из версий. Правда, при этом он не объясняет, почему обе версии были сняты с самого начала. Нойс и один из продюсеров, Мэйс Нойфельд, «решили, что счастливый конец лучше сочетается с духом историй о Святом и остальной части фильма». См. [The Saint Trivia IMDb]. Ранее Нойфельд продюсировал такие фильмы с русской тематикой, как «Нет выхода» (1987) и «Охота за “Красным Октябрем”» (1990).

[48] Возможно, это была также отсылка к реальному инциденту 1970-х годов, когда советский агент убил болгарского ученого, имевшего тесные связи с Западом, нанеся ему удар отравленным наконечником зонта. На экране же прецедент такой хитрой тактики создала, разумеется, Роза Клебб, чьи туфли с убирающимися отравленными шпильками фигурируют в книге «Из России с любовью» (1963).

Сражаясь с Ильей в тот момент, когда российские танки нападают на склад похищенной Третьяком нефти, Святой наконец убивает своего демонического противника, спровоцировав его падение прямо в пламя горящей нефти. Благодаря устроенному режиссером предварительному просмотру фильма это очередное клише выпало из окончательной версии, хотя Нойс со свойственной ему гибкостью выразил желание включить этот мрачный вариант в материалы на DVD, чтобы каждый зритель мог выбрать тот финал, который ему нравится. Что касается переснятой версии, то здесь трость Ильи утрачивает свою функцию в кульминации, но ее неоднократное появление в фильме все равно превращает ее в символ служения тому злу, которое исходит от Третьяка-отца. Разумеется, главным вдохновителем зла является сам Третьяк, приспосабливающий свои схемы к любому препятствию и произносящий такие банальные злодейские фразы, как «Я отправлю своих мальчиков позаботиться о женщине» или «Закройте город. Убей его, а ее приведи живой», а затем, более мягко: «Она не покинет Москву живой». Но для зрителей в конечном счете именно Илья, беспорядочно убивающий всех подряд, становится символом архизлодейства. В Лондоне он хладнокровно наблюдает за убийством портье в отеле; взрывает комнату, из которой едва успевает сбежать Святой; сплевывает туда, негигиенично проявляя свою славянскую страсть; а затем стреляет в полицейских, стремящихся помешать ему гнаться за Святым. Затем в Москве, пытаясь подкупить жителей многоквартирного дома и заставить их раскрыть укрытие американцев, он хладнокровно стреляет в грудь жильца, осмелившегося посмеяться над ним, после чего с улыбкой слизывает с его ложки еду. По контрасту Темплар, проникая в апартаменты российского президента, не убивает охранников, а только стреляет в люстру, которая падает на голову его преследователей.

Таким образом, Третьяки охватывают все худшие аспекты старой и новой России — тиранию и фанатизм, которые в «Самолете президента» воплощали Радек и Коршунов; торгашескую алчность и преступность Кодорова из «Миротворца»; «новую русскую» мафиозную коррупцию и деградацию, которые были заметны у Терека и Газзи Мурада в «Шакале». При таком перегибе только актерский кастинг не позволяет этим персонажам окончательно превратиться в подлежащие забвению карикатуры. В случае с Иваном Третьяком это Шербеджия, сербский актер, которому запретили работать на его родине, в бывшей Югославии; в образ своего одномерного героя он привнес живость и славянскую аутентичность — возможно, потому, что, как отметил Антулов в своем обзоре, «в роли коррумпированного посткоммунистического политика с мессианским комплексом [Шербеджия] может легко найти вдохновение в образах людей, прямо или косвенно ответственных за его бедственное положение» персоны нон-грата в Хорватии [Antulov 2003]. И В. В. Николаев[49], единственный русский актер в крупной роли, также сумел воплотить плоского персонажа Ильи с серьезностью и энергией, иногда отвлекающими от сценарных неудач. Но все же эти актеры работали лишь с фальшивыми образами, и критики, по понятным причинам, быстро обнаружили мошенничество. Кеннет Туран, например, иронично назвал Третьяка «нефтяным магнатом-миллиардером и славянским националистом днем и декадентом из русской мафии в остальное время, свободное от планирования мирового господства» [Turan 1997a]. Другие еще более интенсивно атаковали такое упрощенное представление русских злодеев. В газете «Eye Weekly» Малин Арп издевалась: «Безусловно, отрадно видеть, что россияне, поглощающие водку, снова заняли свое законное место первых злодеев в мире кино, ведь мы [*sic*] слишком долго страдали от дурно одетых колумбийских наркоторговцев и длиннобородых иранских террористов» [Arpe 1997]. И Барбара Шульгассер из «The San Francisco Examiner» нападала на сценарий за то, что он

---

49 Николаев уже успел сделать большую карьеру танцора, хореографа и актера в своей стране на тот момент, когда он принял предложение исполнить роль Ильи Третьяка в 1997 году. Он получил диплом танцора чечетки в университете Флориды. Его американские работы включают второстепенные роли в «Повороте» (1997) Оливера Стоуна и «Терминале» (2004) Стивена Спилберга. См. [Valeriy Nikolaev Biography IMDb].

> смехотворно простодушен, как ретро. Америка настолько влюблена в русских злодеев, что теперь, когда обычный россиянин не может даже добыть огонь с помощью двух палок, необходимо изобрести богатого и злого российского нефтяного магната, который надеется разжечь гражданские беспорядки, пряча от масс согревающую нефть. Когда наступит хаос, он захватит мир или что-то в этом роде [Shulgasser 1997a][50].

Вопрос заключается в том, почему Нойс позволил сценарию слепить образы Третьяков по голливудским шаблонам экранных негодяев, если он с самого начала так старательно помещал этот дуэт в кропотливо создаваемую им аутентичную Москву, и даже в поисках мест для съемок совершил целых семь поездок в Россию в течение года. В отличие от характеристики «плохих парней», обстановка в фильме подлинная — она включает как культовую Красную площадь и кремлевские здания, так и простые московские пейзажи, которые можно видеть в различных сценах погонь по крышам, железнодорожные станции, улицы, переполненные не машинами, а людьми, — и это одно из самых больших достоинств фильма. Благодаря помощи коллеги-режиссера Никиты Михалкова Нойс и его команда максимально использовали возможности съемки в этом теперь открытом городе, заново отстроив только здание американского посольства и фасад особняка Третьяка[51]. Более того, снимая свои правдивые локации, Нойс решил придать им естественность, которой он не смог достичь в сценарии: он решил, что его оператор Фил Мэйхью должен использовать синие фильтры, чтобы придать «голубовато-ледя-

---

[50] Маргарет А. Макгарк из «The Cincinnati Enquirer» увидела в фильме задачу «вытащить [на экран] потасканных злодеев (опять же русскую мафию) и опасности (бушующая вода, люди с оружием)» [McGurk 1997].

[51] Нойс объясняет, что настоящее американское посольство располагалось на проезжей части, слишком загруженной для того, чтобы устроить необходимый в сцене взрыв машины. Что касается резиденции Третьяка, то, поскольку Нойс не мог найти идеальное здание с дореволюционным фасадом, которое могло бы стать «прибрежным особняком» магната, он выстроил на пустыре возле электростанции в Москве трехстенный экстерьер, а интерьерные сцены были сняты в английской «Pinewood Studios».

ной вид московским видам». И хотя большинство интерьеров было снято в Лондоне, что позволило сэкономить на расходах, Нойс и здесь проявил свойственную ему скрупулезность, заставив художников воссоздать русский декор. Как с гордостью сообщает сам Нойс, получив разрешение на посещение (хотя и не на съемку) Кремля, они настолько искусно воссоздали его изысканный интерьер, что, «когда премьера "Святого" прошла в Москве, несколько российских журналистов спросили, не снималась ли эта конкретная сцена в самом Кремле» [Noyce 2006].

Несомненно, американские зрители тоже были впечатлены этими интерьерами, но все же они оказались в менее выгодном положении в плане того, что касается оценки правдоподобия, отмеченного теми, кто был знаком с русской культурой. Нойс и его сотрудники, казалось, не обратили внимания на необходимость создания определенного контекста, чтобы придать смысл некоторым атрибутам и местам съемки для американских зрителей; также они не учли вероятность того, что недостаточно известные зрителю культурные детали, имеющие совершенно иную природу по сравнению с отличительными признаками мультяшных злодеев, в рамках упрощенной сценарной формулы «плохой парень — хороший парень» могут показаться простой выдумкой. Например, одно из первых изображений офисного здания Третьяка в фильме, как объясняет Нойс, — это отель «Украина», самый впечатляющий из семи «высотных памятников коммунистического идеала», построенных Сталиным после победы союзников во Второй мировой войне. Выбрав его в качестве здания нефтяной компании Третьяка, Нойс таким образом хотел подчеркнуть схожесть коммунистических и капиталистических сил. Но вполне вероятно, что понять эту визуальную связь смогли лишь русские (особенно москвичи) и те, кто изучает русскую культуру, — хотя и диалоги, и другие визуальные эффекты с самого начала фильма уже вполне наглядно намекают на подозрительную связь Третьяка с коммунизмом. Точно так же те детали, которые позже включаются в сценарий в качестве специфически русских аспектов капитализма, аналогичным образом бьют мимо цели. Изначально сценарий хорошо воссоздает картину характерных для конца 1990-х годов взаимных обвинений между новой капиталистической Россией и Америкой, которую уже давно считают жадной до денег. Непосредственно перед тем, как принять предложение Третьяка, Святой без малейших колебаний говорит своему партнеру: «Все эти жадные коммунисты превратились в сумасшедших капиталистов. Это отвратительно. Это сделало их грязными». Вскоре после этого, когда Святой пытается выйти из соглашения, Илья повторяет его слова, говоря своему отцу: «Жадный иностранец. Еще больше денег хочет». Но затем, продолжая придавать Третьяку черты грубого нувориша, сценарий показывает его в домашней обстановке, отдыхающего в своей роскошной гостиной на стильном диване, одетого в стильный халат и читающего журнал «Андрей». Поскольку он держит его так, чтобы зритель мог видеть обложку, становится понятно, что он просматривает порнографический журнал. Американская аудитория, однако, вряд ли знала, что такие издания, созданные по образцу «Плейбоя» и «Пентхауса», впервые появились в России в 1991 году и после падения коммунизма служили одними из первых образцов подражания американскому сексуальному меркантилизму[52]. Этот журнал — не бутафория, а реальный предмет, но его правдоподобие может впечатлить только тех, кто знаком с данным русским феноменом — то есть явное меньшинство американской киноаудитории.

Принимая во внимание, что богатство деталей в этих двух сценах попросту неэффективно для информирования американских зрителей о бывшем Советском Союзе, другая сцена, демонстрирующая излишества «новых русских», может показаться вовсе абсурдной, несмотря на то что показанное в ней имело место в реальности. В середине фильма действие перемещается в Москву — через монтажный переход от находящейся в Лондоне обеспокоенной Расселл к кадру, в котором камера на крупном плане показывает бегущую белую крысу; после этого камера панорамирует по Илье, аплодирующему и кричащему: «Ну!» Далее обстановка проясняется: мы находимся то ли в клубе, то

---

[52] О тогдашнем наплыве порнографии в России см. в [Goscilo 1996: 135–170].

ли в развлекательном центре, где делают ставки на крысиные бега. Из комментария Нойса становится ясно, что такой клуб существовал в Москве в 1995 году в качестве одного из тех мест, где быстро разбогатевшие русские «были счастливы с удвоенной силой свободно тратить [свои миллионы]». Неясно, хотели ли москвичи таким образом создать пародию на хорошо известную метафору западных ценностей, — ведь этот клуб потворствовал расходам и спекуляции, — но, так или иначе, характеристика Третьяка в этой сцене безусловно приближается к китчу. Трудно представить, чтобы большинство американских зрителей или критиков восприняло эту сцену как правдивое отражение такого странного московского феномена — ведь сам сценарий здесь точно так же продолжал превращать злодея в ходячий стереотип: Илья подбадривает свою крысу-победителя, пьет (водку?) и бросает пустой стакан через плечо, нюхает кокаин, не обращая внимания на целующую его женщину, и обнимает товарища по победе (мужчину). Затем следует монтажный переход к крупному плану подноса, заваленного пачками долларов, которые, по-видимому, выиграл Илья, в то время как цыганский ансамбль на заднем плане начинает исполнять «Шатрицу», после чего появляется Третьяк, говоря: «Смотрите, мои друзья, вы поставили на самую большую крысу». Нет сомнений в том, кого именно символизирует крыса! Как и в случае с «Украиной» и Кремлем, Нойс в этой сцене старался не столько для западной аудитории, сколько для российских зрителей, среди которых, кстати, был директор радиопрограммы, сказавший ему: «Отличный фильм. Но у меня есть одна поправка: в наших ночных клубах больше не играют цыганскую музыку»[53].

Вдобавок к этому продолжение сцены в клубе демонстрирует, с какой легкостью кинематографисты были готовы пожертвовать тщательно собранными ими реалистичными деталями ради сомнительных преимуществ банальных голливудских формул. Согласно комментарию режиссера, официанты для реального

---

[53] Нойс упоминает эту деталь, чтобы показать, как быстро все изменилось в России в конце 1990-х годов.

крысиного клуба «были наняты из числа черных африканских студентов, учившихся в бывшем Советском Союзе» — интересная деталь в свете взаимных обвинений россиян и американцев в расизме во время холодной войны. Но эти официанты не появляются в финальной версии фильма. Хотя Килмер сперва ухватился за идею проникнуть в клуб, замаскировавшись под одного из них, он в конце концов изменил свое решение, посчитав, что будет лучше, если он материализуется там в виде двойника Третьяка. Таким образом, одинокий и угрюмый Третьяк, уединившийся, чтобы выпить, внезапно сталкивается со своим зеркальным отражением, заставляющим его позвонить бухгалтеру и отправить миллионы на счет Темплара в Цюрих. Возобновляя тестостеронное соревнование с Третьяком, Святой говорит ему: «Знаешь, в чем сложность быть тобой? Надо притворяться таким же неудачником в постели»[54], — и еще глубже оскорбляет русского в связи с внезапным проявлением некомпетентности последнего при использовании элементарного технического устройства: «[Сотовый] телефон держат другой стороной, придурок»[55].

Отвергнув благоприятную в отношении расового вопроса правду о клубе, создатели фильма организуют финальную конфронтацию между Ильей и Темпларом перед американским посольством, создавая прямо противоположный смысл. Когда сценарий скатывается к тому типичному клише как российских, так и американских фильмов, где одна сторона противопостав-

---

[54] Вероятно, если бы здесь присутствовал Илья, Святой продолжил бы свои подколы по поводу мужественности молодого человека. Позднее сам Третьяк подхватывает эту критику мужественности, когда он приравнивает мужскую и национальную потенцию, нагло и в то же время причудливо намекая на шедевр времен холодной войны «Доктор Стрейнджлав» (1964) — в тот момент, когда он заговорщически сообщает генералу: «Однажды ты будешь гордиться тем, что снова стал русским генералом с такими же огромными ядерными боеголовками, каким раньше был твой член».

[55] Этот момент предвосхищает созданный Хенсли в «Армагеддоне» образ неаккуратного русского космонавта, который стучит по своему высокотехнологичному оборудованию, чтобы заставить его работать.

ляет расизм другой стороны своей собственной терпимости, Илья становится еще более отвратителен. Пытаясь догнать Расселл, бегущую в посольство[56], он в последний момент упускает ее, и ворота захлопываются прямо перед его носом. Неслучайно, что ответственный за закрытие ворот солдат, защищающий Расселл и твердо приказывающий Илье «отойти» (четыре раза, на крупном плане), — молодой афроамериканец. Илья озлобленно плюет ему в лицо и насмешливо салютует, подтверждая, что он типичный русский неудачник (как и Кодоров в «Миротворце»), что сразу же придает ему расистскую ауру. Мгновенно подтвердив насмешку Святого над мужественностью Ильи («Она тебя опередила? Как унизительно!»), эта сцена предлагает и еще одно напоминание о том, что Илья — *русский* негодяй, — когда он заряжает пистолет одной пулей и шепчет Святому: «Проделав такой путь до России, нельзя не сыграть в русскую рулетку», на что мгновенно получает ответ: бросая зажженную спичку на вытекающую нефть, Святой устраивает взрыв (миниатюрная версия отклоненного авторами финала). Далее фильм продолжает тему расизма Ильи — в монтажном переходе сначала к плакату Карпова, на котором нацарапано русское слово «дурак», а затем к красным, черным и белым плакатам, рекламирующим состоявшееся в октябре 1997 года ралли Ку-клукс-клана в Алабаме (штат Джорджия) — очевидно, напоминая о том, что Третьяки симпатизируют правым сторонникам белого супрематизма. После этой расистской пропаганды мы видим сильно обгоревшего Илью, которого лечит врач, а затем его отца, взбешенного результатами тестов, в ходе которых выяснилось, что формула Расселл неверна. По контрасту, в сценах с Расселл в посольстве и в аэропорту афроамериканцы очевидно изображаются ее преданными и достойными защитниками.

Хотя сцена в крысином клубе также скомпрометирована тем, что в фильме используется лишь тот материал, который заставляет героя выглядеть лучше, а злодеев — хуже, — по крайней мере,

---

[56] Выбор Нойсом колоритного этнического русского хора в качестве мягкого музыкального сопровождения для этой погони не должен удивлять.

идея двойничества[57] (связанная с русским писателем Достоевским) кажется не столь бессмысленной, как плакат Ку-клукс-клана, в концепции режиссера выступая своего рода прологом, который должен «описать путь [героя...] от эгоизма к бескорыстию, от греха к святости. Только в конце фильма Темплар заслужит того, чтобы быть увенчанным фирменным нимбом святого из телесериалов» [Noyce 2006]. Этот подход включал в себя установку сначала создать параллель между Темпларом с его русскими противниками, а затем организовать их противостояние. Следовательно, в истории, концентрирующей внимание на финансовом положении Третьяка (на его миллиардах, написанном им бестселлере и его дорогом «прибрежном особняке»), западный герой — это тот, кто стремится увеличить свои банковские активы до 50 миллионов долларов, носит часы «Булгари», летает по всей Европе, останавливается в отеле «Холланд парк» в Лондоне и заказывает в ресторанах вино за 400 фунтов.

Изначально связанный со злодеями как наемный преступник, после встречи с Третьяком в клубе Святой начинает дистанцироваться от своего двойника, опираясь теперь на свои чувства к Расселл и на осознание того, что спасение России и мира важнее, чем его банковский счет. К концу, все еще поддаваясь искушению того, что Расселл станет «самой богатой женщиной в мире», он тем не менее за последние несколько минут полностью преображается, теперь руководствуясь ее желанием подарить, а не продать холодный синтез миру («Если мы отдадим его просто так, мы будем свободны»). Святой заверяет ее: «Если ты хочешь отдать все миру, преградив нам путь к невероятному состоянию — то ты абсолютно права». Так что любовь и альтруизм побеждают жадность и эгоизм. И Темплар в конце фильма уходит в метафорический закат под звучащее за кадром радиосообщение, в котором объявляется о том, что может показаться вполне счастли-

---

[57] На самом деле Нойс был в большей степени озабочен способностью маскировки обманывать людей, нежели ее тематической значимостью: по его словам, дочь Шербеджии, придя на съемочную площадку, чтобы увидеть своего отца, сначала «бросилась в его [замаскированного Килмера] объятия, и только потом осознала свою ошибку».

вым моральным поворотом финансовой темы: три миллиарда долларов были переведены непосредственно со счета Третьяка на пожертвования Красному Кресту, Армии спасения и Детскому фонду Организации Объединенных Наций; еще одно анонимное пожертвование пошло на создание некоммерческого фонда исследования холодного синтеза. Возможно, кто-то посчитает, что в этом поступке Темплара, давшем право называть его святым (ведь Темплар отдал огромную прибыль от открытия, которое принесет пользу человечеству, и, по-видимому, также отдал и часть своих нечестным путем полученных доходов!), западные ценности проявлены слишком сильно (или слишком слабо!). Причем миллионы, которые он заработал благодаря своим преступным махинациям до того, как встретиться с Третьяками, похоже, не испортили его. Скорее это преображение служит для того, чтобы обелить западный капитализм Святого — чтобы в финале он испытал окончательный триумф над неисправимым эгоизмом русского «плохого парня». Вероятно, зрители не станут, подобно Энтони Лейну, возражать на то, что Темплар в одной из сцен фильма отдает свои «Булгари» жадной русской женщине, «используя водонепроницаемые часы нашего героя для наглого рекламного приема» [Lane 2002: 183][58].

Помимо темы капитализма, история с «Булгари» поражает своей неочевидной связью с конкретным историческим фактом, который так и не попал в сценарий. Эта сцена выглядит еще одним невероятным поворотом в затянувшемся побеге Темплара и Расселл, которые мчатся по улицам, прячутся у канала, бегают вверх, вниз и вокруг жилого дома, достигают крыши, сползают по шахте в подземные туннели и, наконец, находят выход из люка прямо в американское посольство. Оказавшись в туннеле, они внезапно сталкиваются с «красивой темноволосой русской девушкой в берете, торговкой произведениями искусства, которая, появляясь из тени, открывает [Темплару] и Эмме секретную комнату и пытается продать им несколько икон. Когда эта по-

[58] Лейн также отмечает, что «“Paramount” решил отстегнуть огромные суммы денег за то, что в целом является дадаистским опытом» [Lane 2002: 183].

пытка не удается, она предлагает провести их под землей в святилище американского посольства» [Lane 2002: 183] и требует в качестве оплаты часы Святого. Несомненно, большинство зрителей разделило недоверие Лейна к тому, что выглядело как введение в сюжет *deus ex machina* — хотя как раз при коммунизме такая Фрэнки (И. В. Апексимова), скрывающаяся и продающая на черном рынке запрещенные иностранные предметы, вполне могла существовать. Только экстрадиегетически, из комментария Нойса, становится ясно, что она и вообще «диггеры», проводящие свободное время в «экспедициях под Москвой»[59], также служат поводом указать на одну из многочисленных новых свобод эпохи постгласности («Подобно многим аспектам советской жизни, которые были запрещены для российских граждан, подполье начинает исследоваться русскими с удвоенной силой»). Но вместо того, чтобы раскрыть аудитории тайну этого интересного культурного контекста, сценарий просто делегирует женщине одну из тех однообразных фраз, говорящих об экзотической необычности происходящего: «Ты в России, поэтому все непросто»[60]. Последнее позволяет аудитории разделить вывод Лейна о том, что вся эта сцена (как и сам фильм!) «вообще не имеет смысла» [Lane 2002: 183]. Все, что из нее можно понять — это то, что меркантильный интерес сосуществует у Фрэнки с порядочностью — причем не только здесь, но и в другой сцене, ближе к концу фильма, когда она вновь появляется, чтобы помочь Темплару проникнуть в Кремль, и получает за это увесистую пачку долларов.

Изобразив ее и ряд других простых россиян сочувственно, фильм, к счастью, освобождается от тех клише, с помощью которых были созданы образы Третьяков. Хотя обычные русские

---

59 Построенные очень давно, но расширенные в коммунистическую эпоху, эти туннели выполняли роль убежищ от возможных радиоактивных осадков, а также маршрутов для транспортировки войск и тайной переправки людей в тюрьмы.

60 Под эту категорию подпадает и одна из первых реплик Святого — «Я люблю эту страну», — когда он обнаруживает незапертую дверь сейфа.

люди в этой истории (те немногие, которые представляют шульгассеровского «среднего россиянина, [который] не может даже добыть огонь с помощью двух палок») изо всех сил пытаются заработать на жизнь в своей новой капиталистической стране, сценарий создает не столько противопоставление, сколько контраст между ними и гнусными Третьяками, подчеркивая порядочность обычных москвичей даже в те моменты, когда они ведут себя как оппортунисты. Так, помимо женщины с «Булгари», в начале сцены своего долгого побега американцы также сталкиваются с проституткой (в исполнении дочери Шербеджии Люсии), объясняющей им, что прошлой зимой жильцы здания, в которое они вошли, разобрали лифт из красного дерева на дрова. Когда Расселл говорит ей: «Мы просто люди, которые...» — она ее прерывает: «Вы не люди, вы — американцы». Но потом все же выясняется, что у нее доброе сердце — ведь именно она помогает им спрятаться. Введя американцев в квартиру, где живут не только ее сварливая мать и ребенок, но и ряд других жильцов, она прикрепляет к бельевой веревке стодолларовую купюру, объясняя, что «то, чем она занимается» — это способ кормить семью. Затем, в ходе одной из немногих в этом фильме достоверных сцен русской жизни, она прячет американцев в тайник за комодом, говоря им, что это укрытие было «построено для того, чтобы скрываться от гэбистов», и тем самым обнаруживая еще одну связь между угнетающими силами прошлого и настоящего[61]. Несмотря на то что кто-то явно предал американцев, в целом жильцы здания, — особенно человек, который издевается над Ильей, шутя, что видел одного американца с полярным медведем, за что и получает пулю, — это граждане, которых терроризируют и которым угрожают приспешники Третьяков. К этим сочувству-

---

[61] Еще одна такая связь, понятная только из комментария Нойса, заключается в том, что такой феномен революционного времени, как коммунальное жилье (где могли одновременно обитать несколько семей), еще существовал в 1997 году. Поразительно, что Нойс объясняет свое желание показать такую квартиру фильмом «Доктор Живаго» — как если бы это было единственное произведение, в котором зрители могли познакомиться с русской историей эпохи революции.

ющим русским, у которых обнаруживаются смелость и мужество помогать американцам — не случайно — примыкает и доктор Ботвин (Генри Гудман), профессор Московского университета, уже больше года не получавший зарплату в университете и вынужденный работать с Третьяком не по причине своей идеологической извращенности, а из финансовой необходимости. В конце фильма, в награду за оказанную Темплару и российскому президенту помощь, его делают главой некоммерческого фонда исследования холодного синтеза.

Этих немногих порядочных людей, вместе со здравомыслящим и в конце концов одерживающим победу Карповым, оказывается недостаточно, чтобы избавить экранную Россию от атмосферы «коррупции, хаоса и надвигающейся гибели», в которую Нойс ее намеренно погрузил. Фактически отъезд Ботвина на Запад выглядит мудрым шагом, перекликающимся с отъездом ранее встреченной Темпларом во время полета в Англию женщины, сказавшей ему, что муж отправил ее за границу «до тех пор, пока все не изменится» на ее родине. В качестве еще одного слоя к образу российской угрозы создатели фильма решили скоординировать сюжет, кинематографию и диалог в единую символическую структуру, которая в конечном итоге соответствала бы их упрощенным злодеям. Исходя из формулы холодного синтеза, помещенной в фильм в качестве сюжетной основы, они не ограничились реалистичной обстановкой отопительного кризиса и расширили суровость московской зимы до символа коммунистического / посткоммунистического зла. Ответственная за то «множество смертей», о которых сообщалось в первом выпуске новостей, зима также перекликается с холодными расчетами и бесчеловечностью Третьяков. Противостояние Запада этим ценностям переносится с сюжета на цветовую гамму изображения, поскольку «московские локации выглядят потрясающе, залитые голубовато-ледяным светом», а также «они прекрасно контрастируют со сценами в Англии, снятыми в теплых тонах» [Haflidason Nd]. От Запада исходит вдвое больше тепла, поскольку англо-американская формула холодного синтеза помогает его вырабатывать не только на научном, но и на романтическом уровне. В ресторанане, где Темплар начинает ухаживать за Расселл, чтобы украсть ее формулу, их лица освещены живым огнем; в квартире Расселл это тепло создает искусственный свет, тогда как Темплар пробуждает в себе романтичность, сочиняя стихотворение, в котором есть такая строчка: «Наша любовь согревает холодную Вселенную». Позже Расселл буквально реализует эту метафору — после того как Святой подвергается опасности гипотермии, погрузившись в ледяную воду канала, чтобы избежать смерти от руки Ильи и его головорезов: Расселл спасает его, раздеваясь и согревая своим телом, и таким образом объединяя обе западные добродетели — науку и любовь, — призванные спасать жизни[62]. Подобным образом и парадокс «холод / тепло», лежащий в основе формулы Расселл, порождает упрощенные параллели зла и ненависти русских со льдом, а морали и любви Запада — с огнем. Неудивительно, что мораль Запада выражается и в религиозных терминах, в то время как бывший босс-коммунист остается атеистом-скептиком. Третьяк цинично замечает: «Наше чудо холодного синтеза потерпело неудачу так же, как и наше чудо социализма», а позже и вовсе упоминает «сказку о холодном синтезе». Естественно, Расселл и Темплар верят в идею холодного синтеза, причем последний даже позиционирует это открытие как первое из трех чудес, необходимых для «канонизации» (два других — это поражение Третьяков и любовь Расселл к нему).

Эта метафорическая схема, построенная вокруг формулы доктора Расселл, возможно, не казалась бы столь нелепой, если бы сам этот персонаж и исполняющая его роль Элизабет Шу выглядели более достоверно. Подобно тому как интерес Нойса и его погружение в настоящую Россию, которую он посетил, мало к чему привели в итоге, его искреннее восхищение своей звездой и ценностями ее персонажа не удержали образ доктора Расселл от превращения в пародию на феминизм. И правда, она по сути является все той же доктором Джулией Келли в исполнении Николь Кидман из фильма «Миротворец», скомбиниро-

---

62 Это еще одно тяжеловесное клише, типичное для сюжетной формулы «сбежавшие любовники».

ванной с Марией Кюри и Эйнштейном. Меняющая мир ученая дама, которая носит гольфики и прячет заметки о своей формуле в бюстгальтере, а также мечтает о том, чтобы ею «овладел» возлюбленный столь же страстный, как поэт Шелли, — неудивительно, что Расселл заслуженно вызвала не меньшее количество издевательств со стороны кинокритиков, чем Третьяки. Одной из сцен, вызвавших насмешки, была ее лекция о холодном синтезе для студентов Оксфорда. Хосе Арройо в «Sight and Sound» прокомментировал: «Элизабет Шу <...> играет ученого так, как будто она находится на уроке химии в [телесериале] “Бестолковые”. Она носит гольфы и мини-юбки и говорит на своем научном жаргоне так, словно рекламирует новую косметику “Ревлон”» [Arroyo 1997: 53]. Энтони Лейн высмеял эту прозрачную и неуклюжую попытку фильма проявить политкорректность, описав Расселл как «молодую и красивую ученую блондинку, одновременно читающую стихи и меняющую мир, “подружку” [Святого] Эмму <...> — проще говоря, “его девушку”» [Lane 2002: 183].

Удивительно, что фильм, столь внимательный в отношении своего содержания — ведь среди его технических консультантов наряду с ученой дамой из Оксфорда, работающей над холодным синтезом, были также эксперты по наблюдению и по взлому сейфов, — мог получиться настолько плохим. Кажется, основная проблема заключается в том, что Нойс, перфекционист в области саундтреков и художественного оформления, согласился экранизировать этот слабый сценарий, даже не подозревая о том, что он провалит все дело. Поразительная слепота Нойса по отношению к проблеме клише становится очевидной из его рассказа о том, как он договаривался с властями о съемках финальной сцены на Красной площади. По его словам, ему было интересно, почему русские согласились позволить ему провести на Красной площади кульминационный процесс холодного синтеза. Он также отметил, что не скрывал содержание сцены от официальных лиц и был предельно честен: «Я сказал властям: “Да, президента России захватили и судят на Красной площади перед его народом, но в конце концов хорошие парни побеждают”».

Может показаться, что, возможно, сами русские проявили слабость в отношении клише Нойса, хотя режиссер предполагает, что «после семидесяти лет коммунизма, после семидесяти лет отказов они хотели доказать, что новая Россия свободна от цензуры». На самом деле фильм нуждался в цензуре — в такой, которая удалила бы его бесчисленные идиотизмы. То, что сам Нойс, возможно, столь же наивен, как выведенная им на экране доктор Расселл, заметно по другому его комментарию — о сцене, вызвавшей одинаковую реакцию во всем мире. Описывая сцену, в которой Святой, замаскированный под русскую уборщицу, подслушивает Третьяков и их сообщников, он говорит: «Во всем мире аудитория, увидев эту фигуру [уборщицу], взрывалась хохотом. Каким-то образом они понимали, что это был Саймон Темплар, задолго до того, как мы показывали лицо Вэла Килмера». То, что он здесь описывает, упуская из виду роль кинематографической грамотности зрителей, публика могла видеть в множестве предыдущих фильмов. Сцена предсказуема и банальна. Нойс опять забыл о том, что презентация потенциальной реальности никогда не бывает отвлеченной. В своем комментарии, поясняющем титр «Москва... завтра», он, похоже, признает, что история надумана: «Россия, которую вы видите в этом фильме, — не настоящая Россия. Наш портрет Москвы чисто умозрительный», но затем сразу же добавляет: «С тех пор как был снят “Святой”, выборы в России подтвердили тот путь стабильной демократии, на который страна вступила в начале 1990-х годов. Но если бы некоторым реакционным силам удалось оказать большее влияние на Россию, события, которые вы видите в этом фильме, могли бы стать реальностью. Слава Богу, пока так не случилось». Одним словом, Россия может рассматриваться не как надежный партнер, заслуживающий уважения, а как отложенная катастрофа, которая просто ждет своего часа. Хотя реальность иногда может играть со случайностями и клише, все же трудно представить, что постсоветские идеологические потрясения могут привести к чему-то похожему на вымышленные ситуации и карикатурных персонажей «Святого».

«Столкновение с бездной» (1998 год, режиссер Мими Ледер, DreamWorks SKG)

Середина 1998 года ознаменовалась выпуском двух фильмов-катастроф, удивительно похожих по сюжету, но резко отличающихся как по настроению, так и по трактовке русского персонажа, оказавшегося в американской среде. И «Столкновение с бездной», премьера которого состоялась 10 мая, и «Армагеддон», добравшийся до экранов вслед за ним, во время праздничных выходных 4 июля, рассказывали об огромном космическом теле, угрожающем столкновением с Землей. В обоих вариантах этого научно-фантастического сценария Россия сотрудничает с Америкой, чтобы обеспечить выживание планеты. Но если «Столкновение с бездной» демонстрирует почти равное партнерство, необычное для эпохи разочарования по обе стороны бывшего железного занавеса в конце 1990-х годов, то «Армагеддон» культивирует американское превосходство в шовинистическом, а иногда и — ненароком — в комическом плане. «Столкновение с бездной» следит за несколькими главными героями, действующими в разных местах. Лео Бейдерман (Элайджа Вуд), юный астроном из средней школы в Ричмонде, Вирджиния, первым обнаруживает комету и сообщает о ней; эта инициатива позже обеспечит его семье — но не его подруге Саре Хетчнер (Лили Собиски), — место в убежищах, построенных правительством в пещерах Миссури и заполняемых в основном посредством лотереи. Дженни Лернер (Теа Леони), амбициозная репортер MSNBC из Вашингтона, в ходе своего расследования предполагаемого сексуального скандала в Белом доме выясняет, что правительство во избежание паники скрывает от общественности информацию о комете, классифицируемой как ELE — событие уровня гибели всего живого. Как только президент Том Бек (Морган Фриман) сообщает стране о надвигающейся катастрофе, команда из шести астронавтов — включая одну женщину, одного афроамериканца и одного русского, — отправляется на космическую станцию «Мессия», чтобы с помощью ядерного оружия свернуть комету с ее траектории. Их первая попытка не увенчалась успехом, и Нью-Йорк вместе со значительной частью восточного побережья рушится от гигантской приливной волны; вторая самоотверженная атака космонавтов на комету спасает человечество.

Большинство критиков сошлись во мнении относительно таланта Фримана, исполнившего роль президента Бека, и относительно бездарности Леони в роли репортера Лернер. Большинство из них также отметили смягченный характер экшена в этом фильме; при этом одни обвинили авторов в вялом развитии действия[63] и недостатке спецэффектов, а другие, наоборот, похвалили «более рассудочный и серьезный» тон фильма [Antulov 2004b]. Существенным поводом для разногласий между критиками также стало то, что много времени в фильме тратится на выяснение семейных отношений и конфликты между главными героями. Некоторым рецензентам показалось, что личности персонажей иногда чересчур сентиментально окрашены — чему фильм во многом обязан Стивену Спилбергу как исполнительному продюсеру[64]. Даже Дженет Маслин, которая в большей степени сфокусировала внимание на людях, а не на машинах и спецэффектах, сухо прокомментировала, что, «очевидно, нет лучшего средства для семейной терапии, чем убийственно большой метеор, летящий к Земле» [Maslin 1998]. Примечательно, что и Маслин, и другая женщина-рецензент, Мэри Энн Йохансон, связали мягкость этого боевика с женщиной-режиссером. Йохансон назвала фильм «эмоциональным и вовлекающим, но не сочным, благодаря деликатной режиссуре Мими Ледер (“деликатность” — вот слово, которого вы не услышите о большинстве блокбастеров этого лета)» [Johanson Ndb]. В том же духе Маслин

---

63 Некоторые критики похвалили сценаристов Брюса Джоэла Рубина и Майкла Толкина, работавших над такими фильмами, как «Лестница Иакова», «Привидение» (Рубин), «Вознесение» и «Игрок» (Толкин), за более интеллектуальный, чем обычно, подход к привычному материалу. Другие увидели в сценарии только претенциозную тяжеловесность.

64 Одним из отличительных признаков участия Спилберга является непременное присутствие детей как будущего поколения, которое нужно защитить любой ценой. Это характерная черта также и советской идеологии.

заметила еще до выхода «Армагеддона», что «“Столкновение с бездной”, несомненно, покажется более чувственным из этих двух [фильмов]. В экшен-жанре “конец света” редко можно встретить внимание к спасению предметов искусства, антиквариата, слонов и фламинго, а также расслабленную обстановку пансионата на телевидении — вместо привычной истерики новостного отдела» [Maslin 1998]. К последнему можно было бы добавить и полностью человечного русского, который, как и американцы, обладает профессионализмом, социальными навыками и состраданием.

Из всех стран, которым американские послы сообщили о комете, Россия здесь с самого начала выделена в качестве партнера США. Как объясняет президент, Россия помогала создавать «Мессию», «самый большой космический корабль из когда-либо построенных», и вместе с ее американским экипажем отправила российского космонавта. Через несколько мгновений американские телезрители (и зрители фильма) знакомятся в числе прочих участников команды и с полковником Михаилом Тульчинским, специалистом по атомной энергетике. Решение пригласить А. Н. Балуева на эту роль не только добавило аутентичности, но и показало американской аудитории, что этот крупный российский актер[65], которого она ранее могла увидеть в роли подлого Кодорова в «Миротворце», способен сыграть живого персонажа, а не карикатуру. Тот же тонкий реализм, с которым в фильме (несмотря на другие его недостатки) показана обычная американская жизнь, характеризует и его как русского человека, хотя он легко мог бы стать еще одним стереотипом — таким же, как в «Армагеддоне».

Позже Тульчинский появляется с пивом в руках на вечеринке экипажа в Хьюстоне; он беседует с двумя молодыми женщинами и улыбается, когда они спрашивают его, не опасно ли везти ядерный реактор в космос. Это не опасно, отвечает он им: «Это же русские, русские — те же люди, которые создали Чернобыль.

[65] Балуев также сыграл крупную (отрицательную) роль в «Олигархе». См. главу четвертую.

А Чернобыль *почти* сработал», — и смеется над своей шуткой[66]. Приятный парень с непринужденными манерами, не лишенный чувства юмора по отношению к своей стране, Тульчинский здесь никогда не выглядит в той или иной степени отвергнутым американцами. Напротив, остракизму в фильме подвергается капитан Сперджен «Фиш» Таннер (Роберт Дюваль), поражающий своих молодых соотечественников как представитель старого поколения, потерявший связь с современными космическими экспедициями. Действительно, в следующей сцене в баре Таннер показан в одиночестве, в то время как остальные беседуют за столом, подвергая сомнению его компетентность. Доброжелательно принятый в компанию, где Таннер спорит с доктором Ореном Монашем (Рон Элдрад), Тульчинский успокаивает присутствующих: «Не беспокойтесь, не беспокойтесь. Мы сможем это сделать». Поразительно, но Ледер даже показывает на крупном плане реакцию Тульчинского в тот момент, когда он слышит фразу Таннера «Это не видеоигры»: серьезное выражение лица россиянина наводит на мысль о его беспокойстве по поводу разобщенности команды и о стремлении понять все нюансы конфликта между людьми другой культуры — а также, возможно, об осознании им того, что сам он является вторым по старшинству членом экипажа.

В ходе дальнейшего развития сюжета роль России и Тульчинского в деле спасения Земли от гибели только растет. Выпуск новостей, описывающий первый день миссии «Мессии», вновь подчеркивает важность участия России в совместном предприятии, а также отмечает улучшение мировых отношений после холодной войны. Описывая «экспериментальный двигатель» космической станции, диктор говорит: «Теперь, с помощью российских инженеров, предназначенная для разработки оружия массового уничтожения технология приведет в действие корабль,

---

[66] Намек Тульчинского на неудачу России в Чернобыле согласуется с аналогичной честностью Горбачева десятилетием раньше, когда его телевизионное признание в аварии (правда, запоздалое) порвало с коммунистической практикой сокрытия национальных кризисов. См. [Kreis 2012].

который перехватит самую большую угрозу, с какой когда-либо сталкивалась наша планета». Когда первая бомбардировка кометы не удается, президент в своей второй речи сразу же информирует общественность о том, что американское «стратегическое ракетное командование готово скоординировать с русскими массированный удар ракет "Титан", чтобы перехватить комету». Кроме того, Россия — единственная кроме самой Америки страна, где незамедлительно показывается такая же хаотичная реакция, как и в Соединенных Штатах: в одну из передач Лернер включен репортаж с места событий, в ходе которого сама журналистка сообщает об «уличных боях в Москве» из-за нехватки продовольствия и топлива. В дополнение к предоставлению России почетного второго места, сценарий помещает тему партнерства в гораздо менее этноцентричный контекст, нежели во многих других фильмах, посвященных самосознанию Америки как спасителя мира. Рассказав о существовании и значении пещер в Миссури, президент Бек в своем втором выступлении говорит: «Другие страны готовят такие же пещеры, наиболее подходящие для спасения жизни в их условиях. А эти — наши». Также в своем четвертом и последнем выступлении он упоминает, что в Европе и Африке опустошение восточного побережья приливом привело к тому, что миллионы людей погибли или лишились крова. Надо сказать, что в «Столкновении с бездной» Америка не до такой степени забывает о существовании и самоопределении других стран, как это обычно бывает в фильмах данного жанра (например, в более типичном «Армагеддоне», где президент обращается ко всему беспомощному миру в целом).

Что еще удивительнее, «Столкновение с бездной» постоянно стремится очеловечить и интегрировать своего единственного русского персонажа. Прежде чем команда высадится на комету для установки ядерных устройств, Тульчинский разделит со всеми остальными восхищение и ужас перед ее массивностью: его возглас «Господи!» вполне соответствует американским «Sweet Mother of God!», «Holy Shit!» и «Jesus!». После высадки, которая заканчивается катастрофой (Монаш теряет зрение, а Гас Партенза (Джон Фавро) оказывается выброшен в открытый

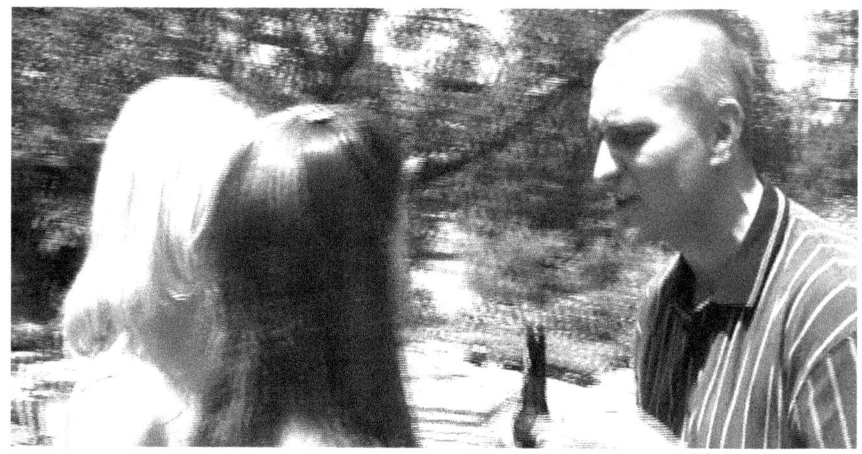

Тульчинский во время сугубо американского ритуала — барбекю — шутит по поводу Чернобыля

космос), именно Тульчинский больше всех корит себя за то, что оставил товарища по команде. Он настаивает на возвращении за Партензой даже после того, как Таннер напоминает ему, что в таком случае они погибнут. Когда они все же решают продолжить свой путь, он, повторяя «Мы не можем просто оставить его в космосе», удаляется в полном отчаянии. К тому времени, когда Таннер объявит команде о том, что «Мессия» направлен прямо на комету, чтобы дать Земле шанс выжить, Тульчинский вспомнит о своем профессиональном долге и, вместе с остальными, трезво примет решение об акте самопожертвования.

Только в конце, когда члены экипажа «Мессии» прощаются посредством мониторов со своими семьями на Земле, Тульчинский выглядит отчужденным. Возможно, потому, что его семья находится в России, он оказывается единственным из экипажа, кого фильм не одаривает сентиментальным прощанием. Тем не менее именно он появляется на предпоследнем полукрупном плане, перед тем как «Мессия» направится на свою роковую встречу с кометой. Он сидит и смотрит вперед с выражением спокойной решимости на лице, которое кажется почти восторженным.

И хотя в этом фильме Россию в очередной раз представляет персонаж-мужчина, тот факт, что сбалансированный образ Тульчинского продемонстрирован в повествовании, которое сводит вместе представителей различных социальных групп (включая женщину-репортера, женщину-космонавта и афроамериканско-

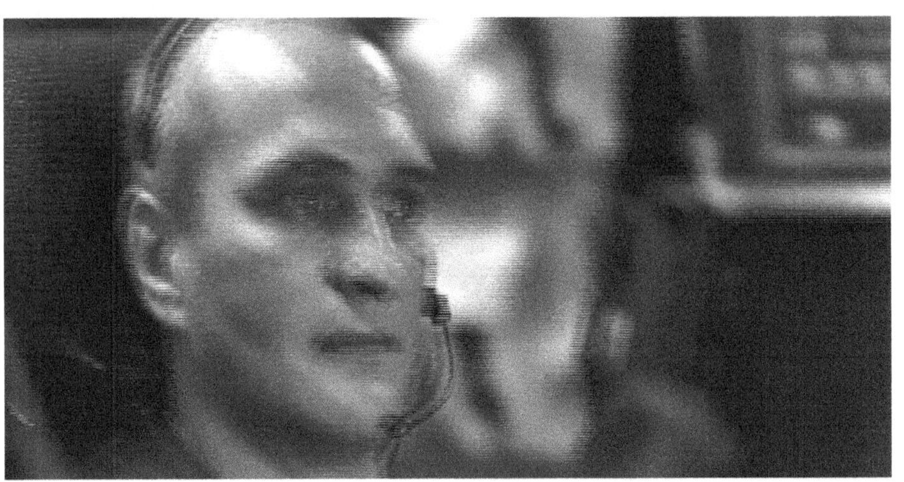

Тульчинский спокойно присоединяется к американским силам в акте героического самопожертвования в открытом космосе

го президента, — все они действуют героически, но по-разному), не кажется случайным. Из персонажей, окружающих Тульчинского, именно Андреа Бейкер (Мэри Маккормак) — даже в большей степени, нежели афроамериканец Марк Саймон (Блэр Андервуд), — напоминает русских как представительница меньшинства, способная изменить некоторые из излюбленных голливудских стереотипов. Однако образ Бейкер столь же позитивен, как и Тульчинского. Помимо того, что она прекрасно владеет собой, Бейкер твердо приказывает своему командиру, чересчур оптимистичному Таннеру, прекратить подпитывать «Мессию» в тот момент, когда это становится опасным. Также она первой из всей команды осознает, что план Таннера подразумевает их гибель, после чего благородно принимает свою судьбу с ироничной шуткой, вполне вписывающейся в общую тенденцию фильма снижать героический пафос[67]: «Посмотри на это с другой стороны. В нашу честь назовут средние школы». Даже в большей степени, чем предыдущий фильм Ледер «Миротворец», «Столкновение с бездной» демонстрирует, что адекватные образы «других» вполне совместимы с американским белым героем-мачо.

---

[67] Исключением из этого паттерна в темпе, характеристиках персонажей, кастинге и режиссуре фильма является саундтрек, который приобретает грандиозный, возвышенный характер при переходе к акцентированным репликам или сценам с участием семьи, дома или нации и достигает кульминации в последней речи президента Бека о восстановлении Америки.

«Армагеддон» (1998 год, режиссер Майкл Бэй, Valhalla / Touchstone Pictures)

В отличие от «Столкновения с бездной», «Армагеддон» Майкла Бэя вслед за «Самолетом президента», «Шакалом» и финалом «Святого» продолжает представлять российское партнерство с Америкой в таком же размашисто-покровительственном тоне. Созданный (среди прочих) экшен-кинематографистами Джерри Брукхаймером и Гейл Энн Херд для «Universal Studios», этот фантастический блокбастер достигает эпических масштабов[68] сочетания эксплуатации мачо-стиля и сомнительного юмора[69], многочисленных взрывов и злоупотребления наукой, банальной молодежной любовной истории и больших доз сентиментальности в отношении семьи и нации. В нем также имеется второстепенный русский персонаж, демонстрирующий комическую вариацию знакомой темы российской некомпетентности, от которой спасает превосходное ноу-хау янки. Так как Джонатан Хенсли разработал сюжет совместно с Робертом Роем Пулом и Джей Джей Абрамсом[70], а также был одним из исполнительных продюсеров фильма, трудно не увидеть в этом русском персонаже огрызки тех стереотипов, которыми Хенсли и Уэсли Стрик напичкали «Святого». Раздутый и в то же время скользкий, фильм «Армагеддон» кажется еще более мультяшным примером демонстрации тестостерона и самовосхваления американцев, когда рассматривается вкупе с недооцененным, хотя и зачастую излишне сентиментальным «Столкновением с бездной».

---

68 При длительности фильма в 144 минуты его бюджет предположительно составляет 140 000 000 долларов США (почти вдвое больше, чем у «Столкновения с бездной»). См. [Armageddon Boxoffice/business IMDb].

69 В своем обзоре в «Sight and Sound» Энди Ричардс точно отметил, что «Стэмпер Брюса Уиллиса <...> предлагает рискованно прямолинейную героику, которую невероятно трудно отделить от преднамеренного юмора сценария» [Richards 1998: 38].

70 Видимо, над сценарием работали еще несколько не обозначенных в титрах авторов. Роджер Эберт упоминает в общей сложности девять сценаристов. См. [Ebert 1998].

Вкратце: администратор НАСА Дэн Трумэн (Билли Боб Торнтон) планирует остановить летящий к Земле огромный астероид, взорвав его изнутри. Для этого он отправляет в космос специально обученную группу нефтяных бурильщиков. Гарри Стэмпер, «лучший в мире бурильщик» (Брюс Уиллис), возглавляет команду из восьми человек. В нее входят протеже Стэмпера Эй-Джей Фрост (Бен Эффлек), которому Стэмпер запретил ухаживать за его дочерью Грейс (Лив Тайлер), зрелый и мускулистый афроамериканец по прозвищу Медведь (Майкл Кларк Дункан), а также бабник и остряк Рокхаунд (Стив Бушеми). Вместе с шестью пилотами НАСА, среди которых непременная женщина Дженнифер Уоттс (Джессика Стин), бурильщики отправляются на двух шаттлах к российской космической станции (вероятно, «Мир»), где им помогает заправиться космонавт-резидент Лев Андропов (Петер Стормаре). Случайный взрыв заставляет Льва перебраться на шаттл Эй-Джея, который вскоре после этого падает, предположительно убивая всех, кто на нем находится. Остальные достигают места назначения и вскоре приступают к бурению; тем временем выжившие в аварии Эй-Джей, Медведь и Лев уже путешествуют по астероиду на высокотехнологичном вездеходе, разыскивая своих спутников. После преодоления различных опасностей этой «самой страшной из всех мыслимых обстановок», а также задуманной пилотом НАСА полковником Шарпом (Уильям Фихтнер) коварной попытки военных дистанционно взорвать бомбу на поверхности астероида, Эй-Джей, Медведь и Лев наконец присоединяются к группе. Когда становится понятно, что из-за неисправности пульта дистанционного управления кто-то должен остаться на астероиде и запустить бомбу вручную, члены команды тянут жребий. Короткую соломинку вытягивает Эй-Джей, но Стэмпер в последний момент занимает его место, прося Грейс позаботиться о нем, в то время как остальные, ликуя, возвращаются на Землю, спасенную от разрушения благодаря американскому самопожертвованию.

Примерно за час до того, как Лев появится в этой истории, намерение фильма воспеть американское технологическое и политическое превосходство уже становится очевидным. Обнаружив астероидную угрозу Земле, Америка не дает всему остальному миру узнать о метеоритном дожде, который нанес ущерб Нью-Йорку. Как объясняет Трумэн Стэмперу, «в мире есть всего девять телескопов, которые могут обнаружить астероид, и мы контролируем восемь из них». Чуть позже Стэмпер собирает своих людей, чтобы предложить им присоединиться к космической миссии, произнося речь, наполненную национальной мегаломанией: «Правительство Соединенных Штатов только что попросило нас спасти мир. Кто-нибудь хочет сказать “нет”?» К тому времени, когда очередной метеоритный дождь обрушивается на Шанхай, убивая тысячи людей и тем самым ставя об этом в известность другие страны, НАСА готовится отправить спасителей планеты в космос. Хотя к этому моменту на экране уже появился представитель НАСА, информирующий средства массовой информации о «сотрудничестве Америки с российскими, японскими и французскими космическими агентствами в самом масштабном космическом предприятии в истории», очевидно, что спасение планеты, по-видимому, зависит исключительно от американской науки и героизма. Единственный иностранец, работающий с НАСА, — это английский ученый доктор Рональд Куинси (Джейсон Айзекс), которого Трумэн называет «поистине самым умным человеком на планете». Но даже он никак не связан со своим правительством. Никто из французских ученых на экране не появляется, в то время как единственные персонажи-азиаты, возникающие в фильме перед тем, как приливная волна обрушивается на Шанхай (примерно через час просмотра фильма), — это туристическая пара[71], которую информирует о пробках находчивый нью-йоркский таксист, — а также несколько человек на нефтяной вышке Гарри. Вместо этого монтаж, показывающий людей всего мира, которые слушают предшествующую запуску президентскую речь, легко превращает народы в пассивные

---

[71] Женщину в этой паре сценарий опошляет, заставляя ее в разгар разрушения метеором Нью-Йорка визжать: «Я хочу пройтись по магазинам!» В этом отношении образ Уоттс также опошляется сценаристами, когда Оскар и Медведь во время ее лекции соглашаются, что она «горячая»: из профессионала НАСА она превращается в сексуальный объект.

толпы, ожидающие американского спасения, — то, что обозреватель «Time Out» назвал «пассивным населением мира» [TCh Nd][72]. Показанные далее монтажные нарезки следуют этому примеру, создавая контраст с фильмом «Столкновение с бездной», где другие страны, напротив, не представляются в качестве дополнения к Америке.

Хенсли и его соавторы усугубили это невидимое присутствие других держав экстремальным гиперпатриотизмом на премьере, состоявшейся в праздничный уикэнд Дня независимости. Помимо настойчивого чествования мастерства работников НАСА[73], сценарий также дает шаттлам названия «Фридом» («Свобода») и «Индепенденс» («Независимость»)[74], показывает флаг на заднем плане многих кадров и использует иконографическое условное обозначение: Медведь в звездно-полосатом облачении, едущий на мотоцикле в открытом космосе, что символизирует страну расового равенства. И, конечно же, Брюс Уиллис в роли Стэмпера вновь заставляет вспомнить суровый американский индивидуализм его персонажа из «Крепкого орешка».

Посреди всей этой этноцентричности Россия по крайней мере получает признание как достаточно продвинутый союзник — ведь у нее есть своя космическая станция. Однако резидент этой станции, принимая участие в миссии, так ни разу и не изменяет своему шутовскому образу, чтобы превратиться в героя, равного американцам. И сама станция оказывается на совершенно ином уровне, чем НАСА. Со Львом Андроповым — названным, по-видимому, в честь Юрия Андропова, главы СССР в 1982–1984 го-

---

[72] Подобно тому как «Миротворец» приукрашивал реакцию России на хищение ее боеголовок, «Армагеддон» так и не удосуживается включить в повествование реакцию русских на разрушение их космической станции.

[73] Энди Ричардс из «Sight and Sound» прокомментировал: «Созданный в тесном сотрудничестве с НАСА, "Армагеддон" похож на расширенный промо-ролик американской мужественности и компетентности» [Richards 1998: 38] — так же, как и «Охота за "Красным Октябрем"», которая носится с военно-морским флотом.

[74] Этот патриотический пыл напоминает самолет «Либерти» из фильма «Самолет президента».

дах, — зрителей знакомят вскоре после запуска, когда бурильщики, ранее презираемые некоторыми агентами НАСА и военнослужащими как «не тот персонал» или «кучка умственно отсталых, [которым] не доверишь и картофельную пушку», появляются на экране, — как истинные герои, они идут плечом к плечу в замедленном темпе. Очевидно, они зарекомендовали себя, пережив тяжелые учения и решившись рискнуть жизнью ради страны. Когда они отправляются в космос, Трумэн готовит их к встрече с российской космической станцией, где обитает «космонавт, [который] провел в одиночестве на этой консервной банке восемнадцать месяцев, так что не удивляйтесь, если он немного "того"». Сначала Лев, внезапно врывающийся в кадр откуда-то снизу и пугающий своим диким взглядом, выглядит неопрятно; наладив радиосвязь с шаттлами, он произносит несколько фраз на английском языке с сильным акцентом и тут же переворачивается вверх тормашками в кабине, где нет гравитации. Почему его оставили здесь одного, и почему благодаря сочетанию изоляции, пьянства, отсутствия гравитации и «русскости» он выглядит настолько глупо, даже не хочется спрашивать. Однако сразу видно, что он не внушает доверия, воплощая русскую версию «не того персонала». В отличие от «Столкновения с бездной», «Армагеддон» занял в русской роли шведско-американского актера с явно американским стилем игры и акцентом. В общем и целом в исполнении Петера Стормаре грустный, долговязый Лев выглядит весьма симпатичным — но не подлинным[75].

Лев продолжает быть «немного "того"», когда снова появляется в кадре, приветствуя американцев: он опять дезориентирован, опять вылезает откуда-то из-за границы кадра — на этот раз сверху, — а его ушанка делает его похожим на летучую мышь. Он начинает с нелепого требования ничего не трогать в его «сложной лаборатории», затем приказывает Эй-Джею наблюдать за мано-

---

[75] Антулов рассматривал Стормаре и Стива Бушеми как два проблеска в этой «полностью пустой трате времени»: «...Петер Стормаре фактически затмевает всех остальных в образе пьяного, небритого русского космонавта, который присоединяется к американской миссии, покинув свою постепенно разваливающуюся космическую станцию» [Antulov 2004c].

метром заправочной колонки. Спустя несколько мгновений, когда из-за утечки в насосе повышается давление, Лев погружается в воспоминания, воскрешающие страхи холодной войны: его дядя работал на заводе по производству бомб, производя ядерные ракеты — «штуки, которые достанут Нью-Йорк, Вашингтон — ну, вы понимаете». В ответ Рокхаунд и Стэмпер обмениваются взглядами, ставящими под сомнение здравый смысл и компетенцию русских. Хвастаясь «гением в своей семье», Лев не слышит передаваемых по интеркому призывов Эй-Джея о помощи и не видит его неистовой жестикуляции на экране связи. Следуя инструкциям Льва, Эй-Джей нажимает на требуемый рычаг, и тот ломается прямо у него в руках. В топливном отсеке вспыхивает огонь, распространяясь на остальную часть космической станции, которая затем взрывается и распадается на куски — в полном соответствии с ранее высказанным Трумэном предупреждением о том, что она «использовалась одиннадцать лет; это больше сроков эксплуатации некоторых наших автомобилей». Реакция Льва на катастрофу заключается в том, что он пытается помочь Эй-Джею сбежать из пылающей капсулы, и как только они оба оказываются в безопасности на «Индепенденс», он начинает отчитывать американцев за то, что они ведут себя как «кучка ковбоев»[76]! Таким образом, ненадежное оборудование, невнимательное наблюдение за ним и эксцентричная небрежность оказываются отличительными чертами российской космической станции.

Последующие сцены показывают шатание Льва между скепсисом и пессимизмом, что контрастирует с американской ини-

---

[76] Это напоминает мотив ковбоя в образе Маршалла из «Самолета президента» и перекликается с тем, как Рамиус в «Охоте за "Красным Октябрем"» также обзывает дерзких американцев «ковбоями». Поскольку нет никаких доказательств того, что российское восприятие американцев действительно таково (за исключением Рейгана) — сам этот паттерн, кажется, функционирует в качестве гордой идентификации Америки с прошлым Дикого Запада. То, что этот термин — даже если его используют в качестве унижения русские — на самом деле является для американцев комплиментом, становится ясно из того, как Трумэн приветствует Эй-Джея в конце фильма — «С возвращением, ковбой!»

циативностью и изобретательностью Эй-Джея, а также с тешащими его эго фантазиями о превосходстве. Фактически Эй-Джей, как ковбой, берет на себя всю ответственность, когда их шаттл терпит крушение: через несколько минут после того, как он говорит Льву, что американцы — не астронавты, а бурильщики, — он тем не менее принимает командование, взорвав пулеметным огнем стенку шаттла и создав тем самым выход для вездехода. При этом он сопровождает свои действия хвастовством: «Вот как мы поступаем там, откуда я родом». Во время путешествия этой троицы по астероиду девиз Эй-Джея звучит как «Иди вперед, я не сдамся»; Лев же скорее выражает такие унылые реакции, как: «Мне самому не нравится мое негативное отношение, но вы ведь считаете, что это хорошо смотрится, не правда ли?» В какой-то момент, когда Эй-Джей настаивает на том, чтобы вездеход прошел через каньон, Лев отвечает ему: «Я не знаю», но затем добавляет: «Но знаете что, если это сработает, то вы двое станете героями — как и я». Точно так же в сцене со сбоями в работе их кабриолета Лев стучит по приборной панели — «Я ненавижу эту машину!» — и затем, выйдя наружу, очевидно, продолжает делать то же самое на ее внешней части. В ответ на возражения спутников он отвечает: «Я — единственный дипломированный космонавт здесь. Я спасаю твою американскую задницу», — побуждая Медведя к ироничному комментарию в сторону Эй-Джея: «Да, слушай его. Правильно». Когда же вездеход взлетает, Лев, как в клоунаде слэпстика[77], начинает кувыркаться туда-сюда, отчаянно цепляясь за него, а затем, воссоединившись со спутниками, комично заявляет: «Теперь я действительно русский герой!»

Неудивительно, что фильм ни разу не подтверждает его самовосхваления так, как в случае с американцами, хотя и превращает его в своего рода кривое зеркало, комедийно отражающее все неудачи и недовольства бурильщиков. В одной из сцен эта

---

[77] Слэпстик («комедия затрещин») — жанр комедии, преимущественно в немом кино (Бастер Китон, Чарли Чаплин), где источником комического являются физические действия. — *Примеч. пер.*

функция объединяет его с геологом Оскаром (Оуэн Уилсон) — когда в сценарии дается отсылка к «Звездным войнам». Непосредственно перед тем, как вездеход пересечет каньон, Эй-Джей спрашивает Льва, слышал ли он об Ивеле Нивеле[78], на что Лев отвечает: «Я не смотрел "Звездные войны"». Помимо того, что этот ответ подчеркивает незнание Львом американской поп-культуры, сам диалог воскрешает в памяти другой, более ранний диалог, когда на вопрос, кто будет в этой миссии Ханом Соло, Эй-Джей невозмутимо ответил, что Ханом Соло будет, конечно же, он, а Оскар — его Чубаккой. Ошибочный ответ Льва помогает фильму визуально воплотить эту идентификацию героя: командуя и управляя вездеходом, Эй-Джей действительно принимает образ Хана Соло, в то время как волосатый, примитивный русский временно заменяет Оскара (который точно так же выражал желание стать Ханом Соло) в качестве зверообразного приятеля героя из «Звездных войн».

В финале Лев действительно получает право разделить славу некоторых своих спутников. Во-первых, когда все бурильщики тянут соломинки, чтобы определить, кто останется взорвать бомбу, Лев проявляет свою русскую честность в этом чуждом ему английском розыгрыше, настаивая на том, чтобы принять в нем участие: «Ни за что я не позволю вам сделать это без меня, чтобы мне потом вернуться к себе домой как парню, который не поучаствовал в этом. Ни за что». Кроме того, именно Лев за несколько мгновений до запуска бомбы Стэмпером обеспечит безопасный вылет шаттла, хотя и с небольшим нюансом, также связанным с клише грубого российского материализма на фоне американской утонченности. Когда двигатель «Фридом» не запустится, Уоттс и Лев начнут исправлять проблему, причем последний опять решит использовать методы пещерного человека. Когда Уоттс засомневается, стоит ли позволять ему приближаться к неисправному устройству, он отстранит ее, а затем неистово ударит по

---

[78] Ивел Нивел (Evel Knievel, 1938–2007) — американский исполнитель трюков на мотоцикле, который до начала своей карьеры некоторое время работал бурильщиком. — *Примеч. пер.*

плате устройства. «Вот как мы решаем проблемы на российской космической станции», — заявит он, по-детски добавив: «Потому что я больше не хочу здесь оставаться». Но тот факт, что он действительно настоящий герой, едва ли может избавить его от образа русского неандертальца. Наконец, когда выжившие участники экспедиции выходят из шаттла обратно на Землю, — в то время как все более настойчивая в своей возвышенности музыка усиливает «грубый триумфализм» [Richards 1998: 38] фильма, — они снова идут плечом к плечу в замедленном темпе. И среди них, одетый в ту же красную униформу НАСА, идет Лев. Идея ясна: под эгидой Америки и под влиянием командного духа Америки русские могут искупить свои ошибки и сыграть небольшую роль в спасении мира.

Среди россиян, раздраженных тем, как «Армагеддон» изобразил их космическую программу, был А. В. Митрофанов, тогдашний председатель Комитета Государственной Думы по вопросам геополитики и член ЛДПР. Удивляясь, почему этот фильм был выпущен на российские экраны, если он «издевается над достижениями советских и российских технологий», Митрофанов добавил: «В течение пяти лет американцы использовали нашу космическую станцию “Мир”, а теперь они наносят нам это оскорбление» [Graff 1998]. Митрофанов, очевидно, прочел подтекст фильма лучше, чем Рэймонд Маркович[79], в чьем кинотеатре «Кодак-киномир» фильм был впервые показан в России. Защищая картину, он ссылался на отсутствие жалоб националистического толка со стороны зрителей. Сам он, похоже, также не нашел ничего оскорбительного в образе Льва и космической станции: «Русский персонаж в конце становится одним из героев <...>. Фильм о том, как русские и американцы объединяются, чтобы спасти Землю». Конечно, его слова могли быть отчасти связаны с прибылью кинотеатра, поскольку фильм, возможно, «уступал только “Титанику” с точки зрения годовых кассовых сборов в России». В гораздо большей степени был прав Ричардс из «Sight and

---

[79] Маркович признал, что у него было больше сомнений относительно показа «Самолета президента», нежели «Армагеддона».

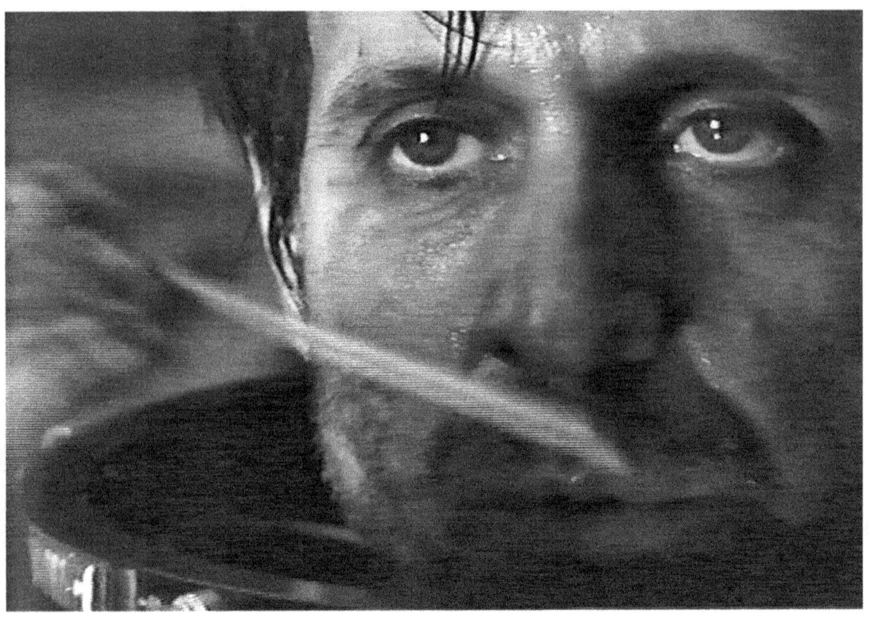

Лев интересуется, означает ли его длинная соломинка, что это он должен погибнуть ради спасения человечества

Sound», увидевший в фильме чествование того, как «американский героизм в сочетании с самыми современными технологиями одерживает победу» [Richards 1998: 38].

«Вирус» (1999 год, режиссер Джон Бруно, Valhalla Motion Pictures)

Завершает ряд фильмов первого десятилетия гласности «Вирус», начиненный большим количеством научно-фантастического экшена. Созданный продюсером Гейл Энн Херд, работавшей над «Армагеддоном», и режиссером Джоном Бруно — автором спецэффектов в фильмах «Бездна», «Терминатор 2» и «Титаник», — он оказался до боли плоским и вторичным[80]. Его примитивность

[80] Фактически невероятный сценарий этого фильма примечателен лишь количеством других оказавших на него влияние сценариев. Помимо «Титаника», «Терминатора 2: Судный день» и «Бездны», все спецэффекты из которых повторяет «Вирус», в обзорах упоминается также сходство с фильмами «Подъем с глубины» (1998), «Сатурн 3» (1980), «Чужой» (1979), «Чужие» (1986 год), «Звездный путь: Первый контакт» (1996) и «Бунт роботов» (1984).

вряд ли покажется удивительной, учитывая происхождение самого сюжета, который был заимствован из выпущенного издательством «Dark Horse Comics» комикса того самого Чака Пфаррера, печально известного своим «Шакалом». Он же стал и соавтором сценария — совместно с Деннисом Фельдманом[81]. Что же действительно удивляет, так это то новое, что он привнес в репрезентацию российско-американских отношений, а именно — взаимосвязь между двумя сильными героинями.

Повествование начинается с того, что инопланетная сила захватывает космическую станцию «Мир»[82], а затем проникает на российский исследовательский корабль «Владислав Волков»[83], наблюдающий за деятельностью этой станции. Неделю спустя капитан поврежденного буксирного судна «Морская звезда» Эвертон (Дональд Сазерленд) вместе со своим помощником Дж. У. Вудсом (Маршалл Белл) и пятью членами экипажа обнаруживают заброшенный корабль и высаживаются на него. Недобросовестный Эвертон думает только о тридцати миллионах долларов, которые они могут получить, спасая корабль, в то время как его штурман Келли Фостер (Джейми Ли Кертис) и инженер Стив Бейкер (Уильям Болдуин) проявляют гуманность, сначала помогая раненому Хико (Клифф Кертис), едва не тону-

---

[81] По-видимому, Пфаррер написал сценарий «Вируса» в начале 1990-х, но затем опубликовал историю в «Dark Horse Comics» (1995), потому что в Голливуде еще не было необходимой технологии создания спецэффектов. В 1999 году он и Фельдман переделали комикс-версию этого сюжета для экрана. См. [Virus Trivia IMDb].

[82] Марк Савлов из «Austin Chronicle» сухо прокомментировал силу воображения Голливуда: «Жаль бедную космическую станцию “Мир”. Сначала она страдает от подлинных травм паршивого постперестроечного управления, технических ошибок и некачественной постройки, а затем от рук обоих режиссеров — Майкла Бэя (“Армагеддон”) и Джона Бруно (“Вирус”). Неудивительно, что российская космическая программа в таких клочьях» [Savlov 1999].

[83] Согласно Британской энциклопедии, корабль назван в честь космонавта, в задачи которого входили полеты на кораблях «Союз-7» и «Союз-11» и который дважды был награжден званием Героя Советского Союза (в 1969 и 1971 годах).

щему в тот момент, когда инопланетная сила уничтожает буксир, а затем Наде Виноградовой (Джоанна Пакула), главному научному сотруднику и единственной выжившей, которая внезапно выпрыгивает из шкафа и стреляет в них. Во второй половине фильма члены экипажа и Надя убегают от инопланетной силы, принявшей теперь вид гигантского робота, который связывается с ними через компьютер и убивает людей, чтобы внедрить части их тел в роботов меньшего размера. Надя и Ричи Мейсон (Шерман Огастес) умрут, сражаясь с инопланетянином, а Фостер и Бейкеру все же удастся уничтожить его, потопив корабль и отправившись в безопасное путешествие по открытому океану.

От благожелательных образов русских, которые мы встречаем в начале фильма, вскоре он переходит к размыванию границ между ними и злым «другим». Среди знакомых голливудских условностей здесь присутствует хоровая музыка, сопровождаемая русской речью без субтитров, которая знакомит нас с затерянным где-то в южной части Тихого океана «Волковым» и его командой. Эта команда проверяет местонахождение тайфуна и контактирует с тремя космонавтами «Мира», один из которых — женщина. Ощущение нормальности усиливается очевидно теплыми отношениями между капитаном Алексеем (Леваном Учанеишвили) и женщиной из коммуникационного центра корабля (позже мы узнаем, что ее зовут Надя), а также ее дружеской игрой в шахматы с космонавтом. Затем инопланетная сила поражает и «Мир», и корабль. Уходящий в затемнение крупный план кричащей Нади сменяется на экране судном «Морская звезда» и, соответственно, переходом к американской точке зрения. Это изменение в характере повествования вызывает двойное беспокойство по отношению к русским: экипаж «Морской звезды», не подозревая о вторжении инопланетян, ведет себя крайне осторожно при посадке на борт и во время поисков на устрашающе пустом корабле, — главным образом из-за национальной принадлежности этого корабля; аудитория, осознавая, что с «Волковым» произошло что-то ужасное, уже готова увидеть, как русские под воздействием неизвестной силы изменились в худшую сторону.

Осторожность экипажа «Морской звезды» в первую очередь модулируется по стандартной схеме «мы против них», когда Эвертон, в соответствии с морским законодательством, решает претендовать на десять процентов от стоимости корабля: как он объясняет команде, это значит, что они могут получить тридцать миллионов долларов от российского правительства. Как и в ряде предыдущих картин, во время кризиса упомянутое правительство никак не проявляет себя в фильме: несмотря на сложность проводимых научных исследований и долгий недельный срок, Россия, по-видимому, не только не зарегистрировала, но и вообще никак не отреагировала на потерю собственного корабля и «Мира»! В этом контексте Мэри Энн Йохансон иронично прокомментировала необходимость того, чтобы корабль в фильме был русским, тем, что «ВМС США никогда не позволят себе потерять что-либо ценное, не потрудившись его поискать. Только русские могут быть такими глупыми — или, похоже, так думают создатели "Вируса"» [Johanson 1999b]. Подобное пренебрежение заметно и в том, что Ричи и Вудс называют русские буквы на борту корабля «кириллическим дерьмом» и «мазней». Более двусмысленно приятель Бейкера Пискля (Хулио Оскар Мечосо) обращается к груде зловеще двигающихся кабелей: «Послушай, я — друг, понятно? Я кубинец, а не американец» — как будто его происхождение из коммунистической страны защищает его от российской враждебности по отношению к американцам[84]. И очевидно, что после того, как члены экипажа подвергаются нападению некоей зловещей силы на корабле и увечьям, у них не оказывается иного выбора, кроме как подозревать русских. Как сообщает Ричи после того, как на него и Вудса в машинном отделении направили гвоздевой пистолет: «Там есть еще один русский. Этот сукин сын выстрелил в нас». Пожалуй, самым впечатляющим можно назвать то, что Надя впервые появляется в виде угрожа-

[84] Еще один знакомый мотив из контекста российско-американских отношений возникает в тот момент, когда Бейкер говорит Пискле: «Не будь ковбоем». Как и ожидалось, этот элемент, отмеченный нами в главе первой, появляется во многих боевиках, создавая параллели с мачизмом героев фронтира.

ющей вооруженной фигуры в противогазе, заставая врасплох членов экипажа, прежде чем мы поймем, что на самом деле она — всего лишь обезумевшая и голодная жертва, которой американцам предстоит научиться доверять. Однако наиболее сильные антироссийские настроения исходят от Эвертона. Услышав рассказ Нади и увидев сплавленное с машиной тело Алексея, он говорит своей команде: «Вы слушаете кучу русского мусора. <...> Все это заварило их правительство. Все пошло не так, верно? Все это слетело с катушек, и вы боитесь, что остальной мир узнает об этом. Это доктор Игорь-мать-его-Франкенштейн. Скажите правду: это какой-то причудливый медицинский эксперимент, не так ли?»

Хотя зритель, знающий больше, чем герои, и может предположить, что русские не совершали нападение и не сотрудничали с инопланетной силой, а были на самом деле лишь жертвами ее вторжения на корабль, тем не менее подтекст разных реплик оказывается достаточно весомым, даже несмотря на то, что сами американцы выглядят довольно невежественными. По сути, инопланетная сила, безжалостно и механически стремящаяся к выживанию и захвату власти, оказывается неразрывно связана с «русскостью»: она не только установила свою «штаб-квартиру» на «Волкове», но и внедрила части тел русского экипажа в робототехническое оборудование корабля. Также неслучайно, что эта сила начинает угрожать американцам только после того, как заселяется в русскую цитадель. Оказавшись поначалу жертвами этой силы, русские в конце концов становятся средствами распространения зла — паттерн, напоминающий кооптацию инопланетной силы в фильме «Вторжение похитителей тел» Дона Сигела (1956), который часто интерпретируется как нарратив с антикоммунистической моралью. Однако через час экранного времени встреча команды с роботизированным Писклей и хозяином-инопланетянином устраняет все подозрения относительно личности противника. С этого момента сценарий фокусируется на подлости Эвертона, вступающего в сговор с инопланетянином, и на сотрудничестве Нади и Фостер в борьбе против этих двух маскулинных «доминирующих форм жизни».

Сильная, профессиональная русская женщина, вступающая в союз с группой американцев для того, чтобы побороть зло, Надя напоминает майора Козлову из «Шакала» (созданного по сценарию того же Пфаррера). В то же время, как заметила Йохансон [Johanson 1999b], в качестве травмированной и единственной выжившей она также напоминает Ньют из фильма «Чужие»; к концу истории она становится военно-морским вариантом Рипли. То есть ее «русскость» больше не является поводом для недоверия, а воинственная унисекс-динамика в духе «Чужих» (которую Пфаррер уже использовал в своем сценарии фильма «Не называй меня малышкой», 1996) поглощает все национальные конфликты. Вскоре после того, как она выскакивает из шкафа, съемка с ее точки зрения, когда она восстанавливается после удара, предлагает нам идентифицировать себя с ней, несмотря на недоверие американцев. Тот факт, что она — ученый, который понимает и может последовательно объяснить, что произошло, и который знает весь корабль вдоль и поперек, придает ей авторитет, которым обычно наделяются голливудские герои-мужчины. Ослабевшая из-за травмы и голода, после того как ее принимает команда «Морской звезды», она вскоре демонстрирует героизм и моральную и физическую стойкость: настаивая на уничтожении инопланетной силы; многократно используя оружие; предлагая лучший способ потопить корабль, чтобы уничтожить инопланетянина; побеждая роботизированного Эвертона с помощью помещенной в него гранаты; приводя в чувство Фостер, измученную пыткой; и, наконец, жертвуя собой, чтобы Фостер смогла убежать и «рассказать людям, что здесь произошло».

Во всем этом она является русским дополнением Фостер, американской героини, которая в плане кастинга неизбежно воскрешает знаковую роль Кёртис — из «Хэллоуина», где актриса играла роль «последней девушки». Присутствие этой актрисы, возможно, является первым сигналом фильма о том, что состав команды «Морской звезды» — одна женщина и один афроамериканец среди белого большинства во главе с отцом-патриархом — влечет за собой нечто большее, чем обычная небрежная «политкорректность»[85]. Фостер, с самого начала будучи самым сильным противником Эвертона, разделяет моральную и физическую стойкость и храбрость Нади. Она одна не поддается на приманку в тридцать миллионов долларов, предупреждая экипаж о том, что «легких денег не бывает», а затем неоднократно защищает Надю от словесных и физических оскорблений Эвертона. Когда Эвертон промахивается и стреляет в радио через мгновение после того, как обнаруживается хозяин-инопланетянин, Фостер бьет его кулаком в лицо, заявляя «Ты больше не в команде», и вооружает Надю. В конце концов, после (слишком) долгих преследований и беготни от одних несчастий к другим, когда Бейкер собирается ответить на радиообращение с британского корабля, именно женщины останавливают его, возражая, что они должны отказаться от спасения, потому что «эта штуковина изолирована на корабле» и должна остаться на нем. Конечно, Бейкер сражается и строит планы вместе с ними, но он, как замечает Йохансон, действительно иногда кажется второстепенным персонажем, напоминающем Хикса из «Чужих»[86]. Взаимопонимание и сходство между двумя женщинами на самом деле более интенсивны, чем тот романтический интерес, который время от времени возникает между Фостер и Бейкером. Возможно, именно поэтому сценаристы были вынуждены вклю-

---

85 Афроамериканский персонаж — Ричи — выглядит здесь в большей степени героем (спасая жизни, подготавливая ракету для побега, создавая бомбу, которая уничтожает корабль), чем обычно в боевиках, где расовая проблема не выходит на первый план. Об этом свидетельствуют и «Столкновение с бездной», и «Армагеддон». В сценарии также фигурирует и другой второстепенный персонаж — коренной американец Хико, чьи татуировки на теле, похоже, нужны для того, чтобы напомнить «Моби Дика» (интересно, что фрагмент именно этого романа Сперджен Таннер читает ослепшему Монашу на борту «Мессии» в «Армагеддоне»). Хико исчезает во время шторма, не внося большого вклада в экшен-героику.

86 Йохансон подчеркнула общую переработку сюжета из более раннего фильма: «Сегодня вечером Эвертон сыграет роль Картера Берка (Пол Рейзер в фильме “Чужие”). Келли Фостер (Джейми Ли Кертис) будет Рипли. Стив Бейкер (Уильям Болдуин) станет Хиксом. Надя (Джоанна Пакула), единственная выжившая, будет Ньют» [Johanson 1999b].

чить краткий диалог между Бейкером и Писклей о (гетеро-) сексуальной привлекательности Фостер — словами, которые поразительно повторяют сцену из «Армагеддона», подтверждающую женственность пилота НАСА, несмотря на ее профессиональную роль[87].

Необычное для боевика (в том числе и научно-фантастического) партнерство между двумя выдающимися, достойными восхищения женщинами — причем одна из них русская! — это единственный оригинальный аспект фильма, который критики, впрочем, единодушно посчитали аляповатым. На самом деле Надя обладает более героическим образом, чем любой из мужчин-русских в других фильмах данного десятилетия, и это является вехой даже в контексте смехотворного сценария и жанра, ограниченного одномерными характеристиками. Но сценарий не дает ей возможности разделить статус Рипли как «выжившего воина». Вместо этого он восстанавливает национальные и сексуальные нормы, обрекая на смерть российскую коллегу героини, и Фостер с Бейкером оказываются единственными беглецами с «Волкова»[88], улетая на вертолете, подобно влюбленной паре. Как и майор Козлова, Надя — впечатляющий, но все же не особо значимый удар по американскому триумфу над врагом.

В конце 1990-х годов Голливуд, несомненно, уловил реальное беспокойство американцев по поводу способности России решить свои собственные проблемы, а тем более присоединиться к США на равных условиях в качестве контролирующей мир сверхдержавы. В соответствии с такой озабоченностью, основу сюжетов всех семи фильмов составляет внутренний, международный или глобальный кризис, на который должны реагировать обе страны

---

87 Когда Пискля заявляет, что у Фостер все в порядке с планом спасения, Бейкер говорит: «Звучит так, как будто ты думаешь, что она горячая штучка», на что Пискля отвечает: «Конечно, я думаю, она горячая штучка. А разве нет?»

88 Авторы не могли удержаться от очередного заимствования в финале: открытие Фостер того, что Хико превращен в робота, оказалось кошмаром не меньшим, чем в «Кэрри» и «Бритве» Брайана Де Пальмы.

или их представители. Разумеется, американское присутствие, индивидуальное или коллективное, доминирует в любом таком кризисе, в то время как российские власти оказываются слабы, коррумпированы или просто отсутствуют в сюжете. Сама страна выглядит хаотичной в своем переходе к новой идеологии и обществу и все еще угрожающей своим местным империализмом, фанатичными группировками, небезопасным ядерным оружием[89], капиталистической эксплуатацией и растущей преступностью. По моральным стандартам, международному статусу, компетенции, моделям мужественности и социальному прогрессу голливудский россиянин может занимать только второе место по отношению к США. Короче говоря, паттерн укоренился: в России или Европе американцы берут на себя ответственность и, с российской поддержкой или без нее, находят выход из сложившейся ситуации; в Соединенных Штатах, космосе или в международных водах россиянам разрешается лишь помогать Америке взять на себя ответственность и спасти мир. С приближением нового века шансы на развитие новых формул, выражающих и способствующих улучшению отношений между двумя сверхдержавами, оказались действительно невелики.

«Сибирский цирюльник» (1998 год, режиссер Никита Михалков)

Воспринимающий самого себя как рыцаря, защищающего честь России, Михалков не мог игнорировать пренебрежение репутацией своей нации и реагировал на это своими фильмами. Не только удручающая длительность его «Сибирского цирюльника», который на протяжении трех часов сонно продвигается от начала к концу, но и его ошеломляюще амбициозная премьера свидетель-

---

[89] О российских проблемах с устаревшим ядерным оборудованием, таким как атомные подводные лодки, и о помощи, которую Россия получила от Соединенных Штатов и других стран см. в [Arms Control Associaton]. Более свежую информацию по теме см. в [Congressional Research Service].

ствуют об идеологических претензиях режиссера, одержимого желанием восстановить российское национальное величие, одновременно с этим понося Соединенные Штаты. Спорная, но влиятельная личность, Михалков уникально сочетает советскую эстетику и собственное чрезмерное эго с монархическими убеждениями и аристократической родословной, которую он настойчиво и опрометчиво подчеркивает[90]. Став председателем и главой Союза кинематографистов в 1997 году, Михалков неустанно сетовал на отсутствие «позитивного героя» на российском экране и призывал коллег создать героя, достойного восхищения и способного привить национальную гордость российской аудитории[91]. В своей речи на съезде Союза кинематографистов в мае 1998 года он отметил резкий контраст между российской и американской киноиндустриями; он утверждал, что «именно [такими] героями [как Сталлоне и Шварценеггер] американское кино учит своих детей понятиям чести, справедливости, и т. д.» [Beumers 1999: 50]. Как это ни парадоксально, несмотря на мускульный беспредел и массовые убийства, доминирующие на экранах в качестве средств раскрутки этих двух икон американского мачизма, Михалков одновременно отругал постсоветское кино за его насилие[92]. Создание «фильмов правильного типа, — утверждал он, — это вопрос нашей национальной безопасности», поскольку кино, как «самое мощное оружие» [*sic*], «может быть захвачено нашими врагами и может работать против нас» [Beumers 1999: 52]. Логика редко вторгается в бессвязные и страстные монологи

---

[90] Трезвый взгляд и на статус Михалкова, и на усилия самого Михалкова по его полировке см. в [Norris 2012: 107–126].

[91] Подробную информацию о карьере Михалкова см. в [Beumers 2005]; анализ «Сибирского цирюльника» (с которым мое прочтение фильма частично совпадает), а также «Утомленных солнцем» и «Братьев» Балабанова см. в превосходной статье [Larsen 2003]. См. также [Norris 2012].

[92] Сам «Цирюльник» едва ли лишен сцен насилия (дуэли, кровавые драки, покушения, пожизненная ссылка «преступников» в Сибирь в кандалах и с обритыми головами), но все эти элементы смягчены дорогими костюмами, роскошной обстановкой, панорамными съемками природы, яркими цветами и нейтрализующей насилие эстетикой «конфетной коробки».

Михалкова, но его предупреждение, вызывающее в памяти риторику времен холодной войны, неизбежно поднимает вопрос: кого он считает врагами России? Судя по «Сибирскому цирюльнику», главными кандидатами являются американцы, и сама эта напыщенная псевдоэпическая фантазия Михалкова представляет собой нечто вроде целлулоидного залпа, предназначенного для уничтожения врага на экране.

Никто не станет отрицать дефицит в современном российском обществе прототипов возвышенных экранных героев. А благородное происхождение и ценности Михалкова[93], которые всегда приводили его к надменному чувству собственной правоты, вряд ли побудили бы его выбрать в качестве примера для подражания героя-киллера из популярных фильмов Алексея Балабанова или олигархов и «новых русских» Лунгина. Только «славное» прошлое России может предложить те героические образцы, к которым склоняется Михалков. Если в своих оскароносных «Утомленных солнцем» (1994) в образе протагониста он воскресил повсеместно почитаемый образ революционного героя в лице полковника Сергея Котова (сыгранного, естественно, самим Михалковым), то в «Цирюльнике» он погрузился еще глубже в историю, показав на экране в целом спокойную эпоху правления Александра III (которого также сыграл сам), когда Российская империя была способна соперничать с другими странами на сцене международной политики[94]. Этот выбор позволил Михалкову со-

---

[93] Родившийся и воспитанный в творческой художественной семье с отцом, сочинявшим не только детские стихи, но и текст государственного гимна, матерью-поэтессой и братом, добившимся умеренного успеха на Западе в качестве кинорежиссера, Михалков был популярен как актер и режиссер в 1970-х годах, но впоследствии эта популярность снизилась, прежде всего, среди кинокритиков. Его политические пристрастия — монархические, а его широко известные чаяния занять пост президента России заставили многих скептиков назвать его исполнение роли царя в «Сибирском цирюльнике» репетицией этой роли в реальной жизни. Более подробную информацию о биографии Михалкова см. в [Beumers 2005: 3–5].

[94] Достижения и социальное благополучие этой эпохи резко контрастируют с хаосом современной России, что позволяет Михалкову не только сыграть роль своего любимого царя, но и показать идеал «счастливой» России, до-

брать в одно целое и представить в глобальных масштабах костюмированную драму, исторический эпос, любовную историю и политическую диатрибу[95], демонстрируя на экране ритуальную помпезность и церемонии, яркие платья и униформу, самые впечатляющие архитектурные памятники Москвы и захватывающие дух просторы сибирского пейзажа[96]. Как многозначительно заметил Джулиан Граффи, каковы бы ни были недостатки фильма, по крайней мере, зрители могли видеть, каким образом Михалков потратил вложенные в постановку 45 миллионов долларов [Graffy 2000].

Сценарий, написанный Михалковым и Рустамом Ибрагимбековым (последний был консультантом по русским вопросам на съемках «Святого»), сочетает в себе равные дозы простодушия и приправленного идеологией абсурда, противопоставляя мифическую «русскость» тому, что Михалков понимает как американизм[97]. Повествование включает в себя две темпоральности — прием, который по крайней мере один российский критик справедливо назвал «банальным и лишним» [Тимашева 1999: 4][98]. В 1905 году в Массачусетсе Джейн Кэллаган (беспомощная в этой

стойной подражания. О положительных аспектах жизни русских при Александре III см. в [Золотусский 1999: 53]. Однако, по крайней мере, один русский критик возразил: в александровской России, которую Михалков выдвигает как утопию, свирепствует пьянство, люди бьют кулаками друг друга по лицу в качестве «спорта», невиновного юнкера ссылают в кандалах в Сибирь, и никто не поднимает пальца в его защиту — все это относится к тем необъяснимым несоответствиям, которых так много в «Цирюльнике». См. [Павлючик 1999б].

95 Фил Холл отметил, что сценарий «не может определиться, будет ли это комедия, фильм о путешествиях или мелодрама, и его попытки одновременно проехать по этим трем рельсам приводят к мешанине».

96 К. Э. Разлогов, один из наиболее уравновешенных и образованных кинокритиков Москвы, называет фильм «оперным». См. [Разлогов 1999: 26].

97 Не один критик выразил сожаление по поводу «вымученных ухищрений сценария» [Hall 2001].

98 На протяжении всего фильма, как и в более ранней картине «Утомленные солнцем», Михалков не может представить себе структуры за пределами идеологического дуализма.

роли Джулия Ормонд) пишет письмо своему сыну Эндрю, через флешбэки воскрешая в памяти свои сексуальные приключения в России в двадцатилетнем возрасте, — приключения, которые составили основную часть повествования фильма и кульминацией которых стало рождение Эндрю. Отправляясь в Москву на поезде, чтобы помочь сумасшедшему ирландско-американскому изобретателю Дугласу Маккрэкену (Ричард Харрис) торговать своим изобретением («цирюльной» машиной, позволяющей рубить лес с феноменальной скоростью), распутная Джейн сталкивается с молодым идеалистом, курсантом Андреем Толстым (Олег Меньшиков). После нескольких бокалов шампанского он влюбляется в нее. Цель Джейн состоит в том, чтобы привлечь внимание генерала Радлова (Алексей Петренко) и через него добиться одобрения великим князем Алексеем потенциально прибыльного изобретения Маккрэкена. По одному из тех неуклюжих совпадений, которые портят как беллетристику, так и фильмы, генерал Радлов курирует как раз ту самую Императорскую военную академию, в которую записан Толстой. Поддавшись сомнительному очарованию Джейн, Радлов просит Толстого, бегло говорящего по-английски, сделать ей предложение от его имени[99]. Вместо этого Толстой заявляет ей о своей собственной любви, проводит с ней ночь в постели, и наконец, поняв природу отношений Джейн и Радлова, во время исполнения главной партии в постановке моцартовской «Свадьбы Фигаро» (что существенно — оперы на тему сексуальной верности) нападает на генерала со смычком от контрабаса! Чтобы сохранить несуществующую репутацию Джейн, он не решается опровергнуть обвинения в нападении на великого князя, и после ареста его приговаривают к каторжным работам в Сибири. Десять лет спустя Джейн, вышедшая замуж за Маккрэкена, посещает Сибирь, но ее попытки увидеть ссыльного Толстого — теперь местного цирюльника и отца семейства, утратившего свой прежний

[99] Поскольку Радлов, как и практически все остальные в фильме, в основном говорит по-английски, эта сцена во многих смыслах венчает ту натужную изощренность и искусственность, от которых страдает фильм.

аристократизм — ни к чему не приводят. Когда она навещает своего сына Эндрю на военной учебной базе в Миннесоте (действие снова переносится в 1905 год), она привозит ему фотографию отца. Новобранец и правда «весь в него» — не только именем, но и своим принципиальным стоицизмом (чтобы подчеркнуть сходство, Михалков заставил Меньшикова сыграть обе роли)[100].

Краткое описание этого замысловатого сюжета не может передать весь примитивный дуализм, структурирующий непоследовательность фильма, чтобы в эссенциалистском плане противопоставить грубую и жадную аморальность американцев добродетели, силе, щедрости и богатой культуре русских. Как наспех срежиссированный боксерский поединок, «Цирюльник» противопоставляет двух разношерстных противников. В левом углу ринга — Америка, чемпион секулярного Запада в легком весе, представленный чикагской потаскухой и равнодушным ко всему, кроме прибыли, грабителем окружающей среды, а также дебильным сержантом (Мак Макдональд), настаивающим на том, чтобы солдаты под его командованием кричали в унисон: «Мне насрать на Моцарта». В правом (во всех смыслах) углу — Россия, мировой чемпион-тяжеловес, представленный благородным, самоотверженным, артистичным и аристократичным кадетом; доброжелательным царем; ходячим воплощением женской верности и преданности (горничная Дуня, которая следует за Толстым в Сибирь и рожает ему троих детей); а также сплоченными институциональными группами, — такими как кадеты (связанные честью, общим опытом, любовью к стране и ее культуре). Сцена за сценой фильм упорно следует этой редуктивной бинар-

---

[100] Само собой разумеется, американская мать не имеет отношения к психологии сына и его внешности; ее функции ограничиваются рождением мальчика вдали от великолепия России. Здесь, как и везде в фильмах Михалкова и в фильмах большинства российских режиссеров 1990-х годов, женщины существуют для того, чтобы быть отражениями мужчин, образы которых они неизменно усиливают через поклонение, сексуальное подчинение и т. д. О бескомпромиссной маскулинной позиции последних фильмов Михалкова см. [Larsen 2003].

ности: американцы порочат Моцарта, не зная, кто он, в то время как русские с энтузиазмом исполняют его оперы; Джейн «губит» Толстого, а верная служанка Дуня продолжает хваленую традицию жен декабристов, присоединяясь к нему в Сибири и одаривая его потомством; «цирюльник» Маккрэкена опустошает русские леса, а оперная роль цирюльника демонстрирует музыкальные таланты Толстого (в финале еще одно «цирюльное» обличие Толстого подтвердит его «широкую русскую душу», поскольку в ссылке бывший аристократ превратится в профессионального парикмахера, обслуживающего местное сибирское население). Американские тупицы увлеченно и эгоистично гоняются за деньгами; русские культивируют свои безграничные умы, сердца и души и «смешиваются с массами». Предпоследний эпизод фильма, воздушная съемка потрясающих сибирских лесов, когда камера медленно панорамирует, задерживая взгляд на их красоте и передавая необъятный характер природных сокровищ России, — вместе с тем показывает и масштабное разрушение, нанесенное машиной Маккрэкена[101]. У зрителей не остается никаких сомнений в том, что «цирюльная» технология Америки, с моральной точки зрения оборачивающаяся корыстным варварством, не может конкурировать с самоотверженным и культурным русским «цирюльником»[102].

Одна из главных целей помещения сына Толстого в военную среду заключается в том, чтобы подчеркнуть еще одно фундаментальное различие между двумя странами: как высшая нация

---

[101] Сибирские фрагменты фильма представляют собой экранный эквивалент «деревенской прозы», и особенно таких репрезентативных работ, как «Прощание с Матерой» Валентина Распутина (1976), в котором предается анафеме нарушение современностью метафорически гиперматернализированной природы и традиционного образа жизни.

[102] Как заметил Стивен Норрис, обвинение в капиталистической предприимчивости именно американцев, а не французов, которые как раз сыграли большую роль в индустриализации России в XIX веке, вносит историческую неточность, но отражает широко распространенные в России 1990-х годов взгляды, а также позволяет избежать возможного раздражения французских спонсоров фильма (материал из переписки).

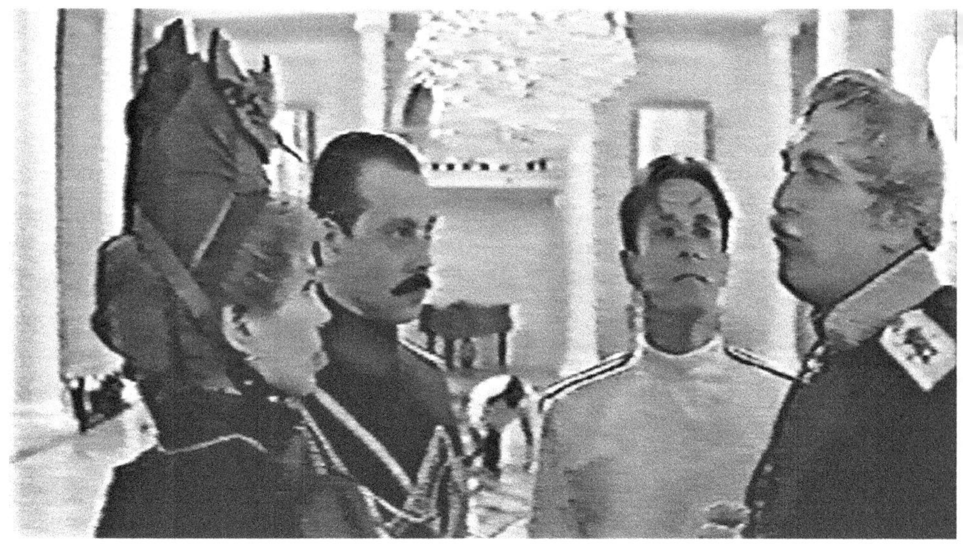

Джейн, двое ее поклонников — донкихотствующий кадет Толстой и хрустящий бокалом генерал Радлов, плюс наблюдатель

бескультурных, капиталистических «одиночек», Америка доверяет обучение своих солдат вопящим неандертальцам, способным по ошибке принять фотографию Моцарта за русскую девушку (!) и заставить новобранцев, выполняющих в качестве наказания бессмысленные упражнения, выкрикивать свое копрологическое презрение к композитору. Следуя созданному в фильме железобетонному контрасту, не только российская элитная военная академия, которая лелеет культуру, любовь и взаимоподдержку среди своих учеников, но и сам царь рекламируют русского солдата как воплощение России и ее ценностей. С церемониальной значительностью и пафосом он объявляет: «Русский солдат храбр, стоек и терпелив. Потому непобедим. Любите русского солдата, берегите его. Он вас не подведет», — после чего запивает это восхваление водкой[103]. Более того, последний кадр посвящает весь фильм русским офицерам, «гордости отечества нашего». В конце концов, ведь именно они сыграли решающую роль в расширении Российской империи, по чему Михалков, как и многие другие русские, глубоко тоскует. Чтобы

---

[103] Что характерно, когда Михалков описал свое обращение к российскому правительству с просьбой о выделении средств на финансирование российского кино, он прибег к военному сравнению: «Но мы — как солдаты — будем работать с любым начальством» [Дорожкин 1999].

подчеркнуть «вечный дух» русского солдата, Михалков делает его неотделимым от генетического кода: по-видимому, кровь, унаследованная от отца, русского солдата-парикмахера, — это то, что и позволяет любящему Моцарта Эндрю бросить вызов и в конечном итоге победить обывательскую американскую военщину, олицетворяемую сержантом О'Лири по прозвищу Бешеный Пес. Ибо в рамках мифологии Михалкова («Россия не такая, какой она была, а такая, какой должна была быть») одной «русскости» достаточно, чтобы гарантировать таинственное и невыразимое превосходство, или, как сформулировал рекламный слоган фильма, повторяя открытие американского сержанта: «Он русский. Это многое объясняет».

Многое, но все же недостаточно. Ведь это, безусловно, не позволяет рационализировать некоторые ошибочные уловки Михалкова, которые подрывают его же собственные намерения. Один из главных недостатков фильма проистекает из самой созданной Михалковым (и, по-видимому, его сосценаристом Ибрагимбековым) концепции идеального русского, которую воплощает молодой кадет Толстой[104]. Практически все критики осудили выступление тогда тридцатишестилетнего Олега Меньшикова в роли человека почти на двадцать лет младше его[105]. Однако на самом деле проблема заключается не в кастинге, а в самой приро-

---

[104] Хотя известно, что русские имена представляют для американцев определенные трудности (и наоборот), выбор Михалковым узнаваемого имени для своего героя, продиктованный либо «привлекательностью», либо попыткой «легитимизации», напоминает бытовавшую еще недавно склонность американских и британских режиссеров называть русских фанатиков и дураков фамилиями русских лидеров и писателей (например, генералы Пушкин и Гоголь в фильме о Джеймсе Бонде «Искры из глаз» (1987)).

[105] Частично несоответствие в возрасте возникло из-за чрезмерной задержки в переносе оригинальной идеи Михалкова на экран. Хотя он пригласил Меньшикова исполнить роль Толстого еще в 1988 году, поиск средств, масштаб проекта, сложность подготовки и рекламной кампании вокруг фильма откладывали его создание. В интервью Михалков намекнул, что, когда Меньшиков сообщил ему десять лет спустя, что готов принять предложение 1988 года, режиссер знал, что теперь он недостаточно молод для этой роли, но едва ли мог отказаться от своего приглашения. См. [Михалков 1999: 91].

де персонажа, попавшего в ловушку противоречивых конвенций нескольких несовместимых жанров, регулярно акцентируемых слэпстиком в духе Лорела и Харди. Здесь, как и везде, Михалков побеждает свои собственные намерения избыточным и одновременно скудным суждением. Девственные наивность и идеализм Толстого настолько преувеличены как черты, противопоставляемые пресыщенному прагматизму и индивидуализму Америки, что невольно (и без всякого здравого смысла) превращают его в комического персонажа. Его якобы очаровательная болтовня, когда он мгновенно хмелеет от половины бутылки шампанского, его викторианский обморок от перспективы сексуальной близости, его неспособность распознать, кто такая Джейн, и прочие «обозначения невинности» предполагают недостаток не только опыта, но также интеллекта, проницательности и общего образования (предположительно он так и не дочитал роман «Анна Каренина»!)[106]. Проще говоря, он — не заслуживающий доверия персонаж, и манерность, привнесенная в эту роль Меньшиковым — одним из самых одаренных и тонких актеров России — лишь свидетельствовала о невозможности подлинного перевоплощения в эту совершенно фантастическую персону, воссоздающую михалковский Идеал Русского Мужчины.

Кадеты, по утверждению многих критиков, также скорее напоминают юных хулиганов, нежели надежду на будущее России [Graffy 2000; Hall 2001]. Равным образом и генерал Радлов, вынужденный играть противоречивые роли «безграничной / загадочной русской души» (выражающейся исключительно в способности потреблять водку в эпических масштабах), достойного главы

---

[106] Если бы он дочитал, то предвидел бы возможные результаты скрепленной шампанским любовной связи с американкой. Вступление к роману Толстого, которое Джейн читает в поезде, служит для Михалкова тяжеловесным средством создать параллель его сюжету («роковая» встреча в поезде между солдатом и женщиной из высшего общества, их мгновенное обоюдное влечение, третье лицо как препятствие для их отношений, предполагаемая попытка дуэли и самоубийства [здесь — нападение на Радлова] и т. д.), с различными транспозициями и сменами ролей во имя прославления морального превосходства России.

престижного учреждения и одураченного американской шлюхой простофили, неизбежно превращается в придворного шута в парике. Различные российские критики указывали на многочисленные анахронизмы, из-за которых пострадало правдоподобие фильма (поведение царя, использование нынешнего трехцветного флага вместо черно-желтого штандарта Романовых во время военного парада на Соборной площади в Москве и т. д.) [Дьякова 1999][107]. Но что действительно в корне компрометирует правдоподобие фильма, так это совершенно неубедительные персонажи, соответствующие стереотипу «сумасшедших русских» — стереотипу, мало распространенному среди информированных западных зрителей, даже несмотря на то, что им населены американские блокбастеры.

Ставя своей целью продемонстрировать всю сложность и богатство бескрайней России, находящейся на пике своих сил, «Цирюльник» делает это почти исключительно с помощью клише и двухмерности. В начале фильма, когда поезд, доставляющий Джейн в Москву, приближается к городу, закадровый голос отмечает, что Джейн, «несмотря на свой возраст, считала себя женщиной мудрой, с большим жизненным опытом. Тем не менее к встрече с Россией она готова не была. Она знала, что там есть царь, икра, водка, медведи, и где-то в Москве — некий великий князь...» Такая снисходительность, а также общее убеждение в том, что ни один иностранец не сможет понять Россию, оказываются еще более поразительными, поскольку фильм начинает выделять в ряду слабо связанных сцен именно эти избитые маркеры «русскости»[108], которые не встречаются даже в детских учебниках или дешевых туристических путеводителях по России. Грандиозные сцены фильма демонстрируют: торжественный бал (необоснованно показанный как фарс в стиле братьев Маркс);

---

[107] См. также [Beumers 2005: 117–118; Пичурин 2001].

[108] Цыгане, играющие на гитаре / балалайке, горы икры, реки водки и неуправляемые страсти представляют собой ранние голливудские признаки «русскости», максимально сконцентрированные в первых сценах «Анны Карениной» Кларенса Брауна (1935), теперь поражающие образованного зрителя своим комизмом.

дуэль на шпагах; церемониальный парад перед царем; празднование Масленицы, знакомое по жанровым картинам Б. М. Кустодиева; бесконечное употребление водки — когда генерал Радлов, выпив из бокала, тут же съедает его [*sic*]; шуточный бой полуголых мужчин на льду, покрывшем реку, куда они впоследствии прыгают сквозь прорубь (наименее назидательная из всех масленичных традиций); тройку, едущую по снегу, и т. д. Да, здесь также имеются танцующие медведи и ведра икры. Неудивительно, что комментаторы использовали такие термины, как «лубок»[109], «стереотипный», «водевиль» и т. д., чтобы раскритиковать тот китч, который Михалков развертывает перед зрителями [Дьякова 1999]. В своем резком обзоре Виктор Галантер тонко отметил ретроградную природу фильма, назвав его кинематографической ВДНХ, которая изобилует предметами, сводящими Россию к типичному туристическому участку Арбата с его матрешками и ушанками, выполненными в «“огосударствленной” экспортной эстетике» [Галантер 1999]. Вечная «фольклорная Россия» сочетается в фильме с мощными вливаниями специфической советской культуры, о чем свидетельствуют дидактизм, акцент на географической величине страны и прямые связи фильма с такими вехами советского жанра эпических экранизаций, как «Война и мир» Бондарчука [Разлогов 1999: 26]. В фильме также используется развитый Сталиным весьма риторический советский троп общества как семьи с доброжелательным отцом во главе — то есть с самим Михалковым в роли «доброго отца нации» на (деревянной) лошадке[110].

Одна из наиболее предсказуемых ошибок Михалкова заключается в расчете на определенную аудиторию — англоязычных

---

[109] Еще со Средневековья лубки представляли собой гравюры на религиозные, сатирические или занимательные темы, которые было легко понять неграмотной публике.

[110] Роль, которую сам Михалков играл в молодости, а также на съемочной площадке и в своем воображении. Об этом аспекте общего мировоззрения и самовосприятия Михалкова см. в [Beumers 2005: 117, 123–124]. Во многих отношениях Михалков разделяет «семейные ценности» Буша-младшего, его религиозность, неприязнь к интеллектуализму и влечение к паллиативным иллюзиям.

людей, совершенно не осведомленных о России и готовых воспринимать лекции русского режиссера, практически не контролирующего свой материал и выставившего их дураками, мошенниками и обывателями. Чтобы еще больше усложнить ситуацию, 70 % диалога в этом созданном для прославления «русскости» фильме — даже между русскими — ведется на английском языке с русской закадровой озвучкой самого Михалкова, который не только комментирует действие как всеведущий рассказчик, но и переводит реплики всех персонажей, включая женщин и детей. «Почему, — удивлялся один из рецензентов, — царь и царица ссорятся на английском языке?» [Hall 2001]. Гротескность этого ошеломляющего приема достигает своего апогея, когда голос Михалкова воспроизводит «милые глупости» Джейн и Андрея во время их разговора в постели. Кроме того, остается вопросом, почему воспоминания Джейн о ее российских приключениях, описанные в ее письме к Эндрю, принимают форму русского закадрового голоса Михалкова, — алогизм, который высмеивали даже те, кто стремился отдать Михалкову должное (например, [Разлогов 1999: 28]). Многие русские критики высказывали скептицизм, подытоженный ироничным наблюдением О. А. Бакушинской: «В России конца прошлого века, оказывается, все говорили на английском» [Бакушинская 1999б].

Как отмечали российские и западные комментаторы, несмотря на национализм в содержании, фильм стилистически стремится имитировать голливудскую зрелищность (Холл, Ларсен, Пичурин, Тимашева) и маркетинговые стратегии «фабрики грез». Неутомимо рекламируемый как самый дорогой из всех созданных на тот момент российских фильмов, «Сибирский цирюльник» до и во время своего выхода на экран также сопровождался многочисленными публикациями в прессе, предположениями о политических планах Михалкова, бесконечными интервью режиссера и такими деталями, как, например, рассказ о подготовительной работе Михалкова с актерами, исполняющими роли кадетов Военной академии: чтобы придать фильму аутентичность (!), режиссер на несколько месяцев отправил их в Костромское высшее военное училище, где они изучали и симулировали предполагаемое поведение, манеры и дух товарищества кадетов царской эпохи [Москвина 1999: 33]. Реклама во всех возможных формах воплощала пресловутую голливудскую тактику, и реакция русских на те фанфары, которыми Михалков оркестровал атмосферу вокруг фильма, варьировала от отвращения до восхищения успешным усвоением режиссером голливудского мастерства маркетинга. Однако с точки зрения Запада уловки Михалкова напоминали советские практики (особенно премьера в Кремле), неравномерно дополненные саморекламой в западном стиле. По словам Анны Лоутон, «ни один аспект коммерческой рекламы не был проигнорирован» [Lawton 2004: 92].

Как и ожидалось, «Цирюльник» с треском провалился за границей, вызвав повсеместно сдержанные или враждебные отзывы и собрав менее семи миллионов долларов [Birchenough 2005]. Частично критики разошлись по национальному признаку. Англоязычные отзывы варьировали от насмешек над фильмом как над «сентиментальщиной», «второсортным конфузом» [Wasting the Budget 1999], «старомодным и, кажется, нескончаемым <...> мифологическим рагу» [Graffy 2000], «упражнением в эскапизме, [которое] задействует все старые клише <...> с клочковатым сценарием», — до таких суровых характеристик, как «одно из величайших фиаско последнего времени» [Warren 1999], «возможно, худший художественный фильм, созданный крупным действующим интернационально признанным кинематографистом <...>, вышедший комом блин, недостойный американских кинотеатров» [Hall, 2001]. В другом месте критик указал на иронию того, что «самый громкий голос сегодняшнего российского кино, призывающий к коммерческой киноиндустрии, оказался звучащим настолько нелепо» [The Oxford Student]. Хотя фильм фактически дебютировал в Европе в 1999 году, ни один американский дистрибьютор не осуществил его релиз.

Российские мнения оказались более разнообразными[111]. Зрители на кремлевской премьере аплодировали стоя и плакали.

---

[111] См. компактный обзор с кратким изложением комментариев некоторых критиков в [Lawton 2004: 90–96].

Телевизионный комментатор Николай Сванидзе признал: «Да, это сентиментально. Но это прекрасная сентиментальность» [Kotkin 1999: 18]. В своей статье для «St. Petersburg Times» Юлия Соловьева назвала «Цирюльника» «эмоционально насыщенным, трогательным и красивым фильмом», целью которого было «уравновесить изображение Голливудом русских как тупых мафиози» (образ, в равной степени, если не более, популярный и в постсоветском российском кино) [Solovyova 1999]. По сообщениям, один российский зритель признался: «Фильм потряс мою душу. <...> Лично для меня это было глотком свежего воздуха» [Media Studies]. Другим, особенно профессиональным кинокритикам, было труднее примириться с михалковским миражом идеальной России, похожим на комикс. Мало кто из авторов того потока печатных рецензий и исследований, которому сам Михалков вел тщательный подсчет[112], был воодушевлен[113]. Подавляющее большинство не нашло практически ничего, что можно было похвалить, в то же время критикуя непоследовательность надуманного сюжета, дряблую структуру, неправдоподобных персонажей, различные исторические неточности, китчевость сцен, режиссерский «инфантильный утопизм» [Манцов 1999: 59] и иррациональное преобладание английского языка[114].

Независимо от своей репутации у критиков, «Сибирский цирюльник» имел успех у российской публики, первые 42 000 билетов были проданы за первую же неделю в московском кино-

---

[112] В одном из интервью, которое начинается с вопроса: «За что меня так не любите?», Михалков рассказал кинокритику Л. Ю. Аркус, что за два месяца о «Цирюльнике» было опубликовано 420 статей. См. [Михалков 1999: 89]. В другом месте он цитирует 450 статей, 75 % из которых обсуждают его «нечестность» [Михалков, Смирнов 1999: 9]. Очевидно, что заявление Михалкова о безразличии к критике является защитным механизмом, и его интервью включают в себя попытки самооправдания.

[113] Например, [Смирнов А 1999; Смирнова 1999б].

[114] М. И. Брашинский в обзорной статье, которая якобы хвалит фильм, но на самом деле обращает внимание на его вопиющие недостатки, называет его «бульварным эпосом» [Брашинский 1999: 84].

театре «Кодак-киномир» [Kotkin 1999: 18][115]. Кроме того, по словам Михалкова, зрители выражали ему благодарность за созданный фильмом образ России. «[Одна] женщина сказала, что жизнь, которая ее окружает, казалась ей до фильма такой ужасной и серой, а после фильма она ее эмоционально воспринимает иначе» [Михалков, Смирнов 1999: 17]. Как сказал старший брат Михалкова, режиссер Андрей Кончаловский, «Цирюльник» показал, что есть кое-что, чем россияне могут гордиться: «Родиной, русскими людьми, юнкерами, их преданной дружбой» [Плешакова 1999]. И, вопреки логике, различные критики согласились с тем, что в фильме точно изображен «русский характер» [Медведев, Одина 1999].

Кассовый успех фильма в России ответил на удивленное восклицание Елены Дьяковой: «Я не знаю, зачем и кому это нужно». Понятно, что «Цирюльник», в отличие от «Самолета президента», — это «фильм хорошего настроения», который подарил уверенность тем, кто хотел скорее хорошо себя чувствовать, чем ясно мыслить. Как выразился Ю. И. Белявский, фильм использует известное правило пропаганды: «Говори людям то, что они хотят от тебя услышать» [Белявский 1999: 8]. Многочисленные противоречивые замечания Михалкова, который в какой-то момент сообщил, что этот фильм — не политическое заявление, а история о любви (!), включали в себя утверждение: «Я делаю кино для обычных людей, а не для критиков» — мнение, с которым «большинство московских критиков согласятся» [Warren 1999]. В другом месте Михалков заявил: «Я сделал этот фильм для сотен миллионов иностранцев, живущих в моей стране. Не знающих ни культуры ее, ни истории, ни — что самое главное — любви к ней» [Михалков 1999: 89] — весьма высокомерная характеристика предположительно плохо информированного зрителя, которого фильм намеревается обучать с помощью экзальтации. Предполагая, что эти иностранцы не знают

---

[115] Для сравнения: за первую неделю «Титаник» продал 31 000 билетов [Kotkin 1999: 18].

историю России, «России, которую мы потеряли» [Бовт 1999][116], режиссер вознамерился преподать им урок истории, используя при этом широко распространенный в стране антиамериканизм. На еще одной пресс-конференции — перед премьерой фильма — Михалков торжественно заявил, что фильм пытается ответить на вопрос «Зачем жить?», а также обучает зрителей тому, как они должны жить [Яковлева 1999]. Другими словами, запутанные викторианские, патриотические и ксенофобские формулы фильма должны стать компасом для (лучезарного?) будущего.

Как сопоставить катастрофу «Сибирского цирюльника» с более ранними работами Михалкова? «Необузданное эго», которое один критик весьма справедливо приписывает режиссеру, отчасти объясняет неряшливость и сентиментальность этого экранного послания, которое Михалков счел необходимым для самооценки России и ее репутации в мире, и особенно для ограничения господства Америки [Gurevich Nd]. Если его настойчивое стремление к полному контролю (выраженное в эпизодической роли Александра III, а также в том, что он выступил не только режиссером, но и сопродюсером, соавтором сценария и закадровым рассказчиком) индексирует его эгоманию, то поразительный ажиотаж, с которым продвигался фильм, демонстрирует его необычайные политические претензии[117]. И здесь Михалков кое-что позаимствовал у Голливуда, при этом выдавая явный политический характер собственных амбиций. Фактически Мэдисон-авеню и официальное одобрение «сверху» советского образца вступили в сговор, чтобы превратить премьеру февраля 1999 года в феерию, напоминающую сцены из самого фильма. Один западный критик рассматривал это событие как «государственный церемониал в действии» [Warren 1999], в то время как

---

[116] Отсылка к названию документального фильма «Россия, которую мы потеряли» (1992) Станислава Говорухина, еще одного российского режиссера, который ностальгически оплакивает уход «благородной эпохи».

[117] На пресс-конференции в январе 1999 года, когда многие ожидали, что Михалков будет баллотироваться на пост президента, режиссер, как сообщалось, объявил: «Я — моя собственная партия» [Kotkin 1999: 16].

проницательный поэт и художник Дмитрий Пригов заметил, что любое культурное событие в кремлевском Дворце съездов неизбежно несет в себе идеологический акцент, и этот конкретный случай сигнализировал о политических устремлениях режиссера [Опрос 1999].

Благодаря связям Михалкова с правительством, которое инвестировало в предприятие десять миллионов долларов[118], инаугурация «Цирюльника» состоялась в кремлевском Дворце съездов. Попасть можно было только по приглашениям (было выдано пять тысяч приглашений «по спискам — для правительства, для ельцинского суда и президентской администрации, для парламента», а также для бизнес-элит и СМИ), и к тому моменту, когда «избранные» прибыли, «военный оркестр в дореволюционной парадной форме играл “Боже, царя храни” в фойе зала, построенного для съездов Коммунистической партии» [Kotkin 1999: 16][119]. Банкет из четырех блюд был затоплен шампанском «Вдова Клико» (в противоположность советскому бренду), а за показом фильма последовали фейерверки и звон в кремлевские колокола [Warren 1999]; также фильм получил прибыль от сопутствующих и по-голливудски дорогих продуктов: сигар и сигарет, водки, шарфов и — что наиболее примечательно — гипермачистского одеколона под названием «Кадет», выпущенного в нескольких версиях и предположительно сочетавшего «запах вспотевшей лошади и ее седла, привкус ста грамм водки, снега, затяжки русской папиросой и дуновения густых усов режиссера» [Warren 1999; Wasting the Budget 1999]. Это диковинное слияние советского чинушества с Голливудом представляло все

---

[118] «The eXile» отметил, что позорно было предоставлять десять миллионов долларов «единственному отечественному режиссеру, который не нуждается в финансовой помощи», особенно когда страна не выплачивала зарплаты и пенсии солдатам, учителям, врачам и пожилым людям, и рассматривал этот шаг как часть государственной коррупции, поражающей Россию.

[119] Стивен Коткин удачно это прокомментировал, попутно отметив присутствие на кремлевском показе не Ельцина, а тогдашнего премьер-министра Е. М. Примакова: «Можно ли представить, что премьера самого дорогого фильма Голливуда пройдет, скажем, в американском Капитолии?» Очевидно, нет.

худшее из обоих миров, еще раз обнажая тенденцию Михалкова разрушать его собственные же намерения: рекламная шумиха и место проведения премьеры породили огромные ожидания, обреченные на разочарование качеством самого фильма[120]. Каким бы ни был прием «Цирюльника», его политическая повестка была ясна и стала еще яснее, когда Михалков решил провести мировую премьеру фильма в Казахстане в рамках сфальсифицированного переизбрания президента Нурсултана Назарбаева [Warren 1999].

В конечном итоге этот самый дорогой российский фильм разделяет идеологическую простоту (точнее, простодушность) гораздо более скромной в финансовом отношении «Американской дочери» Шахназарова. В обоих случаях главные герои бросают вызов правдоподобию, а примитивность контраста между предполагаемыми российскими и американскими нравами и моралью возрождает стереотипы холодной войны. К 1998 году это могло показаться смешным, но, возможно, не для привилегированного и пропитанного ностальгией сына того самого С. В. Михалкова, который помимо множества детских стихов написал также текст государственного гимна СССР. В одном из типично нелогичных высказываний Н. С. Михалкова во время трехсторонней дискуссии «О свободе, о критике и глобальной геополитике» с кинокритиком Л. М. Караханом и актером и режиссером А. С. Смирновым в 1999 году режиссер выразил удовлетворение тем, что его фильм обладает эффектом витамина [*sic*] для многих российских зрителей. Поразительно, но, несмотря на идеологическую направленность фильма, он выразил горячую надежду, что американцы тоже найдут витамин «Цирюльника» полезным, «при всем их сегодняшнем благополучии и прагматичном стремлении господствовать». Вслед за этим он продолжил свою мысль воспоминанием, похоже, намереваясь доказать свою «точку зрения» и проиллюстриро-

---

[120] М. И. Брашинский, например, полагал, что Михалков пытался создать вокруг фильма атмосферу истерического ожидания, которое никто не мог удовлетворить [Брашинский 1999: 81].

вать вклад американцев в «искусство покровительственной подножки»:

> Я помню, как-то в маленьком ресторане в Париже, где сидели французы, итальянцы и никто никому не мешал, вдруг появилась компания американцев — человека четыре. Они громко хохотали, веселились, хватали друг друга за руки. При этом никому не хамили, так как никого вокруг просто не замечали. А французы и итальянцы сидели унылые, тихо поели и скоро ушли. Остались только мы, русские, которые пытались что-то противопоставить американцам — на уровне эмоций. В общем-то не получилось. Они были сильнее [Михалков, Смирнов 1999: 17].

Затем Михалков продолжил предсказывать разрушение американской «империи» изнутри, частично основываясь на озабоченности интернета онанистическими играми Билла Клинтона с Моникой Левински и его публичным обращением к нации с просьбой о прощении за то, что, как неэлегантно выразился Михалков, он «кого-то трахнул» [Михалков, Смирнов 1999: 17]. Независимо от всей своей иррациональности и непонимания «американского пути», этот рассказ подтверждает то, что ранило Михалкова тогда в парижском ресторане и до сих пор продолжает унижать его как предающегося ностальгии российского монархиста, — а именно самоуверенное безразличие американцев к мнению других, и особенно европейцев, даже в тот момент, когда россияне изо всех сил пытаются возродить объединяющую их национальную постсоветскую идентичность и поэтому проявляют чуткость к своему имиджу за рубежом. Зависть и обида играют решающую роль в этой очень личной конфронтации с бывшим врагом времен холодной войны, хотя вряд ли нужно быть Михалковым или русским, чтобы обнаружить уродство политического высокомерия Америки, недостатки ее президентов или неоднозначную природу капиталистических благ.

Действительно, в страдающей России конца 1990-х годов Михалков был не одинок в своем открытом осуждении того, что россияне считали злом западного капитализма, поскольку из всех разрекламированных в те годы фильмов по крайней мере два демонизировали «новых русских» как доморощенных практиков построенного на деньгах образа жизни, что весьма прозрачно намекало на «американизм» (см. главу четвертую). И выпущенный за год до михалковского «Цирюльника» «Самолет президента», создавая образ американского президента, равного Супермену, фактически породил ту страстную, хотя и несправедливую эпику Михалкова с ее примитивными образами бывшего врага времен холодной войны. Именно этот подход и вызвал появление михалковского «Цирюльника», перещеголявшего своих американских коллег если не кинематографическими качествами или убедительностью, то резкостью высказываний.

Глава 4

«Долгое прощание»: Зима тревоги нашей (2000–2005)

С наступлением нового века отношения между США и Россией продолжали неуклонно разрушаться. На личном уровне Джордж Буш — младший, ставший президентом в 2001 году, и В. В. Путин, назначенный исполняющим обязанности президента в последний день 1999 года и официально избранный в следующем году (26 марта), установили обманчиво сердечные отношения. Действительно, после их встречи в июне 2001 года под Любляной (Словения) Буш, как известно, утверждал, что когда смотрел в глаза Путину, то был в состоянии «почувствовать его душу». Но в то же время Буш так же ошибочно определил Ирак как хранилище оружия массового уничтожения, оправдав тем самым отправку туда войск. В свою очередь Путин объявил о готовности России сотрудничать с США, и в том же году его телефонный звонок Бушу, в котором он выразил сочувствие после нападения 11 сентября на Всемирный торговый центр, а также его решительная поддержка объявленной Бушем «войны с терроризмом» подразумевали, что широко разрекламированное партнерство, якобы лежащее в основе российско-американских отношений, вот-вот могло перейти от слов к делу.

Тем не менее на национальном уровне заявления и действия представителей двух стран выявили напряженность, которая со временем только усилилась. Еще в 2001 году комментаторы с обеих сторон регистрировали возрождение риторики времен холодной войны и паттерны возмездия за предполагаемые нарушения официально объявленного сотрудничества. Как проницательно отметил директор Института стратегических оценок С. К. Ознобищев после июньского саммита в Словении, личная связь между двумя президентами не дает никаких гарантий подлинного сотрудничества на государственном уровне [Konovalov 2001].

В феврале 2001 года раскрытие того, что Роберт Ханссен, старший агент ФБР, якобы с 1980-х годов продавал секреты Москве, привело к изгнанию администрацией Буша четырех российских дипломатов из Вашингтона и приказу выдворить еще 46 к июлю [Weir 2001]. Россия немедленно отреагировала на это, уволив столько же американских дипломатов в Москве, а в декабре того же года администрация Буша в одностороннем порядке вышла из Договора о противоракетной обороне 1972 года. К 2003 году Кондолиза Райс и Дональд Рамсфелд прямо называли Россию «военной угрозой для Европы» и «активным распространителем запрещенного оружия» [Dubien, Falcon 2003]. Отношения еще больше ухудшились, когда в 2004 году Америка поддержала В. А. Ющенко и украинскую Оранжевую революцию. После этого администрация Буша продолжала не только выступать против режима Лукашенко в союзной России Беларуси, но и критиковать войну в Чечне (чьих представителей Вашингтон принял на официальной церемонии), нарушение Россией прав человека и гражданских свобод, а также рост авторитаризма путинского правительства[1].

В свою очередь Россия разделяет осуждение Европой военного вторжения Америки в Ирак, начатого наперекор оппозиции НАТО и поддержанного обманом Буша в отношении якобы расположенных и выявленных там арсеналов оружия массового уничтожения. Хотя присоединение Буша к «войне с терроризмом» помогло Путину публично оправдать продолжение войны в Чеч-

---

[1] Критику поведения американского правительства по отношению к России с 1991 года см. в публикациях Стивена Коэна, которые, впрочем, часто попахивают субъективной интерпретацией, поскольку автор не приводит источники, подтверждающие представленные там факты.

не как часть глобальной антитеррористической инициативы, российский президент присоединился к международному большинству, которое сочло политическое и военное высокомерие Америки за границей нежелательным. 20 марта 2003 года Путин осудил войну Америки с Ираком как «необоснованную, неоправданную и серьезную ошибку», назвав ее «нарушением принципа государственного суверенитета», и предостерег против «власти кулака» [Lipman 2003][2]. Часть этой жесткой позиции, без сомнения, проистекает из нежелания Путина противоречить общественному мнению в России, где он получил необычайно высокий 70-процентный рейтинг одобрения и где Америка по-прежнему имела репутацию самодовольной сверхдержавы, опьяненной своим превосходством и грубо управляющей другими странами и международными протоколами. Хотя в феврале 2004 года Путин заверил Буша, что Россия останется стабильным, надежным и предсказуемым партнером США, опросы все чаще свидетельствуют о враждебности россиян к той нации, которой они восхищались и которой завидовали в период перестройки и в начале 1990-х годов. К 2005 году процент россиян, считавших Соединенные Штаты «другом», по сообщениям, исчислялся единицами [Cohen 2006].

Когда в 2003 году А. А. Пионтковский, директор московского независимого Центра стратегических исследований, открыто поставил под сомнение понятие «стратегического партнерства» [Rodriguez 2003], он и другие обвинили в растущем разрыве между двумя правительствами российскую внешнюю политику и решимость Путина подтвердить статус России как великой державы. Однако российский министр иностранных дел И. С. Иванов отметил, что некоторым американским политикам было бы целесообразно представить Россию в качестве врага, чтобы оправдать в глазах общественности увеличение военных расходов. Его точка зрения совпала с позицией Стивена Коэна, чьи публи-

---

[2] Учитывая 2014 год и российскую аннексию Крыма, слова Путина о противодействии нарушению государственного суверенитета как минимум не вызывают доверия, максимум — звучат гротескно.

кации на протяжении 2000-х годов критиковали двойные стандарты Америки по отношению к России и обвиняли Америку в целом ряде бедствий постсоветской России. Очевидно, что различные геополитические интересы и корыстные или параноидальные представления, унаследованные от холодной войны, создали непреодолимые препятствия для подлинного союза. Как точно заметил А. А. Коновалов, аналитик Института США и Канады в Москве, «Россия утратила иллюзии, что действия американцев принесут нам большую пользу. Многое из того, что США считают антиамериканским поведением, является просто прагматичными шагами режима Путина для рационализации национальных интересов» [Weir 2001]. В октябре 2003 года министр обороны России С. Б. Иванов объявил, что, хотя США и Россия, безусловно, не являются врагами, они определенно и не союзники; в 2010 году он повторил это мнение, объявив США «уже не врагом, но еще [*sic*] не другом» [US neither friend nor foe 2010].

В самом деле, предполагаемый отказ от демократических принципов, назначение сотрудников КГБ на ключевые правительственные должности, постепенная ликвидация независимых СМИ, а также суд над магнатом «ЮКОС» М. Б. Ходорковским и вынесение ему приговора в 2005 году встревожили американских высокопоставленных чиновников. Поддержанная Великобританией, но крайне непопулярная в других странах американская война в Ираке и американская критика внутренней политики России также вызвали возмущенные обвинения в маниакальном империализме. Более того, русские больше не романтизируют Соединенные Штаты как гостеприимный рай, вместо этого сосредотачиваясь на собственных внутренних проблемах и возможностях достижения успеха и обретения Хорошей Жизни в своей стране. В конце концов, во многом благодаря нефтедолларам, к 2005 году российская экономика, казалось, стабилизировалась, представители молодого поколения делали успешную карьеру на родине [Kolchik 2006], россияне смогли начать относительно свободно путешествовать по всему миру, вместо того чтобы искать убежища за границей, и бывшие знаменитые «эмигранты» (режиссер А. С. Кончаловский, писатели Э. В. Лимонов, А. И. Солженицын, Т. Н. Толстая и А. А. Зиновьев) и сотни «обычных граждан» решили вернуться в Россию из Соединенных Штатов, которые они неоднократно критиковали после репатриации. Соответственно, русские фильмы в этот период редко изображали Америку напрямую. Вместо этого они обращались к явлениям, более близким к «дому» — таким как прошлое, семейные отношения, преступность, война в Чечне, олигархи и «новые русские», которые «продались» капитализму и заработали целые состояния, оттолкнувшие их от миллионов других россиян.

«Брат 2» (2000 год, режиссер Алексей Балабанов)

> Фильм [Брат 2] претендует на то, чтобы его назвали прямым продолжателем — наследником традиций советского кинематографа. То есть попросту надо забыть все, что происходило у нас в стране последние лет пятнадцать, и вернуться назад. В СССР.
>
> *Андрей Щиголев [Щиголев 2000]*

В этой атмосфере отравленных надежд и взаимного недоверия Алексей Балабанов, чей фильм «Брат» (1997) произвел в России сенсацию, выпустил сиквел «Брат 2», обошедший своего предшественника по популярности и доходам от продажи билетов, а также связанной с ним продукции[3]. «Брат» познакомил зрителей

---

[3] Как отметил Д. Б. Дондурей, редактор «Искусства кино», «Брат 2» стал первым фильмом десятилетия, получившим прибыль (один миллион долларов за первые три месяца показа в кинотеатрах) и занявшим четвертое место во всех кинотеатрах, обойдя 50 американских, все европейские и два российских фильма, выпущенных в то время [Дондурей 2000: 68]. Также он стал и чемпионом видеорынка, и лидером продаж саундтреков [Дондурей 2001]. Достаточно осторожное объяснение С. М. Сельяновым маркетинговых стратегий обоих фильмов см. в его интервью [Сельянов 2001: 6–10]. На завершение «Брата 2» потребовался год (два с половиной месяца ушло на съемки в Москве, полтора месяца — в США). Виктор Сухоруков, который здесь снова играет роль старшего брата Данилы, загадочно утверждал, что продолжение не имеет ничего общего с оригинальным «Братом» [Попов 1999].

со «справедливым» убийцей, адаптированным из мачистских экшен-блокбастеров с Сильвестром Сталлоне и Брюсом Уиллисом, принявшим облик улыбчивого юноши Данилы Багрова (Сергей Бодров — младший). Опытный ветеран Чеченской войны, прекрасно разбирающийся в оружии, он был способен убивать под музыку «с моцартианской легкостью» [Соколов 2000]. В то время как пожилые представители российского кинематографа, такие как Михалков, сетовали на отсутствие харизматичных русских героев на экране, молодежь страны приветствовала героя Балабанова в качестве новой национальной мужской иконы[4]. А поскольку скандалы, связанные с коррупцией среди чиновников и финансово мотивированными преступными действиями, приняли характер эпидемии, большинству зрителей не составляло труда принять «свободные от корыстного интереса» убийства Данилы как не только морально оправданные, но и достойные восхищения. Более того, тормозящие развитие поразительно простого сюжета фильма тяжеловесные, «значимые» философствования, варьирующие тему «В чем смысл жизни?», несомненно, дошли до сердец наименее образованных зрителей[5]. Рассказывая о фильме «Брат 2», Анна Лоутон справедливо отмечает: «Действие ни разу не набирает обороты. Герой остается таким же скучным, как и прежде» [Lawton 2004: 130] — мнение, разделяемое нами, но определенно не российской аудиторией[6].

---

4 Использование Балабановым музыки популярной группы «Наутилус Помпилиус» на протяжении всего фильма, несомненно, помогло привлечь молодых зрителей, на которых фильм в основном и был ориентирован. «Брат» получил несколько национальных и международных премий, в том числе две в Италии — в Триесте и Турине. Подробности и высказывания о нем Бодрова, Сухорукова, Маковецкого, а также краткие комментарии критиков см. в [Алексей Балабанов Портрет 1999: 217–218].

5 Краткие оценки фильма см. в [Брат 2 1997]. Хорошо контекстуализированное и проницательное прочтение см. в [Larsen 2003: 504–509].

6 Проблема заключается не только в образе главного героя и его развитии (последнее отсутствует), но и в темпе фильма — аспекте, в котором российское кино радикально контрастирует с западными и особенно американскими традициями. Для западной аудитории темп русского фильма кажется вялым или истеричным. Еще в 1920-х годах проницательный кинотеоретик

Действительно, развитие сюжета «Брата» притормаживает в нескольких смыслах: после демобилизации Данила приезжает из провинции в Санкт-Петербург, где его старший брат Виктор (Виктор Сухоруков) работает на преступный мир в качестве наемного убийцы по кличке Татарин. Вовлеченный в эту сеть, Данила в ходе своих странствий по городу уничтожает всех, кого он считает нежелательными элементами, отправляет своего брата домой в провинцию, а сам уезжает в Москву. Помимо большого количества насилия и крови, в фильме содержатся расистские оскорбления в отношении темнокожих людей («Не брат я тебе, гнида черножопая!»), встревожившие некоторых критиков, но, очевидно, нашедшие симпатию среди массовой аудитории в то время, когда сообщения о терактах, совершаемых чеченцами, ежедневно были в ленте новостей.

Как и практически все сиквелы, «Брат 2» подразумевает, что зрители знакомы с оригинальным фильмом. Будучи заметно длиннее (на двадцать шесть минут), он увеличивает и ставки — как на предполагаемую непреодолимую сексуальную привлекательность Данилы, так и на количество смертей, виновником которых он то и дело становится, — и при этом точно так же страдает от тотальной нелогичности и внутренних противоречий[7]. Фильм открывается музыкой из «Лебединого озера»[8] Чайковского, под звуки которой Данила, теперь уже в Москве, направляется в студию «Останкино», чтобы вместе со своими

Л. В, Кулешов, поклонник Д. У. Гриффита, высоко оценил динамику американского монтажа, который, по его мнению, и объясняет предпочтение аудиторией американского кино русскому.

7 Как говорит Хортон, «неряшливый сценарий завершается пучком открытых финалов» [Horton 2001]. Главная нелогичность касается смерти Мити. Хотя за его убийство несет ответственность Белкин, Данила намеревается отомстить за смерть своего друга в США.

8 Независимо от того, ставил ли Балабанов целью при выборе музыки усиление характеров персонажей или нет, этот выбор наиболее уместен, поскольку контраст между Белым Лебедем и Черным Лебедем служит параллелью двум братьям Багровым, которые различаются отнюдь не так, как различаются добрые парни и злодеи в вестернах — то есть по цвету шляпы.

двумя приятелями по Чеченской войне — Костей Громовым (Александр Дьяченко) и Ильей Сетевым (Кирилл Пирогов) — принять участие в телевизионном интервью. В последующей, откровенно сексистской[9] сцене в знаменитых Сандуновских банях (легендарный русский псевдоэквивалент сауны)[10] Данила узнает, что брат-близнец Кости Митя (также Дьяченко), звездный хоккеист НХЛ, был обманут на сумму в 900 000 долларов гнусным американским владельцем команды Ричардом Меннисом (Гэри Хьюстон). Сколотивший состояние на ночных клубах Меннис состоит в сговоре с коррумпированным российским банкиром Валентином Белкиным (вездесущий Сергей Маковецкий), работодателем Кости. Проведя ночь в постели с популярной певицей Ириной Салтыковой (играет сама себя), Данила едет на такси к Косте, где обнаруживает труп своего друга. Арестованный и временно задержанный полицией, Данила решает отомстить за смерть Кости и жестокое обращение с Митей при помощи своего старшего брата Виктора, недавно прибывшего в город.

---

9 Постсоветские бани стали превращаться прежде всего в места отдыха для встреч преступников и вообще богатых мужчин, где они пили, пировали, устраивали мозговые штурмы, планировали ограбления и наслаждались сексуальными услугами женщин вдвое моложе их. Несмотря на собственную молодость, трое бывших ветеранов в «Брате 2» подражают своим старшим коллегам в их уничижительном обращении с молодыми женщинами, которых то пренебрежительно исключают из разговора, то повелительно вызывают («Эй, девочки!») — когда мачо-самцы готовы к их «услугам». Среди рецензентов и критиков только Хортон и Липовецкий отметили сексизм этой сцены. См. [Horton 2001; Липовецкий 2000: 58].

10 Одна из старейших и наиболее богатых традициями бань в Москве после десоветизации — Сандуновская баня — как и многие другие бани в городе, претерпела реконструкцию, превратившую ее в заведение для «новых русских», где богатые и преступники могли потворствовать своим чрезмерным аппетитам всех видов. Еда, питье и сексуальные контакты всегда были частью русской банной культуры, и многочисленные картины (Б. М. Кустодиева, А. А. Пластова, А. П. и С. П. Ткачевых, С. В. Герасимова, С. С. Кузина) и фильмы («Ирония судьбы» Э. А. Рязанова, 1976, «Утомленные солнцем» Н. С. Михалкова, 1994, «Порок на экспорт» Д. Кроненберга, 2007) включали банные сцены. И. И. Гольдин интенсивно изучал баню в течение 1990-х годов. См. [Гольдин 1999].

Вооруженный и готовый убить Белкина, справедливый (в собственных глазах) герой посещает местную школу, где слышит, как маленький сын Белкина, Федя, рассказывает детское стихотворение, которое Данила воспринимает в качестве своей националистической мантры на всю оставшуюся часть фильма:

Я узнал, что у меня
Есть огромная семья —
И тропинка, и лесок,
В поле каждый колосок!
Речка, небо голубое —
Это все мое, родное!
Это Родина моя!
Всех люблю на свете я!

Эти стихи побуждают Данилу сохранить и жизнь, и интимные части тела Белкина[11], которого он держит в заложниках в одном из классов школы, чтобы узнать подробности о злодеяниях его американского коллеги. Вооруженные этой информацией, фальшивыми документами и оружием, полученным от еще более фантастического персонажа по кличке Фашист, Данила и Виктор прилетают в Америку по отдельности, чтобы запутать и перехитрить украинскую мафию в Чикаго, предупрежденную Белкиным о скором прибытии бесстрашного героя.

После серии любовных приключений и кровавых убийств в Соединенных Штатах, где Данила заводит дружбу с водителем грузовика Беном, проводит ночь с чернокожей телеведущей Лайзой Джеффри (играет себя), обводит вокруг пальца полицию Чикаго и убивает около дюжины человек, этот паладин с пистолетом возвращает деньги российской хоккейной звезде и спасает лысую русскую проститутку Дашу от эксплуатировавшего ее

---

[11] Сцена, в которой Данила угрожает лишить Белкина его «фамильных драгоценностей», заимствована из «Ворошиловского стрелка» Говорухина (1999), где главный герой мстит одному из насильников своей внучки именно таким образом. Г. С. Ситковский также заметил параллели между двумя фильмами, сообщив, что «наказание» обоими героями оппонентов вызывало на показах бурные аплодисменты зрителей. См. [Ситковский 2000].

черного сутенера, а также от порочного образа жизни. В то время как жадный до денег Виктор, из «неправильных» соображений приняв решение остаться в Америке (а правильных и быть не может), попадает под арест как член русской мафии, Данила, прихватив с собой Дашу и значительную сумму денег, летит обратно к своим «белым березам». Вдумчивых зрителей, несомненно, обрадует обнадеживающая новость о том, что Балабанов пообещал не снимать новых продолжений.

В большинстве рецензий и статей признавалась невозможность проследить сюжет целиком, а оценки фильма были пестрыми отчасти потому, что само повествование фильма полно несоответствий и не доведенных до ума «хвостов»[12], а отчасти потому, что некоторые критики не запомнили подробностей или не удосужились провести различия между Данилой, другими персонажами и самим режиссером. «Брат 2» неоспоримо включает в себя ксенофобию и шовинизм, встревожившие ряд русских критиков, хотя некоторые горячо приветствовали то, что они мягко окрестили патриотизмом [Кузьменко 2000][13], — тем чувством, которое главный герой фильма ценит и прозелитирует, потому что, по его словам, патриотизм — «это одна из немногих вещей, которая объединяет человека с другими людьми» [Любарская 2000: 13]. Как Слава Тарощина аккуратно подытожила две зрительские реакции, «некоторые считают их [двух «Братьев» Балабанова] почти фашистской пропагандой, другие рассматривают их как воплощение русской души, жаждущей справедливости» [Тарощина 2000].

Вызывает тревогу, что большинство русских персонажей фильма приписывают присущие им нравственные черты национальному самосознанию [Липовецкий 2000: 58] и выставляют

---

12 Язвительный и остроумный анализ нелепостей и провалов сюжета см. в [Липовецкий 2000], где также отмечено, что «дырки в сюжете <...> заткнуты идеологическими тампонами» [Липовецкий 2000: 57].

13 Д. Б. Дондурей признал, что «патриотизм» фильма граничит с ксенофобией [Дондурей 2001]. В другом своем, более длинном обзоре он выразил тревогу по поводу расизма и «пещерного патриотизма» в пропагандистском ключе [Дондурей 2000: 70–71].

напоказ упрямое, непререкаемое убеждение россиян в собственном априорном моральном превосходстве. В отличие от двух русских таксистов (одного в Москве, другого в Нью-Йорке), обвиняющих всех, кто встает на их пути[14], Виктор оскорбляет всех нерусских прямо или с помощью радикальных заявлений. Например, высмеивая известного эстрадного исполнителя Филиппа Киркорова за его женственность, Виктор называет его «типичным румыном» и отвечает на напоминание Салтыковой о том, что Киркоров не румын, а болгарин, репликой «Какая разница?» Иными словами, все страны ближнего зарубежья постсоветской России (страны Восточного блока и Украина) оказываются в одной презренной куче. Точно так же все американцы и украинцы, с которыми имеет дело Виктор, клеймятся как «свиньи», «идиоты» и, в довершение всего, Балабанов включает в фильм злобное шипение Виктора «Вы мне, гады, еще за Севастополь ответите!», когда тот стреляет в украинца в мужском туалете чикагского ресторана[15]. Сам Балабанов также выставляет украинских мафиози неповоротливыми, слабоумными пещерными людьми. Напротив, русские в фильме гениальны и неукротимы; когда чикагская полиция в конце фильма арестовывает Виктора, он кричит ей: «Русские не сдаются!» — демонстративно утверждая упорство и силу русских, которые фильм воплощает в неустанной погоне его брата за «врагами». Данила не только на протяжении всего фильма цитирует стихи

---

14 В одном из немногих намеренно комических моментов фильма Данила спрашивает у чикагского таксиста: «А у вас брат в Москве есть?»

15 Город-порт Севастополь на Черноморском побережье Крымского полуострова по указу Хрущева (1954) был передан РСФСР Украинской ССР. Будучи бывшим домом советского Черноморского флота, после распада Советского Союза он стал объектом жаркого спора между Россией и Украиной. Договор 1997 года признал права Украины на город, который служил российской (и украинской) военно-морской базой. Предположительно враждебность Виктора относится к этому соглашению, лишившему россиян популярного туристического места и сократившему их империю. В марте 2014 года В. В. Путин аннексировал Крым под предлогом защиты его русского населения от украинцев, хотя последние не представляли угрозы и оба народа жили там в мире на протяжении десятилетий.

мальчика Феди о родине и говорит нью-йоркскому таксисту «Я родину люблю», но и вежливо сообщает Даше, которую за один день спасает от проституции, которой та занималась восемь лет: «Русские на войне своих не бросают», — подразумевая, конечно, что представители других наций поступают иначе. Этот эссенциалистский взгляд на мир также всплывает в совершенно алогичном умозаключении Данилы относительно черных, где смешиваются понятия расы и национальности: как он узнал в школе, люди живут на своих «родинах» — «в Китае живут китайцы, в Германии немцы, в Израиле евреи, в Африке негры».

Любопытно, что хотя фильм «Брат» не скрывал расизма Данилы, «Брат 2», за исключением реплики о том, что чернокожие не должны проживать в России, в большей степени наделяет расовыми предрассудками Дашу и Виктора[16]. По-видимому, готовность Данилы к сексуальной близости с Лайзой Джеффри является свидетельством его свободы от предрассудков. В сцене на набережной, где голодные Данила, Даша и Виктор ловят раков и жарят их на костре, Виктор оскорбительно кричит чернокожему, который предостерегает их от употребления выловленных из грязной воды раков: «Ты на себя посмотри! Черный как сволочь!» И в поразительно клишированной диатрибе Даша (предполагаемый эксперт по Америке) рассматривает черных как примитивных людей, пугающих американцев своей атавистической энергией: «А мне кажется, сила в них. Вот у них есть что-то первобытное, что-то животное, то, что мы давно потеряли. Поэтому они сильнее. Белые чувствуют это и боятся».

Такие представления диегетически сопровождают презентацию Балабановым черных повсюду: сутенер Даши неизменно жесток и склонен к грязным выражениям; его черные приспешники нападают на Данилу, когда тот ищет Дашу; клиенты бара для черных, в который Данила входит с благородной миссией

---

[16] Д. Соколов был в числе из немногих комментаторов фильма, отметивших, что расистские настроения в фильме выражает не Данила, а окружающие [Соколов 2000].

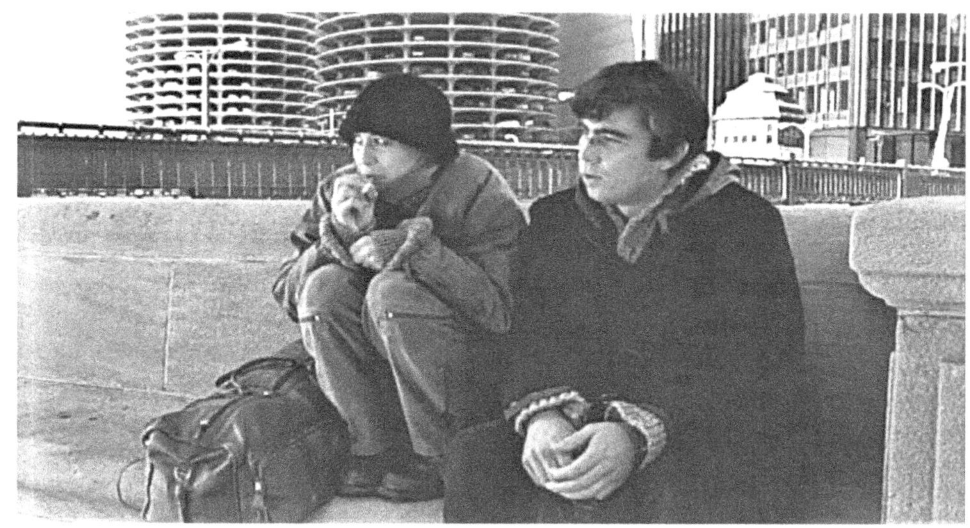

Данила и Даша в Чикаго в ожидании Виктора философствуют по поводу американцев

найти и спасти Дашу, смотрят на него с молчаливой враждебностью. Тем не менее на официальном сайте «Брата 2» сам Балабанов, отвечая на вопрос о расизме фильма, отрицал обвинение общим заявлением: «Мы не расисты, но придерживаемся здорового [*sic*] чувства национального достоинства» [Брат 2]. Более того, на том же сайте Бодров, проведший в Америке шесть съемочных недель, представил свое авторитетное мнение о стране, сделав поразительные обобщения о расовых отношениях в Соединенных Штатах и тривиализировав словом «политкорректность» любые попытки Америки устранить предрассудки в этом вопросе[17]. Что характерно, единственным «приемлемым» черным персонажем «Брата 2» является Лайза Джеффри, главная (и неправдоподобная) функция которой в фильме заключается в том, чтобы подтвердить способности Данилы как племенного жеребца.

---

[17] Заголовок этого раздела сайта — «Черные и белые: о пресловутой политкорректности». Автоматическая ссылка на политкорректность в качестве пренебрежительного ярлыка для американских принципов и программ, направленных на устранение социального неравенства, стала привычкой среди широкого круга российских комментаторов. Она досталась в наследство от советской эпохи, когда официально декларируемые претензии на либерализм и терпимость требовали постоянных упоминаний и коленопреклонения, хотя и не имели достаточных оснований в реальности.

Однако сексизм[18], ксенофобия и расизм показаны в фильме значительно менее тщательно и акцентированно, чем демонстративный, навязчивый антиамериканизм, который Балабанов начинает показывать еще до того, как место действия переносится в США[19]. Само название фильма и слепая преданность Данилы братству — и как личному опыту, и как общему принципу, — воскрешает советскую идеологию, в особенности сталинизм, который создал троп государства как связанной в единое целое «большой семьи» и противопоставил его декадентскому индивидуализму своего противника по холодной войне. Часто повторяемое слово «брат» — элемент криминального дискурса итальянских мафиози и современных русских хулиганов — подчеркивает якобы неразрывные кровные связи между Данилой и Виктором, Костей и Митей (хотя, к обоюдному разочарованию как расистов, так и смотревших фильм американцев, словечко «bro» на самом деле — элемент черного американского сленга)[20]. В одном слащавом эпизоде мы даже видим восхищенный взгляд Данилы, устремленный на Митю, когда он нежно бормочет: «Так на брата похож...» Непоследовательность, однако, выявляет ряд сложностей, с которыми Балабанов столкнулся при создании этого семейного идеала: удивительно, что Митя не проявляет никакой реакции (не говоря уже о печали) на известие о смерти Кости, вместо этого сфокусировавшись на деньгах, которые присвоил

---

[18] Даша, очевидно, не смогла бы вырваться из лап своего сутенера без помощи мужчины; хотя и Лайза Джеффри, и Ирина Салтыкова являются богатыми медиа-звездами, их роль в фильме сводится к тому, чтобы ложиться в постель к герою и предоставлять ему удобное пристанище. Более того, Салтыкова неоднократно звонит Даниле по телефону, думая, что он разговаривает с ней из России. Короче говоря, женщины, лишенные независимости и умственных способностей, вступают в половую связь с Данилой почти сразу же после встречи с ним, и монтаж в фильме только подчеркивает ту скорость, с которой они поддаются его предполагаемому обаянию.

[19] О стратегии противопоставления «своих» «чужим» в этом фильме см. в [Hashamova 2007: 48–50, 53–54].

[20] Хотя комментарий Эндрю Хортона о том, что фильм содержит «сотни упоминаний о братстве», является преувеличением, настойчивое повторение слова «брат» на протяжении всего фильма, бесспорно, вдалбливает зрителю концепт единой России [Horton 2001].

Меннис. Когда Даша называет невыносимого Виктора (жадного, самодовольного и лишенного любви к своей родине) «козлом», Данила в ответ протестует: «Он брат мой». Однако к концу фильма эта связь теряет значимость: Данила без колебаний оставляет Виктора в руках полиции, неубедительно замечая, что тот сможет позаботиться о себе сам. Согласно установленным в фильме стандартам, здесь Данила ведет себя как американец.

Помимо подразумевающегося ценностного контраста между Америкой и Россией, в фильме присутствует множество более явных проявлений антиамериканизма. И хотя каждое из этих проявлений само по себе может и не показаться зрителю исключительным или достойным осуждения, все вместе они создают образ глубокой враждебности. В школьной сцене за волнующим поэтическим дебютом Феди следует хоровое исполнение песни «Гудбай, Америка» — выбор, скорее отражающий идеологию Балабанова, чем типичный музыкальный репертуар российской школы. В конце фильма эта песня звучит вновь, когда Данила, блаженно улыбаясь, слушает ее в наушниках во время вылета самолета из Чикаго в Москву. В самом начале, когда Данила допрашивает Белкина о Меннисе, банкир-махинатор (русский эквивалент Менниса) описывает этого «нового Аль Капоне» как «жадного» — предположительно даже по сравнению с самим Белкиным. Это замечание открывает путь доминирующему в фильме восприятию американцев как ограниченных прагматиков, для которых деньги — это главное в жизни. Салтыкова, побывавшая в США, бесцеремонно сообщает Даниле, что там нет «ничего особенного», а раздражительный таксист в Нью-Йорке возмущается тем, что Горбачев «продал» Россию американцам. Но всей этой хулы по отношению к мерзостям Америки автору недостаточно: расизм американской полиции проиллюстрирован чикагским полисменом, который после освобождения Данилы восклицает: «Чертовы негры!»[21] По словам Даши, не только ра-

---

[21] Число американцев, которые понимают или говорят по-русски, просто удивительно. Помимо двух администраторов в аэропорту Чикаго, также владеют русским и двое чикагских полицейских — тот, который задерживает Виктора за пьянство, и переводчик в участке (в сцене ареста Данилы).

сизм и скупость, но и фундаментальная неискренность портят американский характер. На вопрос Данилы, почему американцы приветствуют друг друга вопросом «Как у тебя дела?», она объясняет, что они делают это «просто так», поскольку в Америке все «просто так», кроме денег. Эта бессмыслица открывает тему, завершающуюся сопоставлением Данилой Америки с Россией в том центральном для фильма структурирующем «концепте», который имеет решающее значение для целей Балабанова, но, как и многое другое в фильме, также проходит весьма непоследовательную обработку.

Виктор, чей энтузиазм по отношению к Америке является символом тлеющей в нем подлости, заявляет, что в Америке сосредоточена власть всего мира («Вся сила мира в Америке»). Одной из основных проблем постсоветской России и источником ее широко распространенного чувства униженности явились снижение ее влияния и политического статуса. Кроме того, в дискуссиях между российскими кинематографистами регулярно присутствовали сетования по поводу роли Голливуда, который, с его миллиардными прибылями, бесконечным потоком хитов и повсеместной популярностью, сводит на нет все усилия российских режиссеров, чьи фильмы никогда не достигают сопоставимого воздействия или финансового успеха. Фактически на официальном сайте «Брата 2» Балабанов недвусмысленно отмежевывается от американского жанрового кино (которому сам подражает) и категорически утверждает: «Мы не любим Голливуд». Поэтому неудивительно, что, спросив Виктора о том, что такое сила («В чем сила, брат?»), и получив на это лаконичный ответ «В деньгах», Данила формулирует свое гениальное прозрение о том, что сила в не в деньгах, а в правде[22].

---

[22] Один критик сообщает, что на концерте музыки к «Брату 2» в Олимпийском 9 сентября 2000 года Сергей Бодров — младший сообщил безумно аплодировавшей публике, что во время Ледового побоища между русскими и рыцарями Тевтонского ордена Александр Невский учил своих солдат: «Ребята! Сила не в оружии, сила в правде». Затем Бодров сформулировал мысль, близкую его персонажу Даниле: «Будем любить нашу родину только потому, что она наша». См. [Тарощина 2000].

То, что у американцев есть *только* деньги, а за россиянами стоит правда, — это Главный Месседж фильма, поэтому Балабанов заставляет Данилу повторить его для Menниса, когда он наконец сталкивается с Денежной Угрозой[23] в офисе последнего из стекла и бетона. Эта встреча между Данилой и Меннисом, — встреча между Правдой и Баксами, — граничит с карикатурой из-за преувеличенных антитез: Меннис, серое с виду ничтожество среднего возраста, сидит съежившись и дрожит, соглашаясь со всеми заявлениями Данилы и подчиняясь каждой его команде. Улыбающийся и уверенный в себе, молодой, крупный и физически сильный Данила, который только что убил приблизительно дюжину человек, с полной невозмутимостью отдает ему приказы и преподносит моральный урок. Чтобы зрители поняли, что столкновение между ними должно восприниматься как столкновение двух полярных национальных идентичностей, Данила называет Menниса не по имени, а просто «американцем» («Вот скажи мне, американец, в чем сила? Разве в деньгах? <...> Я вот думаю, что сила в правде»). Излишне говорить, что эта сцена и ее вывод предназначены для доказательства того, что истина (Данила), безусловно, сильнее денег (Меннис). Деньги здесь — это доллары (конечно же, не рубли!), однако определения «правды» в фильме нет; фильм лишь подчеркивает то, что она принадлежит исключительно россиянам. Тем не менее в одном из многих ненарочито комичных моментов фильма Данила сразу после своей проповеди требует: «Дмитрий Громов, мани давай!» Кроме того, ближе к концу своего преступного кутежа Данила под дулом пистолета заставляет одного из людей Menниса отдать содержимое кассы клуба «Метро» и забирает деньги себе. По иронии судьбы, часть этих денег он заплатит за ужин, устроенный по его просьбе Салтыковой в том же самом «Метрополе», где останавливался Меннис во время своего визита в Москву в начале фильма[24].

---

[23] Фамилия Меннис одновременно созвучна английским словам *menace* («угроза») и *money* («деньги»).

[24] Название «Метрополь» также носит русский ресторан в Чикаго, где Виктор встречается с двумя женщинами, которых он подбирает вскоре после прибытия в город. Склонность Балабанова к таким повторам в фильме

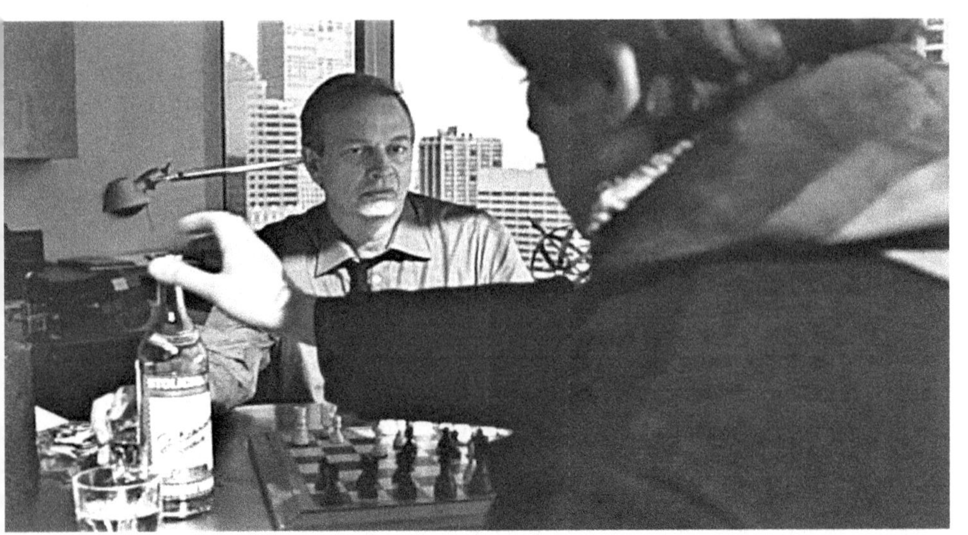

Конфронтация между Данилой и Меннисом, с шахматами и водкой «Столичная» как маркерами русскости

Примитивно организованной конфронтации, выступающей в качестве кульминационной точки развития сюжета в фильме, не хватает драматической напряженности и развязки, которые присутствуют в западных боевиках, потому что сам Меннис, заклятый враг героя, страшен не больше, чем муха с подрезанными крылышками. Не ставя никаких условий, не предъявляя ультиматумов и не предпринимая «последних отчаянных попыток», Меннис пассивно уступает силе российского героя-правдоруба. Кроме того, сцена неубедительно намекает на то, что Меннис является второсортным имитатором всего русского: Данила находит его сидящим за шахматной доской с бутылкой водки «Столичная» на столе. Запугивая этого «нового Аль Капоне», потягивающего водку, словно ликер, Данила выпивает налитый ему стакан «по-русски», то есть залпом, демонстрируя тем самым неотделимость истины от мачистского потребления водки.

Антиамериканизм[25] фильма не ограничивается рамками основных сцен и откровений различных персонажей, раскрывающих

могла быть вызвана желанием компенсировать слабую структуру повествования.

25 В статье, посвященной проблеме национальной идентичности в блокбастерах, Сьюзен Ларсен аналогично описывает (в заключении) и косвенно упоминает (в основной части) «Сибирского цирюльника» Михалкова и «Брата 2» [Larsen 2003: 511].

свою ксенофобию и обиды, и включает такие фрагменты, как чрезмерно длинная немая сцена, в которой Данила готовит свое оружие (как Рэмбо Сильвестра Сталлоне) в неопознанном гостиничном номере на достаточно высоком этаже, чтобы из окон открывался вид на Чикаго с верхней точки. Это позволяет и ему, и зрителю смотреть на город свысока — как физически, так и на уровне метафоры. В режиссуре Балабанова Чикаго предстает не ярким культурным мегаполисом с потрясающей архитектурой, великолепным симфоническим залом, музеями и оперой мирового класса, а всего лишь логовом брутальных черных, эксплуатируемых ими проституток и дебильных украинских преступников. Разрушительное влияние Америки может быть выведено из заботы Даши о деньгах, необычайной грубости русской женщины среднего возраста по отношению к Даниле на Брайтон-Бич и нечестности автодилера при продаже Даниле разбитого кадиллака, который вскоре ломается на скоростной трассе, опровергая утверждение еврея Куйбышева: «Мы, русские, не обманываем друг друга!»[26] Только те, кто восприимчив к таинственной, воинствующей истине Данилы, могут преодолеть заразу ложных ценностей Америки, о чем свидетельствует быстрое «обращение в его веру» Даши[27].

Тот факт, что среди американских мужчин лишь водитель грузовика Бен выглядит позитивно, можно объяснить двумя очевидными причинами: во-первых, у него сразу же возникает симпатия к Даниле, а во-вторых, что немаловажно, он тоже принадлежит к рабочему классу. Это исключение в общем комплексном унижении Америки согласуется с приверженностью фильма глубоко советской эстетике[28]. Так же как и в социальной

---

[26] Нечестность Куйбышева можно рассматривать как пример антисемитизма режиссера. См. [Липовецкий 2000: 56].

[27] Во время съемок фильма в США антиамериканизм Балабанова, по сообщениям, распространился за пределы фильма. Режиссер неоднократно высмеивал своих американских коллег за перерывы на обед и ужин: «Американцы снимаются в кино только для того, чтобы пообедать» [Щегол 2000] — в то время как российская часть группы продолжала работать.

[28] Интеллигентные дискуссии о ретроидеологии фильма см. в [Гусятинский 2001: 31–32; Липовецкий 2000: 59; Щиголев 2001: 34–35]. Утверждая, что Балабанов просто хотел реабилитировать советское прошлое [Щиголев

политике американских фильмов «Белые ночи» и «Дело фирмы», если вдруг между русским и американцем налаживается взаимопонимание, всегда необходимо, чтобы последний был представителем пролетариата или обездоленных — чернокожий, работник физического труда, жертва юридической или политической несправедливости и т. д. Бен и Данила общаются, невзирая на языковой барьер, что напоминает взаимопонимание между Варакиным и Анной, пятью годами ранее продемонстрированное Шахназаровым в «Американской дочери», с которой у «Брата 2» есть много структурных параллелей[29]. У Балабанова два приятеля вместе слушают Данилин компакт-диск с русским роком, вместе снимают комнату в мотеле, вместе посещают столовые пит-стопа, прачечную и кино, и в конце концов достигают такой степени близости, что в конце фильма именно Бен воплощает в жизнь хрустальную мечту Данилы: замаскированный под шофера, на блестящем лимузине он везет «богато» одетых Данилу и Дашу в аэропорт, обманывая тем самым персонал и заставляя принять двух россиян за богатых ВИП-персон. Короче говоря, Бен не столько рассеивает монолитное изображение помешанной на деньгах, бесчеловечной Америки, сколько служит пресловутым исключением из правила, стирающего в фильме все индивидуальные различия и вариации.

Еще одним фактором, способствующим возрождению в этом фильме идеологии холодной войны, является вставка в диегезис элементов советской эпохи. К ним относятся такие значимые с точки зрения истории места, как Исторический музей («Музей Ленина» на протяжении всей истории СССР), где работает Илья, а также кабинет Белкина, фактически являвшийся кабинетом Ленина в Горках под Москвой [Гусятинский 2001: 31]. Такие

2001: 34], Щиголев проводит параллели между «Братом 2» и фильмом «Чапаев» братьев Васильевых (1934).

[29] В обоих случаях праведный русский герой едет в Америку, чтобы «устранить несправедливость», сталкивается по пути с препятствиями и разными американцами, очаровывает американку, демонстрирует свои профессиональные навыки, заводит дружбу с обездоленным американцем и с помощью «волшебного помощника» сбегает из «ада» Америки в «рай» России.

объекты, как пулемет максим из «чапаевских времен», который братья крадут из музея и который вызывает бурное восхищение Виктора советской «героической эрой», по-видимому, реанимируют именно этот период истории, когда Виктор уничтожает головорезов Белкина, используя пулемет «в старой манере» из кузова автомобиля. Понятие братства (или «мифологема тотального братства», как выразился Гусятинский), сплоченность рабочего класса и любовь к русской земле (которая подчеркивается в Федином стихотворении) — все это возрождает советскую пропаганду. Неудивительно, что Марк Липовецкий обратил внимание на «поразительно советский» характер фильма [Липовецкий 2000: 59], а Щиголев назвал его «первой постсоветской картиной, которая полностью реанимирует наше советское прошлое со всеми его составляющими» [Щиголев 2000: 31][30]. Как справедливо утверждал Е. Гусятинский, эти и другие признаки дают понять, что Истину можно найти в прошлом [Гусятинский 2001: 31] и что Истина — это то, что питало враждебность в холодной войне. Действительно, война играет в фильме ведущую роль.

Одна из главных проблем этой экранной притчи состоит в том, что в своих усилиях по превращению носителя Истины Данилы в квази-святого она опирается на примитивные механизмы резких контрастов. По морали, интеллекту, профессиональному и сексуальному мастерству Данила превосходит всех остальных персонажей — причем не только американцев, но и русских, — что, учитывая простую цель фильма продемонстрировать превосходство России, создает множество проблем. Балабанов сигнализирует об уникальности Данилы в первой сцене фильма, где молодой бизнесмен стоит рядом со своим джипом и читает известное стихотворение поэта-романтика М. Ю. Лермонтова:

---

[30] В этом отношении я не согласна с мнением, высказанным в первоклассной статье Сьюзен Ларсен о постсоветских российских блокбастерах — якобы оба «Брата» «отрицают, что сила прошлого может влиять на настоящее, а тем более спасать его» [Larsen 2003: 504]. Советское прошлое бросает большую тень на «Брата 2».

Нет, я не Байрон, я другой,
Еще неведомый избранник,
Как он, гонимый миром странник,
Но только с русскою душой.

Несмотря на то что этот неуклюжий и ограниченный «новый русский» смехотворен[31], сама сцена значима, поскольку она приводит в движение четыре важные оппозиции, сформулированные в черно-белых тонах пропагандистской листовки: пропасть между озабоченным самим собой эгоизмом (фраза «я не Байрон, я другой...» целиком концентрирует внимание на лирическом «я» поэта) и самопожертвованием ради общего блага или гражданской ответственности (предположительная позиция Данилы); контраст между сомнительными предпринимателями, стремящимися копить деньги для себя (Белкин и Меннис), и честными солдатами, рискующими своей жизнью «во имя родины» (Данила); необходимую дифференциацию между Россией и Западом (Байрон), поскольку последний якобы не представляет из себя модели, достойной подражания; и, наконец, преследуемого странника, противопоставляемого его преследователям, ищущим безопасности.

Примечательно, что во время телевизионного интервью с двумя приятелями — ветеранами Чеченской войны Данила хранит молчание, отвечая только на вопрос о своих будущих планах. По его словам, он собирается поступить в медицинскую школу, и его желание лечить людей мгновенно подчеркивает его статус гуманиста, «хорошего человека». Два его приятеля настаивают на том, что в Чечне из них всех самым «крутым» оказался именно Данила. «Крутой» — это постоянно используемый в криминальном постсоветском дискурсе эпитет, сочетающий в себе несколько черт. Обычно он характеризует хладнокровного, жесткого, бесстрашного и стойкого человека, который

---

31 «Новых русских» в 1990-х годах презирали повсеместно, поскольку общественность рассматривала их не только как явление криминального капитализма, навязанного внезапно обнищавшему населению, но и как людей, безразличных к жизни соотечественников.

способен действовать и не остановится ни перед чем, если этого требует случай. Проще говоря, «крутой» — это благородный русский вариант Терминатора. Будучи полярной противоположностью как Белкина, так и Менниса во всех отношениях, Данила также противопоставлен хоккеисту Мите, который, испорченный ценностями Америки, настолько озабочен деньгами, что неспособен даже внятно поблагодарить Данилу за помощь. Точно так же он не берет трубку телефона, когда Данила ему звонит, и отказывается поселить его в своей квартире, объясняя это тем, что «здесь так не принято». Другими словами, американцы, и так обладающие множеством прискорбных черт, вдобавок не могут понять и щедрое русское гостеприимство. Точно так же Даша, которая вскоре начинает следовать за Данилой как тень, поначалу требует от него денег за помощь в приобретении оружия. Но прежде всего фильм буквально на каждом шагу противопоставляет Даниле его брата, «паршивую овцу», — иногда через быстрые монтажные переходы, позволяющие сравнить их поведение в сопоставимых / параллельных ситуациях. Так, во время полета в Америку Виктор пьет водку из припрятанной фляжки, чем шокирует сидящую рядом с ним пассажирку; Данила же во время полета спит и не общается со своими попутчиками. Виктор груб и шумлив, постоянно привлекает к себе внимание, ворует, жадно потребляет как еду, так и водку и постоянно делает ненужные уничижительные или агрессивные замечания в самые неподходящие моменты — паспортным и таможенным органам («Уроды!»); украинским мафиози в чикагском аэропорту; полицейскому, который ловит его во время открытого распития алкоголя на уличной скамейке; в туалете ресторана, когда он убивает одного из украинцев («Вы мне, гады, еще за Севастополь ответите!»). Фактически Виктор воплощает собой нечто противоположное тому «месседжу», носителями которого являются его брат и сам фильм — о том, что «правда» является прерогативой России.

Тем не менее российская аудитория превратила «Брата 2» в культовое явление. В молодежной среде часть некритического энтузиазма по отношению к фильму может быть приписана

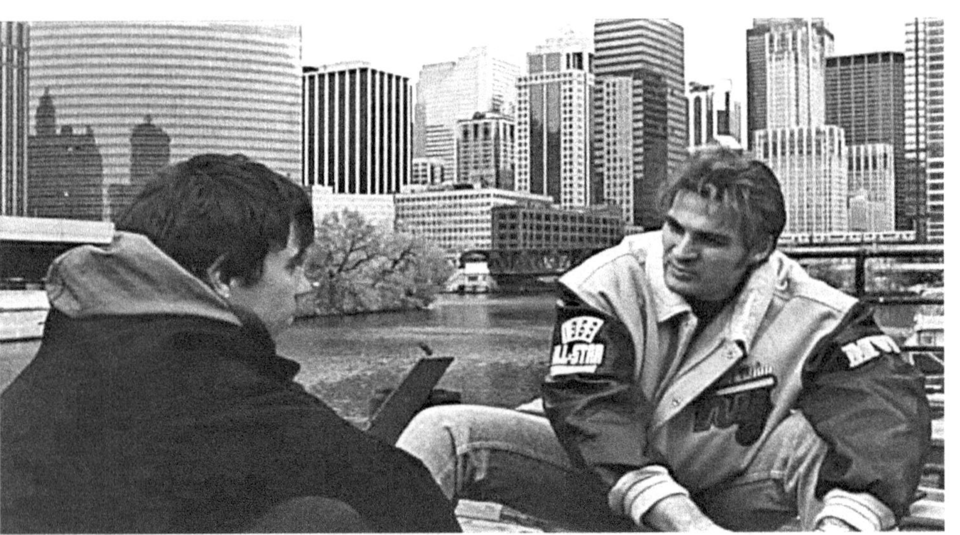

Изрекающий «истину» мститель возвращает Митины деньги хоккеисту

саундтреку, который содержит множество песен самых популярных на тот момент российских рок-звезд — от Земфиры и «Маши и Медведей» до «Наутилус Помпилиус», «Агаты Кристи» и «Аукцыона»[32]. Действительно, некоторые критики обоснованно утверждали, что саундтрек ведет сюжет и компенсирует его фрагментированность. Выступление Бодрова в роли главного героя также стало ключевым фактором. Будучи твердо убежден, что в исполнении другого актера герой выглядел бы «отталкивающим», Балабанов признался: «Эту историю я писал специально под Сережу Бодрова... [Я] немного представлял, какой Сережа в жизни. Какой он? Обаятельный. И совсем не актер. Он не сможет, к примеру, сыграть Гамлета — он вообще не умеет играть. Он просто органично существует в пространстве» [Шигарева 2002]. Здесь Балабанов почти дословно повторяет мнение В. Э. Матизена о выступлении Бодрова в «Брате»[33]. Однако то, что несколько российских критиков назвали «органичным» существованием Бодрова, создает моральную проблему в фильме, поднимающем этический вопрос об Истине [Манцов 1998: 61].

---

32 П. Кузьменко, в частности, отметил вклад музыки в успех фильма [Кузьменко 2000]. Критический обзор музыки см. в [Рондарев 2000].

33 Сьюзен Ларсен справедливо отметила, что бесхитростная улыбка Бодрова во многом объясняет его привлекательность. См. [Larsen 2003: 505].

Натуралистический эффект «существования» Бодрова (вместо «игры») в фильме неотделим от идентификации актера с аудиторией [Гусятинский 2001: 32]. В 1990-е годы влиятельные представители российского киноистеблишмента, такие как Н. С. Михалков и К. Г. Шахназаров, неустанно оплакивали отсутствие настоящего русского экранного героя. Возможно, их широко публиковавшиеся «траурные песнопения» частично объясняют, почему большинство публикаций, посвященных «Брату», приветствовали его почти исключительно за создание «нового героя». Само слово «герой» и в русском, и в английском языке обозначает не только протагониста, но и выдающегося человека, достойного подражания. Если в советское время песня «Последний герой», записанная в 1984 году петербургской (тогда ленинградской) группой «Кино», содержала слова о бессильной отчужденности среди непривлекательной реальности, популярное постсоветское реалити-шоу, точно так же носившее название «Последний герой» (2001–2004), хвасталось своим «очаровательным» ведущим Бодровым, покорявшим сердца бесчисленных подростков, которые наблюдали за историей выживания людей во враждебной среде, завершающейся триумфом победителя. Две части дилогии «Брат» (1997, 2000) стали своеобразным мостом между этими двумя моментами (1984, 2001–2004), закрепив Бодрова в роли нового героя в новом «смутном времени».

Использование Балабановым камеры помогает аудитории идентифицировать себя с героем на техническом уровне. Особенно это заметно в фильме «Брат 2». Здесь присутствует субъективная камера, которой показывается быстрый проход Данилы по коридору клуба «Метро», когда он одного за другим убивает около дюжины человек. Сняв эту сцену в эстетике клипов MTV и видеоигр, Балабанов не только сделал ее «узнаваемой» для юных зрителей, но и позволил им разделить точку зрения Данилы и отождествить себя с ним и его действиями. В своем глубоком анализе фильма и, в частности, его стратегий обеспечения идентификации Гусятинский указывает, что убийства Данилы в клубе «Метро» сняты как компьютерная видеоигра, с акцентом на оружии, что позволяет зрителю / игроку почувствовать себя в роли героя и тем самым получить опосредованный опыт владения этим оружием [Гусятинский 2001: 32]. Неудивительно, что, по словам А. В. Родионова, энтузиазм зрителей достигал максимума именно в тех сценах и высказываниях, где отсутствовала «политкорректность» [Родионов 2000], о чем свидетельствует серия произвольных убийств в клубе[34], — факт, который другого критика по понятным причинам привел к обвинению фильма в романтизации насилия [Павлючик 2000].

Хотя такие комментаторы, как Дондурей, Гусятинский и Липовецкий, осудили фильм за его грубую и консервативную пропаганду, российские зрители с восторгом приветствовали «Брата 2», потому что он проник в «национальное бессознательное», спасая раненую гордость россиян от стабильного и богатого Запада. Восстанавливая средневековую концепцию России как «третьего Рима» и ее порожденную победами над Наполеоном и во Второй мировой войне самооценку как кенотического спасителя, избавляющего Европу от массового уничтожения, «Брат 2» показывает Россию в качестве несущего в себе истину искупителя, который в конечном итоге одержит триумф над предполагаемыми врагами и реальными страданиями. Проще говоря, именно Россия может спасти Америку от ее материализма, грубых ошибок и саморазрушительной «политкорректности». Огромная популярность фильма продемонстрировала возрождение в России враждебности времен холодной войны по отношению к Америке, не выполнившей то обещание союза, о котором ранее возвестила гласность и которое впоследствии рекламировалось лидерами обеих стран.

«Олигарх» (2002 год, режиссер Павел Лунгин)

В своем изображении прямого контакта с Америкой «Брат 2» был аномалией среди российских фильмов начала 2000-х годов. Поскольку сама Россия сосредоточилась на внутренних пробле-

---

[34] По словам Дондурея, эта реакция сопровождала показ фильма в кинотеатре «Пушкинский» [Дондурей 2000: 70].

мах, кинематографисты продолжали перенаправлять свой антиамериканизм на ту часть населения страны, которая усвоила уроки капитализма и разбогатела — то есть на «новых русских» и олигархов[35]. Художественная литература, журналистика, кино, телепередачи и анекдоты 1990-х годов не оставляли сомнений в том, что на родной земле «новые русские» воплотили грязную изнанку американского капитализма. Эта идентификация способствовала перемещению фрустрации и разочарования, пропитывавших российский опыт принятия американских ценностей, на «новых русских», фигурировавших на экране в качестве суррогатов помешанных на деньгах американцев. Широко освещаемый поворот к рыночной экономике, которую Соединенные Штаты внедрили в послушную, стремившуюся получить американскую помощь постсоветскую Россию, имел катастрофические последствия для большинства россиян. Однако он сделал возможным беспрецедентное и быстрое обогащение крошечного меньшинства, известного как «новые русские».

Комедии начала-середины 1990-х годов подразумевали недифференцированное восприятие «новых русских» как одержимых криминалом, безжалостных и вульгарных типов, готовых рисковать чем угодно, чтобы накапливать и выставлять напоказ свое богатство. Клеймя тех, кто гонится за деньгами, как нелепых шутов, эти фильмы для создания комического эффекта использовали тупость персонажей и невероятные сюжетные повороты. Сам зрительский смех в конечном счете обнажал горечь, возникшую из-за масштабов несоответствия между «имущими» и «неимущими». Фильмами такого рода были «На Дерибасовской хорошая погода, или На Брайтон-Бич опять идут дожди» Л. И. Гайдая (1992)[36] и «Русское чудо» Михаила Кокшенова (1994). Тревожная мелодрама Станислава Говорухина «Ворошиловский стрелок», однозначно прославлявшая кровную личную месть как справедливое возмездие, изображала «новых русских» и их

---

35 Всесторонний анализ репрезентации в русской культуре «новых русских» см. в [Goscilo 2003: 1–90; Гощило, Ажгихина 2002; Карахан 2002; Гощило 1999].

36 Психоаналитическое исследование фильма см. в [Hashamova 2007: 32–34].

потомство презренными, аморальными головорезами, от увечья или смерти которых общество только приобретет[37]. Говорухин противопоставил старого бывшего советского солдата Ивана Федоровича (которого играет ветеран экрана Михаил Ульянов), вызывающего исторические ассоциации с ворошиловскими стрелками через название фильма, молодому поколению богатых хулиганов, которые насилуют внучку старика Катю и пребывают в полной уверенности, что нечестно заработанные деньги и положение лидера группы как сына «нового русского» гарантируют им защиту от возмездия[38]. Излишне говорить, что они становятся жертвами благородного и имеющего военную подготовку Ивана Федоровича, чья жестокая месть остается в фильме безнаказанной и восстанавливает то, что Говорухин формулирует как «правильный порядок вещей». Коррумпированным американским моделям, проще говоря, нет места в современной России — точка зрения, которую консервативный Говорухин высказывал не раз.

Еще более изощренные нарративы, такие как «Приятель покойника» Вячеслава Криштофовича (1997), «Окраина» Петра Луцика (1998), «Свадьба» Павла Лунгина (2000) и «Москва» Александра Зельдовича (2000) — последние два выпущены в том же году, что и «Брат 2», — утверждали несостоятельность достатка. Несмотря на то что все четыре фильма достаточно сложны и поэтому обходят даже скрытые намеки на предполагаемую нравственную пустоту Америки, занимаясь вопросами прошлого, настоящего и будущего России, они демонстрируют непреодолимый разрыв между властью, обретенной через накопление капитала, и полноценной, достойной жизнью. В «Приятеле покойника» все «новые русские» / «новые украинцы» погибают, а благоразумный герой, не приспособившийся к новым социально-экономическим «нормам», в конце концов находит то, что

---

37 См. глубокий анализ фильма Анной Лоутон [Lawton 2004: 131–137]. О постсоветской эпидемии фильмов на тему «справедливого правосудия» см. [Nemesis or Mimesis 2010].

38 Фильм является экранизацией романа В. А. Пронина «Женщина по средам».

обещает ему счастье — вдову с сыном, который достался ему от «грубого племени». Несмотря на свою стилистическую неоднородность и интертекстуальное богатство, которое сбивало с толку и в то же время привлекало критиков[39], «Окраина» представляет собой мрачное и жестокое повествование о трех колхозных рабочих, которые намереваются отомстить московскому нефтяному магнату, купившему у них землю в результате соглашения, заключенного некими «типами». Эта «критика новой капиталистической России и нового витка несправедливости, обрушившегося на простого человека» [Tobias 2002], до такой степени карикатурно представляет самодовольного олигарха из транснациональной корпорации, что его ужасный конец, несомненно, кажется естественным для аудитории, которая переживала травмы, вызванные финансовой разрухой конца 1990-х годов. В отличие от мстителей, которые, выполнив свою жестокую задачу, просто вернулись к возделыванию земли, россияне, однако, не смогли повернуть время вспять и вернуться в советскую эпоху. В том же ключе в «Свадьбе» Лунгина девушку получает герой, принадлежащий к рабочему классу, а не «новорусский» чужак, и двое московских богачей погибают в результате самоубийства и убийства. Если «новые русские» трактуются здесь как американские волки в русской шкуре, то сами эти фильмы иллю-

---

[39] Скотт Тобайас не мог решить, является ли фильм «комедией в духе Гран-Гиньоля, [потому что] это может быть просто надменный показ брутальной маскулинности в стиле Пекинпа» [Tobias 2002]. Назвав фильм «одновременно ужасающим и мрачно юмористическим», Дж. Хоберман в то же время нашел его «поразительно точным по своим эффектам и действиям» [Hoberman 2004]. Деннис Харви увидел в фильме «резкое утверждение о том, что российская эксплуатация пролетариата на самом деле никуда не исчезала на протяжении эпох царской власти, коммунизма и гласности» [Harvey 1998]. Дэвид Кер охарактеризовал «Окраину» как «странный, тревожный, но порой довольно забавный культурный артефакт новой России» [Kehr 2004]. Эндрю Хортон интерпретировал фильм как такое «нападение на капитализм, с которым даже советское кино времен его расцвета не может сравниться» [Horton 1999a]. Ричард Филлипс (в самом тщательном из всех обзоров) выявил несколько слабых мест, но в целом высоко оценил режиссерский дебют Луцика [Phillips 1999].

стрируют неэффективность, неуместность и фатальность американской модели для современной России — именно такую позицию подчеркивал Путин уже в первые два срока своего президентства.

Один из немногих фильмов, открыто вступивший в противоречие с более ранними российскими картинами, рассказывавшими о тяжелых последствиях накопления богатства, — это «Олигарх» Павла Лунгина. Его премьера состоялась в 2002 году и вызвала неоднозначную реакцию на своей родине, но в основном положительные отзывы на Западе, в том числе на Международном кинофестивале в Локарно в том же году. Ян Стюарт из «Newsday» назвал «Олигарха» «таким же соблазнительным и дерзким, как и его главный герой», отметив его жесткую конструкцию: «[Он] сочетает в себе потрясающую непосредственность классических социальных документов Анджея Вайды и бурную горячку политических триллеров Коста-Гавраса» [Stuart 2003]. Другой рецензент нашел фильм «мясистым, хорошо продуманным триллером, который поглощает и волнует вас от первого кадра до последнего» и «знает, как заставить сюжет рычать» [Wilmington 2003]. Расхваливая его как «умело сделанный, стремительно развивающийся политический триллер», «Variety» приписал Лунгину «крепкий кинорассказ и визуальный азарт в жанре восточноевропейского гангстерского фильма» [Young 2002]. «Захватывающий фильм с кристально чистой сюжетной линией», по словам одного комментатора [Havis 2003], «Олигарх», что удивительно, был номинирован «Political Film Society» как лучший кинопоказ 2003 года [MH Nd][40]. Очевидно, что предсказание Дмитрия Быкова о том, что «фильм обречен на неуспех на Западе, кроме как на Брайтоне[-Бич]», вряд ли могло еще больше промазать мимо цели [Быков 2003]. Хотя некоторые критики отмечали отсутствие у Лунгина тонкости (качество, чуждое его режиссерскому стилю), многие находили

---

[40] Рекламируя «Олигарха», «New Yorker Films» процитировал необычный для русского фильма энтузиазм американских критиков: «...превосходный постсоветский “Крестный отец”» [Matthews 2003]; «потрясающе!» [Klawans]; «я был в восторге» [Sarris Nd].

этому компенсации — в темпе, игре актеров или оригинальной музыке (написанной Леонидом Десятниковым, с которым режиссер работал в 2000-х годах).

Реакция в России варьировалась от энтузиазма киноманов до желчи кинокритиков. Принимая во внимание, что фильм, снятый с приблизительным бюджетом в пять миллионов долларов, собрал около 355 000 долларов во время премьерных выходных (20–22 сентября 2002 года)[41] и побил рекорды кассовых сборов, комментаторы критиковали его часто по некинематографическим причинам. «Олигарх» поставлен «по мотивам» романа Юлия Дубова «Большая пайка» (1999) — выдуманного рассказа о карьере Б. А. Березовского, написанного от лица его заместителя в компании «ЛогоВАЗ». Как и в романе, в фильме описан усеянный трупами пиратский процесс приватизации, а также его психологические последствия, примером которых служит личность Платона Маковского, наделенного с легкой руки режиссера несколькими широко известными чертами Березовского. В 2001 году Березовский нашел убежище в Лондоне и в 2003 году официально сменил имя на Платона Еленина. Используя флешбэки и острые монтажные переходы, «Олигарх» инсценирует головокружительное экономическое восхождение и нравственное падение «селф-мейд-миллиардера», «романтического героя», который, по словам Лунгина, «постепенно теряет своих друзей и свою душу, предавая и будучи предаваем» [Ganske 2006]. Яркий, одаренный математик, Маковский торгует диссертациями в период рыночных реформ поздней горбачевской эпохи, а затем при Ельцине погружается в растущий сектор частного бизнеса с его плохо определенными нормативными актами. Начиная скромно в 1989 году как мелкий авантюрист, продающий диссертации, поддельные джинсы «Levi's», а затем метлы, он приступает к созданию защищенного мафией и сомнительного с точки зрения закона бизнеса по импорту-экспорту автомобилей («Infocar»)

---

[41] Фильм обогнал по сборам ряд американских фильмов (в то время это было редкое явление) и в прокате занимал следующее место после «Трех иксов» Роба Коэна [Кувшинова 2002: 9].

и, наконец, становится самым богатым и влиятельным магнатом России, полностью вовлеченным в криминальные и политические интриги. Конкуренция, насилие и смерть сопровождают быстрое расширение его вотчины, так что к концу фильма количество трупов будет значительным — среди них Марк (Михаил Вассербаум), Виктор (Сергей Юшкевич) и Муса (Александр Самойленко), трое университетских друзей, втянутых в рискованные предприятия Маковского; коррумпированные и лицемерные противники, такие как чиновник КГБ Корецкий (Александр Балуев); ветеран-калека Афганской войны Беленький (Владимир Стеклов); несчастный сибирский губернатор Николай Ломов; а также множество безликих «расходуемых подчиненных», которые являются побочным ущербом. Единственные, кто выживет, — это сам Маковский и изворотливый грузин Ларри (Левани Учанеишвили), посвящающий его в тонкости мафиозной протекции, действующий как его правая рука и никогда его не покидающий.

Глубоко укоренившаяся ненависть россиян к олигархам и «новым русским», и прежде всего к Березовскому, во многом объясняет, почему московские критики, путая биографию Березовского с фильмом, осудили предполагаемые «неточности» в его образе и «романтизацию» протагониста, а также неспособность фильма раскрыть подробности незаконных прибыльных сделок Березовского. Непроверенный слух о том, что сам фильм финансировал Березовский, регулярно цитируется или рассматривается некоторыми критиками как заслуживающий осуждения факт, — а использование в фильме кабинетов самого Березовского для съемки некоторых сцен лишь усугубляет ситуацию [Holden 2003][42]. В том, что скорее напоминает спор, нежели анализ, Л. А. Радзиховский симптоматично утверждал, что Владимир Машков в роли Маковского физически похож не столько на Березовского, сколько на Р. А. Абрамовича (!)[43]. В этом же стиле

[42] Слух появился из-за того, что Лунгин лично встречался с Березовским.

[43] Р. А. Абрамович — еще один российский миллиардер, проживающий в Лондоне, больше всего известный на Западе покупкой футбольного клуба «Челси» в 2003 году. См. [Радзиховский 2003].

неуместного фарса он настойчиво называл главного героя фильма БАБ (Борис Абрамович Березовский). Процветание подобного сюрреализма в российской кинокритике (если не в самом русском кино) стало еще более очевидным, когда Л. А. Аннинский, высмеивая склонность других рецензентов сопоставлять фотографии Березовского с кадрами Машкова в роли Маковского, коротко и безоговорочно раскритиковал фильм, а также задался вопросом: «А что между ними общего? [Березовским и Машковым, а не Маковским!]? Да ничего, кроме красивых черных глаз!» [Аннинский 2003][44].

Немногие из российских комментаторов провели различие между «Большой пайкой» Дубова, этим добросовестным «романом с секретом», и «Олигархом» Лунгина с его попыткой создать сложную вымышленную фигуру мифологического героя в контексте быстро исчезающего прошлого, хотя сам Лунгин открыто говорил: «Это очень важно понимать. Мы не пытаемся реконструировать реальные исторические события. Наш фильм — не хроника, это не документальная история» [Карахан 2002: 6][45]. Как заметил режиссер, к началу 2000-х годов не только бытовые условия, но даже материальные объекты, циркулировавшие в течение первого, отчаянного постсоветского десятилетия, практически исчезли — отсюда та на первый взгляд неправдоподобная параллель, которую он провел между «Олигархом» и «Унесенными ветром» [Карахан 2002: 12, 6]. Сегодня культурная

---

44 Не случайно, что до завершения своего фильма Лунгин выбрал Аннинского в качестве представителя той «пассивной» интеллигенции, которая мечтала о демократии, но не смогла ее распознать, когда она наступила: «Оказалось, что демократия — для тех, кто умеет торговать, а не Аннинского читать». Лунгин справедливо добавил, что новый порядок лишил интеллигенцию ее элитарного статуса. См. в [Карахан 2002: 14]. Это снижение статуса, полагаю, до сих пор раздражает, поскольку тесно связано с яростными реакциями на чужой финансовый успех, хотя Лунгин выразил оптимизм по поводу того, что морализованное большевистское [*sic*] уравнение богатства со злом, а бедности с добродетелью, больше не остается единодушным [Карахан 2002: 11].

45 Лунгин был осторожен, не называя свой фильм экранизацией, а заявляя, что «Олигарх» «сделан по мотивам» книги Дубова, которая, в свою очередь, превратила факты в выдумку [Липовецкий 2003б].

амнезия стерла из памяти россиян эру «золотой лихорадки» мошенничества, финансовых пирамид, закрытия банков, дефолтов и возвышения презираемых олигархов, которые при Путине либо эмигрировали (Березовский, Абрамович, В. А. Гусинский), либо подверглись тюремному заключению (М. Б. Ходорковский), либо были «приручены» (В. О. Потанин, А. П. Смоленский).

В какой-то степени изменения в российской экономике превратили в историю высказанное Лунгиным в 2002 году наблюдение о том, что «чужой успех у нас вообще нетерпим. А во Франции почему-то вызывает симпатию и интерес» [Карахан 2002: 17]. Повысив уровень жизни широких слоев населения, нефтедоллары изменили отношение к богатству и материальному благосостоянию, и лишь немногие сейчас оспаривают существование среднего класса со всеми его традиционными устремлениями в современных городах России, где любой успех можно «продать»[46]. Тем не менее по-прежнему широко распространена ненависть к олигархам, безрассудно стремившимся к богатству в то время, когда доставшееся в наследие от большевизма приравнивание богатства ко злу, а бедности к добродетели еще частично было актуальным [Карахан 2002: 11][47]. Теперь, как, впрочем, и тогда, эта ненависть неотделима от российского антисемитизма, о чем свидетельствует случай с бывшим советским разведчиком В. В. Квачковым. Обвиненный в покушении на убийство А. Б. Чубайса, которому он сам инкриминировал принадлежность к «еврейской мафии», Квачков заявил в интервью: «Все эти Ельцины, Чубайсы, Кохи, Абрамовичи, Фридманы и Уринсоны украли наше национальное богатство». Конечно, кроме Ельцина, все названные имеют еврейское происхождение. Оправдание Квачкова присяжными, как и сама частота оправдательных пригово-

---

[46] По оценкам различных исследований, средний класс составляет 20–40 % населения России. Недавний опрос жителей четырнадцати крупнейших городов страны с высшим образованием в возрасте от 24 до 35 лет показывает, что половина респондентов желает эмигрировать из-за отсутствия стабильной инфраструктуры. См. [Щеглов 2008].

[47] Как сказал Лунгин, в 1990-е годы «с одной стороны, деньги по-прежнему стыд, а с другой — всем очень захотелось денег» [Карахан 2002: 16].

ров в подобных случаях, отражают «ксенофобию, расизм и предрассудки» в российском обществе, заявил В. И. Мукомель, научный сотрудник Института социологии Российской академии наук [Babich 2008][48]. Таким образом, саркастическое пренебрежение Радзиховского к тому, что он назвал «вечным и вечно горячим рассказом о русском антисемитизме» [Радзиховский 2003][49], скорее наводит на мысль о предрассудках, чем о понимании, особенно в свете его же беспричинной характеристики Березовского как «ученого-еврея» [Радзиховский 2003].

Признавая «профессионализм» фильма, Радзиховский и Д. Л. Быков тем не менее высмеивали «Олигарха» за его интертекстуальность, как будто сцены и персонажи, с помощью цитат воздающие должное знаменитым советским экранным предшественникам фильма, автоматически должны выдавать отсутствие у режиссера воображения. Радзиховский охарактеризовал «Олигарха» как «музей истории советского кино» и обнаружил «заимствования» из фильмов «Жестокий романс», «Волга-Волга», «Москва слезам не верит», «Девять дней одного года» и особенно «Укрощение огня» [Радзиховский 2003]. Быков упомянул картины «Коллеги»,

---

[48] Покушение на жизнь Чубайса было совершено в 2005 году. Антисемитизм, заставивший таких писателей, как Дина Рубина и Елена Игнатова, эмигрировать в Израиль, — это устоявшаяся советская традиция. Еврейские корни большинства олигархов (и так ненавидимых населением за их самообогащение) только усиливали недовольство, одновременно укрепляя стереотип одержимого деньгами еврея.

[49] На самом деле в фильме есть лишь несколько антисемитских высказываний, произнесенных в гневе теми, кто возмущен Маковским (Корецкий, Ломов, анонимная толпа «неимущих», одетых в традиционные костюмы, кричащих «Уезжай жить в Израиль!» перед зданием «Infocar»). Напротив, то, что Ларри мелодраматично исполняет «Хава Нагила», когда босс узбекской мафии Ахмед (Владимир Головин) освобождает Маковского и компанию от конкурирующих бандитов, выглядит и немотивированным, и нелепым. См. [Fisher 2005]. Двойственная проблема еврейства / антисемитизма является центральной в фильме Лунгина «Луна-парк» 1991 года, главный герой которого, бандит-скинхэд, занимающийся бодибилдингом, примиряется со своим еврейским происхождением. Фильм Лунгина «Бедные родственники» (2005) также сфокусирован на теме поиска родствеников-евреев. О том, как Лунгин относился к еврейской теме, см. в [Gershenson 2008].

«Формула любви» и другие [Быков 2003: 28]. Такие отголоски на самом деле служили удобным и простым визуальным приемом для отсылок к советскому прошлому, настойчивое воздействие которого захватило воображение Лунгина: «Зло, о котором я пытаюсь говорить, — это не зло новой власти, а зло старых, сталинско-брежневских аппаратных методов и приемов, которые все еще просматриваются на вершине власти, довлеют над нами и делают все перемены такими мучительными» [Карахан 2002: 8]. Дезориентирующее и изменчивое сосуществование старых советских путей, с одной стороны, и радикально новых возможностей внутри капиталистической системы — с другой, — это именно то, что «Олигарх» стремится донести. Поэтому неудивительно, что стилистически фильм несет на себе отпечаток западных жанровых конвенций и заимствует реплики из ряда классических американских кинопроизведений, на которые указывают замечания самого режиссера: в частности, из «Гражданина Кейна» Орсона Уэллса (1941) и «Крестного отца» Фрэнсиса Форда Копполы (1972), известных своими исследованиями жадности, власти и преступности в бастионе капитализма (к слову, эти две картины оказались в начале списка Американского института кино лучших американских фильмов по версии 2007 года)[50]. Чтобы усилить дуализм между Востоком и Западом, «Олигарх» периодически показывает приверженцев советских традиций, исполняющих народную музыку, анахронично одетых в расшитые национальные костюмы, тогда как джаз и связанная с ним «новая порода», ориентированная на рынок, выводятся здесь в качестве «продуктов» Соединенных Штатов.

Действительно, структура «Олигарха» и траектория карьеры его главного героя обнаруживают общие черты с «Гражданином Кейном». Оба фильма начинаются с сообщения о смерти неоднозначной личности, владеющего СМИ магната. Далее следуют воспоминания, воссоздающие его жизнь по рассказам тех, кто его знал. Подобно Чарльзу Кейну, Маковский создает свою империю

---

[50] Сообщается, что Лунгин также упомянул фильм «Однажды в Америке» (1984) Серджо Леоне [Murray 2003].

нагло и безжалостно, питая политические чаяния и становясь все более коррумпированным по мере накопления состояния. Однако более, пожалуй, уместна здесь параллель с «Крестным отцом»[51], который, по справедливому замечанию Мейтленда Макдонаха, приводит к выводу о том, что организованная преступность является «темным двойником американского бизнеса». Харви Картен в своей неоднозначной рецензии напоминает читателям, что

> так называемые [американские] капитаны промышленности, такие как Дж. П. Морган, Эндрю Карнеги и Джон Д. Рокфеллер <...> выглядели в глазах своих противников криминальными баронами. На протяжении XIX века промышленные гиганты строили свои финансовые империи, устанавливая цены с помощью олигопольной конкуренции, подавляя профсоюзы, эксплуатируя рабочую силу и вкладывая большую часть того, что надлежало потратить на рабочих, в экономическую инфраструктуру. Аналогичным образом магнаты «Олигарха» стали героями в том смысле, что они порвали с жесткой бюрократий старой коммунистической системы и заимствовали теневые капиталистические методы, чтобы двигать страну вперед с помощью своих собственных состояний [Karten Nd].

«Бизнесмен с душой мафиози» [McDonagh 2003b], Маковский Лунгина напоминает нью-йоркских Корлеоне из «Крестного отца», рассматривающих регулярную ликвидацию соперников как практическую необходимость. Что действительно делает «Олигарха» таким удручающим, так это раскрываемая им всеобъемлющая коррупция, поскольку высокопоставленные чиновники в Кремле признают еще меньше моральных барьеров, чем Маковский[52].

---

51 Пол Хлебников, первый редактор «Russian Forbes», опубликовал разоблачительную биографию Березовского «Крестный отец Кремля» (2000), в которой тот изображен как босс мафии, организовавший уничтожение конкурентов путем заказных убийств. Сам Хлебников был убит в Москве в 2004 году.

52 Что отличает Маковского от американских «баронов» (если и не от клана Корлеоне), так это характер его «бизнеса»: он распространяет и обменивает товары, а не производит их. Хотя «Олигарх» не показывает, как Маковский «двигает страну вперед», газеты, журналы и телеканалы, принадлежавшие реальным олигархам, таким как Березовский (газета «Коммерсант», три

Вдова Виктора, Нина (Наталья Коляканова, вновь «старательно» исполняющая свою роль), прозрачно указывает на родство между ними, когда сетует на то, что русские живут в эпоху «крысоловов», и относит к этой категории Маковского, Горбачева и Ельцина.

Российские недоброжелатели обвинили Лунгина в приукрашивании образа Березовского, тогда как некоторые американские рецензенты, наоборот, отметили гневное разоблачение фильмом свирепствующей преступности, сожалея о том, что режиссер не до конца объяснил мотивы Маковского. Несмотря на этот разнобой, и те и другие критики заслуживают внимания, и Лунгин, определяя олигарха как эфемерную социальную сущность *sui generis*, порожденную экстраординарными обстоятельствами, предлагает им своего рода пролептическое возражение:

> По-моему, настоящая мифология вообще озабочена не столько моральными оценками, сколько проблемой жизненной активности, энергетики, действия и лидерства в этом действии. Мифы описывают энергию в ее доморальном состоянии. <...> Есть мифы о богах, а есть мифы о титанах, которые предшествуют богам и существенно превосходят их в отступлении от общепринятых норм нравственности. 90-е — именно период титанов, а не богов-олимпийцев. <...> Уродливые, грубые, не соответствующие идеалам красоты, но силой воображения, алчности, ума, желанием творить преобразившие мир и придавшие хаосу некоторую форму — для меня это и есть олигархи [Карахан 2002: 7].

Маковский — именно такой человек, какие привлекают Лунгина: индивидуалист, чьи врожденные динамичность и дальновидность порождают дерзкие авантюры, которые он целенаправленно воплощает в жизнь независимо от всех препятствий. Такие люди, по его мнению, являются катализаторами перемен[53], но,

---

крупные общенациональные сети — ОРТ, СТС, ТВ6) и Гусинский («Сегодня», НТВ — первый независимый телеканал России), предоставили платформу для оппозиционных взглядов. Что характерно, при Путине исчезновение этих СМИ совпало с урезанием прав олигархов.

[53] В том смысле, что Маковский — это материализация так называемого нового слова, что объясняет несколько сцен, неявно сравнивающих его с Иисусом Христом [Fischer 2005] и Лениным.

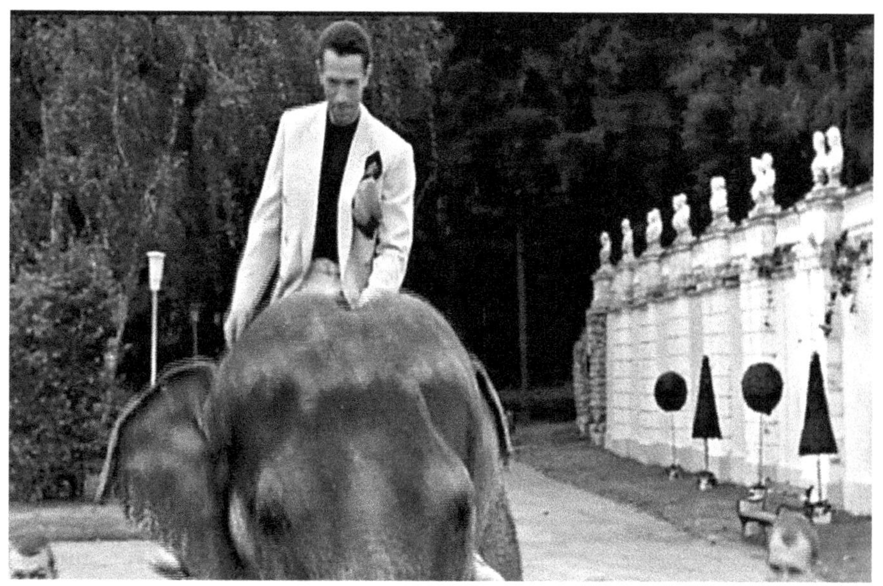

Торжественное прибытие Платона Маковского на вечеринку по случаю дня его рождения

безусловно, не являются образцами добродетели. Эгоистичный, неумолимый и манипулятивный, Маковский не стесняется ликвидировать своих соперников и, по мере роста своего состояния и власти, предает друзей — тех самых, в чью честь он произнес тост на экстравагантной вечеринке в день своего рождения: «[Мы] не просто друзья. Мы больше. Мы — целый мир. За нас!» Необоснованное, холодное подозрение Маковского в отношении его друга Виктора приводит к самоубийству последнего; хотя не совсем понятно, кто именно убивает Мусу — он сам или Ларри, — Маковский смиряется с этим убийством как с неизбежностью; когда Марк принимает на себя пулю, предназначенную для Маковского, главной задачей последнего является спасти свою собственную жизнь. Возможно, самым значительным предательством является постепенное отдаление Маковского от преданной ему троицы друзей и сближение с черствым и скользким Ларри, для которого цель всегда оправдывает любые средства[54]. Как бы Лунгин ни восхищался драйвом и безрассудством своего героя, он все же не дает ему лестных характеристик, и только невнима-

[54] В некоторых отношениях Ларри является аутсайдером в группе. Грузин, не принадлежащий к классу интеллигенции, он приходит уже сформировавшимся, со связями в криминальных кругах и своим мягким стилем поведения, прикрывающим жестокий, аморальный прагматизм.

тельный зритель может не заметить неуклонного прогресса моральной деградации Маковского. Как сказал интервьюеру Лунгин, в образе Маковского он хотел воплотить разрушительные последствия неприемлемой прожорливости, которая, по его мнению, превращает «милого, добросердечного человека» в «опасного одинокого волка»[55]. Несмотря на неослабевающий экшен, фильм окрашен всеобъемлющим чувством потери, поскольку игривость, взаимная привязанность и дух товарищества среди четырех университетских друзей постепенно испаряются под давлением одержимости Маковского и интриг Ларри.

Представление о психологической структуре личности Маковского и его мотивациях Лунгин дает через ретроспекцию в детство, что критики необоснованно упустили из виду. В холодном заснеженном дворе милиция собирается увезти сироту Мусу в приют. Пока толпа пассивных свидетелей просто наблюдает за этим, Платон действует. Схватив за руку мальчика, он уводит его прочь, и у двери своей квартиры настаивает, чтобы Муса поселился у него, говоря: «Запомни, мне нельзя говорить “нет”». Муса остается и впоследствии превращается в жадного, угодливого придворного шута Маковского. Даже в детстве главной движущей силой в действиях Платона является не только стимулирование проблем[56], но и утверждение власти, навязывание своей воли. Для

---

55 Культурно резонансный образ волка, восходящий к античной эпохе, у Лунгина объясняет, почему режиссер заменил стихотворение Эдуарда Багрицкого «ТВС» (1929), которое Дубов процитировал в своем романе, стихами Александра Галича [Липовецкий 2003б: 69]. Строки Галича подходят больше: «И ты будешь волков на земле плодить, // И учить их вилять хвостом! // А то, что придется потом платить, // Так ведь это ж, пойми, — потом!»

56 Вывод о том, что дух соревнования и стремление к кажущемуся невозможным не чужды Маковскому, напрашивается, если вспомнить сцену, в которой он управлет своей роскошной яхтой и, пытаясь обогнать другое судно, опрокидывает ее. Все пассажиры, включая самого Маковского, вынуждены вплавь добираться до берега, кроме хитрого Ларри, который использует аварийную резиновую шлюпку безопасности. Конкурентное «эго» Маковского также проявляется в сцене, где он играет в бильярд с Ломовым: несмотря на неоднократные просьбы Ларри «хоть раз проиграть», чтобы не отдалить от себя Ломова, Маковский не может удержаться от того, чтобы наказать «своего» политического кандидата.

взрослого Маковского, который так же не терпит никакого сопротивления и инакомыслия, деньги имеют значение прежде всего как средство подчинения людей и событий своей воле[57].

Две сцены во второй половине фильма, которые демонстрируют декадентские излишества, сопутствующие недавно приобретенным миллионам Маковского, раскрывают природу основных амбиций героя. Первая сцена показывает празднование его сорок четвертого дня рождения, оргию показного процветания, где каждый кадр насыщен традиционными признаками беспредельного богатства: роскошная вилла Маковского, служащая возвеличивающим фоном; огромное количество гостей-подхалимов в дорогих нарядах; классический оркестр (которым Маковский дирижирует, взмахивая палочкой — очевидный символический жест); безграничные потоки шампанского, водки и горы продуктов; грандиозный фейерверк, пишущий на просторах неба имя «Платон» и пожелания в честь дня его рождения; цыганский оркестр в ярких нарядах; различные фантастические подарки, начиная со слона, на котором прибывает Маковский, и заканчивая чистокровным жеребцом от президента Таджикистана и действующей «мисс Россия» в вечернем платье, завернутой в целлофан и доставленной в открытой конной повозке для «использования» Маковским. Фетишистский характер этой капиталистической феерии подчеркивается явным безразличием Маковского к ее потреблению, поскольку желание по определению исходит от недостатка, а наличие доступного просто побуждает предпринимателя искать новые, еще не покоренные вершины. Единственное навязчивое желание, как предположил Пушкин в «Пиковой даме», похоже, и правда вытесняет все остальные, в том числе и сексуальные[58].

---

57 Сцены, где Маковский заставляет Виктора нарушить данное им слово, а Муса признается в так называемом предательстве, демонстрируют склонность Маковского подавлять чужую волю.

58 Маковский не «использует» «мисс Россия», бросает мать своего сына Машу возле частного самолета «Infocar» в аэропорту, и предпочитает теленовости ужину с красавицей-азиаткой в резиденции под Парижем. Его единственный сексуальный контакт во второй половине фильма — с тележурналисткой,

Этот синдром замкнутого круга усиливается последующей сценой, позволяющей Лунгину провести инвентаризацию бесценных сокровищ в королевстве миллионера. В одном из своих барочных замков под Парижем, где есть слуга и молодая женщина вдвое младше его, Маковский смотрит российские новости на большом телевизионном экране. Внезапно осознав, что захват средств массовой информации и поддержка политика могут расширить его власть, он избавляется от назойливой спутницы и поручает Ларри купить телевизионный канал, чтобы выдвинуть губернатора Ломова в качестве «своего» кандидата на предстоящих президентских выборах[59]. Камера следует за Маковским, пока тот, отдавая приказы по мобильному телефону, быстро шагает из одной комнаты в другую, и зрительскому взгляду открываются невероятные размеры резиденции и ее гиперболически роскошное наполнение: антикварная мебель, статуи, люстры, ковры, предметы искусства и т. д. Иными словами, окружение и владения постсоветского капиталистического вора в законе определяют его статус, точно так же, как в немых фильмах Евгения Бауэра, где ослепительно сверкающие мизансцены поздней царской эпохи классовой собственности позволяли идентифицировать социально-экономическую нишу персонажей, выставляя напоказ интерьеры и выгодно демонстрируя товары, которые, в свою очередь, копировались универмагами[60].

которая сама инициирует близость. Ответ Маковского на ее предложение спасает ему жизнь: садясь в ее машину, он избегает взрыва противотанковых ракет, подложенных в его автомобиль. Как точно замечает Москвина, несмотря на все пиршества в фильме, сам Маковский на экране ест только один раз — мороженое, которое он покупает в киоске на улице [Москвина 2002б].

[59] Поглощенность Маковского российскими теленовостями связана не с «любовью к стране» или плаксивой тоской (что весьма близоруко высмеивает Быков [Быков 2003: 31]), а с его ненасытным желанием завоевывать новые территории.

[60] Например, одна из самых знаменитых мелодрам Бауэра «Жизнь за жизнь» (1916), — как тонко комментирует Луиза Макрейнольдс, «безделушка, которая определила внутреннюю экономику на экране, также заметно прославила потребление» [McReynolds 2000: 120–140]. Квазикапиталистическое

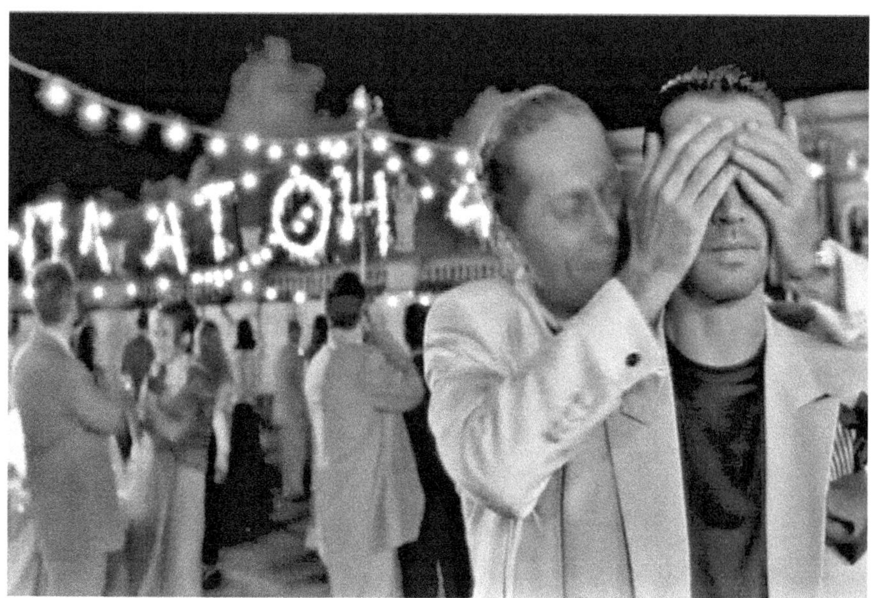

Ларри хочет удивить Платона своим светящимся поздравлением с днем рождения

Такие сцены, помимо определения приоритета для Маковского не за экстраординарным богатством, но за властью, которую это богатство обеспечивает, вызывали шизофрению у российских зрителей. Отвергая смертоносную тактику Маковского, аудитория могла наслаждаться искупающей все и вся невероятной роскошью, превосходящей самые смелые мечты, и в то же время самоуверенно осуждать хладнокровное пренебрежение к человеческой жизни, давшее возможность приобретения это роскоши. Как и Бауэр, Лунгин предлагает обычным россиянам возможность одновременно и потреблять, и морализировать.

Не замалчивая набирающих обороты моральных компромиссов Маковского, Лунгин тем не менее избегал догматического осуждения — как и Дубов, чей роман режиссер особенно ценил за его отказ от «моральных оценок и назидания» [Карахан 2002: 6]. Вместо этого Лунгин сделал провинциального милиционера Шмакова (Андрея Краско) имплицитной мерой честности,

---

российское общество 1990-х годов имело много общего с выскочками поздней царской эпохи, искавшими оптимальные способы выражения новой, незнакомой идентичности, основанной на внезапно возникшей покупательной способности.

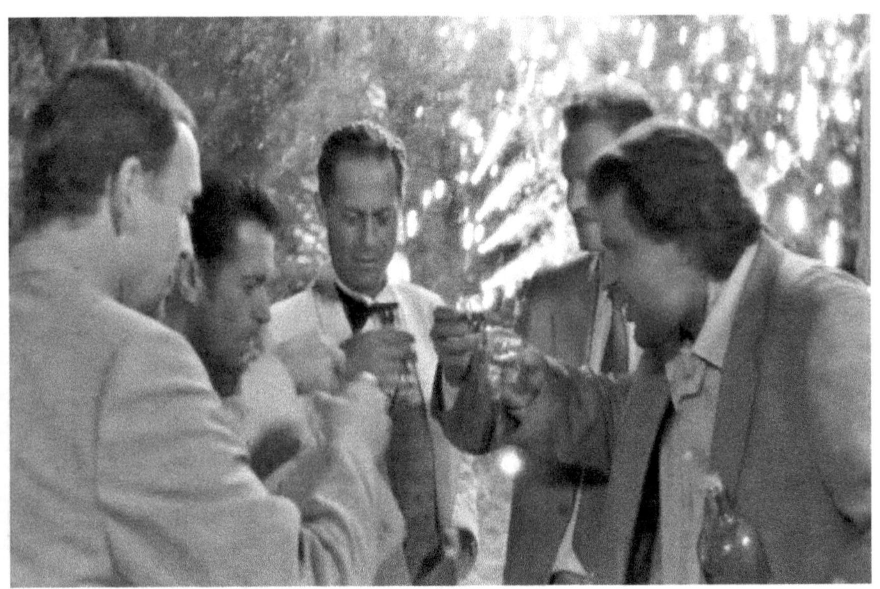

Пятеро приятелей поднимают тост за свою дружбу

«моральным центром» фильма[61] и, следовательно, полной противоположностью практически всех москвичей, с которыми он сталкивается. Напоминая характерный для американского экрана контраст между здоровым Средним Западом и коррумпированным Востоком (особенно с Нью-Йорком), это сопоставление вызывает в памяти литературную традицию наделять сельские пейзажи невинностью и простотой, — традицию, представленную Толстым, Ф. Скоттом Фицджеральдом и множеством других писателей. Направленный в столицу для расследования смерти Маковского, отчет о которой оказывается ложным только к концу фильма, бесцеремонный, похожий на Коломбо Шмаков воплощает целостность и неподкупный профессионализм. Его единственная цель, от которой он никогда не отклоняется, состоит в том, чтобы определить, кто убил Маковского, и все терпеливо проводимые им беседы подтверждают его фундаментальную порядочность и приверженность долгу — несмотря на то что под него постоянно «копает» молодой корыстный коллега, который позже объединяется с Корецким. Таким образом, риторический вопрос Шмакова «У вас в Москве все такие?», адресованный бармену, открывающему бутылку, чтобы отпраздновать

[61] С этим согласны многие комментаторы, в том числе [Ebert, Kotkin 2003].

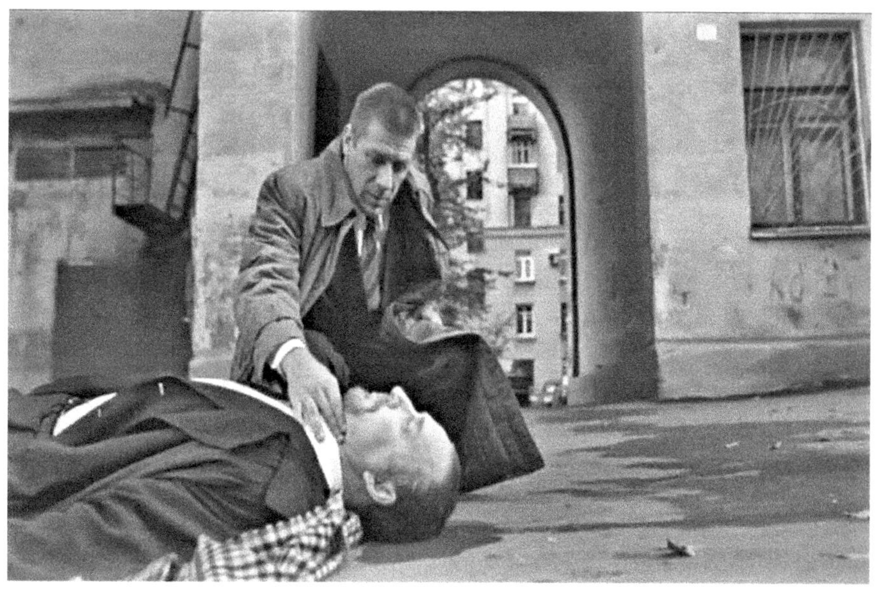

Шмаков обнаруживает тело Марка

известие о смерти Маковского, выносит безоговорочное суждение о недостатках москвичей. Но в условиях беззакония экономических реформ честность и ответственность не приносят материального вознаграждения: когда Шмаков[62] в конце концов отправляется домой на Урал на поезде[63], в довершение к тому, что он потерял работу, он теперь с трудом может позволить себе купить даже чай. Моральные принципы несовместимы с денежным успехом.

Хотя Маковскому явно не хватает этики Шмакова, он наделен более полезным качеством — харизмой. Сыгранный Машковым Маковский по замыслу Лунгина обладает загадочностью и парадоксальностью. Характеристика Лунгиным олигарха как «человека, который пытается изменить действительность ради своих интересов», сочетает в себе определенную долю восхищения

---

62 О том, что Шмаков оказывается не на своем месте в хаотичной столице, нам весьма недвусмысленно сообщает намеренно созданная метафора: у него развивается астма — то есть он буквально не может дышать городской слизью.

63 С точки зрения структуры фильма его отъезд из Москвы на поезде соответствует одной из первых сцен, где Маковский и его университетские друзья едут в противоположном направлении, и такой параллелизм подчеркивает контраст между этими двумя поездками.

очевидным великолепием такого персонажа — вместе с осознанием присущего ему хищнического, губительного эгоизма [Лунгин 2001]. Наделенный безграничной энергией и дерзким обаянием (жена его помощника Виктора, Нина, называет его «крысоловом»[64]), Маковский утверждает, что он — свободный человек, противостоящий окаменелой системе[65], но при этом все же становится заложником растущей преступности, которая поддерживает его империю, выстроенную нечестным путем. Но то, что худшее, возможно, еще впереди, может быть выведено из финальных сцен фильма. Маша и аэропорт забыты, Маковский ночью приходит на кладбище, где похоронены его погибшие друзья. Зажигая свечи для них и для самого себя, он сидит и пьет рядом с собственной могилой, символически прощаясь со своим умершим прежним «я». Подъезжают два патрульных милиционера, и один из них, признав «сходство» между Маковским и фотографией на надгробном камне («он на него похож»), в приступе слепой ненависти пинает и бьет его дубинкой. В следующей сцене, когда Маковский весь в крови идет по шоссе, Ларри и его команда подъезжают на нескольких лимузинах, забирают его и едут в аэропорт. Когда же Маковский неожиданно

---

[64] Дальнейшие комментарии Нины указывают на то, что речь идет о Гамельнском крысолове. Аналогия не совсем работает, потому что этот персонаж очаровывал крыс своей музыкой, для того чтобы освободить от них город.

[65] То, что сам Маковский воспринимает себя как «свободного человека», российские критики сочли бессмыслицей, хотя на самом деле он действительно свободен от внутренних советских запретов на накопление личного богатства. Сосредоточившись на идее «обеления фильмом реальности», критики не смогли принять этого неоднозначного персонажа и критиковали Лунгина за слишком позитивный портрет олигарха. Чтобы уместить Маковского в свое «прокрустово ложе», они игнорировали такие базовые факты, как нечестность его махинаций, его готовность убивать и т. п. См. [Москвина 2002б] и цитату из Дмитрия Иванченко: «Я уверен, что фильм популярен, но он не соответствует истории. Если в России действительно есть такие смелые и честные олигархи, я не знаю, кто они» [Franchetti 2002]. Заявление Иванченко неискренне, поскольку интеллигенция едва ли была лично знакома с внезапно разбогатевшими в 1990-х годах членами российского общества и предпочитала высмеивать их в соответствии с упрощенными представлениями — в виде зависти, маскирующейся под презрение.

приказывает водителю развернуться, его мрачное решение вернуться в Москву не оставляет сомнений в том, что в его будущих битвах с конкурентами за незаконную прибыль он не будет знать пощады; теперь он готов к тотальной войне. Безжалостные интриги, которые в течение пятнадцати лет разрушали человеческое начало в Маковском, поймали человека, объявившего себя свободным, в ловушку навязчивого повторения тоталитарной мономании[66]. Его непрестанная потребность контролировать контролирует его самого.

В отношении женских персонажей «Олигарх» следует той же технике отодвигания их на второй план, которая уже знакома нам по дебютному фильму Лунгина «Такси-блюз». Представленные в основном как товар или как свидетельство сексуальной привлекательности главного героя, женщины в фильме не только демонстрируют себя «американизированным» российским бизнесменам, но и отвечают женоненавистнической тенденции самого Лунгина. Упакованная «мисс Россия» и злющая красавица-азиатка во французской резиденции, по-видимому, торгуют собой ради прибыли, но их услуги мало привлекают Маковского, последовательно предпочитающего доступности вызов. Хотя можно утверждать, что аура, автоматически придаваемая Маковскому его миллионами, хотя бы частично побуждает женщину-тележурналиста пригласить его подвезти (с намеком на нечто большее), во время их последующей физической близости она проявляет достаточный энтузиазм, чтобы продемонстрировать подлинное желание; ее прелести, однако, не могут конкурировать с телевизионными новостями, внезапно привлекающими внимание Маковского. Даже жена Виктора, алкоголичка Нина, с которой Маковский ни разу не общался, неохотно признает, что у него есть шарм, хотя он и использует его для гнусных целей. Короче говоря, женщины «доступны» и незначительны; они

---

[66] Лунгин официально заявил, что он не знает ни самореализовавшихся, ни счастливых олигархов, поскольку такие фигуры, как правило, наоборот, одиноки. Это поднимает вопрос о том, сколько олигархов на самом деле знает Лунгин.

могут быть дорогими, но при этом они всегда расходуются как товар. Таким образом, когда Нина, которую тошнит от скандалов и эксцессов банды, объявляет о своем намерении покинуть Виктора, он воспринимает эту новость с относительным спокойствием, поскольку Маковский и его приятели, по всей видимости, значат для него больше, чем жена.

Маша Корецкая, однако, представляет более сложный и проблематичный случай, поскольку пренебрежение Лунгиным ее персоной приводит к несоответствиям, которые очевидно возникают не из ее личных психологических конфликтов, а по причине невнимательности режиссера. Будучи матерью сына Маковского и единственной женщиной, которую он активно преследует, Маша, похоже, является ключевой женщиной в жизни олигарха. Соблазненная его легендарным обаянием, она наставляет рога своему напыщенному, властному мужу из Кремля, но вскоре обнаруживает, что ее собственные чувства по силе превосходят чувства любовника. В запоминающейся и достаточно убедительной сцене Маковский прерывает удовольствия их сексуальной связи, чтобы спасти Виктора от идеологических нападок ее мужа на конференции, в результате чего Маша его покидает. Последующая независимость, которую она демонстрирует, разрывая отношения с обоими мужчинами и сохраняя в тайне рождение сына Маковского, выглядит несовместимой с ее готовностью семь лет спустя не только возобновить связь со своим бывшим любовником, но и работать в его компании. Тем более что первое задание в «Infocar», которое ей дает Ларри, оказывается для нее оскорбительным: она должна отправить на свой собственный адрес большого плюшевого мишку с обычной формальной открыткой «Люблю и помню». Более того, на протяжении всего фильма Маша практически отсутствует на экране; она появляется, чтобы ответить на телефонный звонок Маковского, заявляющего о своей любви и приказывающего ей встретить его в аэропорту, чтобы они могли вместе отправиться в Москву (мужской вариант «забери меня от всего этого»), а затем посещает его фальшивые похороны. Маковский многократно доказывает вторичность Маши в своей жизни: он отправляет их сына в школу для детей миллионеров в Англии («Я нашла работу и потеряла сына»), он позволяет ей поверить в свою смерть, он не приезжает в аэропорт, а также позволяет себе случайные шалости с журналисткой. Проще говоря, Лунгин не может согласовать смирение Маши с этой глубоко унизительной позицией и ее прежнюю силу характера. Эта ошибка, заставившая по крайней мере одного критика сожалеть о том, что Маша, «один из самых интригующих персонажей, <...> входит и выходит из фильма, не попадая в фокус» [Holden 2003], свидетельствует о том, что гендерные представления Лунгина недалеко ушли от представлений его героев, в том числе циничного Ларри, который презрительно приказывает тележурналистке позаботиться о Маковском и скрывать его в своей квартире от врагов, как Ленина (!): «Твоя работа, дорогая, теперь быть Крупской — чистить картошку и жарить котлеты». Намек на Ленина и Крупскую не только устанавливает неравные гендерные отношения, в то же время усиливая имидж Маковского, но также намекает на то, что и управление страной, и современный бизнес — в равной степени криминализированные, стоящие друг друга явления, что усиливает параллель, проведенную самим Маковским в телевизионном интервью в начале фильма: «Я политик, а не бизнесмен» (хотя на самом деле он — бизнесмен, стремящийся стать политиком).

Умаляя значение женщин до статуса случайных придатков, фильм в то же время следует за «Гражданином Кейном» и многочисленными американскими блокбастерами, подчеркивая решающую роль средств массовой информации в конструировании реальности. Множество сцен показывает то, что прекрасно понимали олигархи 1990-х годов, — огромную силу телевидения как инструмента формирования общественного мнения и дискредитации оппонентов. Не только покупка Маковским телеканала для организации президентской кампании Ломова, но также фрагменты новостей, выступления политиков и несколько отрывков из направленной против истеблишмента программы «В галстуке и без», разоблачающей грешки правительственных чиновников, показывают то, каким образом можно пользоваться и злоупотреблять этим средством, которое больше не контролируется исключительно государством. В этом отношении фильм в экономическом аспекте отражает борьбу средств массовой информации в России 1990-х годов и процветавший тогда жанр компромата — видеозаписей (часто поддельных) высокопоставленных чиновников, раскрывающих их сексуальную неосторожность, которые использовались в целях шантажа и разрушения репутации. В целом 1990-е годы были десятилетием скандальных разоблачений, примером которых может послужить пресловутое дело генерального прокурора Ю. И. Скуратова, расследовавшего коррупцию в Кремле. Запись Скуратова с парой проституток в бане — несомненно постановочная — просочилась на государственное телевидение, остановив расследование и повредив его карьере[67]. Предполагая, что зрители вспомнят о подобных случаях, Лунгин включил в фильм их вымышленный аналог: видео полуобнаженного Ломова, барахтающегося в постели с двумя проститутками. Кроме того, преждевременное и ложное сообщение о смерти Маковского точно отражает склонность российских СМИ поспешно представлять аудитории непроверенные слухи и предположения как факты — склонность, которую разделяют и американские СМИ в их стремлении привлечь бóльшую аудиторию. Узнав от капиталистического Запада, что скандал, секс и мелодрамы продаются, и олигархи, и Кремль использовали этот урок, чтобы продвигать свои конфликтующие интересы, и в этом смысле «Олигарх» предвосхищает фильм Роджера Споттисвуда «Проект “Ельцин”», выпущенный годом позже, где также в основе сюжета лежит способность СМИ влиять на зрителей и создавать / уничтожать политических кандидатов и чиновников.

Удивительным образом Лунгин использует сам фильм в качестве одного из выразительных средств, позволяющих воплотить непростое повествование с нарушенной хронологией и множеством точек зрения — стратегия перестановок времени и рассказ-

---

[67] Подробное описание этого и многих других скандалов можно найти в [Hoffman 2001: 442–493; Freeland 2000]. И Хоффман, и Фриленд предоставляют яркие, интригующие характеристики олигархов.

чиков смутившая ряд критиков[68]. Чтобы эффективно передать неистовый темп течения времени, Лунгин использует быстрые монтажные переходы между различными годами, а также титры, указывающие временно́е соотношение эпизодов с днем предполагаемой смерти Маковского в 2000 году — «за 15 лет до смерти Маковского», и т. д[69]. Несмотря на сложность восприятия такой хронологии, любой, кто озаботился тем, чтобы разобраться в ней (а некоторые критики явно этого не делали), сможет с легкостью восстановить последовательность событий. Те критики, которые испытали замешательство, по всей видимости, реагировали на что-то другое, о чем Лунгин намеренно промолчал, а именно — какие персонажи прямо или косвенно ответственны за те или иные события, особенно за убийства Беленького, Мусы, Марка, Корецкого и Ломова. Хотя очевидно, какие группировки в этом замешаны, остается неизвестным, кто именно отдает приказы об убийствах, а в случаях убийств Мусы, Корецкого и Ломова тайна не только вызывает в памяти бесчисленные нераскрытые заказные убийства 1990-х годов, но и усиливает ту ауру загадки и парадокса, которые присущи персоне самого Маковского. Приложил ли он руку к этим преступлениям, или, что более вероятно, верный Ларри брал на себя ответственность за устранение «нежелательных» фигур? Фильм не отвечает на этот вопрос.

Можно многое заключить из того факта, что фильм, пропитанный ксенофобией и оправдывающий убийство предполагаемых капиталистических врагов («Брат 2»), получил больше восторженных отзывов в России, чем фильм, в котором показан олигарх, использующий для накопления личного состояния сомнительные преимущества провозглашенных Россией рыноч-

---

68 Если Ноэл Мюррей высоко оценил «искусную структуру воспоминаний» фильма, то Роджер Эберт пожаловался, что «структура не позволяет нам получить четкое представление о хронологии», и выступил против задействования зрителя. См. [Murray 2003; Ebert 2003].

69 Фишер отметила, что воспоминания «причудливо переплетаются и иногда встраиваются друг в друга так же, как русские куклы-матрешки, создавая тем самым таинственную временную загадку и головоломку для зрителя» [Fischer 2005].

ных принципов. Сам Лунгин приписывал часть популярности Данилы Багрова его статусу вечного мстителя, универсального и узнаваемого героя, необязательно воплощающего дух времени и, следовательно, не подверженного процессу мифологизации [Карахан 2002: 11–12]. Маковский, напротив, является историческим композитом тех «динозавров», которые появились в постсоветской России в десятилетие величайших испытаний и чья способность манипулировать рынком и достигать огромной политической власти вызывала ненависть, зависть и моральное возмущение среди тех, кому не хватало не только решимости, но и необходимых навыков, контактов и стойкости, чтобы превратиться в миллиардеров. «Олигарх» отражает эпоху, которую русские предпочитают забыть, и его культурное значение обнаруживает близость к так называемому «Миру новых русских» — ироничному торгово-развлекательному центру 1990-х годов, созданному и возглавлявшемуся Григорием Бальцером. Этот центр представлял собой исторический музей-магазин, где хранились произведения искусства, документировавшие жизнь «новых русских»[70]. Как и сами всеми презираемые «новые русские», «Мир новых русских» испарился, и в новом социально-политическом контексте отношение к достатку претерпело значительные изменения. При Путине многие из наиболее прибыльных предприятий в стране перешли государству или его представителям, в то время как большинство россиян научились без истерики воспринимать удовольствия капиталистического потребления, если и не саму Америку как оплот и страстного пропагандиста этих удовольствий.

Если Голливуд встретил первое десятилетие десоветизации ретроспективной «Охотой за “Красным Октябрем”», то в новое тысячелетие он вступил уже в режиме дежавю. Его первые фильмы десятилетия вновь демонстрировали русских неудачников и злодеев прошлого, перешивая их на новый лад в соответствии

---

[70] Анализ роли Бальцера в этом предприятии и о его эволюции см. в работах Харли Бальцера [Goscilo 2003: 15–36] и Е. Гощило [Goscilo 2003: 1–14].

с посткоммунистической реальностью. В ряде нетипичных проектов появилось несколько позитивных образов, но в целом представление Голливуда о бывшем враге по-прежнему основывалось на патернализме, конкурентоспособности и комплексе национального превосходства.

«Изгой» (2000 год, режиссер Роберт Земекис, Twentieth Century Fox & DreamWorks SKG)

В феврале 1999 года А. В. Митрофанов — политик, раскритиковавший пьяного космонавта из «Армагеддона» — протестовал также по поводу фильма «Изгой», который на тот момент еще был в производстве и вышел на американские экраны только после Рождества 2000 года. По утверждению Митрофанова, этот фильм «несправедливо изображает русских работников как лентяев, которые курят, слишком много пьют и любят жаловаться» [Another Film Raises 1999]. Поставленный Робертом Земекисом по сценарию Уильяма Бройлеса — младшего, «Изгой» рассказывает о менеджере-трудоголике службы доставки «FedEx» Чаке Ноланде (Том Хэнкс), который выживает после крушения самолета над Тихим океаном и четыре года проводит на необитаемом острове. Российские рабочие московского филиала «FedEx» мелькают здесь только в короткой вступительной сцене, где Ноланд делает им выговор за вялость. Затем они исчезают и больше не появляются. Таким образом, критикуя незаконченный фильм, в окончательном варианте которого репрезентация русских ограничилась всего шестью минутами (из 145 минут общей длительности картины), Митрофанов мог бы показаться сумасбродом, настроенным против Запада и поэтому всегда готовым атаковать любую американскую продукцию. Однако его настороженность по отношению к голливудскому рецидивизму оправдалась.

Вступительная сцена явно существует здесь для того, чтобы познакомить зрителя с Ноландом как исполнительным менеджером «FedEx», мучимым дедлайнами и разочарованным иностранной некомпетентностью. Однако, выбрав именно российский зарубежный филиал «FedEx», Бройлес создал своего рода идеологическую увертюру к истории о современном американском Робинзоне Крузо, чье выживание на необитаемом острове неразрывно связано с успешным свободным предпринимательством. Кратко излагая проблемы, с которыми столкнулись россияне и их американские деловые партнеры в конце 1990-х годов, фильм раскрывает борьбу бывшего Советского Союза за рыночную экономику в максимально упрощенной форме: у россиян не хватает изобретательности, энергии, силы воли и трудолюбия янки, необходимых для превращения страны в капиталистическую сверхдержаву. По сути, этот пренебрежительный взгляд на неповоротливую Россию в начале фильма подчеркивает то долгое исследование и чествование американской *национальной* идентичности, которое он демонстрирует на протяжении оставшихся двух с лишним часов[71].

Начав с простого культурного контраста, интродукция быстро возвращает русских к их привычному приниженному и сомнительному положению. От сцены с титрами, показывающей сбор упаковок «FedEx» на техасском ранчо «Питерсонс» до недиегетически звучащего хита Элвиса «All Shook Up» фильм внезапно переходит к доставке посылок в Москву, где самоуверенный водитель грязного грузовика, принадлежащего компании, поет арию Гремина из «Евгения Онегина» Чайковского, создающую межнациональный контрапункт[72]. Еще один контрапункт — зна-

---

[71] Изображение Томом Хэнксом «обычного американца» способствует этому эффекту.

[72] В сценарии Бройлеса было больше (столь же уничижительных) деталей при описании ситуации с «FedEx» в Москве. Например, там имелась короткая сцена на московском таможенном пункте «FedEx» с таможенницами, которые грубо штамповали хрупкие пакеты, а также первая из нескольких сцен в офисе «FedEx», показывавшая, что работники не только курят, но и пьют (разумеется, водку) и отнюдь «не выглядят заинтересованными в доставке посылок». См. первоначальный сценарий в [Castaway 2000: 2]. Безымянный в фильме водитель, который в сценарии несколько раз появляется под именем Федор, регулярно хлещет водку и неуклюже занимается сексом на работе. Неясно, повлияла ли критика Митрофанова на удаление сцен с водкой, поскольку

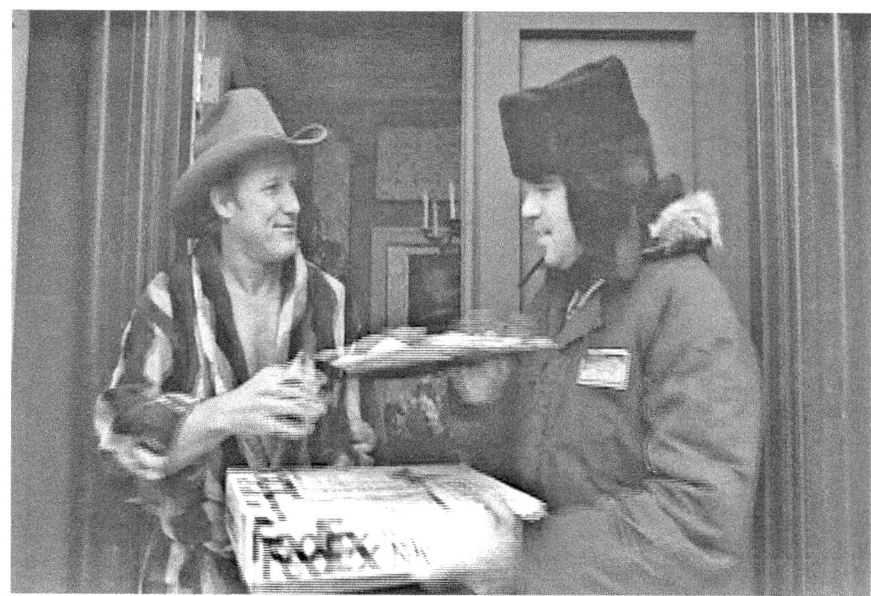

Русский курьер приветствует американца в Москве как «мистера ковбоя»

комый ковбойский мотив: когда получатель посылки Дик Питерсон, состоящий в любовной связи с русской, выходит из своей квартиры, одетый в халат и шляпу, доставщик шутливо приветствует его: «Ковбой, да?» В конце концов идентичность американского ковбоя переходит к Ноланду, который борется с диким фронтиром своего необитаемого острова и укрощает его. Затем, в финале, закольцовывающем весь фильм, клиентка «FedEx» Беттина Питерсон, отправившая свою скульптуру «Крылья ангела» в Россию, появляется вновь, чтобы кокетливо сказать Чаку на прощание: «Удачи, ковбой!»

Америка здесь отождествляется с Диким Западом, но и русская иконография с ее Красной площадью тоже не отстает. Водитель доставляет посылку в магазин, на фасаде которого виден рельеф

Земекис и Бройлес в итоге отклонили также и ряд других сцен, действие которых происходит за пределами Москвы. Фильму оказалось достаточно всего шести минут для того, чтобы нанести оскорбление русским. К тому же здесь отсутствует и хороший русский работник, которого первоначально включил в сценарий Бройлес (Лев, управляющий чистым грузовиком, сортирующий свои посылки перед отъездом из офиса и отвечающий фразой «Без проблем!» на срочный вызов Ноланда — по контрасту с резким отказом менеджера: «Невозможно»). В сценарии Ноланд награждает его, делая начальником, а в фильме похвалы или награды заслуживает только мальчик Коля.

Ленина. Бабушка передает эту посылку мальчику, который затем мчится по городу, мимо Красной площади, — конечно же, под аккомпанемент еще одного голливудского маркера «русскости», хорового исполнения «Полюшко-поле». Эта песня, написанная перед Второй мировой войной и чествующая героев Красной армии, — выразительная отсылка к советской эпохе.

Точно так же изображение склада / отделения «FedEx», куда мальчик срочно отправляет посылку (часы, которые Ноланд послал себе из Мемфиса для проверки скорости международной доставки), выглядит как возврат к ветхой российской космической станции «Армагеддона» и ее некомпетентному работнику. Как только «Полюшко-поле» перекрывается грубым голосом Ноланда, мальчик заходит на склад, где один охранник или рабочий спит, а группа других рабочих, окружив Ноланда, курит и бесстрастно выслушивает лекцию об отсутствии у них трудовой этики. Прервав свою диатрибу только для того, чтобы наградить мальчика батончиком «Сникерс», CD-проигрывателем и компакт-диском Элвиса — плодами капиталистического предпринимательства, по сравнению с которым русские кажутся отсталыми, — Ноланд отчитывает рабочих за то, что посылка доставлялась в течение «87 часов 22 минут и 17 секунд», что он называет «позорным безобразием». Конечно, подразумевается, что задержка произошла по вине экс-советской стороны, хотя логически кажется невозможным, чтобы посылка, прибывающая в московский аэропорт, так долго добиралась до центра города! В течение всей этой отповеди команда остается невозмутимой, в то время как переводчик Ноланда ловко меняет слова своего начальника, обвиняя его в фанатизме и напоминая всем, что Ноланд украл детский велосипед, чтобы доставить посылки, когда сломался его грузовик. Затем Ноланд собирает группу, чтобы снарядить грузовик, едущий в аэропорт, и энергично руководит разгрузкой посылок из другого грузовика, застрявшего прямо на Красной площади[73].

---

[73] Более длинная версия этой сцены в сценарии Бройлеса не только разоблачала коррупцию современных официальных лиц, поскольку российскому милиционеру предлагалось найти украденные колеса грузовика за взятку

Хотя переводчик, похоже, иронизирует по поводу фанатизма Ноланда, сам фильм структурирован так, чтобы зрители оставались на его стороне — в этой сцене Ноланд защищает себя, говоря, что он сделал «все, что нужно», чтобы добиться успеха в профессиональном плане. Позже его профессиональная находчивость и решимость помогают ему выжить на острове, особенно когда выброшенные на берег посылки «FedEx» заменяют ему инструменты (коньки он использует в качестве ножа) и компанию (лицо, нарисованное на волейбольном мяче), а также морально поддерживают его (набросок скульптуры Беттины Питерсон «Крылья ангела»). Конечно, и в московских, и в мемфисских сценах, где присутствует невеста Ноланда, его упрямая и навязчивая преданность своей работе кажется гораздо менее уместной, и в конечном итоге фильм подразумевает, что годы, проведенные на острове, научили его жить более богатой жизнью, чем та, которую формулирует его мантра «FedEx»: «Мы живем и умираем по часам». В то же время, однако, сложившиеся десятилетиями ранее коды экранной характеристики «русскости» наводят на мысль, что расслабленная, нерабочая атмосфера московского филиала «FedEx» являет собой не здоровый, беззаботный контраст ноландовской мономании, а национальный дефицит предпринимательского мышления и профессионализма[74].

в 1000 долларов, но и тривиализировала историческую российскую идентичность, заставив Ноланда сказать водителю: «Когда часы показывают "ноль", ты едешь, — даже если Ленин выйдет из могилы со своей приоритетной посылкой!» Интересно, что его ответ на предложение полицейского — «Мы дадим ему 125 за то, что он выполнил свой долг и спас нашу украденную собственность» — в снятой (но удаленной) сцене был изменен на «двадцать пять американских долларов и коробку "Мальборо"». В течение 1990-х годов «Мальборо» был не только любимым сигаретным брендом в России, но и имел особую популярность, возможно, из-за хорошо известной рекламы, которая пользуется репутацией самой успешной из когда-либо созданных. Здесь снова всплывают ковбойские мотивы.

[74] Решимость Бройлеса сделать своих россиян непривлекательными и несимпатичными бросается в глаза на каждом шагу, включая его выбор прилагательного «хриплый», описывающего голоса рабочих, которые слышны на затемнении, перед тем как офис «FedEx» в Москве появится на экране.

«Космические ковбои» (2000 год, режиссер Клинт Иствуд, Malpaso Productions / Warner Bros.)

Как следует из самого названия, фильм «Космические ковбои» разделяет продемонстрированную в «Изгое» ассоциацию американской мужской идентичности с прошлым Дикого Запада. Но если в «Изгое» были показаны современные условия постсоветской, капиталистической России (пусть поверхностно и уничижительно), то «Космические ковбои» в этом плане смотрели лишь в прошлое, как будто переняв эстафету у «Армагеддона» 1998 года. В аналогичной смеси комедии и приключенческого фильма «Космические ковбои» повторили формулу «Армагеддона», также выведя на экране неудачливую космическую команду, доказывающую свою храбрость. При этом российская тема была добавлена вскользь, в качестве дополнения. В период между фильмами «Армагеддон» и «Космические ковбои» имена сценаристов последнего (Говарда Клауснера и Кена Кауфмана) фигурировали только один раз: Кауфман принял участие в работе над «Маппет-шоу из космоса» (1999). И хотя многие критики высоко оценили темп и сдержанность режиссерского почерка Иствуда, этих качеств все же не хватило, чтобы спасти саму шаблонную историю.

В прологе к фильму, действие которого происходит в 1958 году, отважный космический полет напоминает о высокотехнологичном мачизме «Топ Гана», знакомя зрителей с героями — четырьмя первоклассными пилотами военно-воздушных сил, которые рассчитывают стать первыми американцами в космосе, но не ожидают, что в итоге их заменит шимпанзе. Сорок лет спустя НАСА связывается с лидером группы Фрэнком Корвином (Клинт Иствуд), когда российский спутник, использующий разработанную им систему наведения, угрожает врезаться в земную атмосферу. Вместо того чтобы согласиться научить молодых людей, как исправить устаревшую систему, Корвин шантажирует своего старого врага, бюрократа Боба Герсона (Джеймс Кромвелл), и добивается отправки в космос семидесятилетних членов бывшей команды «Дедал» (это имя, возможно, намекает на то, что более молодые астронавты неизбежно погибли бы, подобно Икару, в стремлении совершить подвиг). Большая часть фильма посвящена тридцатидневной подготовке Корвина, полковника в отставке Хоука Хоукинса (Томми Ли Джонс), штурмана Танка Салливана (Джеймс Гарнер) и инженера Джерри О'Нила (Дональд Сазерленд). Хоукинс в свободное время вступает в романтические отношения с директором миссии НАСА Сарой Холланд (Марша Гей Харден), а О'Нил достигает взаимопонимания с доктором Энн Карузерс (Блэр Браун). Оказавшись в космосе, Корвин понимает, что русские модифицировали спутник в носитель ядерного оружия, и отказывается его чинить. Когда подчиненный Герсона Итэн Глэнс (Лорен Дин) берется за эту работу, включается механизм самообороны платформы, убивающий его, вызывающий хаос на космическом челноке и угрожающий Соединенным Штатам ядерными ракетами. В то время как Хоукинс, зная, что у него рак в последней стадии, доставляет на Луну боеголовки, Корвин совершает нечто неслыханное: на поврежденном космическом челноке он с помощью ручного управления возвращает команду «Дедал» на Землю.

Сразу после пролога фильм переходит к привычной голливудской предпосылке: неспособность России разрешить свои собственные кризисы неизменно угрожает миру и требует американского вмешательства. После брифинга Сары Холланд с участием ее коллег из НАСА («Российский спутник связи "Айкон" сошел со своей орбиты») сценарий быстро уведомляет нас о том, что русский генерал Востов (Раде Шербеджия)[75] на встрече признал, что его страна доверяет своему более способному союзнику, в то же время заронив идею о привычной вине России в опасных потрясениях: «Моя страна благодарна за усилия НАСА и Государственного департамента, — говорит он. — Однако потерять "Айкон" нельзя. <...> Вы, несомненно, знаете о наших программах реструктуризации[76]. Потеря всех коммуникаций до

[75] Серб Шербеджия здесь вновь играет русского злодея, как и в «Святом».

[76] Эта единственная отсылка к перестройке — наиболее современная российская деталь сценария. Но в первой сцене остроты Корвина относительно инструкций к японскому продукту намекают на изменения в глобальных отношениях, в результате которых Япония становится новым конкурентом сверхдержавы Соединенных Штатов.

тех пор, пока мы не сможем заменить “Айкон”, может погрузить нас в хаос — и, возможно, даже в гражданскую войну». Таким образом, «полный отказ системы» спутника становится метафорой политического коллапса всей нации. К этому образу новой анархической России последующий диалог немедленно добавляет остатки недоверия из эпохи холодной войны: директор по полетам Юджин Дэвис (Уильям Девейн) отвечает: «Трудно поверить, что у вас, ребята, там только одна птичка». Хотя Герсон напоминает собравшимся, что у НАСА есть «общий президентский мандат по оказанию помощи россиянам», потому что они являются «нашими партнерами в международной космической миссии», в частном порядке его обращенный к Холланд покровительственный комментарий о политической мудрости того, чтобы «помочь [им] сохранить лицо», указывает на обычное неравноправное партнерство, столь дорогое американскому кино. В последующих сценах сюжет «Космических ковбоев» вращается вокруг инсинуации Дэвиса о российской хитрости — сначала благодаря открытию Холланд, что у «Айкона» имеется таинственная система наведения, аналогичная той, которую Корвин построил для «Скайлэб», затем через личный разговор Герсона с Востовым об их секретном деле, включающим то, что Герсон называет «нашей маленькой проблемой». В полной гармонии с комментарием инженера НАСА, что «тот, кто придумал этот византийский кусок дерьма [систему наведения “Айкона”], сейчас, вероятно, рубит горы в Сибири», Востов ссылается на «последствия ошибки» — обе эти реплики намекают на жестокие советские и постсоветские репрессии по отношению к некомпетентным работникам. Ответ Герсона указывает на еще один недостаток национального характера — пессимизм, воплощенный в Востове: «В этом проблема с вами, русскими. У вас стакан всегда наполовину пуст».

В свою очередь, неустойчивый альянс Востова с Герсоном, его быстрое признание того, что русские внесли некоторые изменения в спутник, и постоянный вопрос: «Как система наведения “Скайлэб” оказалась на российском спутнике?» — предвосхищают тот момент, когда команда «Дедал» наконец приблизится

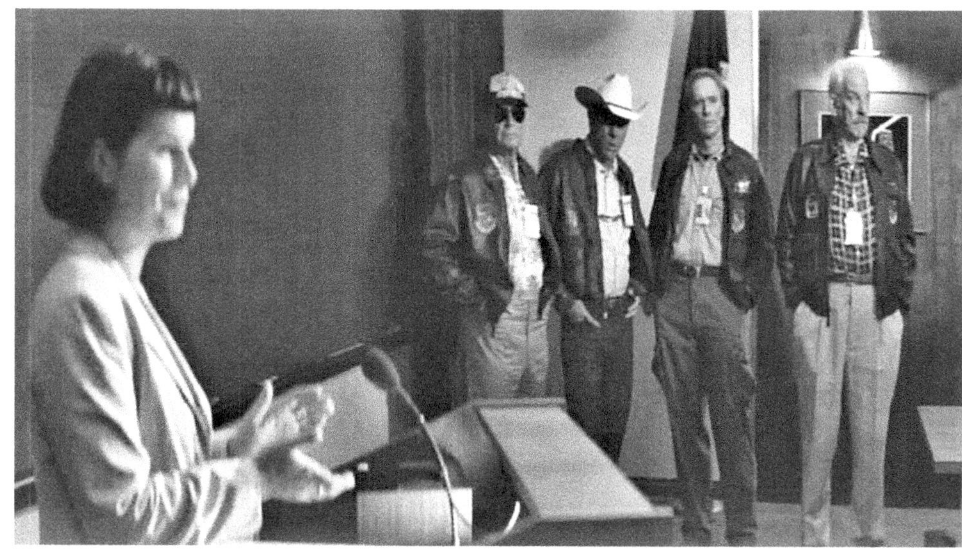

Сара Холланд представляет четверку героев на встрече в НАСА

к спутнику. Распознав в «Айконе» стартовую платформу, оснащенную шестью ядерными боеголовками, разъяренный Корвин спрашивает Глэнса: «Почему мы помогаем русским вернуть эту силосную башню с ракетами на орбиту?» В этот момент лицемерный Герсон требует признания от Востова, и вся эта сцена самому фильму придает характер «пережитка холодной войны», как Востов величает «Айкон». По словам генерала, ракеты «Айкона» нацелены на стратегические американские установки и будут запущены автоматически, если спутник отключится. Что касается системы наведения, то естественно, что КГБ похитил ее из личных папок Герсона. После раскрытия всего этого прежде выглядевшая зловещее персона русского генерала сдувается — просто выходя из диегезиса, после того как Холланд упрекает его за то, что он задержал свое «признание», и после того как он сам называет Герсона, двулично обвинившего его в «нарушении договора», подонком.

Фактически, несмотря на надуманное ощущение постоянной, неослабевающей опасности для Америки и всего мира от вечно двуличной России, сценарий здесь решает сделать злодеем Герсона. Но после ухода Востова напористое обвинение Корвином Герсона («Вы отправили нас на это дерьмо [“Айкон”], заставили вернуть его полностью вооруженным на орбиту и держали все это в секрете только затем, чтобы спасти свою задницу?»)

только подчеркивает невероятность[77] того, чтобы чиновник НАСА скрывал кражу десятилетней давности, ссылаясь на гораздо более компрометирующий предательский сговор с целью ядерного перевооружения России. Более того, драматическое обвинение ни к чему не приводит, поскольку Герсон в последний раз появится на экране не для того чтобы столкнуться с какими-либо последствиями своей двойной вины а чтобы претендовать на незаслуженное признание своего вклада в успех миссии.

Очевидно, что и Востов, и Герсон — наспех сфабрикованные одномерные злодеи, необходимые для того, чтобы подчеркнуть патриотические, добродетельные образы героев повествования[78]. Хотя упоминание Герсона о том, что Корвин и его команда являются «нашими парнями наверху», является фальшивой риторикой, сам сценарий искренне изображает команду «Дедал» как «наших мальчиков», смешивая националистическую гордость американскими космическими достижениями с восхищением состарившимся, но нестареющим мужеством. Правда, «старческое нытье» команды, наряду с отказом действовать согласно возрасту, изначально подпитывает комедийность фильма, а не его приключенческую героику. Стаж работы пилотов вдохновляет на многочисленные шутки: очки толщиной с бутылку кока-колы, морщины, зубные протезы, гусиная кожа на шеях, встречи «AARP» (Американской ассоциации пенсио-

---

[77] Как сказал обозреватель «Sight and Sound» Эдвард Баскомб, «это перенасыщает яйцами тот “пудинг”, который Герсон, по горло увязший в темном мире политики НАСА, прикрывает своей халатностью <...> на протяжении всей операции» [Buscombe 2002]. В этом фильме, который многие критики обвиняют в слабости сюжета, в равной степени неправдоподобной является и идея того, что русские, достаточно ловкие в советское время, чтобы украсть, установить и модифицировать систему «Скайлэб», оказываются неспособны исправить ее самостоятельно в постсоветский период.

[78] Возможно, сотрудничество Герсона с Востовым также отражает нецелесообразность постоянной американской помощи России на пороге нового тысячелетия; скорее всего, однако, учитывая аналогичную характеристику героев, сценаристы просто прибегают к стандартным, раскрашенным по циферкам антагонистам.

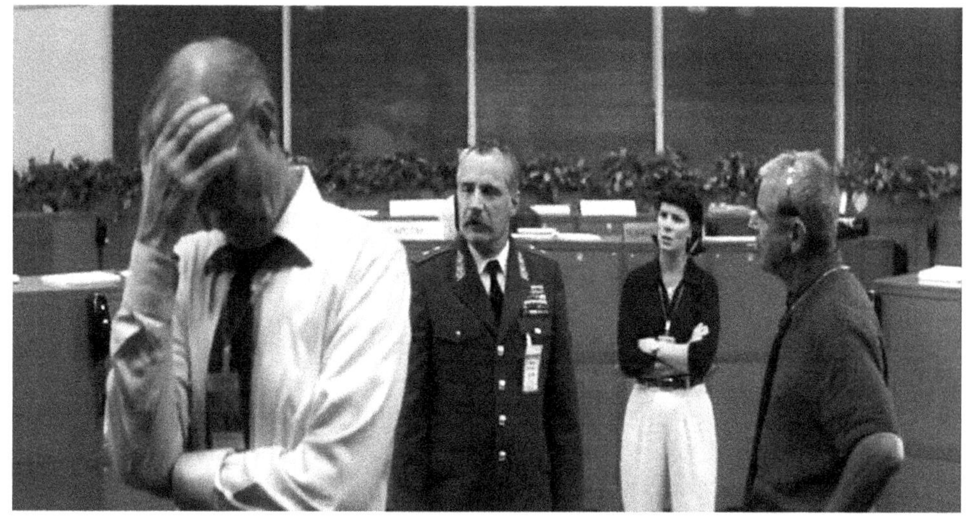

Признание генерала Востова в том, что КГБ похитил папки Джерсона

неров), медицинская страховка и т. д.[79] Дэвис называет команду «четырьмя старыми пердунами», а молодые астронавты покупают им баночку детского питания. В то же время один из слоганов фильма «Мальчишки останутся мальчишками» подчеркивает подростковую жилку команды, заметную, например, в продолжающемся у Корвина и Хоукинса на протяжении пятидесяти лет «утирания носов» друг другу, или в катании О'Нила на американских горках и самой его манере выглядеть лихим жеребцом-старшеклассником. В ответ на оценку О'Нилом самого себя как Казановы Джей Лено (играет себя) во время выступления команды в телешоу комментирует: «Женщины, которые смотрят, думают: “Неважно, какого возраста мужчины, они никогда не меняются”». Эта реплика вызывает смех не только у телеаудитории Лено, но и у зрителей фильма.

Однако, помимо юмора, сценарий также, очевидно, придает и героический оттенок этой фантазийной победе семидесятилетних над своими стареющими телами и их отказу взрослеть[80]. По

---

[79] Мэри Энн Йохансон предложила альтернативное название «Старогеддон»: «Зовите это Старогеддоном. “Космические ковбои” — это “Армагеддон” для твоего папы, в котором пропитанное тестостероном женоненавистничество заменено на любезных старомодных чудаков» [Johanson 2000].

[80] Многие критики отметили, что этот фильм отражает готовность Иствуда высмеивать собственный образ мачо. Например, Баскомб прокомментировал: «...его вестерн “Непрощенный” 1992 года, где его персонаж, пожилой

сути он объединяет одновременно и старческую, и юношескую идентичность команды во всеобъемлющем чествовании националистического мужества[81]. То, что их цель — не только выполнить задание в космосе[82], но и доказать, что они «все еще мужчины», становится наиболее очевидным, когда Дэвис спорит с Корвином, сначала советуя ему «повзрослеть» и стать командным игроком, а затем заключая: «Хорошо, давайте посмотрим, способны ли вы это сделать». Несмотря на все препятствия (за исключением тех, что относятся к шаблонному нарративу о неудачниках), вся четверка отвечает на вызов Дэвиса. С минимальным обманом они проходят изнурительные физические тесты и прекрасно справляются с напряженными тренировками. Хоукинс и О'Нил также демонстрируют, что у них «все еще впереди», уверенно крутя романы со значительно уступающими им по возрасту Холланд и Карутерс. Вопрос Хоукинса к Холланд, когда он видит ее среди детей: «Вы когда-нибудь встречали ребенка, который так и не вырос?» — один из примеров незрелости команды, трансформи-

---

Уильям Манни, изо всех сил пытается сесть на лошадь, уже отчетливо предвосхищает комедию "Космические ковбои". Но, высмеивая своего персонажа на экране, Иствуд <...> избегает подрывать свой потенциал» [Buscombe 2002]. Однако стоит отметить, что Дэвид Уэбб Пиплс, сценарист «Непрощенного», не пропитал *свой* сценарий той сентиментальностью, которая явно вредит «Космическим ковбоям», возрождая в них культ героев. Исключением из этой тенденции был Питер Райнер, рецензент «New York Magazine», который прокомментировал: «Иствуд в своих последних фильмах продвигал это острое мировоззрение, и я полагаю, что это более адекватное решение проблемы стареющей звезды боевика, чем в случае с Арнольдом Шварценеггером, самозабвенно пробирающимся сквозь очередную грандиозную эпопею с помощью мускульной силы <...>. Но Иствуд покупает слишком много за слишком низкую цену» [Rainier 2000].

[81] Герсон упоминает, что вице-президент лично утвердил Корвина для миссии.

[82] Это не значит, что пожилые астронавты не могут летать в космос. Различные обозреватели связывали сюжетную линию с полетом Джона Гленна на шаттле «Дискавери» в 1998 году в возрасте 77 лет. Боб Грэм из «San Francisco Chronicle» заметил: «Посыл [фильма], безусловно, является вариацией того, как 77-летний Джон Гленн стал пенсионером, попавшим на орбиту» [Graham 2000]. Однако миссия Гленна состояла не в предотвращении ядерной катастрофы, а в том, чтобы изучить, как недостаток гравитации влияет на старение. См. [John Herschel Glenn 1999].

рующейся в привлекательную и даже мифическую энергию Питера Пэна[83]. Между тем невозмутимая эрекция О'Нила во время осмотра доктором сигнализирует, что фильм не менее обеспокоен способностью всей этой мужественности подняться на земле, чем ее способностью наконец подняться в космос.

Во время самой миссии смелость, рассудительность и преданность членов команды друг другу не вызывают сомнений, а юмористическая окраска исчезает. В последние полчаса фильм становится серьезным и сентиментальным, подводя к триумфальному финалу, в котором Корвин и команда доказывают, что они по-прежнему «лучшие из лучших». К формуле «Мальчишки останутся мальчишками, даже если они старики» добавляется и другая формула: «Однажды мачо — навсегда мачо». Более того, именно суровый индивидуализм и ренегатство, из-за которых Корвин первоначально выглядит непатриотичным[84], в конечном итоге предотвращают ядерную катастрофу и подтверждают характеристику, которой ранее его саркастично наделил Герсон, сообщив ему, что в новостях он — «герой всея Америки». Триумф команды над механистичной бюрократией также важен, поскольку, по словам Эдварда Баскомба, «несмотря на то что военно-промышленный комплекс становится все более мощным, нельзя забывать, [что] он все еще зависит от таких человеческих качеств,

---

83 Полет Хоука на Луну в конце может быть истолкован как высокотехнологичная версия полета Питера Пэна. То, как Баскомб описывает противопоставление команды «Дедал» и NASA, хорошо сочетается с питерпэновским подтекстом: «...разделительная линия между свободным духом и людьми в костюмах является абсолютной» [Buscombe 2002]. Но фильм манипулирует тем, что показывает юных Корвина и Хоукинса как смельчаков в духе «Топ Гана», хотя и настаивает на том, что представители молодежи, с которыми они сталкиваются в 70-летнем возрасте, относятся к «людям в костюмах». По словам Йохансон, «...когда это пожилые вдруг стали дерзкими повстанцами, а молодые — робкой, окопной оппозицией?» [Johanson 2000].

84 Корвину постоянно говорят, что он не «играет в команде», хотя должен это делать. Но, конечно же, фильм трактует НАСА не как команду, а как систему, перед которой Корвин и его друзья должны выслуживаться, демонстрируя при этом командный дух и дружелюбие. Призывая Корвина взять на себя миссию, Итэн Глэнс использует фразу «Вы нуждаетесь в своей стране», на что Корвин отвечает: «Помолчи, сынок».

как смелость и находчивость — другими словами, от ковбойских ценностей» [Buscombe 2002].

Признаки влияния на героизм команды «ковбойских ценностей» включают в себя не только название самого фильма, но также культовый статус Иствуда как героя спагетти-вестерна, стетсон, сапоги и футболку «Cowboy Bar» Хоукинса, идентичность мужчин как «первопроходцев этого дела [астронавтики]». Кульминацией этой темы является то, как они достигают «Айкона» на «последнем фронтире» космоса и О'Нил подбадривает сотоварищей словами: «Отлично, ковбои. По коням, у нас есть работа». И действительно, в сцене, намекающей на полет техасского пилота доктора Стрейнджлава на бомбе, Хоукинс отправляется на Луну, фактически оседлав охапку боеголовок. Таким образом, прославляя и одновременно гламуризируя семидесятилетних героев-ковбоев, этот фильм также вызывает в памяти более ранний оскароносный вестерн Клинта Иствуда «Непрощенный» (1992), который, как отмечает Джеффордс, «одновременно представляет и критикует версию граничащей с мачизмом крепкотельной мужественности, развенчивая миф о голливудских вестернах» [Jeffords 1994: 186]. Кроме того, в «Космических ковбоях», как и в «Непрощенном», «успешное разрешение сюжета <...> зависит от прочности постаревшего крепкого тела» [Jeffords 1994: 190]. Сценарий не только воплощает фантазию семидесятилетних мужчин, обгоняющих тех, кто мог бы стать их внуками, но и добавляет мачистскую насмешку над их менее крепкотельными преемниками, когда Хоукинс настаивает на том, что Глэнс, этот институтский прилизанный ботаник, не сможет заменить Корвина на шаттле. В связи с этим, когда Глэнс гибнет, а Роджер Хайнс (Кортни Б. Вэнс)[85] получает сотрясение мозга и поэтому уже ничем не может помочь миссии, молодые люди превращаются в «Икаров» и терпят неудачу там, где более старые, более мудрые методы их отцов приводят к успеху. Как заключает Йохансон, «Пожилые люди делают то, что их младшие подчиненные не

---

[85] Ср. активного персонажа, которого Вэнс сыграл в «Охоте за “Красным Октябрем”» (см. главу первую) с его пассивным присутствием здесь.

могут или не хотят <...>. Обратите внимание, как новый шаттл, на котором Фрэнк со своей компанией летят в космос, быстро изменил свое название с "Горизонта" на "Дедала" [*sic*] — с обращения к будущему на обращение к прошлому» [Johanson 2000].

Наконец, к слоганам «Мальчишки останутся мальчишками» и «Наши мальчики» следует добавить еще один: «Старые добрые парни» — именно он наиболее точно описывает всю четверку, несмотря на ее антагонизм по отношению к могущественному истеблишменту, представленному НАСА и особенно Герсоном. Приписывая часть удовольствия, которое зрители получат от фильма, «старому товариществу» между Иствудом и его тремя коллегами, Кеннет Туран чуть не указал на то, что и сам сценарий отдает «стариной»[86]. Конечно, «Космические ковбои» признают значимость роли женщин в мире XXI века, в том числе женщины — руководительницы миссии и женщины-физика. Обе они излучают профессиональную компетентность и уверенность, но очевидно, что их важнейшая функция в фильме состоит в том, чтобы подтвердить мужественность Хоукинса и О'Нила[87]. В конце концов, доктор отмечает, что О'Нил испытывает радость, когда ее видит, тогда как Холланд случайно обнаруживает «таланты» Хоукинса в мужской раздевалке. Сценарий также подрывает имидж Холланд как сильной женщины, заставляя ее превратиться в поклонницу Хоукинса на свидании, в ходе которого она отмечает, что если бы у каждого из них было по сорок процентов шансов выполнить эту миссию, то он бы «прошел ее», а она «промахнулась бы на милю». Когда Холланд далее рассказывает,

---

86 См. [Turan 2000]. В отличие от Турана, Рейниеру фильм не понравился как «один из тех кинобенефисов старой гвардии, которые прикрываются темой командной работы и доблести, но на самом деле являются плодами кумовства кинозвезд» [Rainier 2000].

87 Жена Корвина (Барбара Бэбкок), в самом начале показанная как объект его ухаживаний, выполняет аналогичную функцию. Как это часто бывает, в сценариях о мужской дружбе женщины появляются, чтобы защитить гетеросексуальные идентичности героев, а также подтвердить их мужественность. Баскомб рассказывал о значении этой сцены, комментируя, что Холланд и Глэнс ловят Корвина «на месте преступления», в момент его «близости со своей женой. Старый пес еще пыхтит» [Buscombe 2002].

что признание собственной несостоятельности заставило ее отказаться от учебной программы и превратило в «почти астронавта», трудно не заметить в столь удивительной для ее характера неуверенности в себе привнесенную сценаристами реакционную гендерную репрезентацию.

Хотя премьера этого фильма состоялась в первом августе нового тысячелетия, «Космические ковбои» остались в социально-политическом климате своего собственного пролога 1958 года, ностальгически обращаясь к космической гонке и последовательно отстаивая героизм команды «Дедал» в сравнении с целым рядом «отстающих» — русских, бюрократов, молодежи, женщин (и шимпанзе). Большинство критиков отметило как неувядающую экранную харизму четырех звезд и их ансамбль, так и шаткий сюжет и мачо-патриотическую установку Кауфмана и Клаунера. Например, в «Los Angeles Times» Туран раскритиковал «извилистый, надуманный, бессистемный сценарий» фильма, но высоко оценил работу актеров — особенно культовый жесткий стиль игры Иствуда. Однако можно лишь надеяться, что Туран иронизировал, возвеличивая силу экранной репрезентации Америки, поскольку и сам сценарий возвеличивал силу семидесятилетних американцев: «Морщинистое и обветренное лицо [Иствуда] превращает гору Рашмор в Дафбоя “Пиллсбери”[88]. Когда недовольный Корвин огрызается: “Какого черта моя система наведения делает на российском спутнике?”, это может расстроить даже Владимира Путина» [Turan 2000].

«15 минут славы» (2001 год, режиссер Джон Херцфельд, Tribeca Productions)

Если «Изгой» и «Космические ковбои» демонстрировали беспричинные нападки на русских в небольших объемах, то в «15-ти минутах славы» русский и его партнер-чех — централь-

---

[88] Дафбой «Пиллсбери» (Pillsbury Doughboy) — «мальчик-тесто», рекламный талисман компании «Пиллсбери». — *Примеч. пер.*

ные персонажи, присутствующие на экране с первого кадра до заключительной сцены. И хотя пара довольно быстро зарекомендовывает себя как обычных восточноевропейских бандитов, редкая смесь в этом фильме сатиры с сюжетом, включающим двойную формулу бадди-фильма, создают более сложную, чем обычно (хотя для некоторых критиков и зрителей и более запутанную) взаимосвязь между российской и американской национальной идентичностью.

Олег Разгул (Олег Тактаров) и Эмиль Словак (Карел Роден) приезжают в Нью-Йорк, чтобы получить свою долю после ограбления, за которое они отбывали срок в России. Жестоко убив их сообщника Милоша (Владимир Машков) и его жену за то, что они истратили все деньги, Эмиль устраивает в их квартире поджог, который способствует появлению второй пары друзей, находящихся по другую сторону закона и становящихся в фильме чем-то вроде зеркального отражения бандитской пары[89]. Это Эдди Флемминг (Роберт Де Ниро), полицейский-знаменитость, позволяющий ведущему грязного таблоидного шоу «Top Story» Роберту Хоукинсу (Келси Граммар) регулярно снимать свои подвиги, и Джорди Уорсо (Эдвард Бёрнс), молодой пожарный, преисполненный идеализма в отношении своей работы. Обе пары разыскивают свидетеля преступления, молодую иммигрантку-нелегалку из Словакии Дафну Хандлову (Вера Фармига), которую Эмиль хочет убить. Везде, где они ни появляются, иностранцы оставляют за собой трупы; видеолюбительский энтузиазм Олега, снимающего на камеру всю их деятельность, становится частью их общего плана, который Эмиль придумывает под влиянием утренних телепрограмм. Согласно этому плану, они хотят продать свои видеозаписи, включающие съемку убийства Флемминга, Хоукинсу за миллион долларов, после чего их арестуют во время прямого эфира «Top Story», а они сошлются на свою психическую невменяемость и несчастное детство, и в итоге после пребывания в психиатрической больнице только

[89] Крупная звезда и исполнитель главных ролей в российском кино, Машков в голливудских фильмах неизменно выступает в ролях второстепенных.

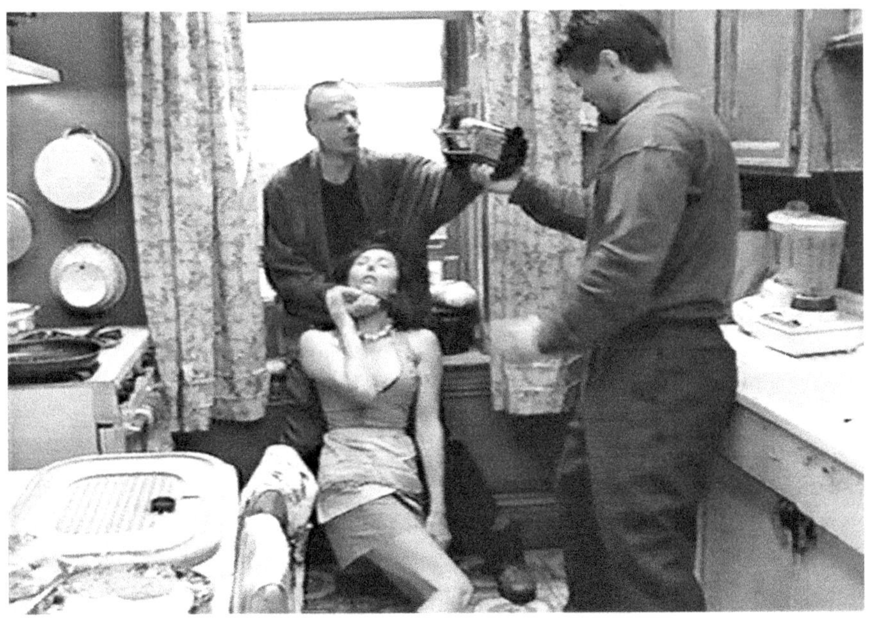

Олег и Эмиль в Нью-Йорке готовят декорации для съемки убийства в ожидании своих пятнадцати минут славы

выиграют, вместо того чтобы заплатить за свои преступления. Когда они ссорятся, Эмиля, которого мстительный Уорсо чуть не убил, арестовывают. Олегу удается сбежать, и он отдает свой фильм Хоукинсу, чтобы доказать вину Эмиля. В последней сцене коварный Эмиль раскрывает свою подлинную натуру, взяв в заложницы подругу Флемминга Николетт (Мелина Канакаредес). Через несколько мгновений Олег снимает на камеру, как Уорсо убивает Эмиля, а затем фиксирует и собственную смерть.

Самым поразительным аспектом «15-ти минут славы» является то, что в них содержится негативная критика американской культуры, обычно встречающаяся только в российских фильмах. Что еще важнее, эта критика исходит не только от восточноевропейских злодеев, заранее дискредитированных в глазах зрителя своей сомнительной, психопатической природой, но также и от всеобъемлющей сатиры фильма на американские СМИ. Фактически, несмотря на то что славянские «туристы» продвигают сюжет, основной интерес представляет неутомимо повторяемая в фильме идея (акцентируемая как визуально, так и вербально), что в Соединенных Штатах все определяется СМИ. Если Эмиль взрывоопасен и злобен, а Олег поразительно безрассуден, то практически все американцы в фильме, от полицейских и пожарных до простых граждан (не говоря уже о телевизионщиках), загипнотизированы и управляемы телевидением, и именно этот факт и вдохновляет садистскую затею славянского дуэта[90]. Статус Флемминга как полицейского бледнеет рядом с его имиджем телезнаменитости, и с помощью своей возлюбленной, тележурналистки Николетт, он ищет и находит выгоду от собственной известности; Николетт, ответив на звонок с предложением работы телеведущей, поспешно покидает ресторан, где Флемминг собирался предложить ей руку и сердце; начальник пожарной команды резко критикует Уорсо за то, что тот позволил Флеммингу показать по телевизору доказательства поджога, обнаруженные самим Уорсо; и для Хоукинса, совершенно недобросовестного владельца «Top Story», который произносит: «Если он истекает кровью, он — звезда», ни один поступок, каким бы отвратительным он ни был, не предосудителен, если в конечном итоге этот поступок гарантирует большую аудиторию — отсюда его выплата миллиона долларов Эмилю и Олегу за любительскую видеосъемку смерти Флемминга, которую Хоукинс транслирует, симулируя сожаление о смерти своего «друга»; отсюда же и то, что в финальной сцене ему удается завладеть цифровой камерой Олега, содержащей видеоотчет о роковых событиях, которые завершают фильм. Анонимные толпы ньюйоркцев, жаждущих развлечений, так же загипнотизированно останавливаются на улице, чтобы посмотреть на гигантский уличный экран, демонстрирующий кровавую и жестокую расправу над Флеммингом. Единственным исключением из этой тотальной зависимости от СМИ является Уорсо (моральный эквивалент Шмакова из «Олигарха»), который никогда не смотрит телевизор, и поэтому его порядочность делает его смешным в глазах собственного начальника и коллег, а также Флемминга. Таким образом, фильм подтверждает суть зафиксированной в его названии отсылки к часто

[90] Один зритель даже заявил, что «Олег, несомненно, является неким монстром Франкенштейна, созданным нашей культурой, и его простота гораздо опаснее [чем простота Форреста Гампа]» [On Film Nd].

цитируемому предсказанию Энди Уорхола 1968 года: «В будущем каждый сможет стать всемирно известным на 15 минут». Эта слава, хотя и необязательно ставшая реальностью, выступает в фильме как национальная цель для американцев, тогда как для двух восточноевропейских социопатов она не столь важна, как их главная навязчивая идея: деньги.

Хотя в фильме антироссийские комментарии не появляются, насмешливые замечания об Америке и ее нравах, подкрепленные рядом действий на экране, изобилуют повсеместно. Наблюдая за тем, как хулиганы и шутники хвастаются на ток-шоу своими деяниями, утверждая, что подверглись преследованиям, и тем самым избегают наказания (особенно убийца трех служащих обувного магазина, отрицательно отвечающий на вопрос: «Значит, вы не чувствуете никакой ответственности за убийство этих людей?»), Эмиль злорадствует: «Я люблю Америку. Никто не несет ответственности за то, что он делает». Любой, кто смотрел Джерри Спрингера или Джеральдо Риверу, поймет, что он имеет в виду. Появляющиеся на телевидении убийцы гламуризированы и зачастую обретают общенациональную известность после написания прибыльных книг. Действительно, вскоре после того, как Уорсо побеждает пытающегося его ограбить темнокожего, приковывая того к дереву (так как он спешит исследовать место поджога Эмиля), расстроенный грабитель появляется на телеэкране, обвиняя Уорсо в жестокости и торжественно заявляя, что у детей существуют лучшие образцы для подражания. Браня Уорсо, вернувшегося после расследования пожара, за то, что тот упустил возможность посмотреть телевизор, глава пожарной охраны Нью-Йорка говорит: «Ребята, вы не понимаете? Это все про имидж. Чем лучше мы выглядим, тем больше денег я получаю, чтобы платить вам, ребята, за вашу же сверхурочную работу». Ближе к концу фильма, отбывая срок в психиатрической больнице после суда и приговора, Эмиль получает любовные письма от женщин, а также деньги и слова сочувствия, подтверждающие его прогноз: «Мало того, что американцы мне поверят, они будут и жалеть меня». И после насильственной смерти Эмиля и Олега в окружении толпы зрителей неуемный Хоукинс требует от Уорсо поддержки, убеждая его последовать уроку Эдди Флемминга, поскольку, по его словам, «СМИ могут стать мощным союзником». Такая извращенность и безразличие к человеческой жизни ретроспективно формулируются в тяжеловесно ироничную цитату Олега в аэропорту: «[Америка —] это страна свободных, дом храбрых, <...> страна, где любой может быть чем угодно». В «15-ти минутах славы» режиссер Херцфельд показывает, как это опрометчивое обещание оказывается подорвано и обесценено медийной метаморфозой преступников в «звезд» ради денежной выгоды, в ходе чего разрушаются все концепты морали.

Как отмечалось во многих рецензиях, фильм, в котором говорится о безграничной власти СМИ и телевизионной гламуризации преступников, имеет достаточное количество предшественников, большинство из которых качественно превосходят «15 минут славы»: это «Туз в рукаве» и «Большой карнавал» Билли Уайлдера (1951), «Телесеть» Сидни Люмета (1976), а также «Прирожденные убийцы» Оливера Стоуна и Квентина Тарантино (1994) [McDonagh 2002]. Более того, мономания Олега снимать все вокруг напоминает и другие нарративы, где камера смотрит глазами злодея: пресловутый «Подглядывающий» Майкла Пауэлла и «Генри: портрет убийцы-маньяка» Джона Макнотона (1990) [O'Driscoll Nd]. Тот факт, что Олег гротескно отождествляет себя с Фрэнком Капрой, чьи жизнерадостные фильмы «Это случилось однажды ночью» (1934), «Мистер Дидс переезжает в город» (1936), «Вам этого с собой не унести» (1938) и «Жизнь прекрасна» (1946) последовательно отстаивают деятельное добро и предостерегают против материализма и коррупции, лишь подчеркивает бездонную глупость Олега. Предположительно Херцфельд выступает именно за те ценности, которые торжествуют в серьезных комедиях Капры, — ценности, к которым русские невосприимчивы. В фильме, резко порицающем поведение практически всех героев, кроме Уорсо (который словно вышел из фильмов Капры), было бы неправильно особо выделять зловеще изображенных персонажей из Восточной Европы. В то же время исступление Эмиля, убивающего всех, кто стоит на его пути, и моральная пустота Олега, сводящая все события к общему знаменателю «видеопродукта», способствуют увековечиванию стереотипа о славянах как об атавистических скотах.

«Цена страха» (2002 год, режиссер Фил Олден Робинсон, Paramount Pictures)

Напротив, изображение бывшего врага оказалось не только менее грубым, но и гораздо менее однозначным в «Цене страха» (2002), четвертом появлении на экране героя Тома Клэнси — агента ЦРУ Джека Райана, впервые представленного зрителям в «Охоте за “Красным Октябрем”» (1990), а затем фигурировавшего в «Играх патриотов» (1992) и в «Прямой и явной угрозе» (1994) — оба фильма с Харрисоном Фордом в этой роли. В «Цене страха» Райан (Бен Аффлек), заговоривший по-русски и уже успевший написать докторскую диссертацию о российском политическом деятеле Александре Немерове, предотвращает ядерные удары между США и Россией, в то время как европейские террористы-неофашисты, обладающие ядерной боеголовкой, пытаются спровоцировать войну между двумя странами, убедив США в том, что российские ученые-ренегаты разрабатывают новое ядерное оружие. Хотя вновь американский герой, что невероятно, но предсказуемо, спасает мир, делает он это, несмотря на сопротивление со стороны собственных властей и вопреки всем ожиданиям, опираясь на доверительное сотрудничество с новым российским президентом, которым оказывается Немеров (Киаран Хайндс). Если готовность президента США Фаулера (Джеймс Кромвелл) нанести ответный ядерный удар по России очевидно является атавизмом, вызванным подозрениями, восходящими к холодной войне, то Райан вместе со вдумчивым главой российского государства действуют в соответствии с такими принципами постгласности, как доверие и двусторонний союз.

Несколько критиков по понятным причинам нашли огрехи в этом фильме, страдающем от длиннот, неправдоподобия и несоответствий. Ко всему этому можно добавить неспособность

Бена Аффлека воплотить в жизнь такого надуманного персонажа, как Райан, и гиперболизированную игру Алана Бейтса в роли Ричарда Дресслера, австрийского злодея-фашиста со свастикой, выгравированной на обратной стороне его золотых часов. Удивительно, но Роджер Эберт с воодушевлением воспринял фильм, главным образом потому, что «режиссер Фил Олден Робинсон и его авторы, Пол Аттанасио и Дэниел Пайн, выполняют завораживающую работу по усилению напряжения, создают убедительно реалистичный портрет» [Ebert 2002]. Эберт отстаивал мнение меньшинства; несмотря на то что многие критики сочли фильм интересным, именно реализма в нем как раз и не хватает. Пожалуй, самый вопиющий пример — то, что после ядерного взрыва во время Супербоула в Балтиморе телефоны, находящиеся возле эпицентра, продолжают работать! Стивен Холден из «The New York Times» подвел итог фильму следующим образом:

> Сейчас степень нервозности страны настолько поразительна, что фильм, в котором так много дырок, остается захватывающим до самого конца — несмотря на то что на последней трети он превращается в болото сентиментального бреда. <...> Фильм, премьера которого состоится сегодня по всей стране, был начат задолго до 11 сентября. Его надуманный сценарий, обновленный с учетом современных реалий режиссером Филом Олденом Робинсоном и сценаристами Полом Аттанасио и Дэниелом Пайном, кажется одновременно и устаревшим, и неудовлетворительным, и глупым [Holden 2002].

В том же духе Мик Ласалль из «San Francisco Chronicle», посчитавший фильм хорошо сделанным, нашел его предпосылки и отраженную в нем точку зрения нафталиновыми: «Это продукт устаревшего геополитического мышления, согласно которому Россия и США борются за доминирование, и зачастую он кажется неуместным и наивным» [LaSalle 2002a]. По существу раскритиковали фильм также Филип Френч из «Observer» («Это довольно скучная история») и Майкл Уилмингтон, который назвал его «ценой храпа, <...> предостерегающим консервативным триллером с сюжетом про военные игры, голой политикой, по-

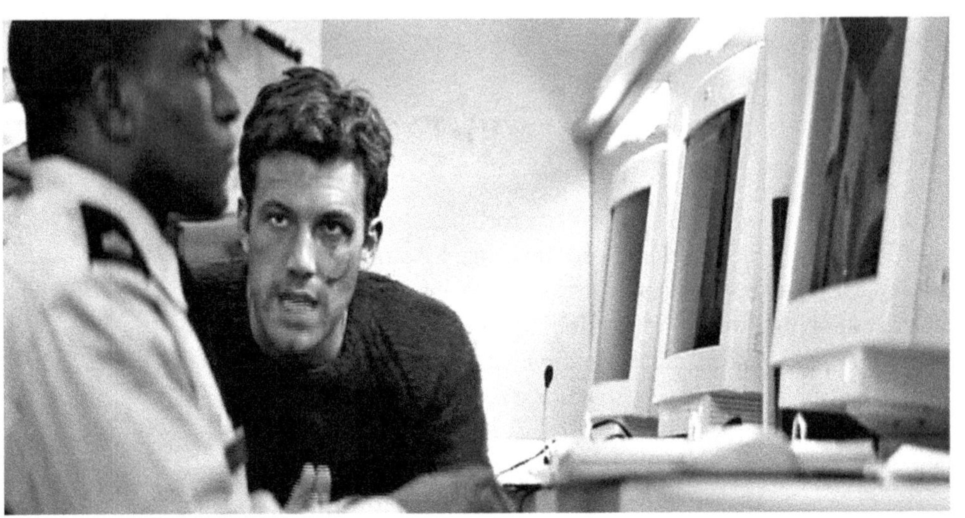

Попытка Райана предотвратить ядерную катастрофу, убедив в своей правоте власти, воплощенные здесь, согласно голливудским стандартам, в образе афроамериканца

крытой пустым голливудским лаком. <...> Даже как чисто развлекательный продукт (созданный до 11 сентября) он раздут. <...> Даже предполагаемый конец света не сможет спасти “Цену страха” от собственной кинематографической катастрофы» [Wilmington Nd]. Тим Когшелл вынес такой вердикт: «Требуемый отказ от недоверия <...> невозможен» [Cogshell Nd]. А Питер Брэдшоу из «The Guardian», который обратил внимание на абсурдную идею ядерного уничтожения Балтимора, выразился уничижительно: «Зло невообразимых масштабов было раскрыто. Разум изо всех сил пытается это понять. <...> Выпущенный фильм оказался даже глупее “Перл-Харбора”, и Бен Аффлек — хуже, чем он был в “Перл-Харборе”» [French 2002].

Оригинальность, которой обладает фильм, сводится к одному персонажу — президенту России Немерову. Известный ирландский актер театра и кино Киаран Хайндс придает этой персоне определенный авторитет. Если русского здесь снова играет неамериканец, то настоящие русские исполняют незначительные роли — в основном сотрудников Немерова и переводчиков с английского на российском телевидении. Их родной русский язык делает невразумительные усилия Аффлека и другого агента ЦРУ еще более жалкими, хотя Хайндс и Лив Шрайбер (в роли Кларка, американского оперативника-смертника, напоминающего Бонда, на которого он иронично ссылается) справляются более достойно.

Однако, что еще более важно, президент Немеров, сменивший сторонника жестких мер Зоркина после его внезапной смерти, — умный, сильный, уверенный в себе человек, способный быстро и точно принимать решения. С самого начала подчеркивается, что он стал президентом не с помощью военных — справочная информация, которая готовит нас к встрече с более либеральным лидером, чем его предшественник. Несравненно более привлекательным главой государства он кажется и по сравнению со своим американским коллегой. В то время как Фаулер беспокоится об имидже («Мы не можем позволить им видеть наши слабости»), Немеров рискует, останавливая российский ядерный удар, без каких-либо гарантий, что американцы не ответят ему таким же ударом. Более того, он берет на себя ответственность за газовую атаку на Грозный — нападение, фактически проведенное по инициативе одного из его генералов. Другими словами, в фильме проводится различие между «хорошими русскими» — такими как Немеров, — и «плохими русскими» — такими как трое недружелюбных ученых, активирующих ядерную боеголовку, и такими, как Дубинин (от слова «дубина», дурень), вступающий в сговор с фашистами. Точно так же не все американцы являются идеальными: Райан и его босс Кэбот (Морган Фримэн) контрастируют с плаксивым, нерешительным Фаулером и несколькими его воинственными и старомодными советниками, которые автоматически отвергают идеи Райана, руководствуясь своим рефлективным недоверием к бывшим врагам времен холодной войны. Вначале Кэбот ехидно советует Фаулеру схватиться напрямую с кем-нибудь другим вместо россиян — напоминание о хваленом постсоветском сближении между двумя странами. Даже в группе заговорщиков-фашистов один участник предполагает, что вместо разжигания войны между Россией и Соединенными Штатами было бы более разумно интегрировать Россию в Европу. Однако когда он отказывается от участия в заговоре и намеревается уйти, Дресслер («плохой австрийский фашист») убивает его.

Короче говоря, в фильме подчеркивается, что Россия больше не является Советским Союзом, несмотря на такие проблемы, как переворот, о котором сообщалось в начале фильма, и постоянное присутствие злодеев, действующих против интересов своей нации[91]. Намереваясь продемонстрировать американскую героику в разгар апокалипсиса, фильм «Цена страха» вместо привычной безоговорочной демонизации всех русских все же показывает хотя бы одного значительного россиянина в позитивном, гуманном свете. Эта более сбалансированная перспектива характеризует и несколько других американских фильмов, выпущенных в начале 2000-х годов, включая «К-19».

«К-19» (2002 год, режиссер Кэтрин Бигелоу, Paramount Pictures / National Geographic)

Ядерный кризис также составляет основу сюжета «К-19» Кэтрин Бигелоу — редкого американского фильма, который полностью фокусируется на русских, отодвигая американцев на периферию как персонажей, о которых только говорят, хотя концепция «Америка как враг» вырисовывается здесь очень явно. Как и «Багровый прилив» (см. главу вторую), он принадлежит к удивительно распространенному поджанру фильмов о подводных лодках, в котором американских картин уже насчитывают более ста, а будет, несомненно, еще больше. С их ярко выраженной американской формой[92], отмеченной гендерно-

[91] В то же время американское невежество по отношению к России и республикам бывшего Советского Союза породило сцену, смешную для любого, кто знаком с этим материалом. Когда Райан и Кларк попадают в Украину, опытный Кларк оказывается неспособен общаться с двумя украинцами, ловящими его за шпионажем, потому что он говорит только по-русски. Предполагается, что Райан достаточно владеет украинским языком, чтобы объяснить, что нужно американцам. Любой, кто имеет базовые знания славянских отношений и языковой практики, знает, что украинцы среднего возраста в школе изучали русский язык, и фактически спустя десятилетие после распада Советского Союза многие украинцы плохо знали скорее свой родной язык, нежели русский.

[92] Однако наиболее популярным фильмом о субмаринах Второй мировой войны является все же немецкий фильм «Лодка» (1981), созданный тем же самым Вольфгангом Петерсеном, позже снявшим «Самолет президента» (см. главу третью).

стью, — с преимущественно мужскими составами и для мужской аудитории[93], — фильмы о субмаринах достаточно популярны, чтобы похвастаться посвященным им вебсайтом, прослеживающим историю жанра с 1916 года по сегодняшний день: http://submarinemovies.com[94]. Однако одна вещь отличает «К-19» от остальных картин этого жанра: выбор русской тематики. Деннис Лим из «The Village Voice» справедливо прокомментировал: «...Травля красных пользовалась такой длительной и прибыльной гегемонией в американских фильмах, что даже на этой поздней стадии триллер о холодной войне, рассказанный исключительно с советской точки зрения, можно считать новшеством» [Lim 2002]. Это мнение разделяет и Питер Трэверс из «Rolling Stone»: «Редко и волнующе видеть голливудский эпос, рассказанный с российской точки зрения» [Travers 2002] (или, если точнее, выражающий американское восприятие советско-российской точки зрения). Поскольку все участники исследуемого Бигелоу события присягнули не разглашать тайну, история «К-19» могла быть рассказана только после распада Советского Союза. Как сказал один кинокритик: «Последнее свидетельство того, что холодная война стала историей, — это "К-19", где Харрисон Форд, само воплощение американского героизма — этот главный герой боевиков с квадратной челюстью, Индиана Джонс и Джек Райан, — играет русского» [Scott 2002]. И британская BBC разделяет эту точку зрения: «Насколько далеко мы ушли от мрачных дней холодной войны, заметно по самому факту, что эту историю о советском героизме рассказывает американская студия» [Best 2002].

Как указывает титр, сюжет был «вдохновлен» реальной трагедией, замалчивавшейся на протяжении трех десятилетий, — трагедией, произошедшей в июле 1961 года, во время одной из самых морозных фаз холодной войны, когда «гонка вооружений

---

93 Как отметил А. О. Скотт, почти каждый фильм о субмаринах «был исключительно мужественным» или, по выражению Джеймса Берардинелли, «мужским фильмом» [Scott 2002; Berardinelli Nd].

94 В настоящий момент ссылка недоступна.

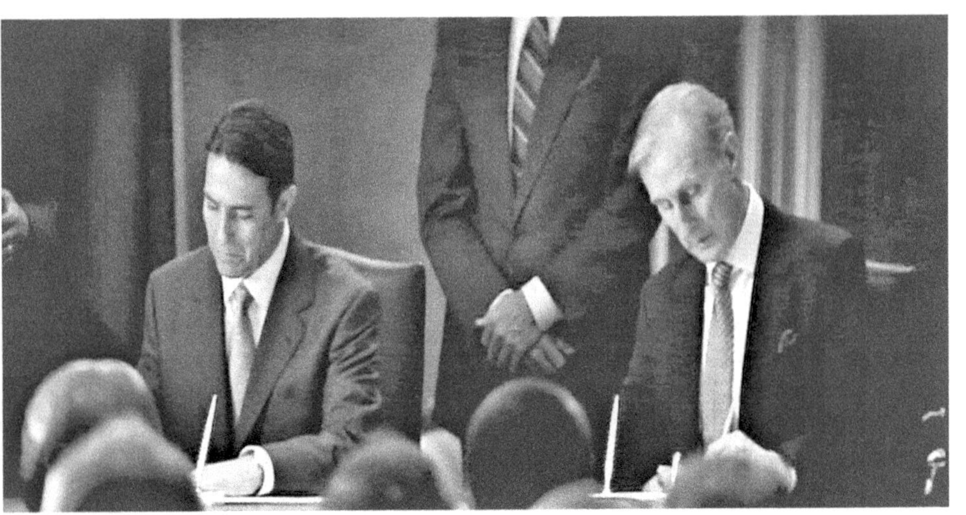

После предотвращения ядерной войны российский и американский президенты подписывают соглашение

была в полном разгаре» [Lim 2002][95]. В ходе испытания первой советской атомной подлодки подо льдами Северной Атлантики у ее системы охлаждения случился сбой и она стала перегревать ядерный реактор[96]. Фильм «K-19» показывает усилия экипажа по устранению этой неисправности: семь человек идут на риск, заходя без радиационных костюмов в ядерный отсек подводной лодки, чтобы предотвратить возможный термоядерный взрыв, который, несомненно, спровоцирует Третью мировую войну. При этом они полностью осознают, что даже ограниченное воздействие и без того неизбежной дозы радиации будет для них смертельным. Усиливает напряженность продолжающийся конфликт между суровым дисциплинированным руководителем корабля, капитаном Алексеем Востриковым (Харрисон Форд), и его более покладистым заместителем, старпомом Михаилом Полениным (Лайам Нисон), пониженным в должности за свое опрометчивое высказывание о том, что подводная лодка еще не годна для плавания. Ряд тревожных предзнаменований и технических сбоев, завершающихся катастрофическим отказом системы охлаждения, подтверждают его точку зрения. Но в разгар

---

95 Берлинский кризис произошел в том же году, а 1962 год стал годом кубинского ракетного кризиса.

96 «National Geographic» создала информативный веб-сайт «National Geographic K-19: The Widowmaker», посвященный фильму и его истории. См. [National Geographic K-19].

холодной войны, как заявляет один из высших руководителей в Москве, СССР необходимо было «продемонстрировать Кеннеди», что Союз так же силен, как и его соперник[97]. Чтобы показать это, «К-19» получает приказ испытать ракету на достаточном расстоянии, чтобы американцы гарантированно об этом узнали. Хотя миссия выполнена успешно, попытки починить систему охлаждения оканчиваются неудачей. Когда излучение в подлодке увеличивается, Востриков отправляет большую часть экипажа на палубу, где их замечает американский вертолет. После категорического отказа от помощи американский эсминец начинает преследовать «К-19». Когда радиация достигает угрожающего уровня, Востриков наконец смягчается, несмотря на свой первоначальный отказ «сдаться врагу». Однако в последний момент советская подводная лодка приходит на помощь. По возвращении в СССР Вострикова судят и оправдывают, но он никогда больше не будет командовать подводной лодкой. Двадцать восемь лет спустя он и Поленин встречаются на кладбище, где оставшиеся в живых пожилые члены экипажа «К-19» (27 из 120 человек умерли от радиационного облучения) собираются у могил погибших, чтобы почтить их память. Когда все присутствующие поднимают в их честь бокалы, Востриков заявляет, что они пожертвовали собой, потому что «это был их долг не перед флотом, не перед государством, а перед нами, их товарищами».

Стремясь к «точности» и правдоподобию, Бигелоу и ее сценарист Кристофер Кайл тщательно исследовали инцидент, потратили целое состояние на скрупулезное воссоздание «К-19» [Howe Nd], а в 1998 году взяли интервью у некоторых выживших членов экипажа подводной лодки [Kehr 2002] и вдовы ее капитана Н. В. Затеева. Одновременно с выходом фильма компания «National Geographic» опубликовала отчет капитана американского военно-морского флота в отставке о «К-19» и о том, как Советский Союз торопился обогнать военно-морские ресурсы Америки; вдобавок к этому были опубликованы также мемуары

---

[97] На самом деле, как сообщает нам титр, у США было в пять раз больше ядерного оружия, чем у Советского Союза.

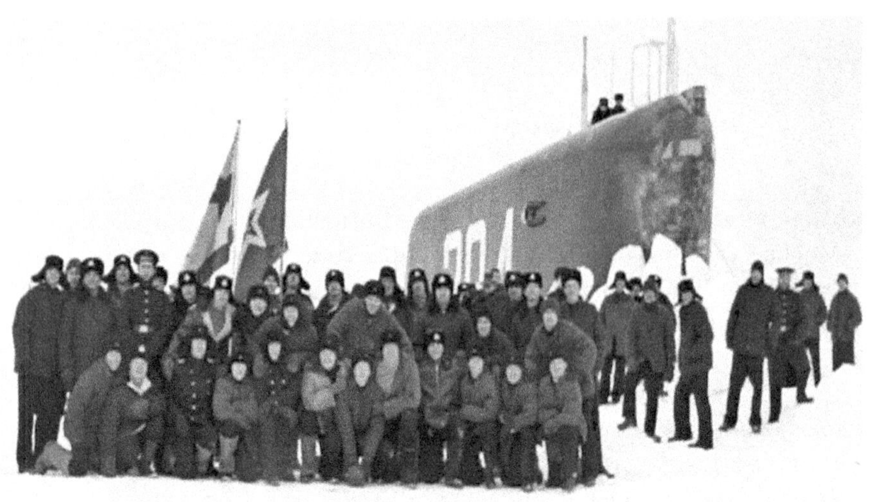

Счастливая, хоть и короткая передышка для смелой молодой команды

Затеева и приложение, где были перечислены 55 советских / российских военных происшествий с 1952 по август 2000 года — вплоть до того момента, когда затонул «Курск», — с послесловием Бигелоу [Huchthausen 2002]. Ее краткое эссе не оставляет никаких сомнений в том, что она восхищается Затеевым и командой судна, справившимися в таких катастрофических условиях: «В центре [этой драмы] находился яростно преданный и харизматичный капитан, чьи смелые решения, принятые им под давлением, спасли лодку и ее команду. <...> И прежде всего это были сами подводники — смелые молодые люди» [Huchthausen 2002: 201]. Более того, в многозначительном пассаже Бигелоу открыто выразила свою признательность за щедрую помощь россиян в технической части фильма:

> Одним из странных аспектов этого опыта было то, что если американские военные вообще не хотели предлагать нам помощь[98], то русские всегда стремились к сотрудничеству. Когда мы ездили в Мурманск, нас сопровождал высокопоставленный военно-морской чиновник из Москвы. С этим замечательным человеком <...> мы поехали <...> на совершенно секретный российский военный объект <...> [и] наконец прошли по палубе самой «К-19» [Huchthausen 2002: 209–210].

[98] Нежелание американских военных помогать, конечно, подразумевает, что холодная война еще не окончилась, но проявляется уже менее открыто. Это и есть тема нашего исследования.

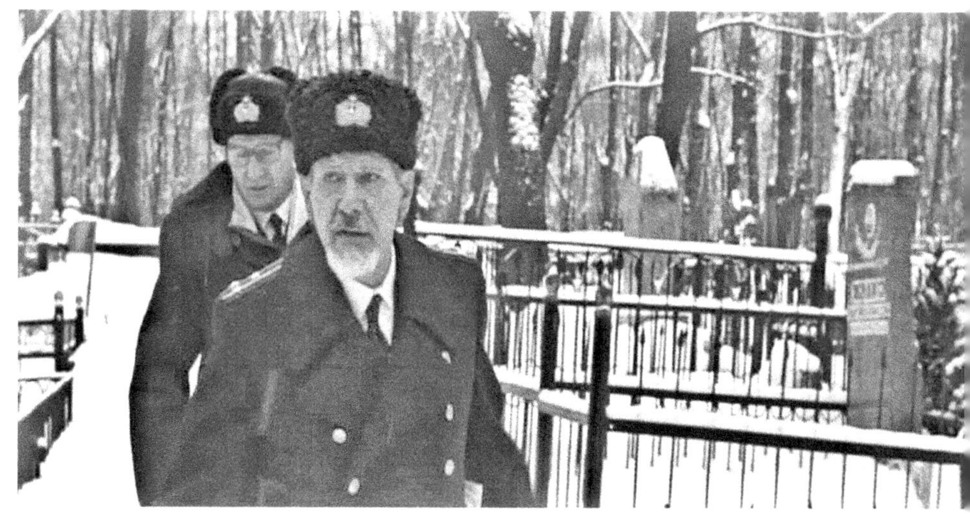

Встреча Вострикова и Поленина на кладбище 28 лет спустя после трагедии «К-19»

Эти тщательные приготовления, однако, не помешали русским обвинить фильм во множестве грехов.

Очевидно, некоторые из вышедших на пенсию подводников «К-19» обиделись на то, что фильм якобы представил их как «группу алкоголиков и неучей» [Russian submariners angered 2002]. Это необоснованное обвинение любопытно отражает советскую паранойю по отношению к американцам, продемонстрированную капитаном подводной лодки, которого фильм дискредитирует (ведь в конце концов американцы, которых мы не видим на экране, предлагают помощь советской команде). Кроме того, Востриков обвинил в пьянстве, освободил от обязанностей и предал суду только бывшего офицера реактора лейтенанта Яшина. Ранее, в тот момент, когда подлодка отправляется в путь, все мужчины в виде исключения выпивают за ужином по одному бокалу вина, — что, как считается, помогает при тошноте от радиации. Позже Востриков приказывает им выпить еще, когда радиация достигает опасного уровня. После того как лейтенант Радченко (Питер Сарсгаард) заменяет опального Яшина, никто не выглядит пьяным. Также никому в группе не приписывается некомпетентность. Другие протесты групп ветеранов, угрожавших подать в суд на кинематографистов за неточности, включали необходимость читать инструкцию по эксплуатации, когда звучит сигнал тревоги (неопытный Радченко в фильме является единственным, кто запрашивает руководство); сквернословие; и, по словам одного

71-летнего экс-члена экипажа «К-19», «отвратительные и нереалистичные сцены» [Russian submariners angered 2002]. Тем не менее любой, кто знаком с фильмом «Взвод» Оливера Стоуна (1986) или другими недавними американскими картинами о вооруженных силах США, обнаружит, что именно отсутствие мата в «К-19» выглядит нереалистичным и даже странным. Никто из членов экипажа даже отдаленно не связан с чем-либо «отвратительным» — ни словом, ни делом, — хотя физическое состояние семи человек, спустившихся в ядерную камеру, действительно ужасает — когда они появляются на экране, с кровавой пеной и рвотой мечущиеся на своих койках в окружении сочувствующих друзей. Эндрю Хау оценил эту часть «К-19» как «мучительный и наводящий на размышления опыт», способный вызывать у зрителей только сострадание, но также и восхищение этими людьми, стоически переносящими очевидное приближение смерти [Howe Nd].

Конечно, в одной из сцен ближе к концу фильма команда в хулиганском порыве демонстрирует свои голые зады зависшему над подлодкой американскому вертолету, — после того как Востриков отвергает любое взаимодействие с американцами, расценив принятие от них помощи как предательство своей страны. И когда Радченко видит ужасные последствия десяти минут пребывания в радиационной камере, он впадает в панику и бездействует, что может показаться несколько малодушным

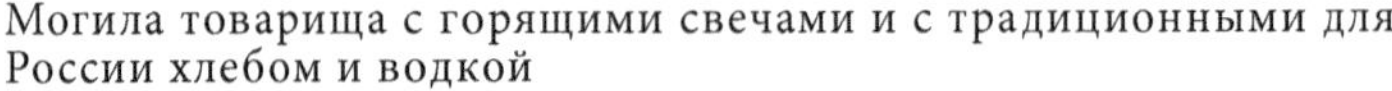

Могила товарища с горящими свечами и с традиционными для России хлебом и водкой

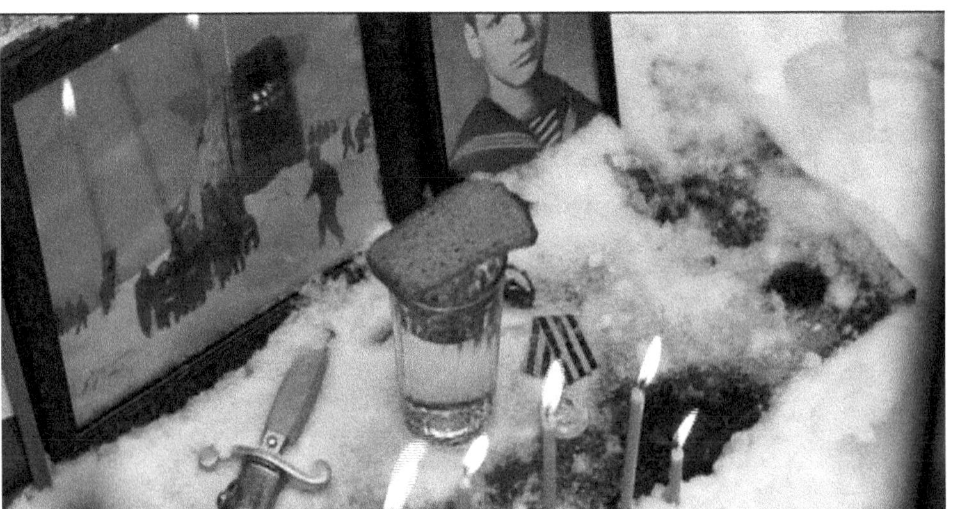

на фоне того, как один из его товарищей молча идет туда вместо него. Но Радченко позже искупает свою «вину», проведя в этом смертоносном отсеке восемнадцать минут, что лишает его зрения и, в конечном итоге, жизни. Поэтому И. К. Кудрину, президенту клуба ветеранов-подводников в Санкт-Петербурге и консультанту по фильму, озлобленная реакция ветеранов подлодки показалась чрезмерной. Он объяснил их бешенство тем, что «постаревшие люди всегда стремятся идеализировать свое прошлое» [Russian submariners praise 2002].

Американские критики обрушились на другие аспекты фильма, правда, не столь яростно. Очевидно, что из актерского состава — преимущественно американского — никто не говорил по-русски, однако все же ошибочным было решение Форда и Нисона подражать русскому акценту, что невольно выглядело комично. Эндрю Хау, высоко оценивший вторую половину фильма, сказал: «Первая половина фильма ничего не добавляет к жанру, поскольку русский акцент Форда является единственным источником развлечения». Обращаясь к изменениям, которые претерпевают персонажи Форда и Нисона в конце фильма, Мик Ласалль из «San Francisco Chronicle» заявил: «Мы верим в эти изменения, даже если не всегда верим в акцент Форда» [LaSalle 2002b]. Более того, Форд и Нисон пытаются старательно воспроизвести этот акцент только время от времени. И, как и остальные актеры, постоянно говорящие на американском английском без акцента[99], они отвратительно произносят русские имена, тем самым подрывая любую веру в свою русскую идентичность.

Кроме того, финал, который переносит нас на «28 лет спустя», раздражал многих комментаторов как избыточный и / или сентиментальный, продиктованный голливудскими рекомендациями и предполагаемой необходимостью подчеркнуть доблесть советских людей. Для Джеймса Берардинелли на «Reelviews» «с точки зрения ритма и структуры самая большая слабость "К-19" — это конец. Мало того, что фильм становится слишком

---

[99] А. О. Скотт необъяснимым образом обнаружил «попытки игры с русским акцентом», которых мы не услышали. См. [Scott 2002].

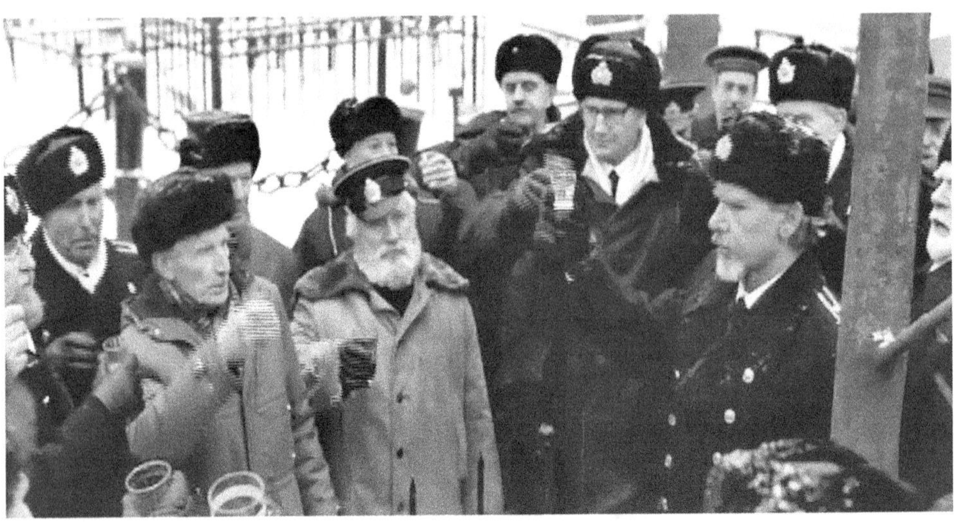

Выжившие члены команды «К-19» поминают погибших в соответствии с русским православным обычаем

длинным из-за лишнего эпилога, но он, похоже, полон решимости заставить "почувствовать себя хорошо", когда это не совсем уместно» [Berardinelli ND]. Аналогичным образом Лим возразил: «Неизбежно преследуемый катастрофой "Курска", "К-19" прибегает к постскриптуму с чествованием героев, но пустое крещендо не может заглушить тот липкий, отчаянный страх, который составляет суть этой трагедии» [Lim 2002]. Действительно, неоправданный финал фильма слишком ясно вытекает из желания Бигелоу почтить храбрость экипажа «К-19», что также проявляется (хотя и довольно неуклюже) в более ранних эпизодах. Невыносимый для зрителей и нетерпимый к своим экранным подчиненным поборник строгой дисциплины на протяжении первых двух третей 135-минутного фильма, Востриков смягчается, как только некоторые из подводников проходят испытание в ядерной камере, и начинает обращаться к ним по именам. Прежде чем они соберутся покинуть «К-19», Востриков объявляет всей команде: «Вы все герои». Фактически, несмотря на моменты понятной паники и очевидного страха, экипаж проявляет необычайную смелость в невообразимых обстоятельствах. То, что позже Поленин заявит судье, с каменным лицом расследующему поведение Вострикова, можно отнести ко всем подводникам: никто не имеет права судить Вострикова, потому что никто не был в такой кошмарной ситуации.

К моменту слушания взаимная враждебность Поленина и Вострикова рассеялась до такой степени, что Поленин заявляет: «Для меня будет честью снова отправиться в плавание под его [Вострикова] командованием». Фильм старается придать этому изменению в отношении Поленина логическую убедительность. В начале мужчины представляют два противоположных советских «типа», оба привлекательны по-своему и наделены некоторыми индивидуальными чертами. Консервативный, успешный офицер, имеющий важные связи через свою жену, Востриков действует по инструкции, руководствуясь идеологией, дисциплиной и, возможно, примером своего отца, который, как подчеркивается в фильме, был героем революции, а затем попал в ГУЛАГ. Однако негибкость и упрямство Вострикова в неукоснительном соблюдении правил, а также муштра, которой он неоднократно подвергает экипаж, окупаются в тот момент, когда случается бедствие, — и это, похоже, понимает большинство мужчин. Наблюдение за неустанными усилиями подводников по спасению судна и за той ценой, которую они платят за это, побуждает его к более гуманному взаимодействию с ними. Противостояние с невыразимым ужасом приводит его к прозрению, что одна лишь верность долгу не может разрешить любую ситуацию.

На первый взгляд кажущийся его полной противоположностью, Поленин — менее сознательный человек, доказавший свою готовность рисковать понижением в должности, поскольку ставит жизнь своих людей выше интересов государства. Он общается со своими подчиненными, сопереживает им и представляет их интересы Вострикову. Как он ошибочно заявляет: «Мы — семья, а капитан — отец». В то же время он ни разу не критикует Вострикова на людях, и когда зарождающийся мятеж дает ему возможность взять на себя командование кораблем, он твердо встает на сторону капитана, позже объясняя: «То, что они сделали, было неправильно». Он открыто критикует тех, кто держит Вострикова под дулом пистолета, а затем одному из них (тому, кто неоднократно говорит Поленину: «Вы все еще наш капитан, майор, и вы единственный, кому мы доверяем») ставит «диагноз» утраты чувства собственного достоинства. Другими словами, Поленин начинает ценить преимущества более строгого, возможно, более ограниченного представления об офицерском долге, воплощенного в Вострикове, который верит в то, что каждый должен придерживаться высочайших стандартов[100]. Этот постепенный процесс венчает речь Поленина во время следствия на родине. В контексте холодной войны его уважение к Вострикову не кажется осведомленным зрителям ложным или даже преувеличенным. То же относится и к таким ошеломляющим моментам, как когда команда смотрит пропагандистский фильм, отождествляющий Америку с «жадностью, похотью, индивидуализмом», — последняя категория выглядит не менее предосудительно, чем первые две. Поскольку в свете нынешних ценностей России эта последовательность вызовет смех у тех, кто не знаком с советской пропагандой, включение этого киноролика дает полезное напоминание о взаимной клевете, закладывавшейся в риторику времен холодной войны.

Фильм Бигелоу в большей степени, чем любой предшествующий голливудский фильм, избегает карикатурных стереотипов русских и подчеркивает их стоицизм, дух товарищества и преданность друг другу. Мучительность их судьбы подчеркивается их молодостью: Радченко, который не расстается с фотографией своей невесты Кати, планирует жениться на ней, когда вернется, хотя к моменту их спасения он не может увидеть снимок, находящийся даже на расстоянии дюйма от его глаз; когда команда высаживается на Кольском полуострове, избыток их юношеской энергии находит выход в импровизированной игре в футбол на льду и снегу на фоне подвешенного на самодельную веревку и развевающегося на ветру выстиранного нижнего белья. Открытость этого пейзажа, с его необъятными снежными просторами, удивительным образом передает их освобождение от клаустрофобии заточения в подводной лодке. Когда происходит бедствие,

[100] В какой-то степени Востриков и Поленин — российские коллеги Рэмси и Хантера из «Багрового прилива», хотя в том фильме ценности младшего офицера одерживают победу над ценностями командира старой школы.

они сплачиваются и поддерживают друг друга. Короче говоря, их вряд ли можно изобразить с большей симпатией.

Наряду с гуманной трактовкой жертв «К-19», фильм, бесспорно, выносит «всеобъемлющее и сокрушительное обвинение политикам, которые неспособны увидеть за статистикой трупы» [Howe Nd]. Одержимость советского правительства победой над своим врагом ослепляет его, заставляя требовать невозможного от своих граждан, благосостояние которых не входит в число приоритетов партии. Серия серьезных сбоев в оборудовании «К-19» не удерживает от объявления судна «гордостью советского флота» и готовности к плаванию — несмотря на множество доказательств обратного. Если какие-то меры для обеспечения безопасности экипажа и принимаются, то они минимальны: на подлодке отсутствуют не только необходимые медицинские принадлежности (врач на борту лечит радиацию аспирином!), но также радиационные костюмы и резервная система охлаждения реактора. Радченко, сменивший пьяного офицера реактора, не имеет никакого практического опыта, а доктор, которого ответственные лица посылают в плавание вместо врача-офицера (убитого при попытке объяснить, что на подлодку поставлены не те медикаменты), страдает морской болезнью. Что характерно, когда «К-19» теряет связь с Москвой, высшие адмиралы и представитель КГБ сразу же предполагают, что Востриков дезертировал вместе с подлодкой. Среди всех рецензентов Берардинелли, пожалуй, лучше всего подытожил наиболее значимый аспект фильма: «Он также заставляет нас задуматься о безумии соперничества между людьми». Немногие фильмы о русских иллюстрируют это безумие ярче, чем «Проект “Ельцин”».

«Проект “Ельцин”» (2003 год, режиссер Роджер Споттисвуд, Licht / Mueller Film Corp.)

Если «К-19» намеренно наводит на размышления, то «Проект “Ельцин”» (2003) делает это косвенно, возрождая противостояние холодной войны вопиюще рецидивистским образом. Спустя три года после того, как «Брат 2» выставил США преступным логовом порока и предубеждений, «Проект “Ельцин”» в полной мере ответил ему на «комплимент», изобразив «американцев как умных, сообразительных и легко манипулирующих, а русских — как коррумпированных, скрытных, тупых, пьяных или все это вместе» [Rooney Nd].

Комедия британского режиссера Роджера Споттисвуда, наиболее известного по фильму о Джеймсе Бонде «Завтра не умрет никогда» (1997) и нескольким докудрамам, была доступна в России только на видео[101]. В этой стране она произвела гораздо больше шумихи, чем в США, где после премьеры на международном кинофестивале в Хэмптоне[102] почти сразу вышла на DVD. Полностью воздавая должное американским консультантам по маркетингу и их технологиям за результаты президентских выборов в России в 1996 году, эта политическая сатира едва ли укрепила ощущение роста независимости России на протяжении двух предшествующих десятилетий, даже несмотря на то, что она невольно разоблачила циничные манипуляции, присущие американскому политиканству. «Проект “Ельцин”» изображает русских совершенно иррациональными, дезорганизованными и политически примитивными, если только американцы не научат их «правильным» (то есть американским) способам проведения кампаний, при которых качества или платформы кандидатов не имеют значения, поскольку (доверчивую) публику сбивают с толку сгенерированные обманчивые образы и тактика клеветы. Как справедливо заметил один зритель, «здесь те, у кого присутствует совесть, — это русские» [Tester 2004], хотя их нежелание лгать и очернять противников в фильме снисходительно представлено как смехотворная наивность.

---

[101] По сообщениям, покупка фильма для показа в России была «запрещена», хотя директора кинотеатров, посмотревшие фильм на видео, считают, что он бы не имел успеха у российской аудитории [Кафтан 2003].

[102] На фестивале он получил приз зрительских симпатий за лучший повествовательный фильм [Spinning Boris Awards IMDb].

В отличие от «15 минут славы», «Проект “Ельцин”» изображает американские медиа-махинации без каких-либо угрызений совести, так как героями этой примитивной, полной самолюбования витрины американского ноу-хау, несомненно, являются три специалиста из республиканской предвыборной кампании, чьи «мудрые советы» якобы управляет ходом российской истории.

Постулаты фильма принадлежат к тому типу самодовольного мышления, который в 1990-х годах породил множество американских статей с вопросом: «Кто потерял Россию?» Снятый в 2003 году «Проект “Ельцин”» дает понять, что искушенная, опытная Америка поставила обманутую Россию на правильный путь и помогла ей спастись от самой себя. Неудивительно, что российские отзывы на «Проект “Ельцин”» были негодующими или пренебрежительными. Посмотрев его, С. А. Филатов, тогдашний начальник штаба Ельцина и, по сообщениям, «архитектор» кампании 1996 года, возразил: «Мы просто присматривались ко всему, что делали эти американские парни, и задавали себе вопрос: разве мы вообще ничего не делали? Какова была наша роль?» [Murphy 2003]. Отрицая, что он тогда хотя бы просто встречался с американцами, Филатов утверждал, что российская команда сама определила те проблемы, которые в фильме выявляют американцы, поэтому иностранные советники были фактически лишними [Кафтан 2003]. Аналогичная реакция была и у бывшего советника Ельцина по политическим вопросам Г. А. Сатарова, который заявил, что, поскольку на самом деле американские специалисты не внесли в кампанию ничего полезного, фильм — «не просто “клюква”, а “развесистая клюква”» [Кафтан 2003]. А. А. Пионтковский, директор московского Центра стратегических исследований и «инсайдер кампании», назвал фильм «очевидным бредом» [Murphy 2003], и телохранитель Ельцина А. В. Коржаков с ним согласился («Фильм — просто тарабарщина») [O’Flynn 2003]. Естественно, что само положение этих четырех людей из окружения Ельцина в любом случае препятствовало бы одобрению ими фильма, ставящего своей целью принизить Россию и ее способность управлять первыми демократическими выборами. Однако и отзывы тех, у кого не было политических мотивов, оказались почти уничтожающими. Например, Александр Олсон, директор Фонда «Общественное мнение», который работал с консультантами, нашел некоторые сцены фильма просто «смехотворными» и отзывался о нем «с недоумением» [Murphy 2003]. Американский блогер оценил режиссуру Споттисвуда как «по меньшей мере тусклую» [Tester 2004]. Но наиболее тонко подытожил суть фильма датский комментатор Йеспер Энгстед на сайте IMDb:

> Создатели этого фильма, должно быть, однажды сели и сказали: «Давайте посмеемся над русскими и в то же время покажем людям, насколько мы (американцы) продвинуты». В фильме русские изображены как низшие существа, которые неспособны понять блестящие идеи, выдвинутые американцами. Это правда, что американские кампании, вероятно, более профессиональны и основаны на более дорогостоящих исследованиях, чем в любой другой стране. Тем не менее этот фильм заходит слишком далеко и утрирует различия между Востоком и Западом. *Для меня это было похоже на пропагандистский фильм, снятый во времена холодной войны* [курсив мой. — *Е. Г.*] [Spinning Boris Reviews IMDb 2004].

Любой, кто не поддерживает образ Америки как всезнающего благодетеля, вынужден согласиться. И если комментарии на IMDb можно считать репрезентативными, энтузиазм американских зрителей в отношении этой комедии напоминал то воодушевление, с которым россияне приняли «Сибирского цирюльника» Михалкова. И то и другое имело одинаковые причины — саморекламу и желание раздуть свое эго.

Рыхлый и несколько сумбурный сюжет фокусируется на личностях трех реальных консультантов, работавших над кампанией губернатора Калифорнии Питера Уилсона, а позже — с Арнольдом Шварценеггером: Джордже Гортоне (Джефф Голдблюм), Джо Шумейте (Лив Шрайбер) и Дике Дреснере (Энтони Лапалья). Нанятые дочерью Ельцина Т. Б. Дьяченко (Светлана Ефремова) и Андреем Луговым (Григорий Гладий) — режиссерской версией олигарха Б. А. Березовского, — они сталкиваются с на первый взгляд неразрешимой задачей обеспечения победы Ельцина, популярность которого по опросам не превышает 6 %, в то время как коммунист Г. А. Зюганов имеет 31 %. Подобно Алисе, оказавшейся в Стране чудес, эти «чудо-лекари» ошеломлены всеми аспектами окружающей их обстановки, а также разочарованы настойчивыми заверениями Дьяченко, что Ельцин никогда не примет американских методов, включающих сокращение его речей, улыбки в эфире, общение с избирателями и разоблачение оппозиции с помощью телевизионных передач. Но как только Ельцин соглашается склониться перед мудростью американских экспертов, он становится первым избранным президентом России.

Излишне говорить, что фильму не хватает саспенса. Поскольку к 2003 году мир уже знал, что Ельцин победил Зюганова, исход выборов в фильме был известен. Вместо этого зрителям, по-видимому, предлагалось вместе с американским трио открыть для себя реалии Москвы середины 1990-х годов, и здесь Споттисвуд работает на полную катушку: средства, стоящие за Ельциным, поступают от вора в законе, который в сцене, напоминающей «Брата 2» и «Олигарха», принимает гостей в бане (сауне) и, к их изумлению, предлагает им услуги проституток; Ельцин непопулярен, недоступен и пьян большую часть времени (его дочь заявляет, что если его нужно показать трезвым по телевизору, то это можно сделать только утром); не имея возможности покинуть свои закрытые апартаменты, трое американцев даже в президентском отеле у Кремля находят еду и кофе несъедобными («Холодная моча — и та вкуснее», — жалуется Дик Дреснер, главный скептик в этой троице); сообщение между членами ельцинской команды, кажется, полностью отсутствует, что приводит к задержкам, беспорядкам и растущей нерешительности; безумный бывший генерал, баллотирующийся на пост президента, бегает по улицам Москвы в пижаме, обещая вернуть Аляску; американских гостей предостерегают от ночных прогулок по городу; и наконец, герои шокированы тем, что их номера в этом отеле строгого режима снабжены подслушивающими устройствами. Последнее кажется комичным, поскольку даже до скандала с WikiLeaks факт неосведомленности политических советников о том, что правительства шпионят за своими гражданами в России (или в Соединенных Штатах — особенно после Уотергейта), предполагал исключительную доверчивость аудитории[103].

Это изумление американцев напоминает их реакцию по прибытии в Москву, когда, не удосужившись одеться для русской зимы, они стоят и дрожат в аэропорту Шереметьево. Предполагается, что их физический дискомфорт вызовет негативное отношение не к ним, а к приглашающей стороне. Конечно, они калифорнийцы, но все же возникает вопрос: неужели они не были зимой в Миннесоте или Канаде? У них не было доступа к каналу, транслирующему прогноз погоды? Стремясь высмеять все возможные аспекты жизни России в хаотичные и бурные 1990-е годы, Споттисвуд непреднамеренно обнажает провинциальность своих героев, а также отсутствие у них этики. «Демократия — наш крупнейший предмет экспорта!» Дик утверждает, что политические решения ничем не отличаются от продажи товаров: «В двух словах, мы узнаем, чего хотят избиратели, и даем им это». Этот *modus operandi* невольно роднит консультантов с проститутками, которых они отвергли в бане, и одновременно в том же ключе трактует отношения между режиссером фильма и его зрителями.

В соответствии с усиливающимися тенденциями, в фильме «Проект “Ельцин”» занято уже довольно много россиян и восточноевропейцев в ролях москвичей, особенно в ролях второстепенных. Это члены фокус-групп, охранники, служащие в отелях и политические деятели низшего уровня. Тем не менее, что особенно странно, большинство актеров и актрис являются иммигрантами в Соединенных Штатах, которые для натренированного уха оказываются не в состоянии воспроизвести типичный московский акцент и интонацию. Светлана Ефремова (в ключевой роли Татьяны Дьяченко) хотя и является носителем русского языка, но живет в Лос-Анджелесе и настолько плохо знает реалии современной России, что не только поверила бессмысленному обобщению Джорджа Гортона, будто в России курят буквально

---

[103] А в свете недавних откровений Эдварда Сноудена о деятельности правительства США в этой области сегодняшняя публика, несомненно, посмеется в этот момент.

все, но и понятия не имела об эмпирических социально-политических обстоятельствах, лежащих в основе фильма, равно как и, по-видимому, не имела интереса к самообразованию в период работы над фильмом [Кафтан 2003]. Неловкого имитатора Элвиса в фильме играет родившийся в Украине Илья Волох, который здесь фактически повторил две свои предшествующие русские роли в картинах с Харрисоном Фордом: в «Самолете президента» он выступает в качестве одного из покушающихся на жизнь президента террористов, в фильме «Индиана Джонс и королевство хрустального черепа» (2008) он также нападает на стойкого американского героя. Хотя такой выбор актеров обеспечивает фильму своего рода налет подлинности, — так же как и сцены, снятые в реальной Москве[104], — все это тем не менее нивелируется высокомерной предпосылкой фильма, согласно которой русские предстают в образе беспомощных некомпетентных людей, полностью зависящих от смекалки янки в тот момент, когда будущее их страны находится под вопросом. В конечном счете трое умных, опытных американцев функционируют здесь в качестве ангелов-хранителей, спасающих погруженную во мрак Россию от ужасов коммунизма. Такую трактовку событий предлагает сценарий, предположительно основанный на 400-страничном дневнике [Rohan 2004] реального Гортона и, возможно, испытавший влияние поразительного события, произошедшего как раз в момент начала работы над фильмом — бывший офицер КГБ В. В. Путин оказался в роли нового российского президента.

«Превосходство Борна» (2004 год, режиссер Пол Гринграсс, Universal Pictures)

Предлагая еще один тревожный взгляд на сомнительные операции ЦРУ, эта вторая часть экшен-трилогии, основанной на триллерах Роберта Ладлэма, следует за неожиданным успехом «Идентификации Борна» Дага Лаймана (2002). Последний пред-

---

[104] Оставшаяся часть фильма была снята в Канаде.

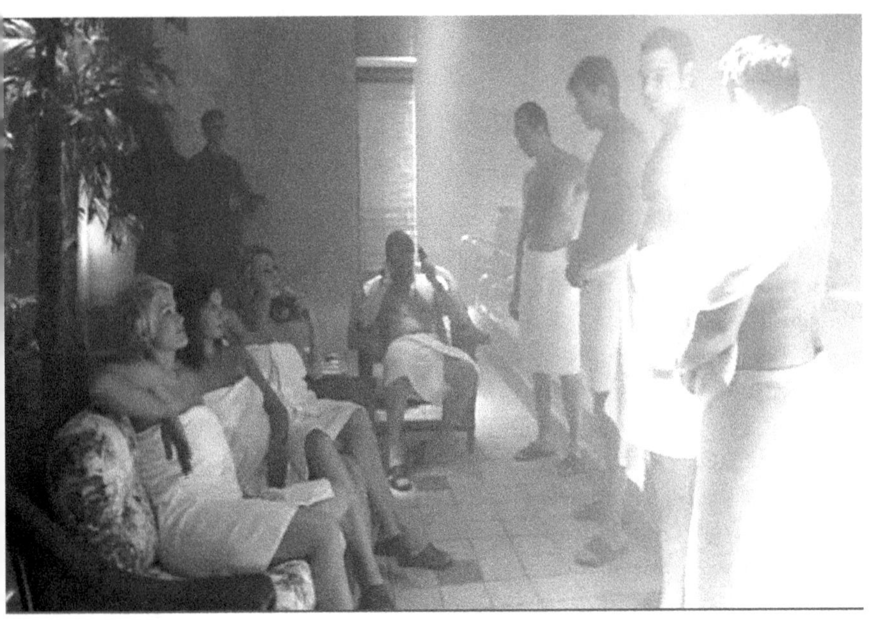

В бане обернутые в полотенца американцы обнаруживают присутствие русских проституток

ставил Джейсона Борна (Мэтт Дэймон) в амнезии, забывшим о своей личности, измученным загадочными фрагментами снов и обремененным тревожащим осознанием того, что он обладает набором паспортов с разными именами, внушительными навыками боевых искусств и умением убивать. Более того, кто-то полон решимости убить его самого. Узнав, что ЦРУ, на которое он работал агентом, хочет теперь его смерти любой ценой, он удаляется в небольшую прибрежную деревню в Гоа, где его любовница Мари (Франка Потенте) владеет магазином. В сиквеле спокойная жизнь пары внезапно оказывается нарушена прибытием российского киллера Кирилла (Карл Урбан), нанятого коррумпированным магнатом Юрием Гретковым (снова чешский актер Карел Роден!), чтобы устранить Борна. Кирилл преследует пару и убивает Мари, которую Борну не удается спасти, когда их машина падает в реку. Оставшись один, Борн становится объектом охоты ЦРУ, которое во главе с Памелой Лэнди (Джоан Аллен) преследует его, потому что Борна подставили, обвинив в убийстве двух агентов во время миссии в Берлине. Позже мы узнаем, что Кирилл не только расправился с оперативниками, которые должны были за три миллиона долларов купить нечто, называемое «файлами Нески», но также присвоил деньги и оставил отпечаток пальца Борна на детонационном устройстве, чтобы вовлечь его. После нескольких дней беспрерывного бегства от преследования пешком и на машине, на трамвае и на самолете по нескольким странам, Борн наконец обнаруживает второй слой окутывающей его прежнюю жизнь тайны — связанный с операцией «Treadstone». Когда он был агентом ЦРУ, старший офицер и предатель Уорд Эбботт (Брайан Кокс) приказал ему убить российского политика Владимира Нески, «раннего демократа-идеалиста», выступившего против приватизации российской нефти. Как мы впоследствии узнаем, Эбботт помог Греткову украсть двадцать миллионов долларов и получил небольшое состояние в качестве своей доли, а затем организовал убийство Нески, задокументировавшего их заговор («файлы Нески»). Загнанный в угол, Эбботт совершает самоубийство. Наконец Борн вспоминает, что убил не только Нески, но и его жену, которая неожиданно появилась в гостиничном номере. Терзаемый раскаянием, он разыскивает в Москве шестнадцатилетнюю дочь погибшей пары Ирину (Оксана Акиньшина), признается ей в своей вине за двойное убийство, которое было официально зарегистрировано как убийство жены и самоубийство, и возвращается в Нью-Йорк, где узнает от Лэнди, что его настоящее имя — Дэвид Уэбб. Третий и последний фильм в трилогии, «Ультиматум Борна» (2007), также поставленный Гринграссом, снимает последнюю завесу тайны с прошлого Борна, но оставляет под вопросом его будущее[105].

«Превосходство Борна» можно назвать редкой птицей: как сиквел он короче «Идентификации Борна», а по степени мелодраматизма и перегруженности техническими уловками не превосходит оригинал. Разнообразие мест действия (Гоа, Берлин, Неаполь, Виргиния, Амстердам, Москва, Нью-Йорк) и стремительный темп усложняют сюжет, поскольку Гринграсс часто

---

[105] Мировая прибыль увеличивалась с выходом каждой новой картины цикла: 214 миллионов долларов за первый; 288,5 миллионов долларов для второго; и поразительные 442,8 миллиона долларов за третий [Box Office Mojo].

полагается на портативную камеру и быстрый монтаж, усиливая нервозность постоянной сменой мест и непрекращающимся передвижением персонажей[106]. Некоторые критики громили фильм («безликий и механичный», «анахроничная банальность всей концепции») [Hunter 2004] или, сравнивая его с «Идентификацией Борна», выступали против «нервного» кинематографического стиля и отсутствия юмора: «Почти все, что сделало “Идентификацию Борна” свежей — остроумие, ирония, саспенс, новизна предпосылки сюжета — исчезло в “Превосходстве Борна”» [LaSalle 2004]; «Режиссер Пол Гринграсс <...> пытается повторить боевик Лаймана, но только изредка добивается успеха; слишком часто во время перестрелок вы бы поклялись, что оператор страдал тяжелым недугом» [Atkinson 2004]. Другие, наоборот, сочли это повышением качества по сравнению с оригиналом или по крайней мере захватывающим зрелищем: «Вышедший этим летом превосходный экшен-сиквел во всех смыслах этого слова» [Axmaker 2004]; «Здесь есть все, включая нокаутирующее исполнение Мэтта Дэймона» [Travers 2004]; «В триллере, который оживляет этот жанр, режиссер Пол Гринграсс отдает автору Роберту Ладлэму заслуженную дань уважение, сохраняя бодрый темп романиста и привнося напряженность в динамику фильма» [The Filmiliar 2004]; «В своем роде “Превосходство Борна” — кино невероятно умелое, гораздо более захватывающее, чем его предшественник» [Denby 2004]; «В “Превосходстве Борна”, этой шпионской игре, сюжетные ходы намного лучше, чем в “Идентификации Борна”, <...> в нем более жесткий монтаж <...> [и] больше правдоподобия» [Persall 2004].

Реализм вряд ли является обязательным условием для экшен-триллера — жанра, изобилующего автомобильными погонями, насилием и трупами, а также выводящего в качестве глав-

[106] Быстрая смена мест действия привела к тому, что фильм, по выражению Стивена Хантера из «Вашингтон пост», «кажется, демонстрирует не столько моральную честность или даже грубую месть, сколько скорость передвижения». Другой критик назвал фильм «экшен-травелогом» [Holden 2004].

ного героя супермена[107] — вот почему способность Борна увернуться от кого угодно, уничтожить всех профессиональных убийц[108] и перехитрить некоторые из лучших умов АНБ (Агентства национальной безопасности) может подкупить доверчивость зрителя, хотя по существу базируется на проверенных временем конвенциях жанра[109]. Действительно, как утверждал Роджер Эберт, «фильм собран из стандартных ингредиентов триллера» [Ebert 2004]. Тем не менее один из самых фантастических аспектов этого и других «Борнов» касается не подвигов их молодого героя, но того факта, что он владеет четырьмя языками: французским, испанским, немецким и русским, последний из которых повсеместно признан одним из самых сложных европейских языков и, разумеется, не может быть быстро освоен американцем из Миссури — тем более параллельно с остальными тремя! Тем не менее этот неубедительный навык проистекает из стремления к «подлинности» в фильме, который был снят в реальных локациях и в своем московском сегменте разумно отводит коренным русским второстепенные роли (сотрудники милиции, водители такси, пассажиры и сосед Нески). Точно так же талантливая Оксана Акиньшина, известная по фильму

---

[107] Стивен Холден из «The New York Times» отметил, что Борн «настолько изобретателен, что его можно назвать суперменом с частичной амнезией». В том же обзоре он озадаченно сослался на «скоростной экшен-реализм» [Holden 2004].

[108] Например, ему удается перехитрить последнего агента «Treadstone» Джарду (Мартон Чокаш) в Берлине, а также всех остальных оперативников и полицейских. Конечно, бой с Джардой — долгий и кровавый, но остальные обычно длятся минуту или меньше. Согласно информации на DVD, Дэймон брал уроки филиппинского боевого искусства «Кали», где особенно важна скорость.

[109] Однако в интервью Дэймон заявил, что и Лайман, и Гринграсс стремились оживить действие, избегая компьютерной графики и многочисленных взрывов. Действительно, основному требованию конвенции отвечают бесконечные автомобильные погони как в Берлине, так и в Москве, во время которых гибнут десятки автомобилей (и, вероятно, людей). Это встревожило Роджера Эберта, который поставил вопрос: «Оправдана ли эта цена невинных жертв в деле спасения жизни Джейсона Борна?» [Ebert 2004].

Лукаса Мудиссона «Лиля навсегда» (2001), играет небольшую, но важную роль Ирины Нески[110], и те несколько минут на экране, за которые она произносит не больше десяти слов, дают урок того, как тонко одной мимикой можно передать смешанные эмоции. И все-таки выбор актеров для главных русских ролей здесь весьма специфический — чех Карел Роден в роли Гретова и новозеландец Карл Урбан в роли Кирилла. Трудности последнего, связанные с русской речью (хотя бы приблизительно похожей), бледнеют рядом с трудностями Дэймона, который, кроме всего прочего, допускает несколько вопиющих ошибок в грамматике и идиомах[111]. Недавно в «The Atlantic» Ольга Хазан высоко оценила телесериал «Американцы», где участие носителей русского языка позволило передать подлинную русскую речь:

> Я видела, как мои соотечественники изображались американцами, использующими акцент Рокки и Буллвинкля («Маппеты 2»), американцами, использующими американские акценты («Скрипач на крыше»), британцами, использующими британские акценты («Враг у ворот»), британцами, использующими свои зубы (Кира Найтли), и нерусскими актерами всех мастей, говорящими тарабарщину (фактически любой фильм, включающий российскую тематику).

Хазан также обращается к той критике, которую можно обнаружить на российском новостном сайте «РИА Новости», когда упоминает поддельный российский паспорт Борна «с необычным, но правдоподобным именем “Фома Киняев”», которое в кириллическом эквиваленте гласит: «“Ащьф Лштшфум”. Реак-

---

[110] Здесь я использую правильное русское имя Ирина вместо польского эквивалента Ирена, указанного в титрах.

[111] Два наиболее вопиющих случая — ошибочные «Вниз!» вместо «На пол!», когда он приказывает кому-то упасть на пол, а также его вопросительная фраза, обращенная к Ирине Нески: «Понял?» (с мужским окончанием, вместо «Поняла?»). Среди других неточностей — прибытие поезда из Берлина на Киевский вокзал, тогда как правильным пунктом назначения является Белорусский вокзал.

ция российского пограничника на такую кавалькаду согласных может быть только одна: “Пройдемте”!» [Khazan 2014]. Почему никто не исправил эти отвлекающие и легко поправимые ошибки, непонятно. Короче говоря, тайна голливудских консультационных практик и кастинговых решений превосходит тайну прошлого Борна.

Увлекательный аспект фильма — его разнородная информация о современной России. С одной стороны, сюжет не дает никаких оснований говорить о продолжении недоверия в духе холодной войны со стороны ЦРУ, а в качестве врагов теперь вместо правительства рассматриваются богатые, плутоватые промышленники. И никто не поспорит с тем, что и Гретков, и его наемный убийца Кирилл — злодеи. С другой стороны, само ЦРУ является рассадником двуличия и злодеяний. Американские преступники в белых воротничках проникли в организацию, предав хваленые американские ценности, что показано на примере высокопоставленного чиновника Эбботта. Как мы узнаем, он нанял убийцу, который отправил его коллегу по ЦРУ Конклина (Крис Купер), чтобы прикрыть свои следы (см. «Идентификация Борна»), и он без колебаний призывает Греткова уничтожить Борна («Убейте Борна, и вы убьете все это расследование»). Более того, большинство высокопоставленных мужчин в агентстве — завистливые и злые на язык сексисты, которые защищают свои собственные интересы и стреляют в Памелу Лэнди, единственную женщину, занимающую значительное положение и явно превосходящую их по интеллекту, проницательности и эффективности[112]. Если она и особенно Борн правы, когда борются с этими силами зла, то у российской стороны также есть поборник справедливости и нравственности в лице Нески, который рискует и погибает, разоблачая правонарушения со стороны как

---

[112] Для экшен-триллера фильм имеет тенденцию чересчур великодушно обращаться с женщинами: Мари наделена способностями и активно поддерживает героя, Никки (Джулия Стайлс), являющаяся контактом для агентов в Париже и Берлине, превосходно выполняет свою работу, — так же как и Памела Лэнди, чья проницательность, скорость мышления и нравственные качества значительно превосходят ее коллег-мужчин.

Греткова, так и Эбботта. В конечном счете, хотя в фильме и представлены гнусные русские, критика Америки здесь гораздо весомее, поскольку один из главных американских институтов оказывается сомнительным и коррумпированным. И несмотря на то, что это чисто жанровый фильм, критика эта более приемлема и умна, чем в «15 минутах славы». В этом плане «Превосходство Борна» напоминает «Дело фирмы» с его толковым русским героем и негативным изображением американского правительства.

В обзоре различных фильмов с участием русских Александр Осипович привел слова известного российского кинокритика Е. М. Стишовой, москвички, которая пишет в основном для «Искусства кино»:

> Меня беспокоит не негативизм этих портретов, а чудовищная примитивизация русских в американских фильмах. На уровне коллективного бессознательного они, похоже, не признают русских человечными. <…> Я не видела ни одного голливудского фильма, где русские были бы представлены как европейцы [Osipovich 2004].

Несмотря на возвращение «Превосходства Борна» к набору антагонистов времен холодной войны, безусловно, принципиальная приверженность Нески честной деловой практике и сохранение лица его дочерью-подростком при получении ужасных новостей от человека, убившего ее родителей, квалифицируют и отца и дочь не только как «полностью человечных», но и фактически более достойных, чем практически все американцы, изображенные в фильме. Читатели романа Роберта Ладлэма (1986) могут задаться вопросом, почему фильм заменил азиатских заговорщиков русскими, и наш ответ будет таким: эту замену продиктовало лучшее знакомство зрителей с бывшим врагом времен холодной войны.

В своем идиосинкратическом и несколько бессвязном, но все же наводящем на размышления обзоре «Превосходства Борна» Джеймс Бауман провел параллель между стремлением Борна искупить вину перед Ириной Нески и «чувством вины и угрызе-

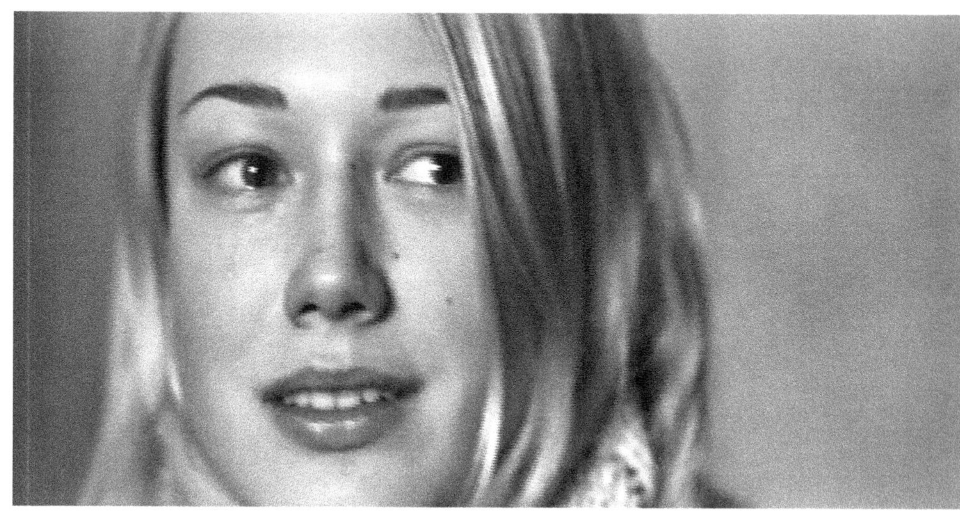

Реакция дочери Нески Ирины на искупительное признание Борна

ниями совести [демократов] из-за того, как они осуществляли руководство Америкой. Конечно, в фильме нет ничего противоречащего утверждению, что тайная деятельность ЦРУ и, следовательно, попытки распространить американскую власть на весь мир, морально оправданы». Он приходит к выводу, что «мы [американцы] призваны к действиям ценой разрушительного бремени вины — и лишь для того, чтобы обнаруживать, по крайней мере время от времени, что настоящие плохие парни, которыми мы должны заняться и с которыми нужно справиться, наняты дядей Сэмом» [Bowman 2004]. Такова, на самом деле, если не предпосылка трилогии о Борне, то вывод, который она имплицитно подразумевает. Несмотря на обилие иностранных локаций, эти картины в большей степени касаются внутренних проблем Америки и критикуют их так же, как и «15 минут славы». В этом смысле они представляют тенденцию, которую мы обнаружили в российских кинопроизведениях 2000-х годов — смещение акцента с иностранных противников на домашние проблемы.

Заключение
От любви к разлуке

Как мы и утверждали в этой книге, на протяжении первых примерно пятнадцати лет после распада Советского Союза как в популярных, так и в менее известных российских и американских фильмах, изображающих бывшего врага времен холодной войны, отражались превратности политических отношений между двумя странами. Первоначально идеализируя Америку как гостеприимный рай с безграничными возможностями, готовый принять своего новоиспеченного партнера и предоставить ему всю необходимую финансовую помощь, российские фильмы фиксировали и постепенный процесс разочарования. Этот процесс завершился клеветой на «уродливого американца», чей якобы грубый материализм противопоставлялся хваленой духовной глубине россиян — точка зрения, которая была наиболее ярко выражена в «Сибирском цирюльнике» Михалкова (1998) и «Брате 2» Балабанова (2000), но еще раньше ощущалась (хотя была представлена не в столь грубой формулировке) в фильмах Астрахана 1990-х годов и в «Американской дочери» Шахназарова (1995). Более того, «новые русские» как клоны и суррогаты «помешанных на деньгах американцев» выводились на экране в упрощенном и негативном свете. Исключение составил лишь Маковский в «Олигархе» Лунгина (2003), и это не случайно, так как на трактовку, представленную режиссером в этом фильме, вероятно, в какой-то степени повлияли годы его проживания за границей[1].

---

[1] «Окраина» Петра Луцика (1998) выделялась как аномалия. Хотя ее враждебность к новым деньгам вряд ли могла быть более вопиющей, стилистически фильм был смелым и сложным (см. главу третью).

Несмотря на то что многие из этих фильмов выступают против американцев, сами они базируются на конвенциях голливудского кинематографа, и, в случае с «Братом 2», даже заимствуют сцены из таких пропитанных мачистским героизмом боевиков, как «Рэмбо». Отношение к чернокожим американцам также ухудшилось, проделав путь от восприимчивости «Такси-блюза» (1990) к неприкрытому расизму «Брата 2».

В то время как российское кино шло по нисходящей кривой, в Голливуде наблюдалась тенденция к более последовательному изображению бывшего врага как примитивного и неумелого («Армагеддон», «Изгой»), неизменно уступающего в умственных способностях («15 минут славы») или боевых навыках («Превосходство Борна») своим американским коллегам, которые вновь и вновь спасали страну и мир[2] от опасных, но в конечном счете некомпетентных фанатиков, происходящих из России или бывших союзных республик («Самолет президента»). Тем не менее в нескольких фильмах было проведено различие между русскими и советскими людьми и их правительством: в «Охоте за “Красным Октябрем”», в «Русском отделе», в «К-19» и особенно в «Цене страха» — этом редком случае отказа от «утирания носа», где мудрый российский президент свободен от паранойи и воинственных устремлений. В большей степени направленные на демонстрациию американского превосходства, чем на демонизациию бывшего антагониста, эти фильмы в своем большинстве принадлежали к жанру боевика, по определению связанного с актерами, способными зарабатывать деньги, и гиперболизирующего мастерство, боевые навыки и невероятные способности

[2] Летом 1998 года также вышло два аналогичных фильма о катастрофах, — «Столкновение с бездной» и «Армагеддон» — где американцы спасали мир от полного уничтожения, побеждая не русских, а комету и астероид, угрожающие столкновением с Землей. Для русских здесь были зарезервированы второстепенные роли — они выглядели как «младшие братья», впрочем, достойные восхищения и сотрудничества. Напичканные спецэффектами и подогретым на тестостероне мелодраматизмом, эти фильмы встретили ироничный прием в кинокритике, но получили огромную международную кассовую прибыль. Самый кассовый фильм 1998 года, «Армагеддон», принес более 349 миллионов долларов во всем мире. Анализ обоих фильмов см. в главе третьей.

героя-мужчины преодолевать или разрушать любые препятствия. Этот акцент на супермене объясняет наличие счастливого финала, практически обязательного для данного жанра и для голливудского киномейнстрима в целом, — в противовес трагическим и неразрешенным финалам российских и европейских фильмов.

В новом столетии кинематографический интерес России к Америке заметно ослаб, сменившись изучением внутренних проблем. Это изменение соответствовало приоритетам нового президента Путина — ныне действующего нового / старого главы государства — чья националистическая гордость и сопутствующая ей критика Америки со временем только усилились. Поддержка Путина и «Единой России» существенно уменьшилась к концу президентства Д. А. Медведева, и парламентские (в конце 2011 года) и президентские (в марте 2012 года) выборы[3] вызвали протестные демонстрации и формирование того, что первоначально напоминало подлинную оппозицию, возглавляемую юристом и антикоррупционным блогером А. А. Навальным, который в феврале 2011 года придумал для правящей партии России запоминающийся ярлык «Партия жуликов и воров». По остроумному утверждению Фионы Хилл, «как классический консерватор, преследующий цель укрепления российского государства», Путин защищает его от предполагаемых угроз «территориальной целостности, политическому суверенитету и национальной идентичности». Его борьба с оппонентами заключается в том, чтобы «кооптировать одних и запугивать других, превращая российскую правовую и уголовную системы в грубые инструменты репрессий» [Hill 2013]. Не только граждане России, но и США, Швеция, Европейский Союз и Amnesty International осудили репрессивную политику Путина, что имело далеко идущие последствия. Арест и заключение в тюрьму трех участниц группы «Pussy Riot» (феминистского протестного панк-коллектива) за их антипутинское

---

[3] Запад открыто назвал их сфальсифицированными. Цифры, опубликованные Левада-центром, — одной из самых авторитетных российских исследовательских организаций, — подтверждают падение популярности Путина, приведшее к последующему манипулированию результатами выборов. См. [Stanovaya 2013].

выступление в московском храме Христа Спасителя в феврале 2012 года[4], а также арест Навального и пятилетний тюремный срок, назначенный ему в июле 2013 года за хищение лесопродукции (обвинения в растрате, представляющие собой один из любимых маневров Кремля против его хулителей), привели к крайне негативной международной огласке[5]. Тем не менее при Бараке Обаме Соединенные Штаты неохотно бросали вызов Путину напрямую по вопросу прав человека.

Однако в 2012 году Конгресс счел целесообразным принять действенные меры по борьбе с коррупцией среди российских чиновников, откликнувшись на громкий случай нарушения прав человека. Несмотря на первоначальные возражения, Белым домом был принят «акт Магнитского», позже подписанный президентом Обамой, причиной которого послужила смерть в 2009 году в московской тюрьме С. Л. Магнитского, адвоката и аудитора, арестованного во время расследования мошенничества с участием российских налоговых чиновников. Первоначально задуманный как карательная мера против должностных лиц, которые считаются ответственными за смерть Магнитского, закон запрещал им въезд в Соединенные Штаты и доступ к американской банковской системе[6]. В ответ российское правительство, в свою очередь, опубликовало свой собственный список официальных лиц США, которым был запрещен въезд в Россию, посмертно признало

---

4 В международных СМИ реакция на инцидент с «Pussy Riot» квалифицируется как мега-событие, генерирующее блоги, конференции, публикации, интервью и т. д.

5 Однако на следующий день (19 июля) Навальный был освобожден, после того как обвинение обжаловало решение суда. Эта необычная ситуация породила различные слухи о причине его освобождения. Александр Подрабинек из Вашингтонского института современной России утверждает, что режим — или скорее сам Путин — предоставляет Навальному «последнюю возможность уехать на Запад»: если Навальный сбежит и попросит политического убежища, это будет на руку Путину, ведь тогда его возвращение в Россию не осталось бы безнаказанным. Планам Навального участвовать в выборах мэра Москвы против С. С. Собянина, близкого и верного союзника Путина, которого Кремль назначил на этот пост в 2010 году, не хватило реализма. См. [Podrabinek 2013].

6 В апреле 2013 года администрация Обамы опубликовала список из восемнадцати лиц, подпавших под этот закон.

Магнитского виновным в мошенничестве и приняло закон (декабрь 2012 года), запрещающий американским семьям усыновлять российских детей. Симптомом сейсмических изменений, произошедших в восприятии американцами россиян за последние двадцать лет, стали результаты опроса, в ходе которого выяснилось, что 56 % опрошенных поддерживают противостояние россиянам, и только 21 % выступают против [Fisher 2012].

Аналогичным образом, в соответствии со спешно введенным законом, российские НПО, занимающиеся политической деятельностью или просто получающие иностранные средства без пересмотра своего организационного статуса, были объявлены нарушителями, которые подлежат преследованию в качестве «иностранных агентов». То, что Левада-центр (2003), после смерти его основателя Ю. А. Левады в 2006 году возглавляемый Л. Д. Гудковым, получил предупреждение от прокуратуры в Москве за то, что он не зарегистрировался в качестве такого агента, показывает, как закон может служить оружием против институтов, всего лишь накапливающих объективные данные, которые работают вразрез с политической повесткой Кремля. Как показали опросы, проведенные Левада-центром, более 50 % россиян согласились с тем, что «Единая Россия» является партией «жуликов и воров». Более того, согласно данным центра, в мае 2013 года результаты голосования за «Единую Россию» достигли рекордно низкого уровня — 24 %, при том что только 29 % россиян заявили, что хотели бы переизбрания Путина [Stanovaya 2013]. Такие сообщения не вызвали у Путина симпатий к Левада-центру, на что указывает его предупреждение. И все же желание Соединенных Штатов улучшить двусторонние отношения, избегая критики вопиющих нарушений со стороны российского правительства, и готовность идти на уступки Путину, были слишком очевидными во время неубедительной встречи госсекретаря Джона Керри 7 мая 2013 года с Путиным, в ходе которой последний заставил себя ждать три часа [Jensen 2013a]. Кроме того, на саммите G-8 в Северной Ирландии 17–18 июня 2013 года Обама воздержался от критики действий Путина в области прав человека, «верховенства закона, судебного преследования лидеров оппозиции, давления на неправительственные организации или вопроса об усыновлении, из-за которого президент США находится под сильным давлением со стороны Конгресса и родителей».

Напротив, в преддверии встречи G-8, во время интервью RT (финансируемой Кремлем англоязычной спутниковой телевизионной сети) Путин «похвалил канал за прекращение “монополии англосаксонских СМИ” в мире <...> [и] напомнил зрителям, что США были основаны благодаря “этнической чистке” американского коренного населения и использовали атомную бомбу против Японии в конце Второй мировой войны». Россия, по его словам, является единственной страной, которая в мировой политике «единолично ведет борьбу за принципы и здравый смысл с циничным и лицемерным Западом». Короче говоря, как проницательно замечает Дональд Дженсен, такая риторика сигнализирует о «глубоком повороте внутрь в Кремле» — «экономии», частично вызванной необходимостью Путина укрепить свой фундамент среди националистов и рабочего класса в провинции, поскольку его поддержка со стороны городского среднего класса сократилась [Jensen 2013b]. Соответственно, пока американская администрация, и в особенности Обама, проявляли уважение к чувствам Путина, российский президент был вынужден уравновешивать свою восприимчивость к Западу с антиамериканскими настроениями своих сторонников дома.

Кинематографическим результатом этого путинского «поворота внутрь» должно было стать исчезновение американцев в новейших российских фильмах. Вместо них на первый план вышли внутренние проблемы — такие как жизнь в провинции, смена поколений, исторические события, фольклор и повседневные конфликты, связанные с темами любви, брака, смерти и так далее. И если богатство фигурирует в работах даже таких представителей авторского кино, как Андрей Звягинцев (например, в «Елене», 2011), оно теперь трактуется не как нечестные приобретения «новых русских» подражателей, а как законное имущество или даже цель — для представителей того, что сейчас не очень точно принято называть «средним классом России». Со своей стороны Голливуд продолжал штамповать образы русских престуников —

обычно в боевиках категории «Б». Правда, за некоторыми исключениями, теперь они представляли не особо значимых противников. Такие образы, как Борис «Бритва» в «Большом куше» (2000), Йорги в «Трех иксах» (2002) и Иван Ванко в «Железном человеке 2» (2010), были созданы небрежно и не исполнялись настоящими русскими актерами. Есть некоторое утешение в том, что плачевное качество американских фильмов с русскими актерами и актрисами гарантировало им небольшую аудиторию. Например, совместный российско-американский научно-фантастический фильм «Москва 2012» (2012) режиссеров Джейми Брэдшоу и Александера Дулерайна, снятый в России с американскими, английскими и русскими актерами (плюс Макс фон Сюдов), был признан «неряшливой смесью мистики, романтики, сатиры, социальной критики и мультяшных спецэффектов <...>, предназначенной для дисконтных DVD-корзин [в интернет-магазинах]» [Scheib 2012]. Достаточно сказать, что претенциозный хоррор Марии Лидон «Москва-ноль» (2006), снятый в подземных туннелях Москвы, где Вэл Килмер выступил в роли хранителя врат ада, был провозглашен одним критиком «глупым и бесконечным <...> артхаусным месивом» и заслуженно вышел сразу на DVD [Nusair 2008][7]. Несмотря на то что подвергшиеся нашему выборочному анализу фильмы исчезли с российских экранов, американцы продолжают, хотя и нерешительно, изображать своих бывших врагов времен холодной войны как «политически безвредных злодеев», показывая их с устаревших позиций [Kurutzjan 2014]. Перечисляя такие фильмы, как «Крепкий орешек: Хороший день, чтобы умереть» (2013), «Турист» (2010), «Шпион, выйди вон!» (2011) и «Области тьмы» (2011) с их российскими злоумышленниками, Стивен Куруцьян в своей рецензии на недавнюю картину «Джек Райан: Теория хаоса» (2014) указывает, что их главный герой был впервые представлен в романе Тома Клэнси 1984 года «Охота за “Красным Октябрем”» (см. главу первую). «Исходный материал [для Джека Райана] — не единственное, что [здесь] с душком, — отмечает

[7] Этот фильм — совместного британского, испанского и американского производства — вызывает вопрос, почему три страны охотно объединили свои усилия в работе над ним.

он. — Славянский плохой парень стал кинематографическим клише, и, как и всякому клише, ему не хватает формальной силы». Действительно, спустя почти три десятилетия после эпохи гласности российский экранный антагонист больше всего напоминает невольную пародию на старых злодеев Голливуда. Но худшее, пожалуй, еще впереди.

Аннексия Путиным Крыма в марте 2014 года, сопровождаемая энергичным разжиганием Россией сопротивления независимости Украины в восточной части страны, вывела на поверхность большую часть давнего, хотя и часто отрицаемого, антагонизма, лежащего в основе российско-американских отношений и подпитанного теми фильмами, которые были проанализированы в нашем исследовании. В ходе визита в Крым в мае 2014 года Путин заявил, что крымчане «доказали свою преданность исторической правде и памяти наших предшественников», поскольку полуостров исторически принадлежал России и поскольку во время голосования на референдуме предположительно 97 % местного населения выразили желание присоединения к России [Birnbaum 2014]. Путинская версия истории стала одним из основных риторических орудий российского президента, и, если верить его тогдашнему рейтингу одобрения (по данным ВЦИОМ — 85,9 %, то есть шестилетний максимум) [Putin's Approval 2014], то эта риторика действительно имеет влияние на восприимчивые уши. Международный кризис, отмеченный беспорядками в Украине, неэффективные санкции, наложенные на Россию бессильным Западом, массовая поддержка действий Путина среди россиян и общие последствия бурного сезона в Украине возродили дискурс холодной войны, предрекающий недоброжелательное присутствие «русских злодеев» в духе Бориса Баденова на американских экранах в обозримом будущем. Пробел, который оставленный Голливудом из-за пренебрежения конфликтами холодной войны и русской темой в целом, в последние несколько лет начал заполняться телепродукцией, поэтому не исключено, что именно телевидение может оказаться основным средством воплощения на экране продолжающейся саги о стараниях Баденова перехитрить Американских Хороших Парней, и, таким образом, определит новые сроки «выцветания красного».

Библиография

Абдуллаева, Зархи, Сиривля 1995 — Абдуллаева З. К., Зархи Н. А., Сиривля Н. А. Кинофорум-2 // Искусство кино. 1995. № 8. С. 12–19.

Абдуллаева 2004 — Абдуллаева З. К. Реальное кино. Москва: Три квадрата, 2004.

Александров 1998 — Александров Р. Брат с большой дороги // Премьер. 1998. Март. С. 39.

Алексей Балабанов Портрет 1999 — Алексей Балабанов. Портрет // Сеанс. 1999. № 17–18. С. 217–227.

Американская дочь 1995 — «Американская дочь» // Новые фильмы. 1995. Июль. С. 2.

Американская дочь 1996 — «Американская дочь»: критики о фильме // Сеанс. 1996. № 12. С. 80–83.

Анашкин 1996 — Анашкин С. Совок-лубок, или Осторожно — Астрахан // Искусство кино. 1996. № 2.

Аннинский 2003 — Аннинский Л. А. Блицкритика. Секс и закусь // Искусство кино. 2003. 1 января. URL: http://kinoart.ru/archive/2003/01/n1-article11 (дата обращения: 01.07.2020).

Архангельский 1999 — Архангельский А. Н. Подсчеты и просчеты // Искусство кино. 1999. № 7. С. 65–67.

Астрахан 1994 — Астрахан Д. Х. Вопрос только в том, кого выбирать // Искусство кино. 1994. № 4. С. 105–107.

Багдасарян 2004 — Багдасарян В. Э. Образ врага в исторических кинолентах 1930–1940-х гг. // История страны/История кино / Под ред. С. С. Секеринского. М.: Знак, 2004. С. 115–146.

Бакушинская 1999а — Бакушинская О. А. Севильский брадобрей умер бы от зависти к коллеге из России // Комсомольская правда. 1999. 20 февраля.

Бакушинская 1999б — Бакушинская О. А. Явление «Сибирского цирюльника» народу // Комсомольская правда. 1999. 23 февраля.

Балабанов 2002 — Балабанов А. О. Глас народа / Интервью с Еленой Слатиной и Семеном Клебановым // Эксперт 11. 2002. 18 марта.

Барабаш 1999 — Барабаш Е. Бублик и дырка. О «Сибирском цирюльнике» Никиты Михалкова // Независимая газета. 1999. 23 февраля.

Басков 1995 — Басков В. Японское счастье // Культура. 1995. 23 декабря. С. 8.

Басков 1996 — Басков В. С облегченьицем! // Экран и сцена. 1996. № 1. С. 4.

Белопольская 1995 — Белопольская В. М. Дело киноврачей // Огонек. 1995. № 33. С. 66–67.

Белявский 1999 — Белявский Ю. И. Господа юнкера, кем вы были вчера? Страна вечной Масленицы // Культура. 1999. 25 февраля. С. 8.

Беляева 2002 — Беляева Н. Русская шишка Харрисона Форда // Огонек. 2002. № 39. С. 17.

Бернар 1991 — Бернар Ж.-Ж. Экстремистский фильм // Советский экран. 1991. № 7. С. 11.

Бовт 1999 — Бовт Г. Г. Россия, которую построит президент Михалков // Сегодня. 1999. 20 февраля.

Богомолов 1999 — Богомолов Ю. А. Сказание о земле Сибирской-2 // Искусство кино. 1999. № 7. С. 60–65.

Богомолов, Гульченко, Лаврентьев 1991 — Богомолов Ю. А., Гульченко В. В., Лаврентьев С. А. «Такси-блюз» заказывали? // Искусство кино. 1991. № 1. С. 64–65.

Бодров 2002 — Бодров-младший С. С. Идет игра народная… / Интервью с критиками // Искусство кино. 2002. № 5. С. 5–19.

Борейко 1994 — Борейко В. Она забыла русский, но не отца // Труд. 1994. 6 декабря.

Брат 2 — «Брат 2» — фильм Алексея Балабанова. URL: http://brat2.film.ru (дата обращения: 01.07.2020).

Брат 2 1997 — «Брат 2»: критики о фильме. Сеанс. 1997. № 16. С. 39–41.

Брашинский 1997 — Брашинский М. И. Убийцы среди нас // Сеанс. 1997. № 16. С. 104–109.

Брашинский 1999 — Брашинский М. И. Из России с любовью // Сеанс. 1999. № 17–18. С. 81–84.

Будяк 2003а — Будяк Л. М. Российский иллюзион. Москва: Материк, 2003.

Будяк 2003б — Экранизация истории: политика и поэтика / Под ред. Л. М. Будяк. Москва: Материк, 2003.

Быков 1993 — Быков Д. Л. Плач о герое // Московские новости. 1993. 10 января. С. 6.

Быков 1999 — Быков Д. Л. В России ничего не бывает слегка! // Искусство кино. 1999. № 7. С. 49–51.

Быков 2003 — Быков Д. Л. Лохотрон, или Водка из горлышка. «Олигарх», режиссер Павел Лунгин // Искусство кино. 2003. № 1. URL: http://kinoart.ru/archive/2003/01/n1-article5 (дата обращения: 02.07.2020).

Вайль 1996 — Вайль П. Л. Комментарий // Постсоветское искусство в поисках новой идеологии (симпозиум) // Искусство кино. 1996. № 2. С. 153–173.

Вайнер 1995 — Вайнер А. А. Спектр мнений: «Американская дочь» // Культура. 1995. 2–8 июля. С. 9.

Вигов 1994 — Вигов Ж. Агент 007 — миф холодной войны // Экран. 1994. № 1. С. 10–11.

Владимирова 1995 — Владимирова Е. Золотой саксофон России // Огонек. 1995. № 33. Август. С. 68–69.

Власова 1991 — Власова Е. Make love, not war! // Советская молодежь. 1991. 7 декабря.

Ворошиловский стрелок 1999 — «Ворошиловский стрелок» / Интервью с режиссером и актерами // Комсомольская правда. 1999. 10 ноября.

Все будет хорошо 1996 — «Все будет хорошо» // Новые фильмы. 1996. Август.

Гайдай 1993 — Гайдай Л. И. Дожди на Брайтон-Бич // Экран. 1993. № 6. С. 36–37

Галантер 1999 — Галантер В. Имперский цирюльник // Вечерняя Москва. 1999. 22 февраля.

Гладильщиков 1995 — Гладильщиков Ю. В. Список Шахназарова // Сегодня. 1995. 27 июня.

Гладильщиков 1996 — Гладильщиков Ю. В. Терминаторы наших бьют. Патриотическая песнь. Кулаки в кармане // Сегодня. 1996. 13 августа.

Гольдин 1999 — Гольдин И. И. Москва без бань — не Москва. М.: Институт этнологии и антропологии РАН, 1999.

Горелов 1990 — Горелов Д. Человек человеку козел, или Пошли мне, Господь, второго! // Московский комсомолец. 1990, 26 октября.

Горелов 1993 — Горелов Д. Двое с улицы Растиньяка // Московский комсомолец. 1993. 24 марта.

Горелов 1997 — Горелов Д. В бой идут одни президенты. «Самолет президента» в российском прокате // Русский телеграф. 1997. 28 ноября.

Горелов 1998 — Горелов Д. Дары волков. «Музыка для декабря» Ивана Дыховичного на Первом канале // Известия. 1998. 4 декабря.

Горячева 1990 — Горячева Ю. «Петя! Отец родной!» // Московские новости. 1990. № 38. 23 сентября.

Гощило 1999 — Гошило [Гощило] Е. Российское предпринимательство в 90-е годы: культурный аспект // Континент. 1999. № 102. С. 153–164.

Гощило, Ажгихина 2002 — Гощило Е., Ажгихина Н. И. Рождение «новых русских»: Картинки с выставки // О муже(н)ственности: сборник статей / Сост. С. Ушакин. Москва: НЛО, 2002. С. 504–531.

Гусятинский 2001 — Гусятинский Е. Брат жил, брат жив, брат будет жив // Искусство кино. 2001. № 3. С. 30–33.

Демин 1991 — Демин В. П. Слеза на полях // Советский экран. 1991. № 7. С. 10–11.

Демин 1993 — Демин В. П. Спектр мнений: «Дюба-дюба» // Культура. 1993. 16 января. С. 8.

Дерябин 2002 — Дерябин А. Бессонница // Киноведческие записки. 2002. № 57. С. 16–22.

Джонсон 2002 — Джонсон В. Российские режиссеры боятся американских мифов... // Искусство кино. 2002. № 9. С. 18–22.

Дзюбенко 1995 — Дзюбенко Л. Репатриация из страны чудес // Московская правда. 1995. 11 августа.

Добротворский 1994 — Добротворский С. Н. Заграница, которую мы потеряли // Сеанс. 1994. № 9. С. 136–143.

Добротворский 1997 — Добротворский С. Н. Герой нашего времени — человек с ружьем // Коммерсантъ-Daily. 1997. № 91. 18 июня.

Добротворский, Сиривля 1996 — Добротворский С. Н., Сиривля Н. А. Медный всадник Ленфильма // Искусство кино. 1996. № 3. С. 21–28.

Добротина 1991 — Добротина И. «Русский дом» // Лесная газета. 1991. 22 октября.

Долин 2002 — Долин А. В. A la guerre как на войне // Искусство кино. 2002. № 7. С. 26–29.

Дондурей 1996 — Дондурей Д. Б. Постсоветское искусство в поисках новой идеологии // Искусство кино. 1996. № 2. С. 154–173.

Дондурей 1998 — Дондурей Д. Б. Не брат я тебе, гнида... // Искусство кино. 1998. № 2. С. 64–67.

Дондурей 2000 — Дондурей Д. Б. «Вы гангстеры?» — «Нет, мы русские» // Искусство кино. 2000. № 11. С. 68–71.

Дондурей 2001 — Дондурей Д. Б. Новый патриотизм глазами Данилы Багрова // Газета. 2001. 31 октября.

Донской 1990 — Донской А. Дуэт автомобиля и саксофона // Московская правда. 1990. 8 февраля.

Дорожкин 1999 — Дорожкин Э. Продюсером Михалкова станет Спилберг // Коммерсантъ. 1999. 12 марта.

Доцук 1999 — Доцук Е. В. «Сибирский цирюльник» — подарок Назарбаеву // Комсомольская правда. 1999. 13 января.

Дроздова — Дроздова М. Ирония судьбы без легкого пара // Экран-информ.

Дроздова 1992 — Дроздова М. Дом на курьих ногах // Экран и сцена. 1992. № 4. С. 4.

Дыховичный 1995 — Дыховичный И. В. «Она — это время» / Интервью с Петром Щепотинником и Асей Колодижнер // Искусство кино. 1995. № 8. С. 8–11.

Дьякова 1999 — Дьякова Е. Я не знаю, зачем и кому это нужно... // Новая газета. 1999. 22–28 февраля.

Ефимович 1999 — Ефимович Н. А. Лучшее горючее для «Сибирского цирюльника» — ящик водки // Комсомольская правда. 1999. 26 февраля. С. 7.

Жабский 2003 — Жабский М. И. В ожидании политики квотирования // Экранизация истории: политика и поэтика / Под ред. Л. М. Будяк. Москва: Материк, 2003. С. 151–158.

Живи и дай умереть 1997 — Живи и дай умереть другим // Московский комсомолец. 1997. 4 июля. С. 7.

Журавлева 1996 — Журавлева Н. Кино планетянин. Грешник становится святым: Историю о нем снимает Филипп Нойс // Московский комсомолец. 1996. 17 апреля.

Замятнина 1989 — Замятнина М. Таксист и музыкант // Советская культура. 1989. 26 октября.

Запорожец 1992 — Запорожец для Мишель Пфайффер // Экран. 1992. № 1. С. 10.

Землянухин, Сегида 1996 — Землянухин С., Сегида М. Домашняя синематека: Отечественное кино 1918–1996. М: Дубль-Д, 1996.

Золотусский 1999 — Золотусский И. П. Исторический живописец Михалков // Искусство кино. 1999. № 7. С. 51–53.

Зуев 1993 — Зуев М. Бабник из-за границы // Экран. 1993. № 7.

Иванова 1995 — Иванова А. Приключения русского папы // Московская правда. 1995. 5 октября.

Иванова 2001 — Иванова И. Война // Лица. 2001. Ноябрь. С. 64–65.

Иванова А 1994 — Иванова А. Старая песня в новом фильме // Московская правда. 1994. 16 ноября.

Иванова В 1994а — Иванова В. «Дикая любовь» // Культура. 1994. 13 августа. С. 8.

Иванова В 1994б — Иванова В. Спектр мнений: «Ты у меня одна» // Культура. 1994. 12 февраля. С. 8.

Инин, Столбов 1993 — Инин А. Я., Столбов Б. Дожди на Брайтон-Бич // Экран. 1993. № 5–6. С. 36.

Истомина 1997 — Истомина Е. Город-шоу // Искусство кино. 1997. № 8. С. 64–67.

Ишевская 2002 — Ишевская С. По принципу компьютерной игры // Киноведческие записки. 2002. № 57. С. 14–16.

Кабанова 2004 — Кабанова Е. Постсоветский период: кино и зритель в поисках друг друга // История страны/История кино / Под ред. С. С. Секеринского. М.: Знак, 2004. С. 460–491.

Каленов 1996 — Каленов И. Е. Народ хочет смотреть кино, которое помогает жить // Искусство кино. 1996. № 2. С. 16–19.

Капралов 1999 — Капралов Г. А. Россия, которую мы обретем? // Труд. 1999. 26 февраля. С. 7.

Караколева 1992а — Караколева Е. На Красной площади хорошая погода // Культура. 1992. 12 ноября. С. 11.

Караколева 1992б — Караколева Е. Гайдай — всегда Гайдай! // Экран. 1992. № 7. С. 8–9.

Карахан 2002 — Карахан А. Политкорректность или мужицкая правда? // Искусство кино. 2002. № 7. С. 33–35.

Карахан 2002 — Карахан Л. М. Конец динозавров / Интервью с Павлом Лунгиным и Александром Тимофеевским // Искусство кино. 2002. № 4. С. 5–17.

Кафтан 2003 — Кафтан Л. «Проект “Ельцин”»: Быль или «клюква»? // Комсомольская правда. 2003. 19 августа. URL: http://www.kp.ru/daily/23096/22741 (дата обращения: 03.07.2020).

Киноманам 1995 — Киноманам // Вечерняя Москва. 1995. 2 июня.

Кирпичников 1994 — Кирпичников А. «Ты у меня одна» // Новые фильмы. 1994. Июнь.

Киселев 1990 — Киселев А. Что в имени тебе... // Мнения 4. 1990. С. 25–26.

Киселев 2000 — Киселев А. Берегись оптического прицела // Вечерняя Москва. 2000. 27 апреля.

Кладо 1998 — Кладо Е. Н. Свобода — налево, независимость направо // Экран и сцена. 1998. № 40. Октябрь.

Кладо 1999 — Кладо Е. Н. Вся власть Жегловым! // Экран и сцена. 1999. № 21.

Климонтович 1990 — Климонтович Н. Они как шпионы // Искусство кино. 1990. № 11. С. 113–122.

Ковалов 2003 — Ковалов О. А. Звезда над степью. Америка в зеркале советского кино // Искусство кино. 2003. № 10. С. 77–87.

Колбовский 1994 — Колбовский А. М. Спектр мнений: «Ты у меня одна» // Культура. 1994. 12 февраля. С. 8.

Колотаев 2000 — Колотаев В. А. Расставание с Эдипом // Искусство кино. 2000. № 5. С. 67–73.

Комаров 1998 — Комаров А. Человек с ружьем-98, или Сицилианская защита на Птичьем рынке // Новая газета. 1998. 20–26 июля.

Комм 2002 — Комм Д. Е. Должники и кредиторы: русский жанр // Искусство кино. 2002. № 2. С. 93–103.

Кондуков 2002 — Кондуков А. Война — это война // Итоги. 2002. 12 февраля. С. 48–50.

Коробова 2002 — Коробова Д. Мальчики на войне // Экран и сцена. 2002. № 42. Декабрь.

Корсаков 2002 — Корсаков Д. Русский президент спас мир от ядерной войны! // Комсомольская правда. 2002. 1 октября.

Корякин 1995 — Корякин П. Бегство из американского рая // Утро России. 1995. 15–20 июля.

Крымова 1995 — Крымова Л. Коммунальные реалии и вкус другой жизни // Культура. 1995. 18 ноября. С. 8.

Крюкова 1995а — Крюкова А. Анюта в городах: «Американская дочь» и русский отец // Независимая газета. 1995. 23 мая.

Крюкова 1995б — Крюкова А. Девочка ищет отца // Огонек. 1995. № 26. Июнь. С. 61.

Кувшинова 2002 — Кувшинова М. Ю. Олигарх номер два // Известия. 2002. 4 октября. С. 9.

Кудрявцев 1997а — Кудрявцев С. В. Музыка для капитального ремонта // Экран и сцена. 1997. № 5. С. 7.

Кудрявцев 1997б — Кудрявцев С. В. «Опять» о гордости великороссов // Экран и сцена. 1997. № 34–35. 18–25 сентября. С. 7.

Кудрявцев 1999 — Кудрявцев С. В. Михалков для народа // Экран и сцена. 1999. № 10. Март. С. 7.

Кузьменко 2000 — Кузьменко П. Патриот Данила Багров не любит чикагских бандитов // Метро 90. 2000.

Куприянова 1997 — Куприянова Е. В Каннах обижают нашего «Брата» // Комсомольская правда. 1997. 7 марта.

Лаврентьев 1993 — Лаврентьев С. А. Спектр мнений: «Дюба-дюба» // Культура. 1993. 16 января. С. 8.

Лаврентьев 1997 — Лаврентьев С. А. Спектр мнений: «Приятель покойника» // Культура. 1997. 25 сентября. С. 8.

Ле Карре 1990 — Ле Карре Дж. Русский дом / Пер. с англ. Е. Р. Рождественской и И. Г. Гуровой. Москва: Международные отношения, 1990.

Леонова 1999 — Леонова Е. Каменюка — орудие коммуняки, или Говорухин отвечает Михалкову // Экран и сцена. 1999. № 18.

Леонтьев 1992 — Леонтьев Р. «Американский шпион» // Новые фильмы. 1992. Сентябрь.

Леонтьева 2004 — Леонтьева Т. Г. Жестокий роман с историей (о творчестве Н. Михалкова) // История страны/История кино / Под ред. С. С. Секеринского. М.: Знак, 2004. С. 331–347.

Лепиков 1994 — Лепиков И. Некоторые любят. «Дюба-дюба» Александра Хвана на РТВ // Сегодня. 1994. № 12. Октябрь.

Липовецкий 2000 — Липовецкий М. Н. «Всех люблю на свете я!» // Искусство кино. 2000. № 11. С. 55–59.

Липовецкий 2003а — Липовецкий М. Н. В отсутствие медиатора // Искусство кино. 2003. № 8. С. 79–93.

Липовецкий 2003б — Липовецкий М. Н. Новые русские как культурный миф // The Russian Review. January 2003. Vol. 62. № 1. P. 54–71.

Лица 2001 — Лица. 2001. Ноябрь. С. 65.

Лукьянова 1999 — Лукьянова И. Игры патриота по-русски // Вечерний клуб. 1999. 27 ноября.

Лунгин 1989 — Лунгин П. С. «Такси-блюз». Сценарий // Искусство кино. 1989. № 10. С. 150–176.

Лунгин 2001 — Лунгин П. С. Березовский возвращается / Интервью с Михаилом Шевельевым // Московские новости. 2001. № 26. 26 июня.

Лунгин 2011 — Лунгин П. С. «Такси-блюз». Сценарий // Кинодраматург. 2011. 27 февраля. URL: http://kinodramaturg.ru/taksi-blyuz-scenarij (дата обращения: 05.07.2020).

Лунгин, Тимофеевский 2002 — Лунгин П. С., Тимофеевский А. Конец динозавров / Интервью с Львом Караханом // Искусство кино. 2002. № 4. С. 5–17.

Луцик, Саморядов 1991 — Луцик П. Н., Саморядов А. А. «Дюба-дюба» (фрагмент) // Московский комсомолец. 1991. 25 апреля.

Лындина 1994 — Лындина Э. М. Астрахан Д.: я люблю смотреть «Чапаева» // Экран и сцена. 1994. № 9–10. 23–31 марта. С. 10.

Лындина 1996 — Лындина Э. М. Как в кино, все будет хорошо // Российская газета. 1996. 2 ноября.

Лындина 2002 — Лындина Э. М. Олег Меньшиков. Книга — о нем. Москва: Эксмо / Алгоритм, 2002.

Любарская 2000 — Любарская И. Ю. Человек человеку — брат // Премьер. 2000. Май-июнь. С. 11–15.

Майорова 1998 — Майорова И. Армагеддон земле не страшен // Правда. 1998. 25 сентября.

Манцов 1998 — Манцов И. Строгий юноша // Искусство кино. 1998. № 2. С. 61–64.

Манцов 1999 — Маццов И. Идеалы и интересы // Искусство кино. 1999. № 7. С. 57–59.

Манцов 2000 — Манцов И. Звезды и солдаты // Искусство кино. 2000. № 11. С. 60–67.

Марголит 1996 — Марголит Е. Я. Сигнал о наличии жизни // Искусство кино. 1996. № 2. С. 5–8.

Марголит 1998 — Марголит Е. Я. Плач по пионеру, или Немецкое слово «Яблокитай» // Искусство кино. 1998. № 2. С. 57–60.

Матизен 1992 — Матизен В. Э. Как закалялась шваль // Независимая газета. 1992. 26 декабря. С. 7.

Матизен 2003 — Матизен В. Э. Врагу не сдается наш гордый «Варяг» // Искусство кино. 2003. № 3. С. 45–47.

Медведев 1998 — Медведев А. «Сибирский цирюльник» и другие. Итоги кинематографического года // Время. 1998. 21 декабря.

Медведев, Одина 1999 — Медведев А., Одина М. Михалков нон-стоп, или «Сибирский цирюльник» // Сегодня. 1999. № 39. 22 февраля.

Минаев 1998 — Минаев Б. Д. Второй фронт // Огонек. 1998. № 14. Апрель. С. 51–54.

Михалев 1992 — Михалев В. Шептало: Бес. Он и зашел сюда // Экран и сцена. 1992. № 32–33. С. 4.

Михалков 1998 — Михалков Н. С. Оправдываться и не собираюсь // Время. 1998. 21 декабря.

Михалков 1999 — Михалков Н. С. Я сделал картину для ста миллионов иностранцев, живущих в моей стране... // Сеанс. 1999. № 17–18. С. 89–91.

Михалков, Смирнов 1999 — Михалков Н. С., Смирнов А. С. О свободе, о критике и глобальной политике / Интервью со Львом Караханом // Искусство кино. 1999. № 8. С. 5–18.

Молодцова 1999 — Молодцова В. Не всякому художнику удается такая Масленица // Российская газета. 1999. 27 февраля.

Москвина 1997а — Москвина Т. В. Кострома — территория любви // Искусство кино. 1997. № 6. С. 5–6.

Москвина 1997б — Москвина Т. В. Великая иллюзия // Искусство кино. 1997. № 6. С. 6–17.

Москвина 1999 — Москвина Т. В. Не говори, что молодость сгубила // Искусство кино. 1999. № 6. С. 30–35.

Москвина 2002а — Москвина Т. В. Про Ивана и Джона // Искусство кино. 2002. № 7. С. 21–25.

Москвина 2002б — Москвина Т. В. Это не Березовский // Московские новости. 2002. № 36. 17–23 сентября.

Москвина-Ященко 2003 — Москвина-Ященко Т. В. Молодое кино конца 90-х // Экранизация истории: политика и поэтика / Под ред. Л. М. Будяк. Москва: Материк, 2003. С. 102–113.

Мунипов 1998 — Мунипов А. Ю. Поговорим, брат // Известия. 1998. № 20. 4 февраля.

Муравьев 1993 — Муравьев О. Америкэн бой // Новые фильмы. 1993. Ноябрь.

Мурзина 1993 — Мурзина М. А. Агент — друг человека // Экран и сцена. 1993. 28 января — 4 февраля.

Мурзина 1993 — Мурзина М. А. На мартовском киноэкране — хорошая погода // Известия. 1993. 2 марта.

Наш Сибирский цирюльник 1999 — Наш «Сибирский цирюльник» без мыла лезет в Голливуд! // Комсомольская правда. 1999. 20 февраля. С. 8–9.

Нечаева 1993 — Нечаева Н. На Дерибасовской хорошая погода, или На Брайтон-Бич опять идут дожди // Новые фильмы. 1993. Апрель.

Новиков 1998 — Новиков М. С. Большой души шакал // Коммерсантъ. 1998. № 37. 4 марта.

Новое поколение выбирает 1995 — Новое поколение выбирает Россию / Труд. 1995. 13 мая.

Новое поколение режиссеров 2006 — Новое поколение режиссеров: одиночки или волна? // Искусство кино. 2006. № 2.

Опрос 1999 — Опрос. Как вы относитесь к кремлевской премьере «Сибирского цирюльника»? // Вечерний клуб. 1999. 27 февраля.

Орлов 2002 — Орлов М. Обрусевший Индиана Джонс // Консерватор. 2002. 4–10 октября.

Островский 1995 — Островский Д. Курьер убийцы, или Зимний вечер в городе зеро // Экран и сцена. 1995. № 41–42. С. 4.

Павлова 1993 — Павлова И. В. Лекарство от морали // Экран. 1993. № 11–12.

Павлючик 1991 — Павлючик Л. В. Все это было смешно... // Правда. 1991. 7 августа.

Павлючик 1993 — Павлючик Л. В. Спектр мнений: «Дюба-дюба» // Культура. 1993. 16 января. С. 8.

Павлючик 1994 — Павлючик Л. В. Спектр мнений: «Ты у меня одна» // Культура. 1994. 12 февраля. С. 8.

Павлючик 1995а — Павлючик Л. В. Новое поколение выбирает Россию // Труд. 1995. 13 мая.

Павлючик 1995б — Павлючик Л. В. Спектр мнений: «Американская дочь» // Культура. 1995. 2–8 июля. С. 9.

Павлючик 1999а — Павлючик Л. В. Затяжной прыжок Михалкова // Труд. 1999. 23 февраля.

Павлючик 1999б — Павлючик Л. В. Россия, которую мы обретем? // Труд. 1999. 26 февраля.

Павлючик 2000 — Павлючик Л. В. Правда — в грубой силе? // Труд. 2000. 17 мая.

Петрова 1995 — Петрова Н. Спектр мнений: «Американская дочь» // Культура. 1995. 2–8 июля. С. 9.

Пичурин 2001 — Пичурин Л. Ф. Утомленные «Цирюльником» // Советская Россия. 2001. 11 января.

Плахов 1995 — Плахов А. С. Американский жанр охотно становится русским — хотя и не новым // Коммерсантъ-Daily. 1995. 28 апреля.

Плахов 2002 — Плахов А. С. На войне как на войне // Коммерсантъ. 2002. 15 марта. С. 13.

Плахова 2002а — Плахова Е. Олигарх на швейцарском курорте // Московские новости. 2002. 13–19 августа.

Плахова 2002б — Плахова Е. Афродита из морской пучины // Московские новости. 2002. 15–21 октября.

Плешакова 1999 — Плешакова А. «Сибирский цирюльник» оказался дороже «Газонокосильщика» // Комсомольская правда. 1999. 22 февраля.

Понарин 1990 — Понарин Т. Расквитается с эпохой // Советский экран. 1990. № 3. С. 19–20.

Пономарева 1995 — Пономарева Е. Вы усните, а я вам спою. На мотив «Музыки для декабря» Ивана Дыховичного // Сегодня. 1995. 17 ноября.

Попов 1999 — Попов Р. У «новых русских» теперь свой «братан» // Комсомольская правда. 1999. 7 сентября.

Последняя роль 1994 — Последняя роль Евгения Леонова // Российская газета. 1994. 19 февраля.

Проскурина 2002 — Проскурина С. Н. Глазами очевидца // Искусство кино. 2002. № 7. С. 16–20.

Прохорова 2002 — Прохорова И. Каждый день война, и мы пьем до дна // Кино-парк. 2002. Март.

Прощай, оружие 2002 — Прощай, оружие? // Искусство кино. 2002. № 11. С. 5–21.

Радзиховский 2003 — Радзиховский Л. А. Когда березы были большими. «Олигарх», режиссер Павел Лунгин // Искусство кино. 2003. № 1. URL: http://kinoart.ru/archive/2003/01/n1-article6 (дата обращения: 05.07.2020).

Разлогов 1994 — Разлогов К. Э. Спектр мнений: «Ты у меня одна» // Культура. 1994. 12 февраля. С. 8.

Разлогов 1996 — Разлогов К. Э. Спектр мнений: «Ты у меня одна» // Сеанс. 1996. № 12.

Разлогов 1999 — Разлогов К. Э. ...Иль перечти «Женитьбу Фигаро» // Искусство кино. 1999. № 6. С. 25–29.

Разлогов 2004 — Разлогов К. Э. «Новое русское кино» как воплощение духа времени // История страны/История кино / Под ред. С. С. Секеринского. М.: Знак, 2004. С. 375–388.

Рахлин 1991 — Рахлин С. Из России с любовью и с фильмом // Советский экран. 1991. № 7.

Рейзен 1990 — Рейзен О. К. Мы как шпионы // Искусство кино. 1990. № 11. С. 123–129.

Ремник 1990 — Ремник Д. Московские съемки «Русского дома» // За рубежом. 1990. № 4.

Родионов 2000 — Родионов А. В. Гран-кирдык: «Брат 2»: Наш ответ Голливуду // ФАС. 2000. № 18. 25 мая.

Рондарев 2000 — Рондарев А. В. Новый русский саундтрек // Московский бульвар. 2000. № 37.

Рубанова 1990 — Рубанова И. И. Наш бедолага-блюз // Советская культура. 1990. 15 сентября.

Савельев 1999 — Савельев Д. Александровский сад на Андреевском спуске // Сеанс. 1999. № 17–18. С. 85–88.

Сашко 1992 — Сашко К. Американ бой, уеду с тобой! // Кинонеделя. 1992. 18 января.

Секиринский 2004 — История страны/История кино / Под ред. С. С. Секеринского. М.: Знак, 2004.

Сельянов 2001 — Сельянов С. М. Мы тут мандаринами торгуем... / Интервью с Н. Сиривлей // Искусство кино. 2001. № 5. С. 6–10.

Семашко 1999 — Семашко Т. Поэма без героя // Российская газета. 1999. 23 февраля.

Семеляк 2002 — Семеляк М. «Война» Алексея Балабанова. Тонкая красная линия огня // Ведомости. 2002. 15 марта.

Сергеева 2002 — Сергеева Т. В плену у собственной судьбы // Киноведческие записки. 2002. № 57. С. 23–32.

Сибирский цирюльник потопил 1999 — «Сибирский цирюльник» потопил «Титаника» // Российские вести. 1999. 24 марта.

Сиривля 1993 — Сиривля Н. А. Пес Барбос и русская мафия // Искусство кино. 1993. № 8. С. 69–71.

Сиривля 1994 — Сиривля Н. А. Примирение с совком // Искусство кино. 1994. № 4. С. 124–125.

Сиривля 2000 — Сиривля Н. А. Братва // Искусство кино. 2000. № 8. С. 23–29.

Сиривля 2001 — Сиривля Н. А. Гламур крепчал // Искусство кино. 2001. № 8. С. 69–76.

Сиривля, Цыркун, Любарская 2002 — Сиривля Н. А., Цыркун Н. А. Любарская И. Ю. Реальность кусается // Искусство кино. 2002. № 9. С. 5–17.

Ситковский 1999а — Ситковский Г. С. Бублик и дыра. О «Сибирском цирюльнике» Никиты Михалкова // Независимая газета. 1999. 23 февраля.

Ситковский 1999б — Ситковский Г. С. Исполнительная власть. «Ворошиловский стрелок» — новый фильм Станислава Говорухина // Независимая газета. 1999. 24 апреля.

Ситковский 2000 — Ситковский Г. С. Славная смена ворошиловскому стрелку // Вечерний клуб. 2000. 19 мая.

Скойбеда 1999 — Скойбеда У. Б. В картине много глупого и откровенной неправды / Интервью с Сергеем Беляком // Комсомольская правда. 1999. 10 ноября.

Слатина 2002 — Слатина Е. Идет Война народная // Эксперт. 2002. № 11. 18 марта. С. 72–73.

Смирнов А 1999 — Смирнов А. С. Листки из дневника // Общая газета. 1999. № 12. 25–31 марта.

Смирнов И 1999 — Смирнов И. Ульянов на огневом рубеже // Экран и сцена. 1999. № 17.

Смирнов О 1999 — Смирнов О. Сибирская клюква // Советская Россия. 1999. 25 февраля.

Смирнова 1999а — Смирнова Д. Е. Большая игра // Экран и сцена. 1999. № 6. Февраль.

Смирнова 1999б — Смирнова Д. Е. Честь имеем! Могучий фильм о достоинстве // Экран и сцена. 1999. № 8. Февраль-март. С. 4.

Смирнова 2002 — Смирнова Д. Е. Это вам не чернуха — война // Культура. 2002. 1–24 июня. С. 9.

Современная трагедия 1992 — Современная трагедия // Спутник кинозрителя. 1992. № 9.

Соколов 2000 — Соколов Д. Брат Данила и его родина // Новое время. 2000. 31 декабря.

Соловьев 2002 — Соловьев С. А. Без Путина и Форда // Независимая газета. 2002. 5 ноября.

Спасение под водами 2002 — Спасение под водами. Пресс-показ фильма «К-19» // Коммерсантъ. 2002. 30 августа.

Спектр мнений. Ты у меня одна — Спектр мнений: «Ты у меня одна» // Культура. 1994. 12 февраля.

Ситковский 2002 — Ситковский Г. С. Кирдык по-русски // Искусство кино. 2002. № 7. С. 30–32.

Стишова 1993 — Стишова Е. М. Кто вы, мастера культуры? // Искусство кино. 1993. № 6. С. 57–68.

Стишова 1994 — Стишова Е. М. Дым отечества // Искусство кино. 1994. № 4. С. 88–93.

Стишова 1995 — Стишова Е. М. В сумерках // Искусство кино. 1995. № 8. С. 4–7.

Стишова 1999 — Стишова Е. М. Стрельба в цель // Искусство кино. 1999. № 8. С. 27–30.

Стишова 2001 — Стишова Е. М. Территория кино. Постсоветское десятилетие. Кино стран СНГ, Латвии, Литвы, Эстонии. Москва: Score тур, 2001.

Стишова, Сиривля 2003 — Стишова Е. М., Сиривля Н. А. Соловьи на 17-й улице // Искусство кино. 2003. № 10. С. 5–21.

Тарасов 1996 — Тарасов А. «Сибирь». Территория любви // Известия. 1996. 21 сентября.

Тарасов 2003 — Тарасов К. Аттрагирующее воздействие насилия на «большом экране» // Экранизация истории: политика и поэтика / Под ред. Л. М. Будяк. Москва: Материк, 2003. С. 147–150.

Тарощина 2000 — Тарощина С. Как киллеры нас учили родину любить // Время. Московская правда. 2000. 19 декабря.

Телингатер 1997 — Телингатер Е. Самолет президента летит антироссийским курсом // Экран и сцена. 1997. № 48. С. 4.

Тимашева 1999 — Тимашева М. А. Нас возвышающий обман // Экран и сцена. 1999. № 8. Февраль-март. С. 4.

Титов 1996 — Титов А. Жанровый комплекс // Искусство кино. 1996. № 2. С. 31–32.

Толкачев 1992 — Толкачев С. Ностальгия по «красной угрозе», или Почему колхозница венчалась в церкви // Культура. 1992. 17 октября. С. 8.

Толстяков 1989 — Толстяков Г. Московский дебют «Русского дома» // Московские новости. 1989. 22 октября.

Тосунян 2002 — Тосунян И. Американский триллер с русским акцентом // Литературная газета. 2002. 31 июля.

Трымбач 1997 — Трымбач С. В. Со мною вот что происходит... // Искусство кино. 1997. № 11. С. 40–43.

Трошин 2002 — Трошин А. С. По-английски «стрелять» и «снимать» — одно слово: «shoot» // Киноведческие записки. 2002. № 57. С. 6–10.

Трошин 2003 — Трошин А. С. «Нестыдное» кино // Экранизация истории: политика и поэтика / Под ред. Л. М. Будяк. Москва: Материк, 2003. С. 114–118.

Тумаркин 1999 — Тумаркин А. Ю. Брат меняет имидж // Московский комсомолец. 1999. 12 января.

Туровская 2004 — Туровская М. И. Фильмы «Холодной войны» как документы эмоций времени // История страны/История кино / Под ред. С. С. Секеринского. М.: Знак, 2004. С. 202–217.

Туровский 1993 — Туровский В. Киллер бродит по экрану... // Известия. 1997. 1 августа.

Ты у меня одна 1993 — «Ты у меня одна» // Экран. 1993. № 8. С. 16–18.

Феофанова 1993 — Феофанова И. В. Русский бизнес // Экран. 1993. № 7. С. 30–31.

Филиппова 1999а — Филиппова Е. «Сибирский цирюльник» в Кремле // Российские вести. 1999. 17 февраля. С. 5.

Филиппова 1999б — Филиппова Е. Михалков, который всех записал в кинозрители // Российские вести. 1999. 24 февраля. С. 12.

Фомина 1995 — Фомина Л. Российско-американские сказки // Московская правда. 1995. 24 ноября.

Фуртичева 1995 — Фуртичева А. В. Спектр мнений: «Американская дочь» // Культура. 1995. 2–8 июля. С. 9.

Хван 1992 — Хван А. Ф. Кино — это коллективное сновидение человечества / Интервью с Ириной Шиловой // Киноведческие записки. 1992. № 16. С. 166–177.

Хомякова 1999 — Хомякова Ю. О. Что позволено Юпитеру? // Экран и сцена. 1999. № 10. Март. С. 4.

Хомякова 2003 — Хомякова Ю. О. Черты национального своеобразия в постсоветском кино России // Экранизация истории: политика и поэтика / Под ред. Л. М. Будяк. Москва: Материк, 2003. С. 55–73.

Хохрякова 1997 — Хохрякова С. Из Канн «Брат» пожаловал в Москву // Культура. 1997. 5 июня. С. 8.

Хохрякова 1998 — Хохрякова С. Хороший русский попал в бездну // Культура. 1998. 16 июля. С. 8.

Цыркун 2002 — Цыркун Н. А. Сестра таланта и ее брат // Киноведческие записки. 2002. № 57. С. 12–14.

Черняев 1993а — Черняев П. А. Евгений Леонов, американский дедушка // Московские новости. 1993. № 36. 6 сентября.

Черняев 1993б — Черняев П. А. Сейчас очень надо говорить о любви / Интервью с Евгением Леоновым // Торговая газета. 1993. 23 октября.

Что-то будет 2002 — Что-то будет // Афиша. 2002. 4–17 марта. С. 31–32.

Шакал стреляет первым 1998 — Шакал стреляет первым // Куранты. 1998. 27 февраля.

Шальмев 1990 — Шальмев А. Забастовка в русском доме // Экран и сцена. 1990. № 52. С. 12.

Шахназаров промоушн 1994 — Шахназаров промоушн // Сегодня. 1994. 16 декабря.

Шевелев 2001 — Шевелев М. Березовский возвращается / Интервью с Павлом Лунгиным // Московские новости. 2001. 26 июня — 2 июля.

Шемякин 1992а — Шемякин А. М. Хроника объявленной смерти // Искусство кино. 1992. № 12. С. 33–35.

Шемякин 1992б — Шемякин А. М. Монетка, падающая кольцом // Независимая газета. 1992. 26 декабря. С. 7.

Шигарева 2002 — Шигарева Ю. Алексей Балабанов: «Брата 3» не будет! / Интервью с Алексеем Балабановым // Аргументы и факты. 2002. № 16.

Шилова 2002 — Шилова Е. Война как модель приключения // Киноведческие записки. 2002. № 57. С. 12.

Шпагин 1991 — Шпагин А. В. Из соцарта в Моцарты! // Советский экран. 1991. № 7. С. 10.

Шпагин 1997 — Шпагин А. В. Спектр мнений: «Приятель покойника» // Культура. 1997. 25 сентября. С. 8.

Шумяцкая 1995 — Шумяцкая О. Ю. «Американская дочь» // Московский комсомолец. 1995. 11 августа.

Щеглов 2008 — Щеглов А. Болезни среднего класса // Независимая газета. 2008. 27 июня.

Щегол 2000 — Щегол К. «Брат 2» // Кино-парк. 2000. Февраль.

Щиголев 2000 — Щиголев А. Дежа вю, или Куда приводят мечты // Искусство кино. 2000. № 3. С. 33–35.

Юренев 1990 — Юренев Р. Н. Сор из избы. О фильме «Такси-блюз» // Советская культура. 1990. 18 августа.

Юсипова 1995 — Юсипова Л. Ю. Новая культура и «новые русские» в новых масштабах старого Петербурга // Коммерсантъ-Daily. 1995. 14 октября.

Юсипова 1997 — Юсипова Л. Ю. Нормальное кино легче всего увидеть особым взглядом // Сегодня. 1997. 3 июня.

Юсипова 2002 — Юсипова Л. Ю. «Война» Алексея Балабанова: И целого мира мало // Ведомости. 2002. 15 марта.

Ягункова 1999 — Ягункова Л. Д. Кремлевский цирюльник. Ратное дело осталось за экраном // Правда. 1999. № 23–24. Февраль. С. 4.

Яковлева 1994а — Яковлева Н. В. Про Россию с любовью // Культура. 1994. 10 сентября. С. 8.

Яковлева 1994б — Яковлева Н. В. Дым отечества // Экран. 1994. № 10. С. 28–29.

Яковлева 1999 — Яковлева Н. В. «Идут юнкера...» // Московские новости. 1999. 14 февраля.

Abdullaev 2002 — Abdullaev N. In Films, Bad Guys Are from Caucasus // The Moscow Times. 2002. December 11.

Adoption of Russian children 2004 — Adoption of Russian children is profitable business // The Russia Journal. 2004. November 15. URL: http://russiajournal.com/node/18795 (в настоящее время недоступна)

Air Force One Boxoffice/business IMDb — Boxoffice/business for Air Force One. IMDb. URL: http://www.imdb.com/title/tt0118571/business?ref_=tt_dt_bus (дата обращения: 05.07.2020).

Air Force One Business 1997 — Business Data for Air Force One. IMDb. 1997. 2005. June 13. URL: http://us.imdb.com/title/tt0118571/business (в настоящее время недоступна)

Air Force One Trivia IMDb — Air Force One Trivia. IMDb. URL: http://www.imdb.com/title/tt0118571/trivia (дата обращения: 22.06.2020).

Anderson, Zinsser 1988 — Anderson B. S., Zinsser J. P. A History of Their Own: Women in Europe from Prehistory to the Present. Vol. II. New York: Harper & Row, 1988.

Andreeva 2002 — Andreeva N. Showtime spinning «Yeltsin's telepic» // Hollywood Reporter. 2002. May 30.

Anichkin 2002 — Anichkin A. Villains of the peace // The Times. 2002. July 8.

Another Film Raises 1999 — Another Film Raises Hackles of Deputy // The Moscow Times. 1999. February 16. URL: http://www.themoscowtimes.com/news/article/another-filmraises-hackles-of-deputy/280351.html (в настоящее время недоступна)

Ansen 1997 — Ansen D. DreamWorks' First Dream: Ka-Pow! // Newsweek. 1997. September 29. P. 71.

Antulov 2003 — Antulov D. The Saint. IMDb. 2003. May 22. URL: http://www.imdb.com/reviews/348/34897.html (в настоящее время недоступна)

Antulov 2004a — Antulov D. Review of The Jackal. IMDb. 2004. January 8. URL: http://reviews.imdb.com/Reviews/367/36728 (в настоящее время недоступна)

Antulov 2004b — Antulov D. Deep Impact. IMDb. 2004. 1 February. URL: http://www.imdb.com/reviews/369/36949.html

Antulov 2004c — Antulov D. Armageddon. IMDb. 2004. March 4. URL: http://reviews.imdb.com/Reviews/371.37181 (в настоящее время недоступна)

Armageddon Boxoffice/business IMDb — Boxoffice/business for Armageddon. IMDb. URL: http://www.imdb.com/title/tt0120591/business (в настоящее время недоступна)

Arms Control Associaton — Arms Control Associaton. URL: https://www.armscontrol.org/act/1999_06/subjun99 (дата обращения: 30.06.2020).

Arpe 1997 — Arpe M. Agnostic. The Saint // Eye Weekly. 1997. April 10. URL: http://www.eye.net/eye/issue/issue_04.10.97/film/onscreen.html (в настоящее время недоступна)

Arroyo 1997 — Arroyo J. The Saint // Sight and Sound. 1997. May. P. 52–53.

Ascherson 1999 — Ascherson N. 1989 stands out as pivotal year in 20th century; Chain reaction ends Cold War // Washington Times. 1999. April 26.

Atkinson 2004 — Atkinson M. I Was Bourne, But... // Village Voice. 2004. July 20. URL: http://www.villagevoice.com/generic/show_print.php?id=55217&page=atkinson&issue=0 (в настоящее время недоступна)

Axmaker 2004 — Axmaker S. The Bourne Supremacy is killer of a thriller sequel // Seattle Post-Intelligencer. 2004. July 22. URL: http://www.seattlepi.com/ae/movies/article/The-Bourne-Supremacy-is-a-killer-of-a-thriller-1149947.php (в настоящее время недоступна)

Babich 2008 — Babich D. Acquitting Extremism // Russia Profile. 2008. June 19. URL: http://russiaprofile.org/politics/a1213896373/print_edition (в настоящее время недоступна)

Balzer 2003 — Balzer H. Routinization of the New Russians? // The Russian Review. January 2003. P. 15–36.

Baumgarten 1991 — Baumgarten M. Company Business // AustinChronicle. 1991. October 25. URL: http://www.austinchronicle.com/gbase/Calendar/Film?Film=oid%3a139513 (дата обращения: 05.07.2020).

Becoming Tom Clancy 2013 — Becoming Tom Clancy: Letters from Tom — Part 4 // Piedtype. 2013. October 6. URL: http://piedtype.com/2013/10/06/tom-clancy-boy-writer-part-4/6 (дата обращения: 05.07.2020).

Berardinelli Nd — Berardinelli J. K-19: The Widowmaker // Reelviews. URL: http://www.realviews.net/movies/k/k-10.html (в настоящее время недоступна)

Best 2002 — Best J. K-19: The Widowmaker (2002) // BBC. 2002. October 23. URL: http://www.bbc.co.uk/films/2002/09/23/k19_the_widowmaker_2002_review.shtml (дата обращения: 03.07.2020).

Beumers 1999 — Russia on Reels. The Russian Idea in Post-Soviet Cinema / Ed. by B. Beumers. London / New York: I. B. Tauris, 1999.

Beumers 2005 — Beumers B. Nikita Mikhalkov: The Filmmaker's Companion 1. London / New York: I. B. Tauris, 2005.

Birchenough 2001 — Birchenough T. Russians seek upbeat scripts. Variety. 2001. February 2.

Birchenough 2004 — Birchenough T. And the Eagle Goes to... // The Moscow Times. 2004. February 6–12.

Birchenough 2005 — Birchenough T. Steppe Warrior // The Moscow Times. 2005. April 1.

Birnbaum 2014 — Birnbaum M. Putin, marking Crimean annexation, lays claim to historic mantle // The Washington Post. 2014. May 9. URL: http://www.washingtonpost.com/world/putin-speaks-at-russian-victory-dayparade-in-moscows-red-square/2014/05/09/e41230b9-b30c-48c2-b52abfdab1170e65_story.html (в настоящее время недоступна)

Blinov 2013 — Blinov M. Russian Court FiNds Dead Lawyer Guilty of Tax Evasion // RIA Novosti. 2013. July 11. URL: http://en.rian.ru/russia/20130711/182181526/Russian-Court-FiNds-Dead-Lawyer-Guilty-of-Tax-Evasion.html (дата обращения: 05.07.2020).

Borenstein 1999 — Borenstein E. Public Offerings: MMM and the Marketing of Melodrama // Consuming Russia / Ed. by A. Barker. Durham, NC: Duke University Press, 1999. P. 49–75.

Boris Berezovsky 2014 — Boris Berezovsky // The Telegraph. 2014. June 28. URL: http://www.telegraph.co.uk/news/worldnews/europe/russia/9950088/Boris-Berezovsky.html (дата обращения: 25.06.2020).

Bowman 2004 — Bowman J. A Crippling Burden Of Guilt & Responsibility // The New York Sun. 2004. July 30. URL: http://www.nysun.com/arts/crippling-burden-of-guiltresponsibility/183 (дата обращения: 05.07.2020).

Box Office Mojo — Box Office Mojo. URL: http://www.boxofficemojo.com/movies/?id (в настоящее время недоступна)

Bradshaw 2002 — Bradshaw P. The Sum of All Fears // The Guardian. 2002. August 16. URL: http://film.guardian.co.uk/News_Story/Critic_Review/Guardian_review/0,4267,775131,00 (дата обращения: 05.07.2020).

Brashinsky, Horton 1994 — Russian Critics on the Cinema of Glasnost / Ed. by M. Brashinsky, A. Horton. Cambridge: Cambridge University Press, 1994.

Broyles 2000 — Broyles Jr. William. The Shooting Script: Cast Away. Screenplay and Introduction / Preface by Robert Zemeckis. New York: Newmarket Press, 2000.

Brynen 2000 — Brynen R. Mirror, Mirror? The Politics of Television Science Fiction // It's Show Time! Media, Politics, and Popular Culture / Ed. by D. A. Schultz. New York: Peter Lang, 2000. P. 73–100. URL: http://www.arts.mcgill.ca/mepp/exofile/sftv.html (в настоящее время недоступна)

Buscombe 2002 — Buscombe E. Space Cowboys // Sight and Sound. 2002. December 2. URL: http://www.bfi.org.uk/sightandsound/review/511 (в настоящее время недоступна)

Canby 1990 — Canby V. Sean Connery in «The Russia House» // The New York Times. 1990. December 9. URL: http://www.nytimes.com/1990/12/19/movies/review-film-seanconnery-in-the-russia-house.html (в настоящее время недоступна)

Canfield 2002 — Canfield K. Americans pine for the Cold War // Baltimore Sun. 2002. October 6.

Castaway 2000 — The Shooting Script: Castaway. Screenplay and Introduction, preface by Robert Zemeckis. New York: New Market Press, 2000.

Caton-Jones 2008 — Caton-Jones M. Feature Commentary // The Jackal. DVD. Directed by Michael Caton-Jones. 1997. Universal City CA: Universal Home Video, Inc., 2008.

Charlton 2002 — Charlton A. Russian blockbusters boost popularity of flailing Chechnya war with unabashed patriotism // AP. 2002. May 31.

Chuen 2002 — Chuen C. Ghost of Russia's K-19 Haunts Us // Los Angeles Times. 2002. July 19.

Clancy 1984 — Clancy T. The Hunt for Red October. Annapolis, MD: The Naval Institute Press, 1984.

Clemmensen 2007 — Clemmensen C. The Russia House // Filmtracks. 2007. May 8. URL: http://www.filmtracks.com/titles/russia_house.html (дата обращения: 05.07.2020).

Cogshell Nd — Cogshell T. The Sum of All Fears. Boxoffice Online Reviews (Nd). URL: http://www.boxoffice.com/scripts/fiw.dll?GetReview?&where=ID&terms=6755 (в настоящее время недоступна)

Cohan, Hark 1993 — Screening the Male: Exploring Masculinities in Hollywood Cinema / Edited by S. Cohan, I. R. Hark. New York: Routledge, 1993.

Cohen 2000 — Cohen S. F. Failed Crusade: America and the Tragedy of Post-Communist Russia. New York and London: W.W. Norton & Co., 2000.

Cohen 2006 — Cohen S. F. The New American Cold War // The Nation. 2006. July 10. URL: http://www.thenation.com/article/new-american-cold-war (дата обращения: 08.08.2020)

Company Business Trivia IMDb — Company Business Trivia. IMDb. URL: http://www.imdb.com/title/tt0101606/trivia?ref_=tt_trv_trv (дата обращения: 05.07.2020).

Condee 2009 — Condee N. The Imperial Trace: Recent Russian Cinema. Oxford: Oxford University Press, 2009.

Congressional Research Service — Congressional Research Service. URL: http://fas.org/sgp/crs/nuke/RL31957.pdf (дата обращения: 30.06.2020).

Cook 1981 — Cook D. A. A History of Narrative Film. New York: W.W. Norton & Co., 1981.

Corber 1997 — Corber R. J. Homosexuality in Cold War America: Resistance and the Crisis of Masculinity. Durham: Duke University Press, 1997.

Crimson Tide Trivia IMDb — Crimson Tide Trivia. IMDb. URL: http://www.imdb.com/title/tt0112740/trivia?ref_=tt_ql_2 (дата обращения: 22.06.2020).

Crispin Nd — Crispin A. C. The Wall Comes Down in Space: Star Trek VI: The Undiscovered Country. TOR.com. URL: http://www.tor.com/blogs/2011/05/the-wall-comes-down-in-space-star-trek-vi-the-undiscovered-country (в настоящее время недоступна)

David-Fox 2012 — David-Fox M. Showcasing the Great Experiment: Cultural Diplomacy and Western Visitors to the Soviet Union, 1921–1941. Oxford: Oxford University Press, 2012.

Denby 2004 — Denby D. The Current Cinema // The New Yorker. 2004. August 9. URL: http://www.newyorker.com/critics/cinema/?040809crci_cinema (в настоящее время недоступна)

Derinova 2013 — Derinova A. Adoption ban reignites Russian opposition movement // Waging Nonviolence. 2013. January 19. URL: http://wagingnonviolence.org/feature/adoption-ban-reignites-russian-opposition-movement (дата обращения: 05.07.2020).

Distribution the key 2001 — Distribution the key to boosting Russian film production: minister // AFP. 2001. April 11.

Dubien, Falcon 2003 — Dubien A., Falcon I. Pretense of a Moscow-Washington Partnership // The Tribune. 2003. October 22. URL: http://www.iris-france.org/Tribunes-2003–10–22.php3 (в настоящее время недоступна)

Easthope 1990 — Easthope A. What a Man's Gotta Do: The Masculine Myth in Popular Culture. Boston: Unwin Hyman, Inc. 1990.

Ebert 1990 — Ebert R. «The Russia House» // Chicago Sun-Times. 1990. December 21. URL: http://www.rogerebert.com/reviews/the-russia-house-1990 (дата обращения: 24.06.2020).

Ebert 1996 — Ebert R. «The Peacemaker». RogerEbert.com. 1996. September 26. URL: http://www.rogerebert.com/reviews/the-peacemaker-1997 (дата обращения: 24.06.2020).

Ebert 1997 — Ebert R. «The Jackal». RogerEbert.com. 1997. November 14. URL: http://www.rogerebert.com/reviews/the-jackal-1997 (дата обращения: 24.06.2020).

Ebert 1998 — Ebert R. «Armageddon». RogerEbert.com. 1998. July 1. URL: http://www.rogerebert.com/reviews/armageddon-1998

Ebert 2002 — Ebert R. The Sum of all Fears. IMDb. 2002. 31 May. URL: http://www.rogerebert.com/reviews/the-sum-of-all-fears-2002

Ebert 2003 — Ebert R. Tycoon: A New Russian // Chicago Sun-Times. 2003. September 12. URL: http://www.rogerebert.com/reviews/tycoon-a-new-russian-2003

Ebert, Kotkin 2003 — Ebert S., Kotkin S. History Ended, and There Was Money to Be Made // New York Times. June 15, 2003.

Ebert 2004 — Ebert R. «The Bourne Supremacy». RogerEbert.com. 2004. July 23. URL: http://www.rogerebert.com/reviews/the-bourne-supremacy-2004 (дата обращения: 04.07.2020).

Eby 2013 — Eby M. Tom Clancy, author of «Hunt for Red October» and «Patriot Games», dead at 66 // New York Daily News. 2013. October 2. URL: http://www.nydailynews.com/entertainment/music-arts/author-tomclancy-dead-66-article-1.1473782 (в настоящее время недоступна).

Encyclopedia Britannica Nd — Vladislav Nikolayevich Volkov // Encyclopedia Britannica. URL: http://www.britannica.com/EBchecked/topic/632300/Vladislav-Nikolayevich-Volkov

Eternal Father Nd — Eternal Father, Strong to Save: The Naval Hymn // Naval History and Heritage Command. URL: http://www.history.navy.mil/faqs/faq53–1.htm (в настоящее время недоступна).

Fedarko 1993 — Fedarko K. A Farce to Be Reckoned With // Time. 1993. December 27. P. 1. URL: http://content.time.com/time/magazine/article/0,9171,979889,00.html (дата обращения: 05.07.2020).

Ferreira-Marques 2002 — Ferreira-Marques C. Russian film industry battles Hollywood Goliath // Reuters. 2002. June 15.

Fischer 2000 — Fischer B. B. At Cold War's End: United States Intelligence on the Soviet Union and Eastern Europe, 1989–1991. Washington DC: Central Intelligence Agency, 2000.

Fischer 2005 — Fischer L. Pavel Lungin, The Tycoon [Oligarkh] (2002) // Kinokultura. 2005. URL: http://www.kinokultura.com/reviews/R1–05oligarch.html (в настоящее время недоступна).

Fisher 2012 — Fisher M. The real reason Russian wants to ban adoptions by «dangerous» American Families // The Washington Post. 2012. December 28. URL: http://www.washingtonpost.com/blogs/worldviews/wp/2012/12/28/the-real-reason-russia-wants-to-ban-adoptions-by-dangerousamerican-families (в настоящее время недоступна).

Fitzpatrick 1992 — Fitzpatrick S. The Cultural Front: Power and Culture in Revolutionary Russia. Ithaca and London: Cornell University Press, 1992.

Flamboyant Russian lawmaker 2005 — Flamboyant Russian lawmaker in parliament chamber brawl // Pravda.ru. 2005. March 30. URL: http://english.pravda.ru/news/russia/30-03-2005/62058-0/#.U6cdj37D8fQ (дата обращения:21.06.2020).

Franchetti 2001 — Franchetti M. Russian film role puts rock star Adams in the Kremlin war zone // The Sunday Times. 2001. September 16.

Franchetti 2002 — Franchetti M. Godfathers of Russia turn into film stars // The Times. 2002. August 25.

Franklin 1993 — Franklin A. Dyuba Dyuba // Screen International. Cannes, 1993.

Frazer Nda — Frazer B. «Crimson Tide» // Deep Focus: Movie Reviews by Bryant Frazer. URL: http://www.deep-focus.com/flicker/crimsont.html (в настоящее время недоступна).

Frazer Ndb — Frazer B. «The Peacemaker» // Deep Focus: Movie Reviews by Bryant Frazer. URL: http://www.deep-focus.com/flicker/peacemak.html

Freeland 2000 — Freeland C. Sale of the Century: Russia's Wild Ride from Communism to Capitalism. New York: Crown Business, 2000.

French 2002 — French P. «The Sum of All Fears» // The Observer. 2002. August 18. URL: http://film.guardian.co.uk/News_Story/Critic_Review/Observer_review/0,4267,776386,00 (дата обращения: 03.07.2020).

Galichenko 1991 — Galichenko N. Glasnost — Soviet Cinema RespoNds. Austin: University of Texas Press, 1991.

Ganske 2006 — Ganske C. Tycoon: The New Russian (Oligarkh). Russia Blog. 2006. March 16. URL: http://www/russiablog.org/2006/03/tycoon_the_new_russian_oligark.php (в настоящее время недоступна).

Gershenson 2008 — Gershenson O. Roots Lost and Found // The New Vilna Review. 2008. February 26.

Gerzon 1982 — Gerzon M. A Choice of Heroes: The Changing Faces of American Manhood. Boston: Houghton Mifflin, 1982.

Goscilo 1996 — Goscilo H. Dehexing Sex: Russian Womanhood Before and After Glasnost. Ann Arbor: University of Michigan Press, 1996.

Goscilo 2003 — The New Russians // The Russian Review / Ed. by H. Goscilo. Vol. 62. № 1. January 2003. P. 1–90.

Goscilo 2007 — Resent, Reassess, and Reinvent: The Three R's of Post-Soviet Cinema // Slavic and East European Journal / Ed. by H. Goscilo. Vol. 51. No. 2. Summer 2007. P. 213–390.

Goscilo 2008 — Goscilo H. Viktor Vasnetsov's Bogatyrs: Mythic Heroes and Sacrosanct Borders Go to Market // Picturing Russia: Explorations in Visual Culture / Ed. by V. A. Kivelson, J. Neuberger. New Haven and London: Yale University Press, 2008. P. 248–253.

Goscilo 2010 — Cinepaternity: Fathers and Sons in Soviet and Post-Soviet Film / Ed. by H. Goscilo, Y. Hashamova. Bloomington, IN: Indiana University Press, 2010.

Goscilo 2012 — Goscilo H. Putin's performance of masculinity: the action hero and macho sex-object // Putin as Celebrity and Cultural Icon / Ed. by H. Goscilo. London: Routledge, 2012. P. 180–207.

Graff 1998 — Graff P. Russian Lawmakers slam «Armageddon» film // Reuters/Variety. 1998. October 11. URL: https://groups.google.com/forum/#!topic/rec.arts.movies.current-films/WrHO-zRdEjU (дата обращения: 30.06.2020).

Graffy 1999 — Graffy J. Dmitri Astrakhan: Popular Cinema for a Time of Uncertainty // Russia on Reels. The Russian Idea in Post-Soviet Cinema / Ed. by B. Beumers. London / New York: I. B. Tauris, 1999. P. 161–178, 201–205.

Graffy 2000 — Graffy J. Barber of Siberia // bfi. 2000. June 6. URL: http://old.bfi.org.uk/sightandSound/review/299 (в настоящее время недоступна).

Graham 2000 — Graham B. Back in the Saddle // The San Francisco Chronicle. 2000. August 4. URL: http://www.sfgate.com/movies/article/Back-in-the-Saddle-With-Eastwood-leading-the-2745814.php (дата обращения: 02.07.2020).

Gregg 1998 — Gregg Robert W. International Relations on Film. Boulder: Lynne Rienner Pubs., 1998.

Grishina 2000 — Grishina N. Anti-Americanism winning over Russia's elite // The Russian Journal. 2000. December 9–15.

Gurevich Nd — Gurevich D. New Films from Russia // Images Journal. № 9 (Nd). URL: http://www.imagesjournal.com/issue09/features/russia/text.htm (дата обращения: 30.06.2020).

Gvosdev 2002 — Gvosdev N. K. The Cold War Still Lives on Capitol Hill // The Moscow Times. 2002. July 8.

Haflidason Nd — Haflidason A. The Saint DVD. BBC Films. URL: http://www.bbc.co.uk/films/2001/01/09/the_saint_1997_dvd_review.shtml (в настоящее время недоступна).

Hall 2001 — Hall Phil. «The Barber of Siberia». Film Threat.com. 2001. October 22. URL: http://www.filmthreat.com/noah/reviews_display?Id=2314 (в настоящее время недоступна).

Harvey 1998 — Harvey D. // Variety. 1998. October 25. URL: http://variety.com/1998/film/reviews/the-outskirts-1200455381 (дата обращения: 01.07.2020).

Hashamova 2007 — Hashamova Y. Pride and Panic: Russian Imagination of the West in Post-Soviet Film. Bristol: Intellect, 2007.

Havis 2003 — Havis R. J. Tycoon: A New Russian // Hollywood Reporter. 2003. June 16.

Hicks 1991 — Hicks C. «Company Business» // Deseret News. 1991. 11 September 1991. URL: http://www.deseretnews.com/article/700000354/Company-Business.html?pg=all (дата обращения: 05.07.2020).

Higgins 2000 — Higgins A. Anti-American Song «Kill the Yankees» Develops a Strong Following in Russia // Wall Street Journal. 2000. November 1.

Hill 2013 — Hill F. Putin Sees His Role as Protector of a Great Nation // The Moscow Times. 2013. July 4. URL: http://www.themoscowtimes.com/opinion/article/putin-sees-hisrole-as-protector-of-a-great-nation/482715.html (в настоящее время недоступна).

Hinson 1990a — Hinson H. «The Hunt for Red October» // The Washington Post. 1990. 2 March 1990. URL: http://www.washingtonpost.com/wpsrv/style/longterm/movies/videos/thehuntforredoctoberpghinson_a0a914.htm (в настоящее время недоступна).

Hinson 1990b — Hinson H. «The Russia House» // The Washington Post. 1990. December 21. URL: http://www.washingtonpost.com/wp-srv/style/longterm/movies/videos/therussiahouserhinson_a0a9c2.htm (дата обращения: 05.07.2020).

Hoberman 2004 — Hoberman J. It's October Once More: Russian History Comes Full Circle // The Village Voice. 2004. March 22. URL: http://www.villagevoice.com/2004–03–23/film/it-s-october-oncemore-russian-history-comes-full-circle/1 (в настоящее время недоступна).

Hoffman 2001 — Hoffman D. E. The Oligarchs: Wealth and Power in the New Russia. New York: Public Affairs, 2001.

Holden 2002 — Holden S. Terrorism That's All too Real // The New York Times. 2002. May 31. URL: http://www.nytimes.com/2002/05/31/movies/31FEAR.html (дата обращения: 03.07.2020).

Holden 2003 — Holden S. The New Face of Capitalism, Russian-Style // The New York Times 2003. June 13. URL: http://www.nytimes.com/2003/06/13/movies/film-inreview-tycoon-a-new-russian.html (в настоящее время недоступна).

Holden 2004 — Holden S. Spies Chasing a Spy Chasing His Identity // The New York Times. 2004. July 23. URL: http://movies.nytimes.com/2004/7/23/movies/23Bour.html (в настоящее время недоступна).

Holmlund 1993 — Holmlund C. Masculinity as Multiple Masquerade: The «mature» Stallone and the Stallone clone // In Screening the Male: Exploring Masculinities in Hollywood Cinema / Ed. by S. Cohan and I. R. Hark. New York: Routledge, 1993. P. 213–229.

Horton 1992 — Horton A., Brashinsky M. The Zero Hour: Glasnost and Soviet Cinema in Transition. Princeton: Princeton University Press, 1992.

Horton 1999a — Horton A. J. The Russian Soul Fights Back: Peter Lutsik's Okraina // Central Europe Review. 1999. June 28. URL: http://www.ce-review.org/99/1/kinoeye1_horton2.html (в настоящее время недоступна).

Horton 1999b — Horton A. J. Your heart is beating too loudly // Central Europe Review. 1999. November 8. URL: http://www.ce-review.org/99/20/kinoeye20_horton.html (в настоящее время недоступна).

Horton 2001 — Horton A. J. Oh Brother! Aleksei Balabanov's Brat 2 // Central Europe Review. 2001. 5 February. URL: http://www.ce-review.org/01/5/kinoeye5_horton.html (в настоящее время недоступна).

Howe 1990a — Howe D. «The Russia House» // The Washington Post. 1990. December 21. URL: http://www.washingtonpost.com/wp-srv/style/longterm/movies/videos/therussiahouserhinson_a0a9c2.htm (дата обращения: 05.07.2020).

Howe 1990b — Howe D. «The Hunt for Red October» // The Washington Post. 1990. March 2. URL: http://www.washingtonpost.com/wp-srv/style/longterm/movies/videos/thehuntforredoctoberpghowe_a0b257.htm (дата обращения: 05.07.2020).

Howe 1995 — Howe D. «Crimson Tide» // The Washington Post. 1995. May 12. URL: http://www.washingtonpost.com/wp-srv/style/longterm/movies/videos/crimsontiderhowe_a12222.htm (дата обращения: 21.06.2020)

Howe Nd — Howe A. «K-19: The Widowmaker» // Efilmcritic (Nd). URL: http://www.efilmcritic.com/review.php?movie=5987 (дата обращения: 03.07.2020).

Huchthausen 2002 — Huchthausen P. K-19 The Widowmaker: The Secret Story of the Soviet Nuclear Submarine. Washington DC: National Geographic, 2002.

Hunsecker 1990 — Hunsecker J. J. Hitch to Nabokov. Alfred Hitchcock Letter Concerning A «Torn Curtain» // Sight and Sound. Spring 1990. № 2. P. 105–106.

Hunter 1995 — Hunter Stephen. «Air Force One»: Pressurized Ride // The Washington Post. 1995. July 25. URL: http://www.washingtonpost.com/wprv/style/longterm/movies/videos/airforceonehunter.htm (в настоящее время недоступна).

Hunter 2004 — Hunter S. The Spy Who Forgot Too Much // Washington Post. 2004. July 23. URL: https://www.washingtonpost.com/wp-dyn/articles/A7648-2004Jul22.html (дата обращения: 04.07.2020).

Ignatova 2002 — Ignatova P. Culture ministry set to revive national filmmaking // gazeta.ru. 2002. July 6.

Ivanov 2002 — Ivanov I. Part of the U.S. political elite is trying to solve international problems without taking into account other countries' interests // RIA Novosti. 2002. July 7.

Jeffords 1994 — Jeffords S. Hard Bodies: Hollywood Masculinity in the Reagan Era. New Brunswick: Rutgers University Press, 1994.

Jensen 2013a — Jensen D. N. Putin Shows Kerry Who's Boss // Institute of Modern Russia. 2013. May 15. URL: http://www.imrussia.org/en/us-russia/459-putin-shows-kerry-whos-boss (дата обращения: 04.07.2020).

Jensen 2013b — Jensen D. N. Putin Triumphant at the G-8 // Institute of Modern Russia. 2013. June 29. URL: http://www.imrussia.org/en/us-russia/503-putin-triumphantat-the-g-8> (дата обращения: 04.07.2020).

Johanson 1998 — Johanson M.-A. The Jackal and Mercury Rising // Flick Filosopher. 1998. November 16. URL: http://www.flickfilosopher.com/1998/11/thejackal-and-mercury-rising-review.html (в настоящее время недоступна).

Johanson 1999a — Johanson M.-A. «The Hunt for Red October» // The Flick Filosopher. 1999. September 14. URL: http://www.flickfilosopher.com/1999/09/the-hunt-for-redoctober-review.html (в настоящее время недоступна).

Johanson 1999b — Johanson M.-A. «Virus» // Flick Filosopher. 1999. January 18. URL: http://www.flickfilosopher.com/1999/01/virus-review.html (дата обращения: 30.06.2020).

Johanson 2000 — Johanson M.-A. Grumpy Old Astronauts // Flick Filosopher. 2000. August 3. URL: http://www.flickfilosopher.com/blog/2000/08/space_cowboys_review.html (дата обращения: 05.07.2020).

Johanson Nda — Johanson M.-A. Two by Bruce // The Flic Filosopher (Nd). URL: http://www.flicfilosopher.com/flickfiles/archive/4q98/jackalmercury.html

Johanson Ndb — Johanson M.-A. End of the World as We Know It — And No One Cares How I Feel // Flick Filosopher (Nd). URL: http://www.flickfilosopher.com/flickfilos/archive/2q98/deepimpact.html (дата обращения: 26.06.2020).

John Herschel Glenn 1999 — John Herschel Glenn, Jr. NASA Biographical Data. 1999. January. URL: http://www.jsc.nasa.gov/Bios/htmlbios/glenn-j.html (в настоящее время недоступна).

Kamiya 1995 — Kamiya G. 20,000 megatons under the sea // The San Francisco Examiner. 1995. 12 May. URL: http://www.sfgate.com/news/article/20–000-megatonsunder-the-sea-3155097.php (дата обращения: 05.07.2020).

Kara-Murza 2013 — Kara-Murza V. Magnitsky List: To Be Continued. Institute of Modern Russia. 2013. April 16. URL: http://www.imrussia.org/en/usrussia/437-magnitsky-list-to-be-continued (дата обращения: 05.07.2020).

Karten Nd — Karten H. S. Oligarkh (2002) (Nd). IMDb. URL: http://www.imdb.com/Reviews/347/34731 (в настоящее время недоступна).

Kehr 2002 — Kehr D. Harrison Ford: An American Face, Rough Edges and All // The New York Times. 2002. July 21. URL: https://www.nytimes.com/2002/07/21/movies/an-american-face-rough-edges-and-all.html (дата обращения: 27.07.2020).

Kehr 2004 — Kehr D. Film in Review: The Outskirts // The New York Times. 2004. April 2. URL: http://www.nytimes.com/2004/04/02/movies/film-in-review-theoutskirts.html (в настоящее время недоступна).

Kenez 1992 — Kenez P. Cinema and Soviet Society 1917–1953. Cambridge: Cambridge University Press, 1992.

Khazan 2014 — Khazan O. The Americans' Refreshingly Real Take on Russians // The Atlantic. 2014. May. URL: http://www/theatlantic.com/entertainment/archive/2014/05/theamericans-refreshingly-real-take-on-russians/371471 (в настоящее время недоступна).

Khisamutdinov 2003 — Khisamutdinov A. Russians in Hollywood // pravda.ru. 2003. February 8.

Klawans — Klawans S. // The Nation.

Kolchik 2006 — Kolchik S. The Dom Perignon Generation // Russia Profile. 2006. 5 May. URL: http://russiaprofile.org/culture_living/a2372.html (в настоящее время недоступна).

Konovalov 2001 — Press Conference With Alexander Konovalov, President of the Strategic Assessments Institute, and Sergei Oznobishchev, Director of SAI. Federal News Service. 2001.

Korolev 2003 — Korolev A. Kremlin against foreign movies quotas // RIA Novosti. 2003. July 17.

Kotkin 1999 — Kotkin S. A Tsar is Born // The New Republic. 1999. April 5. P. 16–18.

Kotkin 2001 — Kotkin S. Armageddon Averted: The Soviet Collapse 1970–2000. Oxford: Oxford University Press, 2001.

Kotkin 2003 — Kotkin S. History Ended, and There Was Money to Be Made // New York Times. 2003. June 15.

Kozovoi 2007 — Kozovoi A. Les États-Unis réinventés sur écrans soviétiques // Communisme. 2007. № 90. P. 125–145.

Kreis 2012 — Kreis S. Lecture 16. 1989: The Walls Came Tumbling Down // The History Guide: Lectures on Twentieth Century Europe. 2012. 13 April. URL: http://www.historyguide.org/europe/lecture16.html (дата обращения: 26.06.2020).

Kurutzjan 2014 — Kurutzjan S. Russians: In the post-Cold-War era, Boris Badenov remains a model Villain // The New York Times. 2014. January 19.

URL: http://www.nytimes.com/2014/01/19/opinion/sunday/why-arerussians-still-the-go-to-bad-guys.html?ref=opinion&_r=1 (в настоящее время недоступна).

Lane 2002 — Lane A. «The Saint». Nobody's Perfect. New York: Vintage Books, 2002: 183–185.

Larsen 2003 — Larsen S. National Identity, Cultural Authority, and the Post-Soviet Blockbuster: Nikita Mikhalkov and Aleksei Balabanov // Slavic Review. Autumn 2003. Vol. 62, № 3. P. 491–511.

LaSalle 2002a — LaSalle M. No escape. Clancy's thriller The Sum of All Fears hits a little too close to home // San Francisco Chronicle. 2002. May 31. URL: http://www.sfgate.com/movies/article/No-escape-Clancy-thriller-Sum-of-All-Fears-2815973.php (дата обращения: 03.07.2020).

LaSalle 2002b — LaSalle M. IN DEEP/ In K-19, Soviet submarine officers struggle on the brink of nuclear Catastrophe // San Francisco Chronicle. 2002. July 19. URL: http://www.sfgate.com/movies/article/IN-KEEP-In-K-19-Sovietsubmarine-Officers-2822245.php#photo-2216577 (дата обращения: 03.07.2020).

LaSalle 2004 — LaSalle M. On the run again, keeping a level head — and perfect hair // San Francisco Chronicle. 2004. July 23. URL: http://www.sfgate.com/movies/article/On-the-run-again-keeping-a-level-head-and-2705777.php (дата обращения: 04.07.2020).

Lawton 1992 — Lawton A. Kinoglasnost: Soviet Cinema in Our Time. Cambridge: Cambridge University Press, 1992.

Lawton 2002 — Lawton A. Before the Fall: Soviet Cinema in the Gorbachev Years [new edition of Kinoglasnost]. Washington DC: New Academia Publishing, 2002.

Lawton 2004 — Lawton A. Imaging Russia 2000: Film and Facts. Washington DC: New Academia Publishing, 2004.

Le Carré 1989 — Le Carré J. Why I Came In From the Cold // The New York Times. 1989. 29 September. URL: http://www.nytimes.com/books/99/03/21/specials/lecarre-why.html (дата обращения: 05.07.2020).

Legnado 2002 — Legnado A. Hollywood is destroying icon of Russian culture, says Putin // The Times. 2002. July 24.

Lester Young 2001 — Lester Y. Biographies: Life and Times of the Great Ones // The New Grove Dictionary of Jazz / Ed. by B. Kernfeld. Oxford University Press: 2001. URL: http://www.pbs.org/jazz/biography/artist_id_young_lester.htm (в настоящее время недоступна).

Lim 2002 — Lim D. Things Fall Apart // The Village Voice. 2002. July 23. URL: http://www.villagevoice.com/2002–07–23/film/things-fall-apart/full (в настоящее время недоступна).

Lipman 2003 — Lipman M. The Politics of Anti-Americanism // The Moscow Times. 2003. April 8. URL: http://www.themoscowtimes.com/opinion/article/the-politics-of-anti-americanism/239256.html (в настоящее время недоступна).

Lloyd 2012 — Lloyd M. Soviets Close to Using A-Bomb in 1962 Crisis, Forum is Told // The Boston Globe. 2012. October 12. URL: http://www.latinamericanstudies.org/cold-war/sovietsbomb.htm (дата обращения: 22.06.2020).

Lokshin, Harris, Popkin 2000 — Lokshin M., Harris K. M., Popkin B. Single Mothers in Russia: Household Strategies for Coping with Poverty // Strategies For Coping With Poverty. World Development. 2000. Vol. 28, № 12. December. URL: http://ssrn.com/abstract=252834 (дата обращения: 21.06.2020).

Macnab 1997 — Macnab G. Air Force One // Sight and Sound. 1997. № 10. October. P. 42–43.

Major Nd — Major Wade. The Jackal. Boxoffice Online Reviews. URL: http://www.boxoffice.com/scripts/fiw.dll?GetReview?&where=ID&terms=3874 (в настоящее время недоступна).

Maloney 1991 — Maloney F. Company Business (1991). Killer Movies: Movies That Matter! 1991. September 9. URL: http://reviews.imdb.com/Reviews/11/1115 (в настоящее время недоступна).

Manuel Noriega Nd — Manuel Noriega Biography. Encyclopedia of World Biography. URL: http://www.notablebiographies.com/Ni-Pe/Noriega-Manuel.html (дата обращения: 05.07.2020).

Mapes 1997 — Mapes M. «The Saint» // Movie Habit. 1997. April 5. URL: http://www.moviehabit.com/review.php?story=sai_de97 (дата обращения: 25.06.2020).

Martin, Porter 2006 — Martin M., Porter M. DVD & Video Guide 2007. New York: Ballantine Books, 2006.

Maslin 1995 — Maslin J. Crimson Tide; Deciding the World's Fate from the Ocean's Bottom // The New York Times. 1995. May 12. URL: https://www.nytimes.com/1995/05/12/movies/film-review-crimson-tide-deciding-the-world-s-fate-from-the-ocean-s-bottom.html (дата обращения: 27.07.2020).

Maslin 1998 — Maslin J. How Do You Reroute A Comet? Carefully // The New York Times Archives. 1998. 8 May. URL: http://www.nytimes.com/1998/05/08/movies/film-review-how-do-you-reroute-a-comet-carefully.html (в настоящее время недоступна).

Matthews 2003 — Matthews J. // NY Daily News, June 13, 2003.

McDonagh 2002 — McDonagh M. «15 Minutes» // Film Journal International. 2002. July 5. URL: http://www.filmjournal.com/Article.cfm/PageID/81210707 (в настоящее время недоступна).

McDonagh 2003a — McDonagh M. «The Jackal» // Film Journal International. 2003. May 22. URL: http://www.filmjournal.com/filmjournal/esearch/article_display.jsp?vnu_content_id=1000698482 (в настоящее время недоступна).

McDonagh 2003b — McDonagh M. Tycoon: A New Russian // TV Guide. 2003. URL: http://www.tvguide.com/movies/tycoon-new-russian/review/136699 (дата обращения: 02.07.2020).

McGurk 1997 — McGurk M. A. Stars are divine, but story dooms «The Saint» // The Cincinnati Enquirer. 1997. URL: http://enquirer.com/columns/mcgurk/040497b_mm.html

McReynolds 2000 — McReynolds L. The Silent Movie Melodrama: Evgenii Bauer Fashions the Heroine's Self // Self and Story in Russian History / Ed. by L. Engelstein, S. Sandler. Ithaca and London: Cornell University Press, 2000. P. 120–140.

McVey 2013 — McVey D. C. Man Enough: Multiple Masculinities in the Films of Pavel Lungin [PhD Dissertation]. Columbus, OH: Ohio State University, 2013. URL: https://etd.ohiolink.edu/!etd.send_file?accession=osu1384769814&disposition=inline (дата обращения: 05.07.2020).

Medhurst 1997 — Medhurst A. The Peacemaker review // Sight and Sound. 1997. November. P. 49–50.

Media Studies —Markova S. «Siberian Barber». Media Studies. Stockholm University. June 2002. URL: http://www.jmk.su.se/global02/stereotypes/sveta2.htm (в настоящее время недоступна).

Menashe 2011 — Menashe L. Moscow Believes in Tears. Washington DC: New Academic Publishing, 2011.

MH Nd — MH. Tycoon: A New Russian. Political Film Society (Nd). URL: http://www.geocities.com/polfilms/tycoon.html (в настоящее время недоступна).

Mouravi 1997 — Mouravi E. Brat na Kruazett // Kino park. 1997. June. P. 18–19.

Movie Theaters 1999 — Movie Theaters Try and Recapture Market // The Russia Journal. 1999. April 26.

Murphy 2003 — Murphy K. Russians Wonder Who's Spinning Whom in Film // Los Angeles Times. 2003. October 4.

Murray 2003 — Murray N. «Tycoon» // A. V. Club. 2003. June 10. URL: http://www.avclub.com/content/node/16978 (в настоящее время недоступна).

Murray 2011 — Murray S. An outcall for some American spin doctors // Epinions. 2011. September 11. URL: http://www.epinions.com/review/mvie_mu-1134359/content_563612257924 (в настоящее время недоступна).

Nastair 2012 — Nastair D. Two Thrillers from Sony: Moscow Zero // Reel Film Reviews. 2012. August 13. URL: http://www.reelfilm.com/sonythr8htm (в настоящее время недоступна).

National Geographic K-19 — National Geographic K-19: The Widowmaker. URL: http://www.nationalgeographic.com/k19 (в настоящее время недоступна).

Nemesis or Mimesis 2010 — Nemesis or Mimesis: The Theme of Retribution in Contemporary Russian Cinema // Studies in Russian and Soviet Cinema. 2010. Vol. 4. № 2. P. 136–186.

Norris 2011 — Norris S. M. Family, fatherland, and faith: the power of Nikita Mikhalkov's celebrity // Celebrity and Glamour in Contemporary Russia: Shocking Chic / Ed. by H. Goscilo, V. Strukov. London: Routledge, 2011. P. 107–126.

Norris 2012 — Norris S. M. Blockbuster History in the New Russia: Movies, Memory, and Patriotism. Bloomington, IN: Indiana University Press, 2012.

Noyce 2006 — Noyce P. Feature Commentary // The Saint. DVD. Directed by Phillip Noyce. 1997. Hollywood CA: Paramount Pictures, 2006.

Null Nd — Null C. Crimson Tide Movie Review. Contactmusic.com (Nd). URL: http://www.contactmusic.com/movie-review/crimsontide (в настоящее время недоступна).

Nusair 2008 — Nusair D. Moscow Zero (Dec 13/08) // Reel Film Reviews. 2008. December 30. URL: http://reelfilm.com/sonythr8.htm#moscow (дата обращения: 04.07.2020).

Oberdorfer 1991 — Oberdorfer D. From the Cold War to a New Era: The United States and the Soviet Union, 1983–1991. Baltimore and London: Johns Hopkins University Press, 1991, 1998.

O'Brien 1989 — O'Brien C. C. Bad News for Spies // The New York Times. 1989. May 21. URL: http://www.nytimes.com/books/99/03/21/specials/lecarre-russia.html (дата обращения: 05.07.2020).

O'Driscoll Nd — O'Driscoll B. 15 Minutes: TV eye-poke // Pittsburgh City Paper (Nd).

O'Flynn 2003 — O'Flynn K. 3 Americans Save Russia, Hollywood Style // The Moscow Times. 2003. September 2.

On Film Nd — On Film. Chicago Reader Movie Review. URL: http://www.chicagoreader.com/movies/archives/2001/0103/010323.html (в настоящее время недоступна).

Ordway 2002 — Ordway H. E. «Company Business» // DVDTalk. 2002. December 3. URL: http://www.dvdtalk.com/reviews/read.php?id=5273 (в настоящее время недоступна).

Orman 1987 — Orman J. Comparing Presidential Behavior: Carter, Reagan, and the Macho Presidential Style. Westport: Greenwood Press, 1987.

Osipovich 2004 — Osipovich A. The Perpetual Bad Guys // Russia Profile. 2004. October 28. URL: http://www.russiaprofile.org/culture/article.sbp?articleid=A17292FB-3F1B-45C0-BAB (в настоящее время недоступна).

Palmer 1993 — Palmer W. J. The Films of the Eighties: A Social History. CarboNdale: Southern Illinois University Press, 1993.

Persall 2004 — Persall S. Bourne is better the second time around // Tampa Bay Times. 2004. July 22. URL: http://www.sptimes.com/2004/07/22/Weekend/_Bourne_is_better_th.shtml (в настоящее время недоступна).

Phillips 1999 — Phillips R. Outskirts and Checkpoint: two films about Russia. World Socialist Web Site. 1999. July 17. URL: http://www.wsws.org/en/articles/1999/07/sff4-j17.html (дата обращения: 01.07.2020).

Podrabinek 2013 — Podrabinek A. Navalny's Choice // Institute of Modern Russia. 2013. July 19. URL: http://www.imrussia.org/en/politics/518-navalnys-choice?utm_source=Institute+of+Modern+Russia+newsletter&utm_campaign=0a049b193a-Newsletter+07%2F23%2F2013_English&utm_medium=email&utm_term=0_279627583b-0a049b193a-321631597 (дата обращения: 04.07.2020).

Poroshin 2002 — Poroshin I. «Petty-Minded» Russian Olympic Protests Undo Diplomatic Gains [trans.] // Izvestiya. 2002. February 26.

Prince 1992 — Prince S. Visions of Empire: Political Imagery in Contemporary American Film. New York: Praeger, 1992.

Putin Wants More 2002 — Putin Wants More Russian Films. AP. 2002. July 15.

Putin: Russia, US Relations 2014 — Putin: Russia, US Relations Not in Good Shape, Ready for Dialogue with US on Equal Terms // RIA NOVOSTI. 2014. July 1. URL: http://en.ria.ru/russia/20140701/190776130/Putin-Russia-US-Relations-Not-in-Good-Shape-Ready-for-Dialogue.html (дата обращения: 05.07.2020).

Putin's Approval 2014 — Putin's Approval Rating Reaches Six-Year High // RIA NOVOSTI. 2014. May 15. URL: http://en.ria.ru/russia/20140515/189850984/Putins-Approval-Rating-Reaches-Six-Year-High--Poll.html (дата обращения: 04.07.2020).

Rainier 2000 — Rainier P. Space Cowboys // New York Magazine. 2000. August 7. URL: http://nymag.com/nymetro/movies/reviews/3641 (дата обращения: 02.07.2020).

Rebort 2001 — Rebort. Brother-2. URL: www.iofilm review. 2001 (дата обращения: 08.08.2020).

Regan 2002 — Regan J. The true story of K-19: The Widowmaker // Christian Science Monitor. 2002. July 24.

Richards 1998 — Richards A. «Armageddon» // Sight and Sound. 1998. September. P. 37–38.

Richmond 2002 — Richmond Y. «Lights, Action, Camera!» // David Johnson List. 2002. July 24.

Richmond 2003 — Richmond Y. Cultural Exchange and the Cold War: Raising the Iron Curtain. University Park, PA: Penn State University Press, 2003.

Robinson 2007 — Robinson H. Russians in Hollywood: Hollywood's Russians: Biography of an Image. Boston: Northeastern University Press, 2007.

Rocky and Bullwinkle Series Description — Rocky and Bullwinkle: Series Description // Crazy about TV.com. URL: http://www.crazyabouttv.com/rockyandbullwinkle.html (дата обращения: 25.06.2020).

Rodriguez 2003 — Rodriguez A. U.S. fears Putin moves signal return to iron rule // Chicago Tribune. 2003. December 20. URL: http://articles.chicagotribune.com/2003-12-20/news/0312200199_1_kremlin-russian-president-vladimir-putin-yukos-oil (дата обращения: 01.07.2020).

Rohan 2004 — Rohan V. One final toast to the years of Yeltsin. High Beam Research. 2004. March 14. URL: www.highbeam.com/doc/1P1-92165170.html (в настоящее время недоступна).

Rooney Nd — Rooney D. «Spinning Boris». Variety.com. URL: http://www.variety.com/review/VE1117922250.html?categoryid=31&cs=1&p=0 (в настоящее время недоступна).

Russian Deputies Protest 2003 — Russian Deputies Protest Against American Films // pravda.ru. 2003. July 18.

Russian experts pan 2002 — Russian experts pan new submarine film K-19: The Widowmaker as it opens in United States // AFP. 2002. July 19.

Russian submariners angered 2002 — Russian submariners angered by K-19 movie portrayal // AFP. 2002. July 21.

Russian submariners praise 2002 — Russian submariners praise Hollywood version of undersea drama // AFP. 2002. October 7.

Russians call 2002 — Russians call for Hollywood quota. BBC. 2002. July 22.

Russians Prefer Europeans 2001 — Russians Prefer Europeans to Americans // Novye izvestiia. 2001. March 24. URL: www.wps.ru/e_index.html (в настоящее время недоступна).

Ryan, Kellner 1988 — Ryan M., Kellner D. Camera Politica: The Politics and Ideology of Contemporary Hollywood Film. Bloomington, IN: Indiana University Press, 1988.

Sarris Nd — Sarris A. The NY Observer. URL: www.newyorkerfilms.com (дата обращения: 08.08.2020).

Savlov 1999 — Savlov M. «Virus» // The Austin Chronicle. 1999. January 25. URL: http://weeklywire.com/ww/01-25-99/austin_screens_film5.html (дата обращения: 30.06.2020).

Scheib 1990 — Scheib R. «The Hunt for Red October» (1990). URL: http://archive.today/kQUiW (дата обращения: 05.07.2020).

Scheib 2012 — Scheib R. Review: Branded // Variety. 2012. September 9. URL: http://variety.com/2012/film/reviews/branded-1117948264 (дата обращения: 04.07.2020).

Scott 2002 — Scott A. O. Run Soviet, Run Deep: Testosterone Put to a Test // The New York Times. 2002. July 19. URL: http://www.nytimes.com/2002/07/19/movies/19WIDO.html (дата обращения: 03.07.2020).

Sedgwick 1985 — Sedgwick E. K. Between Men: English Literature and Male Homosocial Desire. New York: Columbia University Press, 1985.

SGr Nd — SGr. «The Russia House». Time Out. URL: http://www.timeout.com/london/film/the-russia-house (дата обращения: 05.07.2020).

Shaheen 2001 — Shaheen J. G. Reel Bad Arabs: How Hollywood Vilifies a People. New York: Olive Branch Press, 2001.

Shaw, Youngblood 2010 — Shaw T., Youngblood D. J. Cinematic Cold War: The American and Soviet Struggle for Hearts and Minds. Lawrence KS: University Press of Kansas, 2010.

Shcherbenok 2010 — Shcherbenok A. Asymmetric Warfare: The Vision of the Enemy in American and Soviet Cold War Cinemas // KinoKultura. 2010. № 28. P. 1–13. URL: http://www.academia.edu/232353/Asymmetric_Warfare_The_Vision_of_the_Enemy_in_American_and_Soviet_Cold_War_Cinemas (дата обращения: 22.06.2020).

Shiraev, Zurok 2000 — Shiraev E., Zurok V. Anti-Americanism in Russia: From Stalin to Putin. London: Palgrave Macmillan, 2000.

Shulgasser 1997a — Shulgasser B. «Saint» needs redemption // The San Francisco Examiner. 1997. April 4. URL: http://www.sfgate.com/news/article/Saintneeds-redemption-3126930.php (дата обращения: 25.06.2020).

Shulgasser 1997b — Shulgasser B. Nukes on the loose // The San Francisco Examiner. 1997. September 26. URL: http://www.sfgate.com/cgi-bin/article.cgi?f=/e/a/1997/09/26/WEEKEND11905.dtl (дата обращения: 05.07.2020).

Shulgasser 1997c — Shulgasser Barbara. A dog of a «Jackal» // San Francisco Examiner. 1997. November 14. URL: http://www.sfgate.com/cgi-bin/article.cgi?f=/e/a/1997/11/14/WEEKEND13413.dtl (дата обращения: 05.07.2020).

Sidney Bechet Nd — Sidney Bechet. The Red Hot Jazz Archive. URL: http://www.redhotjazz.com/bechet.html (в настоящее время недоступна).

Simon 1989 — Simon P. Forty Years of Cold War (Senate — October 04, 1989). Congressional Record. URL: http://www.globalsecurity.org/intell/library/congress/1989_cr/s891004-spy.htm (дата обращения: 05.07.2020).

Siniavsky 1997 — Siniavsky A. The Russian Intelligentsia / Trans. Lynn Visson. New York: Columbis University Press, 1997.

Smoodin 1988 — Smoodin E. Watching the Skies: Hollywood, the 1950s, and the Soviet Threat // Journal of American Culture. 1988. № 11. P. 35–40.

Solovyova 1999 — Solovyova J. Touching «Barber» Cuts Through Politics // St. Petersburg Times. 1999. February 26.

Spinning Boris Awards IMDb — Spinning Boris Awards. IMDb. URL: http://www.imdb.com/title/tt0324619/awards (дата обращения: 03.07.2020).

Spinning Boris Reviews IMDb 2004 — Spinning Boris Reviews. IMDb. 2004. January 18. URL: http://www.imdb.com/title/tt0324619/reviews?start=20 (дата обращения: 03.07.2020).

Stanislav Govorukhin: Film-Maker Nd — Stanislav Govorukhin: Film-Maker and Politician. URL: http://www.vor.ru/cultarch106_eng.html (в настоящее время недоступна).

Stanovaya 2013 — Stanovaya T. The Case of Sociologists: Who Needs Honest Opinion Polls? // Institute of Modern Russia. 2013. June 11. URL: http://www.imrussia.org/en/politics/488-the-case-of-sociologists-whoneeds-honest-opinionpolls?utm_source=Institute+of+Modern+Russia+newsletter&utm_campaign=077e500b5fNewsletter+06%2F12%2F2013_English&utm_medium=email&utm_term=0_279627583b-077e500b5f-321631597 (дата обращения: 04.07.2020).

Starr 1985 — Starr S. F. Red and Hot. The Fate of Jazz in the Soviet Union. New York: Limelight Editions, 1985.

Stein 1997 — Stein R. «Jackal» Can't Hide From Absurd Plot. Willis alters look in mishmash thriller // San Francisco Chronicle. 1997. November 14. URL: http://www.sfgate.com/cgi-bin/article.cgi?f=/c/a/199711/14/DD16221.DTL (в настоящее время недоступна).

Stephen 2002 — Stephen C. Russian war film hits raw nerve // The Scotsman. 2002. March 23.

Stuart 2003 — Stuart J. No Scruples, But Plenty of Rubles // Newsday. 2003. June 13.

Submarine Movies A to Z — Submarine Movies A to Z. URL: http://submarinemovies.com (в настоящее время недоступна).

TCh Nd — TCh. «Armageddon». Time Out. URL: http://www.timeout.com/london/film/armageddon (дата обращения: 05.07.2020).

Tester 2004 — Tester D. «Spinning Boris» // Cinemaspeak. 2004. March 8. URL: http://www.cinemaspeak.com/Reviews/spinningboris.html (в настоящее время недоступна).

The Filmiliar 2004 — The Filmiliar. «The Bourne Supremacy». Cineaste. 2004.

The Hunt for Red October Boxoffice/business IMDb — Boxoffice/business for The Hunt for Red October. IMDb. URL: http://www.imdb.com/title/tt0099810/business?ref_=tt_dt_bus (дата обращения: 05.07.2020).

The Internationale — The Internationale. Russian Anthems Museum. URL: http://www.hymn.ru/internationale/index-en.html (в настоящее время недоступна).

The Oxford Student — The Oxford Student. URL: http://www.oxfordstudnet.com/ht2002wk2/Editorial/editorial (в настоящее время недоступна).

The Peacemaker Boxoffice/business IMDb — Boxoffice/business for The Peacemaker. IMDb. URL: http://www.imdb.com/title/tt0119874/business?ref_=tt_dt_bus (дата обращения: 23.06.2020).

The Peacemaker Goofs IMDb — The Peacemaker Goofs. IMDb. URL: http://www.imdb.com/title/tt0119874/trivia?tab=gf&ref_=tt_trv_gf (дата обращения: 24.06.2020).

The Russia House Trivia IMDb — The Russia House Trivia. IMDb. URL: http://www.imdb.com/title/tt0100530/trivia (дата обращения: 05.07.2020).

The Saint FAQ — The Saint FAQ: Frequently Asked Questions. Saint.org. URL: http://www.saint.org/faq.htm (дата обращения: 25.06.2020).

The Saint Trivia IMDb — The Saint Trivia. IMDb. URL: http://www.imdb.com/title/tt0120053/trivia?ref_=tt_trv_trv (дата обращения: 25.06.2020).

Thomas 1998 — Thomas I. Stan the Man // Daily Mail. 1998. October 7. URL: http://www.skysurfer.ndo.co.uk/spetrov.htm (в настоящее время недоступна).

Tobias 2002 — Tobias S. «Outskirts» // The Onion A. V. Club. 2002. March 29. URL: http://www.avclub.com/articles/outskirts,20311 (дата обращения: 01.07.2020).

Toplin 1993 — Toplin Robert Brent. Hollywood As Mirror: Changing Views of «Outsiders» and «Enemies» in American Movies. Westport, CT: Greenwood Press, 1993.

Travers 2002 — Travers P. «K-19: The Widowmaker» // Rolling Stone. 2002. June 19. URL: http://www.rollingstone.com/movies/review/k-19-thewidowmaker-20020719 (в настоящее время недоступна).

Travers 2004 — Travers P. «The Bourne Supermacy» // Rolling Stone. 2004. July 22. URL: http://www.rollingstone.com/movies/reviews/the-bournesupremacy-20040722 (в настоящее время недоступна).

Trifonov 2002 — Trifonov K. Widowmaker film angers Russian veterans // Reuters. 2002. October 6.

Tsyrkun 1999 — Tsyrkun N. Tinkling Symbols: Fragmented Society — Fragmented Cinema? // Russia on Reels. The Russian Idea in Post-Soviet Cinema / Ed. by B. Beumers. London / New York: I. B. Tauris, 1999. P. 57–65.

Tupoleva 2004 — Tupoleva M. The Russian soul should wake up // RIA Novosti. 2004. February 4.

Turan 1997a — Turan K. A Different Guise // Los Angeles Times. 1997. April 4. URL: http://articles.latimes.com/1997-04-04/entertainment/ca-45092_1_simon-templar (дата обращения: 05.07.2020).

Turan 1997b — Turan K. «The Jackal»: Disguised as a Thriller // Los Angeles Times. Calendarlive.com. 1997. November 13. URL: http://www.calendarlive.com/movies/reviews/cl-movie971113-6,0,6894012,print.story (в настоящее время недоступна).

Turan 2000 — Turan K. Space Cowboys. Ol' Coots, Young Beauts // The Los Angeles Times. 2000. August 4. URL: http://articles.latimes.com/2000/aug/04/entertainment/ca-64116 (дата обращения: 03.07.2020).

US neither friend nor foe 2010 — US neither friend nor foe: Russian Foreign Minister // TwoCircles.net. 2010. March 18. URL: http://twocircles.net/2010mar18/us_neither_friend_nor_foe_russian_foreign_minister.html#.U6nwi5RdUuM (дата обращения: 01.07.2020).

Valeriy Nikolaev Biography IMDb — Valeriy Nikolaev Biography. IMDb. URL: http://www.imdb.com/name/nm0631792/bio?ref_=nm_ov_bio_sm (дата обращения: 25.06.2020).

Virus Trivia IMDb — Virus Trivia. IMDb. URL: http://www.imdb.com/title/tt0120458/trivia?ref=tt_trv_trv (дата обращения: 30.06.2020).

Walsh 2002 — Walsh N. P. Russian cinema holds out for a new type of hero // The Guardian. 2002. September 25.

Warren 1999 — Warren M. A Siberian gambit // Sunday Times. 1999. March 14.

Warren 2002 — Warren M. Briton stars in Russian epic of war on fanatics // The Electronic Telegraph. 2002. March 8.

Wasting the Budget 1999 — Wasting the Budget // Krazy Kevin's Kino Korner. 1999. Issue 04/59. February 25 — March 10. URL: http://www.exile.ru/kino/kino59.html (требуется авторизованный доступ).

Weir 2001 — Weir F. Russia, US revive old rhetoric // Christian Science Monitor. 2001. March 26.

Whitney 1989 — Whitney C. R. Russians Warm to le Carré // The New York Times. 1989. 22 May. URL: http://www.nytimes.com/books/99/0321/specials/lecarre-warm.html (в настоящее время недоступна).

Wilkinson 1984 — Wilkinson R. American Tough: The Tough-Guy Tradition and American Character. Westport: Greenwood Press, 1984.

Will 1989 — Will G. F. Europe's Second Reformation // Newsweek. 1989. November 20.

Wilmington 2003 — Wilmington M. Film Review: Tycoon // Chicago Tribune. 2003. September 12.

Wilmington Nd — Wilmington M. Movie review: The Sum of All Fears. Metromix.com (Nd). URL: http://metromix.chicagotribune.com/search/mmx-16842_lgcy.story (в настоящее время недоступна).

Wilson 2000 — Wilson C. Russia Sues U. S. Tobacco Companies. AP [Summary of items from Washington Post, September 14, 2000; Russia Today, December 29, 2000; The Economic Times, December 30, 2000; The Guardian, October 25, 2000].

Woll 2000 — Woll J. Real Images: Soviet Cinema and the Thaw. London and New York: I. B. Tauris, 2000.

Wrathall 1995 — Wrathall J. «Crimson Tide» // Sight and Sound. 1995. № 12.

Young 2002 — Young D. «Tycoon» // Variety. 2002. August 6.

Youngblood 1992 — Youngblood D. J. Movies for the masses. Popular cinema and Soviet society in the 1920s. Cambridge: Cambridge University Press, 1992.

Алфавитный указатель

Список иллюстраций

20. Тульчинский во время сугубо американского ритуала — барбекю — шутит по поводу Чернобыля
21. Тульчинский спокойно присоединяется к американским силам в акте героического самопожертвования в открытом космосе
22. Лев интересуется, означает ли его длинная соломинка, что это он должен погибнуть ради спасения человечества
23. Джейн, двое ее поклонников — донкихотствующий кадет Толстой и хрустящий бокалом генерал Радлов, плюс наблюдатель
24. Данила и Даша в Чикаго в ожидании Виктора философствуют по поводу американцев
25. Конфронтация между Данилой и Меннисом, с шахматами и водкой «Столичная» как маркерами русскости
26. Изрекающий «истину» мститель возвращает Митины деньги хоккеисту
27. Торжественное прибытие Платона Маковского на вечеринку по случаю дня его рождения
28. Ларри хочет удивить Платона своим светящимся поздравлением с днем рождения
29. Пятеро приятелей поднимают тост за свою дружбу
30. Шмаков обнаруживает тело Марка
31. Русский курьер приветствует американца в Москве как «мистера ковбоя»
32. Сара Холланд представляет четверку героев на встрече в НАСА
33. Признание генерала Востова в том, что КГБ похитил папки Джерсона
34. Олег и Эмиль в Нью-Йорке готовят декорации для съемки убийства в ожидании своих пятнадцати минут славы
35. Попытка Райана предотвратить ядерную катастрофу, убедив в своей правоте власти, воплощенные здесь, согласно голливудским стандартам, в образе афроамериканца
36. После предотвращения ядерной войны российский и американский президенты подписывают соглашение
37. Счастливая, хоть и короткая передышка для смелой молодой команды
38. Встреча Вострикова и Поленина на кладбище 28 лет спустя после трагедии «К-19»
39. Могила товарища с горящими свечами и с традиционными для России хлебом и водкой
40. Выжившие члены команды «К-19» поминают погибших в соответствии с русским православным обычаем
41. В бане обернутые в полотенца американцы обнаруживают присутствие русских проституток
42. Реакция дочери Нески Ирины на искупительное признание Борна

Содержание

Научное издание

Елена Гощило, Боженна Гощило

ВЫЦВЕТАНИЕ КРАСНОГО

Бывший враг времен холодной войны в русском и американском кино 1990–2005 годов

Директор издательства *И. В. Немировский*

Ответственный редактор *И. Знаешева*
Дизайн *И. Граве*
Редактор *Р. Рудницкий*
Корректор *В. Спешнева*
Верстка *Е. Падалки*

Подписано в печать 31.08.2020.
Формат издания 60 × 90 $^{1}/_{16}$. Усл. печ. л. 30,0.
Тираж 500 экз.

Academic Studies Press
1577 Beacon Street, Brookline, MA 02446 USA
https://www.academicstudiespress.com

ООО «БиблиоРоссика».
190005, Санкт-Петербург, 7-я Красноармейская ул., д. 25а

Эксклюзивные дистрибьюторы:
ООО «Караван»
ООО «КНИЖНЫЙ КЛУБ 36.6»
http://www.club366.ru
Тел./факс: 8(495)9264544
email: club366@club366.ru

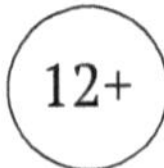

Знак информационной продукции согласно Федеральному закону от 29.12.2010 № 436-ФЗ

www.ingramcontent.com/pod-product-compliance
Lightning Source LLC
LaVergne TN
LVHW010554100826
845148LV00014B/2712

* 9 7 9 8 8 9 7 8 3 8 0 2 8 *